★★★ 반드시 내 것으로 ★★★

#MUSTHAVE

코틀린 강의 NO. 1 유튜버가 엄선한 당장 써먹을 수 있는 예제로 배워라

Joyce의 안드로이드 앱 프로그래밍

Kotlin

Must Have 시리즈는 내 것으로 만드는 시간을 드립니다. 명확한 학습 목표와 핵심 정리를 제공하고, 간단명료한 설명과 다양한 그림으로 학습 효과를 극대화합니다. 설명과 예제를 제공해 응용력을 키워줍니다. 할 수 있습니다. 포기는 없습니다. 지금 당장 밑줄 긋고 메모하고 타이핑하세요! Must Have가 여러분의 성장을 돕겠습니다.

GOLDEN RABBIT

골든래빗은 가치가 성장하는 도서를 함께 만드실 저자님을 찾고 있습니다.
내가 할 수 있을까 망설이는 대신, 용기 내어 골든래빗의 문을 두드려보세요.

apply@goldenrabbit.co.kr

우리는
가치가 성장하는
시간을
만듭니다.

추천의 말

이 책은 원고 단계에서 베타 리딩을 진행했습니다. 보내주신 의견을 바탕으로 더 좋은 원고로 만들어 출간합니다. 참여해주신 모든 분께 감사드립니다.

코틀린으로 처음 앱을 만드는 입문자

코틀린 문법, 안드로이드 환경, 실습 예제 구성이 안드로이드 앱 개발을 배우기에 적합하게 배치되어 있습니다. 실습용 예제를 단계별로 수준을 올리며 제공해 점점 성장한다는 느낌을 확실히 받게 됩니다. 중요한 개념과 반드시 이해하고 가야 하는 내용을 빼먹지 않고 꼼꼼하게 언급해 안드로이드 개발 입문자에게 좋은 길잡이가 될 겁니다.

박찬웅 SW 개발자

입문자를 배려해 안드로이드 앱 개발 준비와 코틀린 언어를 세세하게 설명해줍니다. 저자의 코틀린 동영상 강의 링크를 QR 코드로도 제공해 책과 병행하면 더 이해가 잘 됩니다. 또한 실무에 꼭 필요한 기능을 십분 활용한 다양한 예제를 다루고 있어 앱 개발 역량을 한층 업그레이드할 수 있을 겁니다.

심백선 게임 개발자

안드로이드 앱을 만들어본 개발자

자바로 안드로이드 앱을 개발하다가 이 책을 만나 코틀린으로 다양한 예제를 만들어보니 매우 편리하고 재밌습니다. 특히 사전 지식과 학습 순서를 도식화하여 각 장의 처음에 배치해 배경지식과 전체 흐름을 쉽게 파악할 수 있어 도움이 되었습니다. 이 책을 더 빨리 만났다면 현재 프로젝트도 코틀린으로 진행했을 것 같습니다. 다음부터는 꼭 코틀린을 이용해야겠다는 생각이 들게 해주는 책입니다.

이명국 충북대학교 학부생

초보자를 위한 간단한 코틀린, 안드로이드 설명이 끝나면 더 이상 지루한 이론 수업을 하지 않습니다. 예제를 따라 하면서 앱 서비스의 여러 분야를 직접 체험하고, 동작하는 코드로부터 실무적인 개발을 배울 수 있게 설계되어 있습니다. 저자가 심혈을 기울인 정교한 예제들은 단순한 기능뿐 아니라 카메라, 머신러닝, 광고, 미디어, 백그라운드 서비스 등 수 많은 실무 기능에 대한 개발경험을 쌓게 해줍니다. 또한 이 모든 예제는 최신 사양에 맞춰 작성되어 있죠. 독자 여러분이 이책을 통해 안드로이드 실무 앱 개발의 첫발을 뗄 수 있길 기대합니다.

맹기완 비사이드소프트 CEO

안드로이드 개발을 해본 적 없는 분도 부담 없이 안드로이드 세계에 진입할 수 있게 도와주는 안내서입니다. 게다가 현직 안드로이드 개발자에게도 유용한 정보가 가득합니다. 코틀린 언어를 시작으로 실전 프로젝트까지 담고 있어 다 읽고 나면 나만의 앱을 만들어볼 수 있을 정도로 실력이쌓이게 됩니다. 마지막 프로젝트에서는 핫한 기술인 위치, 지도, 인앱 광고 기능을 익힐 수 있어특히 유용합니다. 어려운 용어와 내용도 쉽게 풀어 서술되어 있으며 읽으면서 바로바로 실행해볼수 있게 구성해 누구나 따라 하기 쉽습니다.

박제창 (주)엔젤로보틱스 선임 소프트웨어 엔지니어

개발자라면 새로운 도전거리에 흥미를 느낄 겁니다. 그런 점에서 이 책은 만족도가 높습니다. 단순히 개념 학습에서 끝나는 것이 아니라 마치 실무에서처럼 프로젝트를 계속 발전시켜 도전을 유도합니다. 적절한 수준의 도전은 포기하지 않고 학습하는 데 도움을 줍니다. 이 책이야 말로 진정한 안드로이드 입문서가 아닐까 싶습니다. 안드로이드를 재밌게 학습하고 싶은 분께 최고의 길잡이가 되어줄 겁니다.

손종국 스마트푸드네트웍스 개발자

안드로이드 앱 개발에 도전하고 싶다면 이 책으로 입문해보세요. 낮은 진입장벽과 친절한 예제,절묘한 순서로 배치된 단원들이 기다리고 있습니다. 꼭 필요한 기초와 핵심 지식을 제공해 학습을완료하고 나면 안드로이드 앱 개발자로서 준비를 마치게 됩니다.

윤창현 개발자

저자와의 4문 4답

Q 왜 이 책으로 코틀린 안드로이드 앱 개발을 배워야 하는지요?

안드로이드 개발자로서의 여정이 즐거웠으면 좋겠습니다. 이 책은 코틀린과 안드로이드 필수 개념뿐만 아니라 오픈 소스 API, 광고 기능 설정 등 흥미로운 주제들을 학습 단계에 맞게 차례차례 제공합니다. 또한 명쾌한 개념 설명에 더해 예제 앱을 만들어보면서 직접 개념을 체득할 수 있게 구성했습니다. 개발 지식뿐 아니라 안드로이드 개발에 대한 꺼지지 않는 즐거움을 이 책을 통해 얻으실 수 있길 빕니다. 멀게만 느껴지는 천 리 길이 즐거울 겁니다.

Q 왜 자바가 아닌 코틀린으로 안드로이드 앱을 개발해야 하나요?

저도 한때는 안드로이드를 자바로 개발했던 사람으로서 "왜 굳이 코틀린을 배워야 하지?" 의문을 품었을 때가 있습니다. 하지만 코틀린으로 개발을 시작하자 "아~ 이래서 다 코틀린을 배우는구나" 깨닫게 되었죠. 코틀린 코드는 자바 코드보다 훨씬 간결하고 직관적입니다. 생산성이 확 올라갑니다. 프로그래밍 실수를 방지하는 다양한 기능을 제공해 더 안전한 코드를 작성할 수 있습니다.

코틀린의 장점을 나열하자면 끝이 없지만, 조금 더 실용적인 이야기를 하자면 현재 대부분의 안드로이드 개발자 채용 포지션은 자바가 아닌 코틀린 개발자입니다. 여러분이 안드로이드 개발자로서의 취업을 생각한다면, 꼭 코틀린을 배워야 합니다.

Q 안드로이드 앱 개발 외에도 코틀린을 쓰는 분야가 있나요?

코틀린은 JVM^Java Virtual Machine 위에서 작동하기 때문에 자바와 100% 상호 호환됩니다. 쉽게 말하면 자바를 사용하는 모든 곳에 코틀린을 사용할 수 있습니다. 처음 코틀린이 각광받기 시작한 분야는 안드로이드 앱 프로그래밍이지만, 코틀린의 효율적이고 안전한 매력에 빠진 자바 개발자들이 점점 더 많은 분야에 코틀린을 사용하고 있습니다.

백엔드 시장에서는 스프링 프레임워크를 많이 사용하여, 현재 수많은 서비스가 자바로 구현되어 구동되고 있습니다. 코틀린은 자바와 100% 호환되기 때문에 자바로 짠 기존 코드 전체를 마이그레이션할 필요 없이 새로운 모듈에만 적용할 수 있습니다. 그래서 구글, 아마존, 카카오와 같은 회사에서도 백엔드에 이미 코틀린을 사용합니다. 게다가 코틀린 멀티플랫폼 모바일^Kotlin Multiplatform Mobile, KMM은 2020년 8월에 알파 버전이 출시되어 빠르게 성장하고 있습니다. 이를 사용하면 한 코드베이스로 안드로이드 앱과 iOS 앱을 동시에 개발할 수 있습니다. 코틀린을 이용하여 두 마리 토끼를 잡을 수도 있는 날이 머지 않아 올 겁니다.

그 외에도 웹 프로그래밍, 데이터 사이언스 분야에서 쓰임새를 보여주며 성장하고 있습니다. 여러분도 코틀린을 배워 개발자로서의 커리어를 단단히 쌓아보시길 바라겠습니다.

Q 이 책을 보려면 자바를 알고 있어야 하는 건가요?

아닙니다. 자바를 알고 있다면 물론 훨씬 수월하겠지만 자바가 아닌 C, 파이썬 등 어떤 프로그래밍 언어라도 공부해본 적이 있다면 충분합니다. 왜냐면 이 책은 초보자도 배려하여 코틀린 문법부터 설명하기 때문이죠. 다만 프로그래밍을 해본 적이 아예 없다면 프로그래밍 기본 개념을 미리 공부한 후 읽어주세요. 객체지향 개념도 알고 있어야 합니다.

숫자로 보는 책의 특징

0 아무것도 몰라도 OK

적어도 한 개 언어를 써봤다면 코틀린과 안드로이드를 전혀 몰라도 됩니다. 처음부터 하나하나 알려드립니다.

1.6.10 코틀린 버전

2021년 12월 공개된 코틀린 최신 버전을 사용합니다. 또한 안드로이드 스튜디오 Arctic Fox, 안드로이드 12(API 31)를 사용합니다.

3 가지 OS별 개발 환경 구축

윈도우, 맥OS, 리눅스 개발 환경 구성 방법을 모두 알려드립니다.

3 단 업그레이드 개발 및 배포

최소 기능 제품으로 구현한 미세먼지 측정 앱을 업데이트하고 구글 플레이 스토어에 배포하는 과정을 3단계로 제공합니다.

4 가지 난이도 프로젝트 제공

★☆☆☆부터 ★★★★까지 4가지 난이도로 프로젝트를 제공해, 차근차근 익힐 수 있게 구성했습니다.

5 가지 유용한 프로젝트 구현

구글 ML 키트를 비롯한 최신 기술로 당장 유용한 프로젝트를 구현합니다.

★☆☆☆ 스톱워치
★★☆☆ 뮤직 플레이어
★★★☆ QR 코드 리더기
★★★☆ 할 일 리스트
★★★★ 실전! 미세먼지 앱

독자께 드리는 편지

안드로이드 앱 개발이 처음인 입문자께

딱 한 권으로 끝내는 코틀린 안드로이드 앱 개발 세계에 오신 걸 환영합니다. 제대로 된 앱을 개발하기까지 익혀야 할 지식이 적지 않습니다. 하지만 너무 걱정 마세요. 이 책은 코틀린 문법을 설명하고 나서 이론과 개념을 재미있는 예제를 구현하며 체화시키기 때문에 여러분의 실력이 쑥쑥 성장할 겁니다.

기존 자바 안드로이드 앱 개발자께

"굳이 코틀린으로?"라는 생각이 드실 수도 있습니다. 코틀린은 적어도 안드로이드 앱 프로그래밍 분야에서만큼은 퍼스트 언어가 되었습니다. 이제 안드로이드 앱 프로그래밍에서는 옛 친구인 자바를 놓아주고 간결하고 안전한 코틀린의 매력에 푹 빠져보세요. 분명 후회하지 않을 만남이 될 겁니다.

더 체계적이고 풍부한 활용법을 알고 싶은 코틀린 안드로이드 앱 개발자께

이미 현업에서 사용하는 서비스, 프래그먼트, 스레드 같은 안드로이드 기본 개념을 다지고 더 나아가 안드로이드 젯팩^{Jetpack} 라이브러리, 머신 러닝 API, 구글 맵, 애드몹 광고 등 핫한 기능을 배워보세요. 기본을 되돌아보고 최신 기능을 익히는 기회가 되길 빕니다.

- 스킵 제안 : 1, 2, 3장

• 알림 : 이 책은 적어도 한 개 언어로 프로그래밍할 줄 아는 분을 대상으로 합니다. 객체지향 개념을 안다고 가정하고 설명합니다.

이 책을 보는 방법

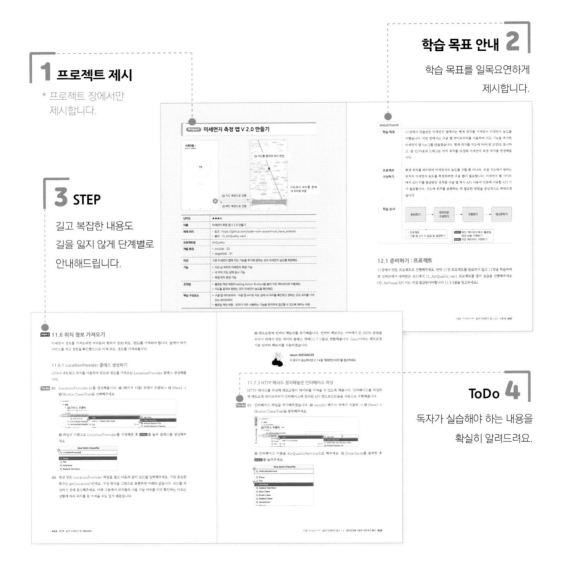

1 프로젝트 제시

* 프로젝트 장에서만 제시합니다.

2 학습 목표 안내

학습 목표를 일목요연하게 제시합니다.

3 STEP

길고 복잡한 내용도 길을 잃지 않게 단계별로 안내해드립니다.

4 ToDo

독자가 실습해야 하는 내용을 확실히 알려드려요.

학습 순서 5

다루는 내용을 요약해서
보여드립니다.

핵심 요약 6

핵심 개념
한 방에 정리해드립니다.

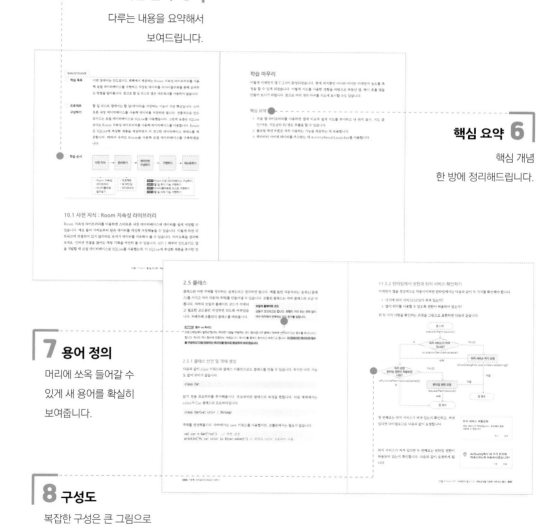

7 용어 정의

머리에 쏘옥 들어갈 수
있게 새 용어를 확실히
보여줍니다.

8 구성도

복잡한 구성은 큰 그림으로
조망하고 나서 개발합니다.

이 책의 구성

이 책은 학습 흐름을 끊지 않기 위해 개발 환경부터 미리 구축해놓은 후, 다음과 같이 총 3단계에 걸쳐 코틀린으로 안드로이드 앱을 개발하는 방법을 공략해나갑니다.

1단계 : 안드로이드 BASIC 익히기

안드로이드 앱을 개발하는 데 필요한 코틀린 문법과 안드로이드 스튜디오 사용법을 알아봅니다. 이어서 앱에서 화면을 구성하는 요소는 무엇이 있는지, 어떻게 제어하는지 알아봅니다.

2단계 : 프로젝트를 만들며 유용한 기능 익히기

모든 것을 다 배운 후에야 앱을 개발하려 들면 어떤 기능을 어떻게 적용해야 할지 감이 오지 않을 겁니다. 2단계에서는 네 가지 앱을 직접 구현해보면서 스레드, 미디어 플레이어 API, 서비스, ROOM 데이터베이스, 구글 ML 키트, 카메라 등의 다양한 기능을 자연스럽게 익혀보겠습니다. 이론과 경험을 동시에 얻는 시간이 될 겁니다.

3단계 : 실전! 미세먼지 앱 개발&배포

미세먼지 측정 앱을 단계별로 발전시키며 개발합니다. 첫 번째는 최소 기능 제품^{Minimum Viable Product, MVP}을 구현하는 단계입니다. 현 위치의 미세먼지 농도를 텍스트로 보여주는 거죠. 두 번째 단계에서는 구글 맵을 사용해 측정 위치를 변경할 수 있게 업그레이드합니다. 세 번째 단계에서는 애드몹 광고를 붙입니다. 마지막으로 우리가 만든 앱을 배포용으로 수정해 구글 플레이 스토어에 직접 배포까지 해봅니다. 현업에서 앱을 개발할 때 큰 도움이 될 실무적이고 활용도 높은 방법을 배우게 됩니다.

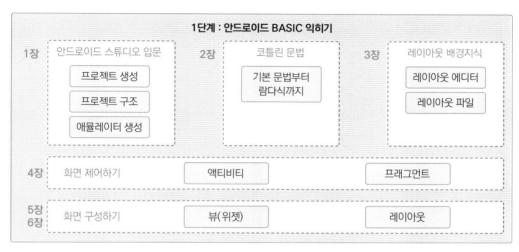

1단계 : 안드로이드 BASIC 익히기

1장 안드로이드 스튜디오 입문
- 프로젝트 생성
- 프로젝트 구조
- 애뮬레이터 생성

2장 코틀린 문법
- 기본 문법부터 람다식까지

3장 레이아웃 배경지식
- 레이아웃 에디터
- 레이아웃 파일

4장 화면 제어하기 | 액티비티 | 프래그먼트

5장 6장 화면 구성하기 | 뷰(위젯) | 레이아웃

2단계 : 프로젝트를 만들며 유용한 기능 익히기

7장 스톱워치 (스레드) ★☆ ☆☆

8장 뮤직 플레이어 (MediaPlayer API, 서비스) ★★ ☆☆

9장 QR 코드 리더기 (카메라, 뷰 바인딩, 구글 ML 키트) ★★ ★☆

10장 할 일 리스트 (Room 데이터베이스, 리사이클러뷰) ★★ ★☆

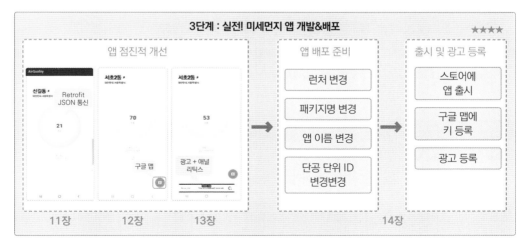

3단계 : 실전! 미세먼지 앱 개발&배포 ★★★★

앱 점진적 개선

AirQuality
산갈동
Retrofit JSON 통신
21

서초2동
대한민국 · 서울특별시
70
구글 맵

서초2동
대한민국 · 서울특별시
53
광고 + 애널 리틱스

앱 배포 준비
- 런처 변경
- 패키지명 변경
- 앱 이름 변경
- 단공 단위 ID 변경변경

출시 및 광고 등록
- 스토어에 앱 출시
- 구글 맵에 키 등록
- 광고 등록

11장   12장   13장   14장

목차

1 단계 안드로이드 BASIC 익히기 031

목차

2 단계　프로젝트를 만들며 유용한 기능 익히기　217

목차

3 단계   실전! 미세먼지 앱 개발&배포   371

00

개발 환경 구축

#MUSTHAVE

☐ **학습 목표**   안드로이드의 기본적인 특징을 알아보고 학습에 필요한 개발 환경을 구축합니다.

☐ **학습 순서**

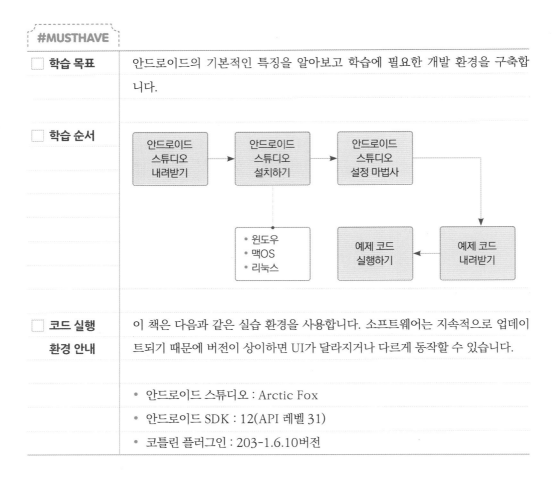

☐ **코드 실행**   이 책은 다음과 같은 실습 환경을 사용합니다. 소프트웨어는 지속적으로 업데이
환경 안내   트되기 때문에 버전이 상이하면 UI가 달라지거나 다르게 동작할 수 있습니다.

- 안드로이드 스튜디오 : Arctic Fox
- 안드로이드 SDK : 12(API 레벨 31)
- 코틀린 플러그인 : 203-1.6.10버전

0.1 안드로이드 스튜디오 내려받기

앱을 만들면서 매일 사용할 안드로이드 스튜디오를 내려
받습니다. 안드로이드 스튜디오를 내려받는 과정은 운영
체제와 상관없이 동일합니다.

알려드려요
운영체제 계정이 한글이면 설치
가 제대로 되지 않습니다. 59쪽
'에뮬레이터가 동작하지 않습니
다!'를 참고해 해결하세요.

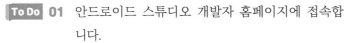 **01**   안드로이드 스튜디오 개발자 홈페이지에 접속합
니다.

- https://developer.android.com/studio

02 [Download Android Studio]를 클릭합니다.

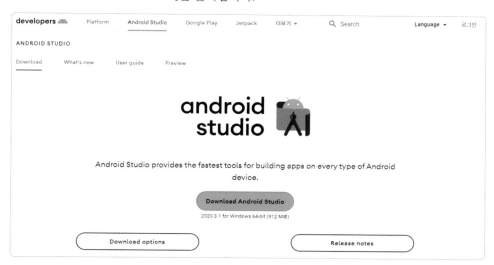

03 다운로드 버튼을 누르면 약관 동의 페이지가 나옵니다. ❶을 눌러 약관에 동의하고 바로 아래 ❷ 다운로드 버튼을 누르면 설치 파일이 받아집니다.

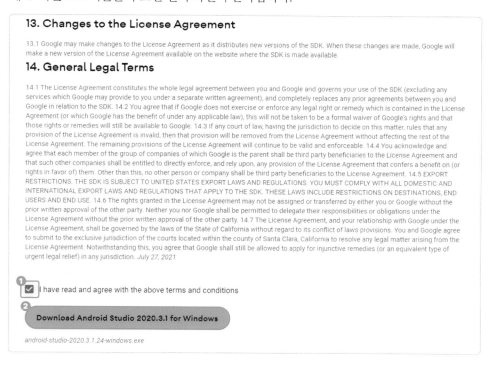

리눅스에서는 다음과 같은 팝업 창이 뜰 수 있습니다. 꼭 [Save File]을 선택하고 [OK] 버튼을 눌러 진행해주세요.

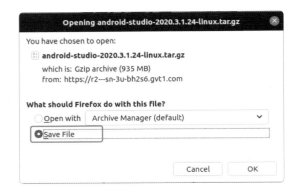

0.2 안드로이드 스튜디오 설치하기

본인의 운영체제에 맞추어 설치를 진행합니다. 최신 설치 정보는 공식 사이트에서 확인할 수 있으니 참고하세요.

* https://developer.android.com/studio/install

0.2.1 윈도우

윈도우에 안드로이드 스튜디오를 설치합니다.

To Do **01** 내려받은 파일을 더블클릭해 설치 마법사를 실행합니다.

02 마법사가 실행되면 [Next >] 버튼을 눌러 기본 설치를 합니다.

03 설치 완료 화면이 나오면 [Finish]
를 클릭합니다.

0.2.2 맥OS

맥OS에 안드로이드 스튜디오를 설치해보겠습니다.

`To Do` **01** 내려받은 dmg 파일을 열면 다음과 같은 화면이 열립니다.

02 Android Studio 아이콘을 [Application] 폴더로 드래그 앤 드롭하면 설치가 완료됩니다.

0.2.3 리눅스

리눅스에 안드로이드 스튜디오를 설치해보겠습니다. 리눅스 배포판은 다양합니다. 현실적으로 모든 배포판에 대응해서 설치 방법을 제시할 수는 없으므로 가장 대중적인 우분투 리눅스에서의 설치 방법만 다루겠습니다. 다른 배포판을 사용하는 분은 안드로이드 스튜디오 공식 홈페이지에서 설치 방법을 확인해주세요.

- https://developer.android.com/studio/install

To Do **01** ❶ cd 명령으로 내려받은 압축 파일이 있는 위치로 이동합니다. 내려받은 위치는 각자 다를 수 있습니다. 저는 파이어폭스 브라우저로 받았습니다. ❷ ls 명령으로 파일명을 확인합니다.

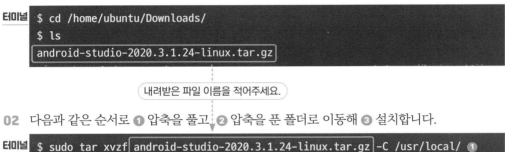

```
터미널   $ cd /home/ubuntu/Downloads/
        $ ls
        android-studio-2020.3.1.24-linux.tar.gz
```

내려받은 파일 이름을 적어주세요.

02 다음과 같은 순서로 ❶ 압축을 풀고 ❷ 압축을 푼 폴더로 이동해 ❸ 설치합니다.

```
터미널   $ sudo tar xvzf android-studio-2020.3.1.24-linux.tar.gz -C /usr/local/ ❶
        $ cd /usr/local/android-studio/bin/ ❷
        $ sudo ./studio.sh ❸
```

0.3 안드로이드 스튜디오 설정 마법사

안드로이드 스튜디오를 설치하고 처음 실행하면 설정 마법사가 실행됩니다. 기본값 그대로 진행하면 됩니다. 안드로이드 스튜디오를 설치한 적이 있다면 기존 설정을 가져올 것인지 물어볼 겁니다. 처음 설치하는 분은 [Do not import settings]를 선택한 후 [OK]를 눌러주세요.

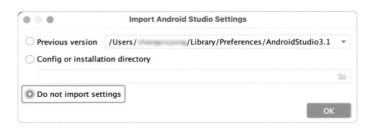

기본 설정을 마치면 대망의 안드로이드 스튜디오 웰컴창을 만날 수 있습니다.

0.4 깃허브에서 예제 코드 내려받기

이 책은 모든 예제를 깃허브에서 제공합니다. 깃허브에서 예제 코드를 다운로드하고 실행하는 방법을 알아보겠습니다.

- 깃허브 URL : https://github.com/code-with-joyce/must_have_android

To Do **01** 이 책의 깃허브 원격 저장소로 이동합니다.

02 ❶ Code ▾ → ❷ Download ZIP 을 클릭합니다.

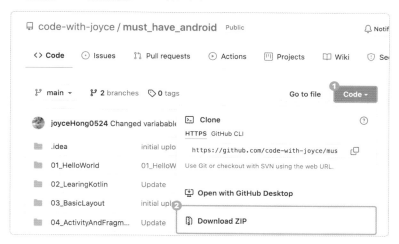

03 내려받은 압축 파일을 작업할 폴더에 풀어놓습니다.

0.5 예제 프로젝트 열기

저는 맥에서 개발하며 깃과 깃허브를 사용해 코드를 관리합니다. 저마다 사용 운영체제와 코드 관리 프로그램, 그리고 설정이 다를 수 있습니다. 저와 완벽하게 일치한다면 프로젝트를 별다른 조치 없이 사용할 수 있겠지만, 환경이 다르면 몇 가지 설정을 해야 합니다.

윈도우에서 예제 프로젝트를 내려받았다고 가정하고 예제 프로젝트를 여는 방법을 안내하겠습니다(운영체제와는 별 상관이 없습니다).

To Do **01** 원하는 프로젝트를 선택합니다.  아이콘이 있는 폴더가 열 수 있는 안드로이드 프로젝트 파일입니다.

02 신뢰할 수 있는 프로젝트인지 물으면 ❶ [Trust Project]를 선택합니다(안 뜨기도 합니다).

03 로딩이 완료되고 나면 다음과 같은 창이 오른쪽 아래에 뜰 겁니다. 버전 관리 시스템 루트가 여러분과 일치하지 않는다는 내용입니다. ❶ [Configure...]를 클릭합니다. 이런 창이 안 뜬 다면 깃이 설치된 경로가 저와 같은 겁니다. 그런 분은 이후 과정을 생략하면 됩니다.

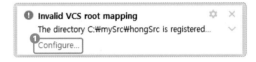

깃을 버전 관리 시스템으로 사용하면 **04**번을 진행해주세요. 사용하지 않는다면 **04**를 건너 뛰고 **05**번을 진행하세요.

04 설정창에서 ❶ [Version Control] → ❷ [Git] → ❸ [Test]를 클릭합니다. 그러면 자동으로 깃을 찾습니다. 성공적으로 찾으면 현재 버전이 ❹ 위치에 보입니다. 자동으로 못 찾는다면 수동으로 위치를 지정하세요. ❺ [OK]를 눌러 설정을 마칩니다. **05**번은 스킵하시면 됩니다.

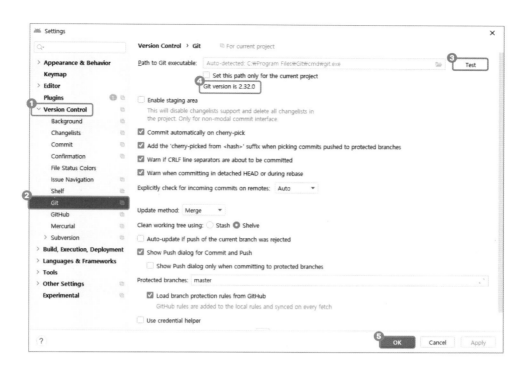

05 설정창에서 ❶ [Git] → [none]을 선택한 후 → ❷ [OK]를 클릭합니다. 그러면 버전 관리 도구가 없음으로 설정됩니다. 이로써 모든 설정을 마쳤습니다.

학습 목표

안드로이드 앱을 개발하는 데 필요한 코틀린 문법과 안드로이드 스튜디오 사용법을 알아봅니다. 이어서 앱에서 화면을 구성하는 요소에는 무엇이 있는지, 어떻게 제어하는지 알아봅니다.

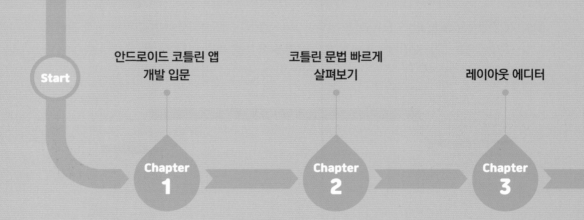

Start

안드로이드 코틀린 앱
개발 입문

Chapter
1

코틀린 문법 빠르게
살펴보기

Chapter
2

레이아웃 에디터

Chapter
3

안드로이드 BASIC 익히기

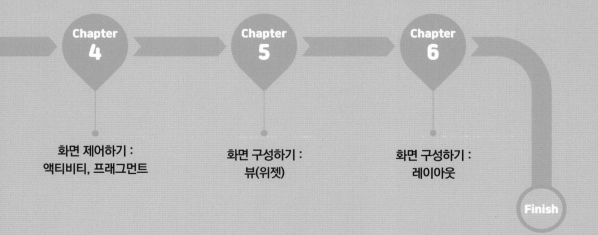

Chapter 4
화면 제어하기 :
액티비티, 프래그먼트

Chapter 5
화면 구성하기 :
뷰(위젯)

Chapter 6
화면 구성하기 :
레이아웃

Finish

안드로이드 코틀린 앱 개발 입문

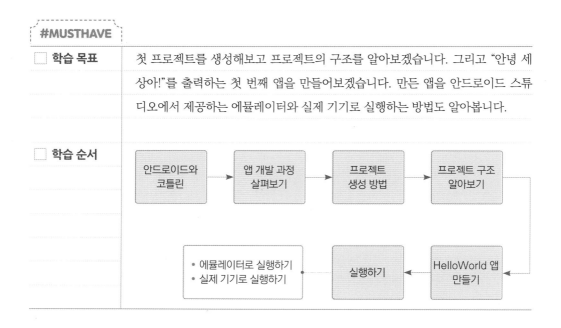

☐ **학습 목표**	첫 프로젝트를 생성해보고 프로젝트의 구조를 알아보겠습니다. 그리고 "안녕 세상아!"를 출력하는 첫 번째 앱을 만들어보겠습니다. 만든 앱을 안드로이드 스튜디오에서 제공하는 에뮬레이터와 실제 기기로 실행하는 방법도 알아봅니다.
☐ **학습 순서**	

1.1 안드로이드와 코틀린

첫 프로젝트를 생성하기에 앞서 안드로이드와 코틀린을 간단히 살펴보겠습니다.

1.1.1 안드로이드

안드로이드는 구글이 만든 모바일 운영체제operating system입니다. 리눅스를 기반으로 합니다. 보통 리눅스는 서버나 데스크톱 운영체제로 쓰이는데요, 안드로이드는 모바일 운영체제를 염두에 두고 만들었습니다. 2008년 9월 처음 1.0 버전이 공개된 안드로이드는 2021년 5월에 12 버전이 발표되었습니다. 2021년 12월 기준 모바일 시장의 70%를 차지할 정도로[1] 그 어떤 모바일 운영체제보다도 사랑받고 있습니다.

안드로이드 장점 중 하나는 오픈 소스라는 점입니다. 누구든 코드를 볼 수 있고 접근 가능하기 때문에, 개발자나 단말기를 생산하는 사람들은 기기의 호환성에 맞게 다양한 변화를 줄 수 있습니

다. 또 개발자들이 직접 오류를 발견하거나, 새로운 제안을 할 수도 있어서 안드로이드 플랫폼은 끊임없이 변화하고 있습니다.

1.1.2 코틀린

코틀린은 자바처럼 JVM^Java Virtual Machine에서 동작하는 프로그래밍 언어입니다. 비교적 최근에 만들어진 언어로서 다른 프로그래밍 언어에서 검증된 해법과 기능을 포함하고 있습니다. 또한 자바에서 발생하는 수많은 문제를 해결할 목적으로 만들어졌기 때문에 매우 실용적이고 간결합니다.

안드로이드 초기에는 자바로 앱을 개발했으나 2017년 코틀린이 구글 안드로이드 정식 언어로 지정된 후, 2019년 구글이 안드로이드 개발에서 'Kotlin First'를 표방하면서 메인 언어로 자리매김했습니다. 자연스럽게 구글의 안드로이드 예제는 코틀린으로 먼저 작성되고, 때로는 코틀린으로만 작성됩니다. 이 책은 모든 소스 코드를 코틀린으로 제공합니다. 저를 포함한 대부분의 안드로이드 개발자들이 코틀린을 메인 언어로 쓰는 이유는 코틀린 특징을 보면 알 수 있습니다.

- **간결함** : 기능이 다양한 표준 라이브러리를 제공해 상용구 코드를 적게 작성하면서도 아이디어를 풍부하게 표현할 수 있습니다.
- **더 안전한 코드** : 널 포인터 예외^null pointer exception와 같은 일반적인 프로그래밍 실수를 방지하는 다양한 장치를 제공합니다.
- **호환성** : 자바와 100% 호환되므로 자바로 작성된 코드도 자유롭게 사용할 수 있습니다. 반대로 자바 환경에서도 코틀린을 아무 문제 없이 사용할 수 있습니다.
- **구조화된 동시 실행** : 코틀린 코루틴을 사용하면 비동기 코드를 쉽게 사용할 수 있습니다. 코루틴을 이용하면 네트워크 호출, 로컬 데이터 액세스에 이르는 백그라운드 작업을 효과적으로 간단히 구현하고 관리할 수 있습니다.

이 책으로 학습하는 동안 다양한 앱을 직접 만들어보며 코틀린의 장점을 직접 확인해봅시다.

1.1.3 안드로이드 스튜디오

안드로이드 앱을 만드는 데 안드로이드 스튜디오를 사용합니다. 안드로이드 스튜디오는 안드로이드 앱 개발용 IDE^Integrated Development Environment, 통합 개발 환경입니다. 안드로이드 스튜디오는 스마트폰

뿐 아니라 스마트워치, 태블릿 등 모든 안드로이드 기기용 앱 개발 환경을 제공합니다. 게다가 에 뮬레이터까지 제공해 코드가 제대로 동작하는지 쉽게 확인할 수 있습니다. 안드로이드 스튜디오는 젯브레인스^{Jetbrains} 인텔리제이^{Intellij}나 파이참^{Pycharm}과 동일한 단축키를 제공합니다.

1.2 앱 개발 과정 살펴보기

앱이 개발되고 사용되기까지 어떤 과정을 거칠까요? ❶ 기획&디자인, ❷ 앱 개발, ❸ 테스트, ❹ 배포 및 관리 과정을 거칩니다. 각 과정에서 무엇을 하나 간단히 살펴보겠습니다.

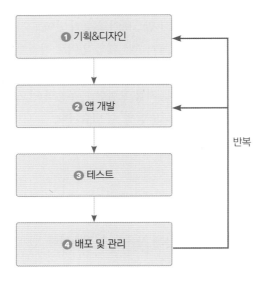

❶ 기획&디자인 단계

만들려는 앱의 구동 방식과 기능을 기획하고, 와이어프레임으로 대략적인 구조도를 그립니다. 또한 프로젝트의 전체 일정을 계획합니다(와이어프레임은 제품 구성을 시각적으로 묘사한 겁니다. 다음 그림과 같이 와이어로 연결합니다).

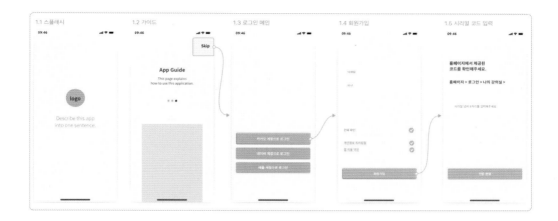

와이어프레임을 다 그렸다면 디자인을 할 차례인데요, 대체로 앱 디자인은 스케치 3$^{Sketch\ 3}$, 피그마^{Figma}, 어도비 XD$^{Adobe\ XD}$ 같은 도구를 사용해 디자이너가 디자인합니다. 1인 사업체라 디자이너가 없다고 해도 걱정하지 마세요. 프로처럼 할 수는 없더라도 온라인이나 책으로 배우면 누구든지 앱을 디자인하고 만들 수 있답니다(물론 예쁘게 꾸미지 않고 기능만 구현해도 됩니다).

❷ 앱 개발 단계

앱에 따라서 서버가 필요할 수도, 아닐 수 있습니다. 협업할 개발자와 일정을 맞추어 개발합니다. 어떤 디자인 패턴을 적용할지 등을 고민하고 인고의 시간을 보내면서 앱을 만듭니다.

❸ 테스트 단계

크게 개발자가 직접 수행하는 단위 테스트와 QA$^{Quality\ Assurance}$ 엔지니어가 수행하는 기능성 테스트가 있습니다. 개발자가 작성한 함수가 정상 작동하는지 확인하는 단위 테스트는 버그를 줄이고 코드의 품질을 높입니다. 반면 QA 엔지니어는 다음과 같은 세 가지에 중점을 두어 테스트합니다.

1 기능적으로 잘 구현되었는가?
2 UI/UX가 요구사항대로 표현되었는가?
3 성능이 적절한가?(화면 로딩 속도, 이미지/영상 등 콘텐츠 로딩 속도)

우리 주변에서 쉽게 확인할 수 있듯이 안드로이드 디바이스들은 화면 크기와 안드로이드 버전이 제각각입니다. 따라서 개발용 기기 이외의 다른 기기에서도 안정적으로 작동하는지 확인해야 합니다.

❹ 배포 및 관리 단계

마지막으로 ❹ 배포 및 관리 단계입니다. 여러분이 열심히 만든 앱을 bundle 혹은 apk 파일로 만들어서 모든 사람이 사용할 수 있도록 마켓에 올리는 과정입니다. 마켓에 제출한 앱이 구글의 승인을 얻어 공개되기까지는 일주일 정도 소요됩니다. 업로드 후에도 앱을 업데이트할 수 있습니다.

실무에서는 앞서 다룬 일련의 과정이 병렬적이고 반복적으로 일어납니다. 왜냐하면 아무리 앱을 잘 만들더라도, 버그는 항상 존재하기 마련이니까요. 버그에 빠르게 대처하고 추가 기능이 기존 기능과 충돌하지 않는지 면밀히 테스트하는 것은 개발자에게 중요한 자질입니다.

1.3 프로젝트 생성 방법

이제 프로젝트를 생성하는 방법을 알아봅시다. 모든 장에서 프로젝트를 생성하므로 당장은 낯설더라도 점점 익숙해질 겁니다. 매번 상세히 서술하면 지면 낭비이므로 추후에는 간단히 프로젝트 사양만 알려드립니다. 익숙해지기 전까지 생성 방법이 생각나지 않는다면 이번 절을 참조해주세요.

알려드려요

최근 안드로이드 스튜디오 기본 테마가 어둡게(Darcula) 변경되었습니다. 이 책은 가독성을 고려해서 밝은(Intellij Light) 테마를 사용합니다. 테마는 ❶ [File] → [Settings] 클릭. 설정창 ❷ [Appearance & Behavior] → [Appearance] → [Theme]에서 지정하면 됩니다.

To Do 01 안드로이드 스튜디오를 실행해 프로젝트를 생성합니다.

- 웰컴창이 나타나면 [Projects] → [New Project]를 눌러주세요(이전에 생성한 프로젝트가 하나도 없으면 모양이 약간 다르게 보입니다. 하지만 [New Project] 버튼은 있습니다).
- 이미 다른 프로젝트가 로딩된 화면이 나타난다면 메뉴에서 [File] → [New] → [New Project...]를 선택합니다.

02 안드로이드에서 제공하는 기본 템플릿이 보일 겁니다. 그중에서 비어 있는 액티비티 ❶ [Empty Activity]를 선택합니다. 액티비티란 화면의 기본 구성 단위입니다. 액티비티 위에서 사용자가 화면을 터치하고 글자를 입력하는 등 상호작용을 한답니다. 아주 쉽게 말하자면 앱에서 보이는 화면이라고 생각하면 됩니다. 참고로 액티비티는 4장 '화면 제어하기'에서 더 자세히 배웁니다. ❷ [Next]를 눌러주세요.

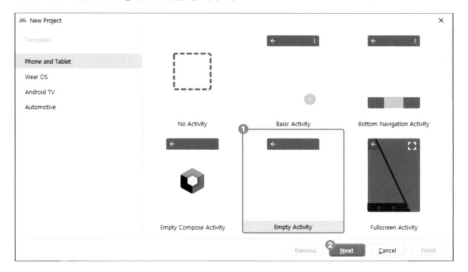

03 설정 화면이 나옵니다. ❶ 프로젝트 이름으로 HelloWorld를 적어주세요(이 이름이 디폴트로 앱의 이름이 되며 ❷ 패키지 이름에도 자동으로 반영됩니다). ❸ 저장할 폴더 위치를 직접 지정합니다. 오른쪽 회색 폴더 아이콘을 눌러 위치를 직접 지정하면 됩니다. ❹ 프로젝트 기본 언어로는 Kotlin을 선택합니다.

❺ 앱이 지원할 최소 SDK^{Software Development Kit}를 'API 26: Android 8.0 (Oreo)'으로 지정

합니다. 그러면 26 이상인 API 버전, 예를 들어 27이나 2 8 버전 모두 이 앱을 사용할 수 있습니다(2022년 1월 기준 API 32까지 릴리스되었습니다). ❻ [Finish] 버튼을 클릭해 프로젝트를 생성합니다.

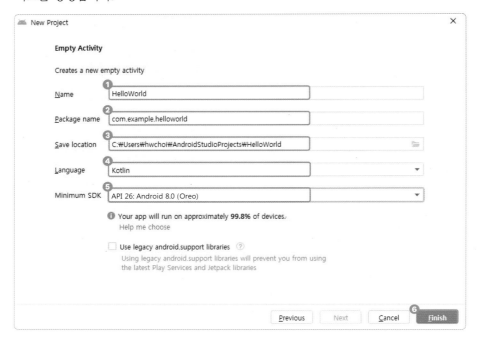

몇 분을 기다리면 다음과 같이 첫 프로젝트가 생성됩니다.

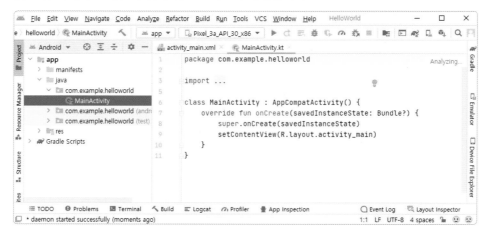

1.4 프로젝트 구조 알아보기

프로젝트가 어떤 식으로 구성되어 있는지를 파악해봅시다. 나무를 보기 전에 한 발짝 떨어져서 숲을 보는 시간을 가져보겠습니다. 어떤 프로젝트든 기본 구조는 같습니다.

프로젝트를 처음 생성하면 보이는 화면은 크게 세 부분으로 나눌 수 있습니다.

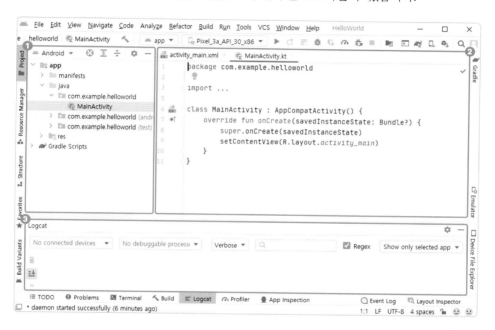

❶ 프로젝트 구조를 보여주는 창입니다(창 왼쪽 메뉴에서 [Project]를 선택한 화면).

❷ 코드를 수정할 수 있는 코드 편집창입니다.

❸ 앱 실행 시 관련 로그를 확인하는 창입니다(아래 메뉴에서 [Logcat]을 선택한 화면).

프로젝트는 오른쪽 그림과 같이 크게 ❶ [app]과 ❷ [Gradle Scripts] 두 줄기로 나뉩니다. [app] 폴더에는 코드 파일이 있고, [Gradle Scripts]에는 앱을 만드는 데 필요한 옵션과 라이브러리 정보가 담겨 있습니다.

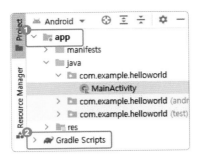

1.4.1 [app] 폴더 알아보기

[app] 폴더는 크게 ❶ [manifests] 폴더, ❷ [java] 폴더, ❸ [res] 폴더로 구성되어 있습니다.

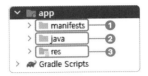

❶ [manifests] 폴더

[manifests] 폴더에는 ❶ AndroidManifest.xml 파일 하나만 있습니다. 앱과 관련된 기본적인
설정이 담겨 있습니다. 앱의 패키지 이름, 앱 구성요소, 권한을 정의합니다.

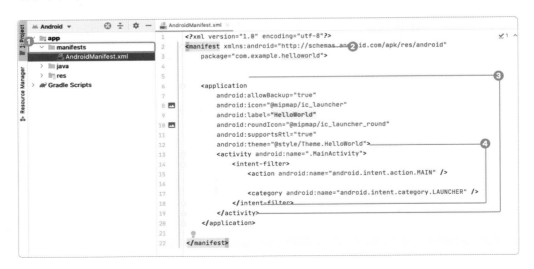

❷에서는 앱의 패키지 이름을 정의합니다(이 프로젝트 이름은 com.example.helloworld입니다). ❸ 앱의 구성요소인 액티비티, 서비스, 콘텐츠 제공자, 브로드캐스트 리시버 등을 정의합니다 (4대 구성요소는 4장 참조).

예를 들어 현재는 ❹ 기본 생성된 MainActivity(메인 액티비티)가 정의되어 있습니다. 액티비티를 앱에서 눈에 보이는 화면이라고 생각하면 됩니다. 만약 추가적으로 액티비티를 생성한다면 꼭 이 파일에 액티비티로 정의해주어야 합니다.

또한 그림의 AndroidManifest.xml 파일에는 해당 예가 없지만, 휴대폰의 위치 정보나 전화번호부 등 민감한 정보에 접근하는 데 필요한 권한도 이 파일에서 설정합니다.

액티비티를 화면이라고 생각하면 됩니다. 앱에서 눈에 보이는 화면요. 이 액티비티 안에서 앱은 사용자와 상호작용할 수 있어요.

❷ [java] 폴더

자바 파일과 코틀린 파일이 있는 폴더입니다. 앱의 로직을 담당하는 부분이라고 생각하면 됩니다. ❶ [com.example.helloworld] 패키지 안에는 ❷ MainActivity.kt가 있습니다. 이 파일에 메인 액티비티(메인 화면)의 동작을 정의한 코드를 작성합니다. 액티비티마다 동작을 정의하는 .kt 파일[2]을 이 패키지 밑에 둡니다. 앱을 만들면서 대부분의 시간을 여기서 보내게 됩니다.

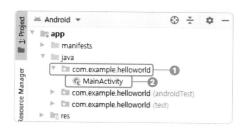

MainActivity.kt 파일인데 확장자를 생략해 보여줍니다. .kt는 코틀린 소스 코드 파일의 확장자예요.

---

2 코틀린으로 작성된 소스 코드 파일

❸ [res] 폴더

res는 resource(자원)를 의미합니다. 이름에서도 알 수 있다시피, 앱에서 사용하는 이미지, 레이아웃, 색상 값과 같은 자원을 모아놓은 곳입니다.

❶ [drawable] 폴더에는 앱에서 사용할 이미지 파일을 놓습니다. 이미지를 이 폴더에 드래그앤 드롭하거나, 폴더 위에서 마우스 우클릭을 해 팝업 메뉴를 띄워 추가할 수도 있습니다. 프로젝트를 처음 생성하면 xml 파일이 두 개 있습니다. 코드로 작성된 런처(앱 아이콘) 벡터 이미지입니다.

❷ [layout] 폴더에는 액티비티나 프래그먼트와 같이 화면에 보여줄 구성요소들의 레이아웃(배치)을 XML 파일로 정의해놓습니다.

❸ [mipmap] 폴더에는 런처에 등록할 이미지를 놓습니다. 런처란 앱을 실행할 때 누르는 아이콘 같은 것이라고 생각하면 됩니다.

여기서 런처(이미지)는 앱 실행할 때 보이는 아이콘입니다.

❹ [values] 폴더는 색상이나 문자열과 같은 값^{value}들을 지정해놓는 곳입니다.

1.4.2 Gradle Scripts 알아보기

그레이들^{Gradle}이란 무엇일까요? 소스 코드 자체는 실행되지 않습니다. 앱으로 만들어 실행하려면 소스 코드를 컴파일하고 apk 파일로 패키징하는 빌드 과정을 거쳐야 하는데요, 안드로이드 스튜디오에서는 그레이들이 이 작업을 해줍니다. 한마디로 그레이들은 빌드 시스템입니다. 복잡한 빌드 프로세스를 자동화해주는 아주 고마운 도구죠.

[Gradle Scripts] 폴더에는 빌드에 사용할 파일이 들어 있습니다. 특별한 무언가를 하지 않는다면 프로젝트가 생성될 때 생성된 그대로 사용해도 빌드가 됩니다. 외부 라이브러리를 추가하고 싶다면 이 파일을 수정해야 합니다. 참고로 라이브러리 추가 방법은 7장 이후 모든 프로젝트의 준비 단계에서 다룹니다. 가장 중요한 두 파일을 알아보겠습니다. 외울 필요는 없고 "아, 이런 게 있구나" 정도로만 알고 넘어가면 됩니다.

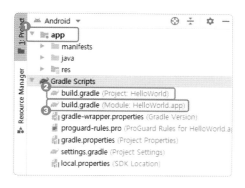

우리가 주로 [Gradle Scripts]에서 수정할 파일은 ❶ build.gradle (Project: HelloWorld)와 ❷ build.gradle (Module: HelloWorld.app)입니다. 이 둘의 차이가 뭐냐구요?

일단 모듈과 프로젝트의 관계에 대해서 알 필요가 있습니다. 모듈은 하나의 프로젝트를 구성하는 블록과 같은 단위입니다. 보통 ❸처럼 app 모듈 하나만 존재하지만 프로젝트에 따라서 모듈이 여러 개일 수도 있습니다. 프로젝트는 여러 모듈을 묶어서 하나로 관리하는 개념입니다.

그래서 ❶ build.gradle (Project: HelloWorld)에는 프로젝트 수준에서 모든 모듈에 영향을 끼치는 설정이, ❷ build.gradle (Module: HelloWorld.app)에는 해당 모듈에만 영향을 끼치는 설정이 있습니다. 이처럼 Gradle Scripts는 프로젝트 단위와 모듈 단위에서 빌드 속성을 정의하는 곳입니다. 파일 각각을 간단히 알아보겠습니다.

build.gradle (Project: Hello World)

프로젝트 수준 파일인 build.gradle (Project: Hello World)를 알아봅시다.

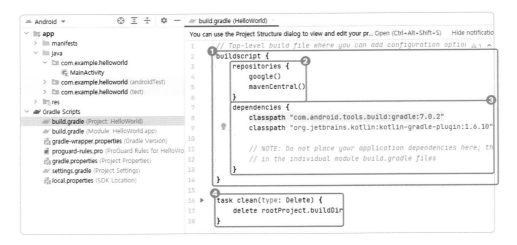

❶ buildscript : 프로젝트를 빌드할 때 필요한 설정이 들어있습니다.

❷ repositories : 빌드에 필요한 의존성을 어디에서 가져
올지를 이곳에 써줍니다.

❸ dependencies : 어떤 Gradle 버전을 쓸지 명시해줍
니다.

의존성 Dependency

사용할 라이브러리, 혹은 외부의 소스
코드 정도로 이해하면 됩니다.

❹ task clean( ) : 새로 빌드할 때 기존 파일을 어떻게 할지 결정합니다. 현재는 파일들을 삭제
하고 다시 빌드하도록 설정되어 있습니다.

build.gradle (Module: HelloWorld.app)

다음으로는 모듈 수준 빌드 파일인 build.gradle(Module: HelloWorld.app)을 알아보겠습니
다. 아마도 프로젝트 단위보다는 모듈 단위의 build.gradle 파일을 수정할 일이 더 많을 겁니다.

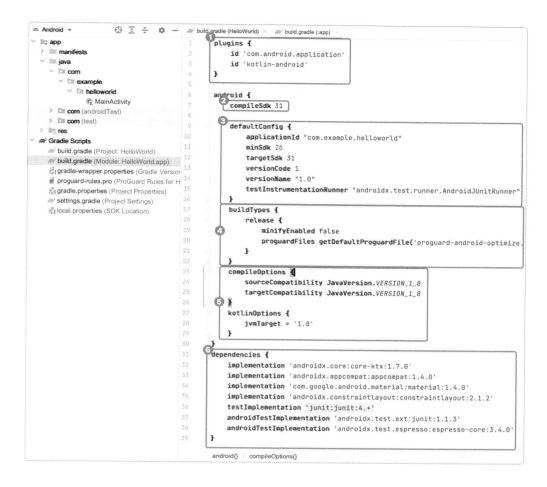

❶ plugins : 해당 모듈을 빌드하는 필수 플러그인입니다. 안드로이드 앱이라면 코틀린을 사용하므로 'com.android.application' 외에도 'kotlin-android'가 추가됩니다.

❷ compileSdk : 모듈을 컴파일하는 API 레벨을 나타냅니다.

❸ defaultConfig : 빌드 타입과 무관하게 적용되는 속성을 정의합니다.

❹ buildTypes : 빌드 타입에 따른 속성을 추가할 수 있습니다. 빌드 타입에는 크게 release와 debug가 있습니다.

❺ compileOptions, kotlinOptions: 컴파일이나 코틀린과 관련된 속성을 추가할 수 있습니다.

❻ dependencies : 이 모듈의 의존성을 추가하는 부분입니다. 여기에 외부 바이너리 또는 라이브러리 모듈을 빌드에 포함시켜 프로젝트에서 사용할 수 있습니다. 즉 이 프로젝트가 다른

외부 라이브러리에 기능적으로 '의존'하게 되므로 의존성이라고 말합니다. 아마 이 파일을 가장 많이 수정하게 될 겁니다.

1.5 HelloWorld 앱 만들기

앱 정중앙에 "안녕 세상아!"를 출력하는 앱을 만들어봅시다. 이미 1.3절에서 첫 프로젝트를 만들어봤으니, 만든 프로젝트를 활용하겠습니다. 아직 만들지 않았다면 1.3절 안내에 따라 프로젝트를 만들고 여기로 돌아와주세요.

이제부터 앱을 만들며 MainActivity.kt와 activity_main.xml 파일을 살펴볼 겁니다. 코틀린 코드 파일(.kt)은 앱의 동작을, XML 파일(.xml)은 앱의 화면 구성을 담당합니다. 항상 두 파일이 한 쌍의 젓가락처럼 사용됩니다. 하나만 있어서는 제 기능을 할 수가 없습니다.

1.5.1 MainActivity.kt 코드 파일 알아보기

MainActivity.kt 파일은 메인 액티비티의 동작 코드를 작성하는 파일이라고 말씀드렸습니다. 어떻게 생겼는지를 알아보겠습니다. 다음 코드는 프로젝트를 생성하면 자동으로 만들어집니다.

```
MainActivity.kt

1    ❶ package com.example.helloworld
2
3    ❷ import ...
4
5
6    ❸ class MainActivity : AppCompatActivity() {
7        override fun onCreate(savedInstanceState: Bundle?) {  ❹
8            super.onCreate(savedInstanceState) ──❺
9            setContentView(R.layout.activity_main) ──❻
10        }
11   }
12
13
```

❶ MainActivity.kt 파일이 어느 패키지에 속하는지 알려줍니다. 점 . 기호를 사용해 패키지의 계층 구조를 표현합니다. 처음 프로젝트를 생성할 때 패키지가 생성되지만, 나중에 수정할 수도 있습니다.

❷ 해당 .kt 파일이 담긴 패키지 밖에 구현된 객체(라이브러리나 모듈)를 임포트하는 구문입니다. 임포트는 쓸 수 있게 가져온다고 생각하면 됩니다. 명령어로 import를 씁니다. 임포트 옆에 ...라고 되어 있네요. 임포트 구문을 숨김 처리했다는 표시입니다. 마우스로 클릭하면 숨김 처리가 풀리면서 다음과 같이 임포트문을 모두 보여줍니다.

```
import androidx.appcompat.app.AppCompatActivity
import android.os.Bundle
```

이 책에서는 코드를 보여줄 때 지면을 아끼고자 꼭 필요할 때가 아니면 import문을 생략합니다.

❸ MainActivity 클래스는 AppCompatActivity 클래스를 상속받는 클래스입니다. 그리고 AppCompatActivity 클래스는 Activity 클래스를 상속받습니다. AppCompatActivity 클래스는 오래된 안드로이드 버전과 호환성을 유지하고 새로운 기능이 추가된 액티비티 클래스입니다. 안드로이드 스튜디오 1.5 버전부터는 새로 생성하는 모든 액티비티 클래스가 기본적으로 AppCompatActivity 클래스를 상속받습니다.

❹ onCreate( )는 클래스가 생성될 때 맨 처음에 호출되는 콜백 함수입니다. 여기에 초기화 코드를 넣으면 됩니다. 매개변수인 **savedInstanceState: Bundle?** 은 특정한 상황에서 액티비티가 저장한 값을 다시 불러오는 값입니다. 여기서는 사용하지 않았습니다.

> **콜백 함수**
>
> 콜백 함수는 이벤트가 발생했거나 특정 시점에 도달했을 때 실행되는 함수를 뜻합니다. 개발자가 명시적으로 호출하지 않고, 단지 함수만 구현하면 됩니다.

❺ super란 상위 클래스를 뜻하며, 상위 클래스의 onCreate( )를 먼저 실행하라는 의미입니다. 이 줄이 없으면, 오직 여러분이 적은 코드만 실행되어 SuperNotCalledException과 같은 에러를 만나게 됩니다.

❻ setContentView( )는 보여줄 레이아웃을 지정해줍니다. 여기서는 R.layout.activity_main 을 지정했습니다. R.layout.activity_main은 activity_main.xml 파일을 지칭합니다. 여기서 R은 자동 생성된 클래스로서 모든 리소스(레이아웃, 이미지, 문자열 등)를 식별할 수 있는 변수가 정의된 클래스입니다.

R은 무엇일까?

R은 자동 생성된 클래스로서 어디서나 접근할 수 있는 상수들로 구성되어 있습니다. R 클래스 덕분에 여러분이 res(리소스) 폴더에 정의한 여러 값을 프로젝트에서 사용할 수 있습니다.

R 뒤에 .을 붙이고 그 뒤에 리소스 종류를 씁니다. 예를 들어 R.layout은 레이아웃 리소스, R.anim은 애니메이션 리소스, R.color는 색상 리소스입니다. 그 외에도 R.string 문자열 리소스, R.menu 메뉴 관련 리소스 등이 있습니다.

1.5.2 레이아웃 파일 보는 방법

프로젝트 구조창에서 ❶ [app] → [res] → [layout] → activity_main.xml 파일을 클릭합니다. 그러면 다음과 같은 화면이 보입니다. 바로 레이아웃이라는 겁니다. 이 레이아웃을 사용하는 액티비티는 앱에서 이 화면을 보여줍니다. 지금은 화면 정중앙에 ❷ 'Hello World'라는 글씨가 보입니다.

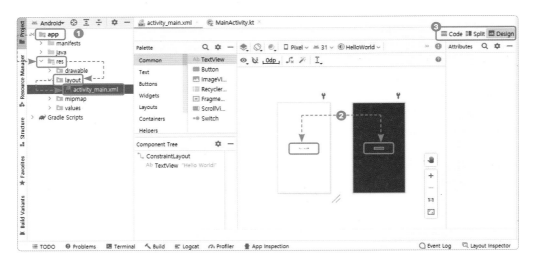

레이아웃 에디터의 모드에는 3가지가 있는데 각각의 모드는 ❸에서 변경할 수 있습니다. [Code]는 코드만 보여주고, [Split]은 코드와 디자인 모두 보여줍니다. [Design]은 디자인된 화면을 보여줍니다. 한 번씩 눌러보세요.

▼ Code, Split, Design 모드

| Code | Split | Design |

1.5.3 레이아웃 수정해보기

간단하게 앱을 구동시켜보는 것이 목적이므로 다른 건 그대로 두고 디자인 탭에서 출력 문구만 변경해보겠습니다.

To Do 01 정가운데 있는 ❶ 텍스트뷰(Hello World)를 클릭하면, ❷ 오른쪽 [Attributes] 탭에 해당 뷰와 관련된 정보가 뜹니다.

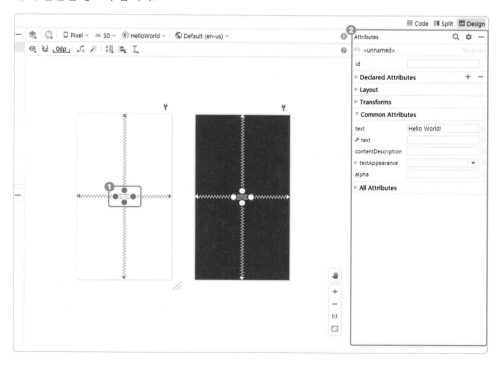

02 [Common Attributes] 탭 안에 있는 ❶ text 속성에서 "Hello World!"를 "안녕 세상아!"로 바꾸고 enter 를 눌러주세요. 그러면 왼쪽 레이아웃 미리보기 역시 "안녕 세상아!"로 바뀝니다.

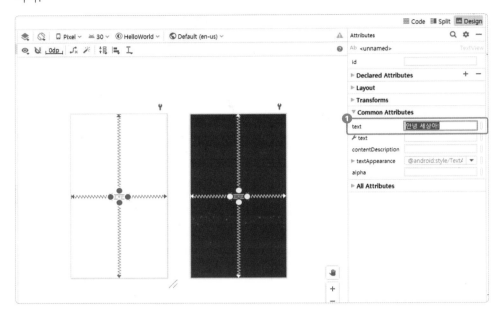

03 [Design] 탭 왼쪽에 있는 [Code] 탭을 클릭하면 수정한 텍스트가 반영되어 있습니다. 디자인 모드에서 수정하면 XML 파일에 자동 반영됩니다. 반대로 XML 파일에서 수정하면 디자인에 자동 반영됩니다. 수정된 곳은 딱 한 줄입니다.

수정 전 `android:text="Hello World"`

수정 후 `android:text="안녕 세상아!"`

이것으로 여러분의 첫 안드로이드 앱이 완성되었습니다.

알려드려요

레이아웃을 수정하는 자세한 방법은 4장에서 배웁니다. XML을 전혀 모르시는 분은 4.3절 '레이아웃 파일 코딩을 위한 아주 얕은 XML 지식'을 참고해주세요.

1.5.4 android:exported 확인

exported 속성은 앱에서 만든 액티비티, 서비스와 같은 컴포넌트들이 외부 앱에 의해 실행될 수 있는지를 정의하는 데 쓰입니다. 핵심은 '다른 앱과 상호작용이 필요한가'입니다. API 버전 30까지는 기본값이 true이고 공개하고 싶지 않은 경우에만 false를 명시하면 되었지만 이제는 직접 명시해주어야 합니다. 그렇지 않으면 에러를 발생시킵니다. 여러분이 이 프로젝트를 생성하고 실행할 때쯤이면, 타깃 API 버전이 31 이상일 겁니다(build.gradle 파일의 defaultConfig 태그 안 targetSdk를 확인해보세요).

만약 안드로이드 스튜디오 버전이 Arctic Fox | 2020.3.1 이상이 아니라면 다음 내용을 추가하세요. 최신 버전이라면 exported 속성이 액티비티가 생성될 때 자동으로 추가되어 있을 겁니다. 이 경우에는 넘어가주세요.

To Do **01** exported 속성은 AndroidManifest.xml 파일에서 수정할 수 있습니다. [app] → [manifests] → AndroidManifest.xml 파일을 열어주세요.

02 activity 태그 안 속성을 ❶ android:exported="true"로 지정합니다.

```xml
<?xml version="1.0" encoding="utf-8"?>
<manifest xmlns:android="http://schemas.android.com/apk/res/android"
    package="com.example.helloworld">

    <application
        android:allowBackup="true"
        android:icon="@mipmap/ic_launcher"
        android:label="@string/app_name"
        android:roundIcon="@mipmap/ic_launcher_round"
        android:supportsRtl="true"
        android:theme="@style/Theme.HelloWorld">
        <activity android:name=".MainActivity"
            android:exported="true">    // ❶ 여기 추가
            <intent-filter>
                <action android:name="android.intent.action.MAIN" />

                <category android:name="android.intent.category.LAUNCHER" />
            </intent-filter>
        </activity>
```

```
    </application>

</manifest>
```

1.6 에뮬레이터로 실행하기

에뮬레이터란 가상 단말^{Android Virtual Device}로써 실제 안드로이드 기기가 없더라도 얼마든 개발이 가능하게끔 해주는 고마운 친구입니다. 여러 해상도와 API 레벨을 설정하여 테스트할 수 있어서 실제로 가지고 있지 않은 기기에서도 테스트할 수 있습니다. 함께 에뮬레이터를 생성해봅시다.

To Do **01** AVD^{Android Virtual Device} Manager를 실행해보겠습니다. 안드로이드 스튜디오 창의 우측 상단에 있는 메뉴바 중 휴대폰 모양이 있는 ❶ 🔲 아이콘을 클릭합니다(상단 메뉴에서 [Tools] → [AVD Manager]를 클릭해도 됩니다).

02 ❶ [Create Virtual Device..] 버튼을 눌러주세요.

▼ 에뮬레이터가 하나도 없을 때

▼ 이미 생성한 에뮬레이터가 있을 때

03 에뮬레이터의 하드웨어를 설정하겠습니다. ❶ [Phone] → ❷ [Pixel 2] → ❸ [Next] 버튼을 눌러주세요.

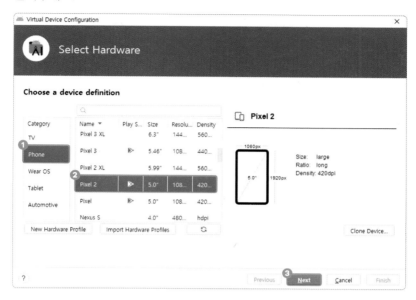

04 이번에는 해당 에뮬레이터의 이미지를 설정하겠습니다. 여기서 이미지는 사진이라는 뜻이 아니라 하드웨어를 실행하는 정보라고 생각하면 됩니다. 여러 버전이 존재하는데요, 현 시점 가장 최신 버전인 ❶ API 레벨이 30인 R 옆의 [Download] 버튼을 누릅니다.

최초 설치 시 다음과 같은 창이 뜹니다. ❶ [Accept] → ❷ [Next] 버튼을 클릭합니다.

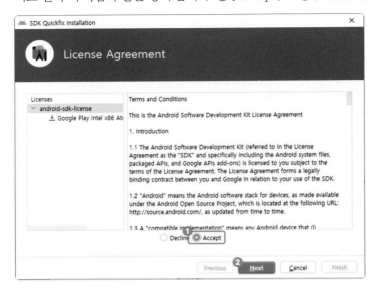

05 그러면 다운로드가 시작됩니다. 다운로드가 끝나면 ❶ [Finish] 버튼을 눌러주세요.

06 이제 ❶ R 옆에 다운로드 버튼이 사라졌습니다. 해당 버전을 선택한 상태에서 ❷ [Next] 버튼을 눌러주세요.

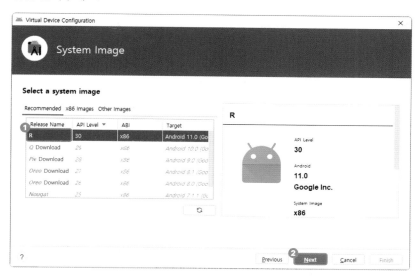

07 이름이 자동으로 ❶ Pixel 2 API 30으로 지정되어 있습니다. 그대로 두고 ❷ [Finish] 버튼을 클릭합니다.

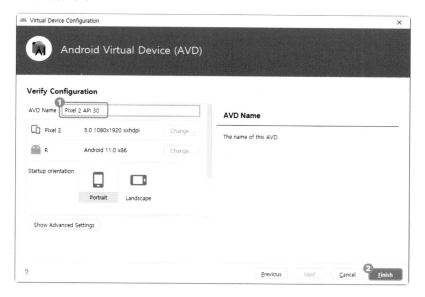

그러면 방금 추가한 Pixel 2 API 30이 에뮬레이터 목록에 보입니다.

08 이제 직접 실행해볼까요? AVD창을 닫고, 안드로이드 스튜디오 상단 메뉴에서 ❶ 방금 만든 에뮬레이터를 선택하고 ❷ ▶ [Run] 버튼을 클릭합니다 (메뉴에서 [Run] → [Run...]을 클릭해도 됩니다).

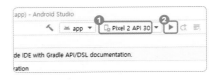

조금만 기다리면 다음 그림과 같이 앱이 실행되고 우리가 직접 텍스트를 바꿨던 "안녕 세상아!" 문구를 볼 수 있습니다(처음 실행하면 에뮬레이터가 로딩되는 데 5분 이상 걸릴 수 있습니다). 정말 실제 휴대폰 같죠? 휴대폰 오른쪽에 있는 여러 버튼을 눌러보며 에뮬레이터와 익숙해져보세요.

▼ 에뮬레이터 로딩 중

▼ 앱 실행 완료

에뮬레이터가 동작하지 않습니다!

사용자 계정이 한글이거나, 가상 머신 기능이 활성화되지 않았거나, 가상 머신 안에서 안드로이드 스튜디오를 사용했을 확률이 99%입니다.

케이스 1 : 한글 사용자 계정일 때

인터넷에서 검색하면 수많은 해결책을 만나게 될 겁니다. 경로에 한글이 포함되어 있는지 확인하는 방법은 다음과 같습니다.

01 ❶ → ❷를 연속 클릭해 AVD Manager를 실행합니다.

02 ❶과 ❷를 차례대로 클릭합니다.

03 Path에 한글이 있나 확인합니다.

경우의 수가 너무 많으므로 영문으로 된 새 계정을 만드는 방법이 가장 확실합니다. 개발용 PC에 한글 계정을 생성하는 일은 삼가합시다.

케이스 2 : 가상 머신 켜기

01 ① 윈도우 검색창에 'windows 기능'을 입력하고 ② 검색된 'windows 기능 켜기/끄기'를 클릭합니다.

02 하이퍼바이저 관련 ①과 ② 기능 모두를 선택해주고 ③ [확인]을 클릭합니다. ④ 그리고 나서 재부팅을 해주세요. 참고로 하이퍼바이저 기능이 안 보이면 관련 기능을 지원하지 않는 PC이므로 사양을 확인해주세요. 하이퍼바이저 기능을 지원하지 않으면 에뮬레이터가 동작하지 않습니다.

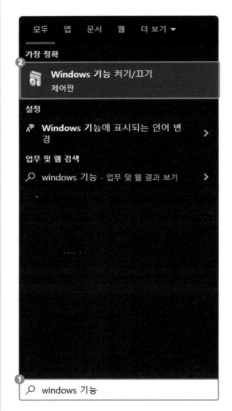

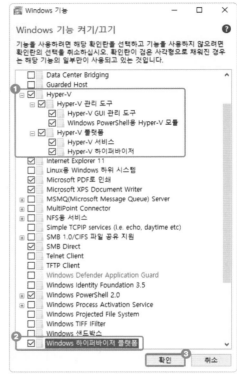

케이스 3 : 가상 머신 안에서 안드로이드 스튜디오를 사용했을 때

버추얼박스 같은 가상 머신 안에서는 안드로이드 에뮬레이터가 실행되지 않습니다.

▼ 안드로이드 공식 홈페이지의 안내문[3]

> **제한사항**
>
> VM 가속에는 다음과 같은 제한사항이 있습니다.
>
> - **다른 VM 내에서 VM 가속 에뮬레이터를 실행할 수 없습니다**(예: VirtualBox나 VMWare, Docker에서 호스팅하는 VM). 호스트 컴퓨터에서 직접 VM 가속 에뮬레이터를 실행해야 합니다.

대개는 AVD를 실행하는 데 필요한 HAXM 설치 자체가 안 되는 증상으로 시작됩니다.

열심히 인터넷에서 찾아 강제 설치를 하더라도 결국에는 에뮬레이터 실행에 실패하게 될 겁니다. 그러니 가상 머신에 대한 미련을 깔끔히 버리고 호스트 PC에서 진행해주세요.

알려드려요

지금부터는 특별한 언급이 없으면 'Pixel 2 API 30' 에뮬레이터를 사용합니다. 실행 결과가 다른 분은 꼭 사용 중인 에뮬레이터 버전을 확인하세요.

---

3 출처 : https://developer.android.com/studio/run/emulator-acceleration?hl=ko

1.7 실제 기기로 실행하기

아무리 에뮬레이터가 실제 기기와 거의 비슷한 기능을 제공한다고 해도, 100% 같다고는 할 수 없습니다. 이번에는 실제 기기에서 앱을 실행하는 방법을 알아보겠습니다.

1.7.1 기기를 개발용으로 설정하기

개발한 앱을 실제 기기(여기서는 휴대폰)에서 실행하려면 PC와 기기를 USB로 연결해야 합니다. 하지만 그에 앞서 기기에서 개발자 모드를 활성화시켜야 합니다. 현재 스크린샷에 나와있는 기종은 갤럭시 노트 10입니다.

To Do **01** ❶ [설정]을 열고 → ❷ 검색창에서 '빌드 번호'를 검색 → ❸ [빌드 번호]를 클릭해 이동합니다 (안드로이드 버전에 따라 메뉴 위치나 [빌드 번호] 하위 문구가 다를 수 있으나 '빌드 번호'라는 글자 자체는 같습니다).

02 '개발자 모드를 켰습니다' 팝업이 뜰 때까지 ❶ [빌드 번호]를 여러 번 계속 터치해주세요. '개발 설정 완료 3단계 전입니다', '개발 설정 완료 2단계 전입니다' 같은 팝업이 도중에 뜰 겁니다. 기종에 따라 이 과정에서 PIN 번호를 입력해야 할 수도 있습니다.

03 개발자 모드를 활성화하고 ❶ [설정] → ❷ 검색창에서 '개발자 옵션'을 검색 → ❸ [개발자 옵션]을 클릭합니다.

04 휴대폰과 컴퓨터를 USB로 연결해야 하므로 [USB 디버깅]을 켜주세요('USB 디버깅을 허용하시겠습니까?' 팝업이 뜨면 확인을 눌러주세요).

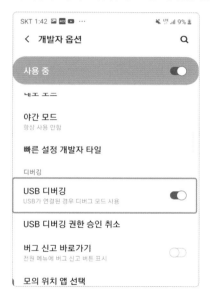

이렇게 하면 일단 기기는 준비가 되었습니다.

05 다음은 컴퓨터 시스템을 설정해주겠습니다. 이 과정은 윈도우 사용자에만 해당됩니다. 맥OS나 리눅스에서는 USB만 꽂으면 바로 연결됩니다.

윈도우 사용자는 휴대폰 제조사가 제공하는 USB 드라이버를 설치해야 합니다. 예를 들면 삼성 휴대폰이면 삼성 USB 드라이버를, LG 휴대폰이면 LG USB 드라이버를 설치해야 합니다. 해당 드라이버는 "[제조사] USB 드라이버 설치"로 구글링하면 쉽게 찾을 수 있습니다. 드라이버 설치는 윈도우 사용법이므로 여기서는 생략하겠습니다.

기기 설정과 USB 드라이버 설치가 끝났으면 모든 준비는 완료된 겁니다. USB 케이블로 컴퓨터와 휴대폰을 연결하세요.

1.7.2 실제 기기에서 앱 실행하기

To Do 01 ❶ 드롭다운 메뉴를 클릭해 연결한 기기를 선택합니다. ❷ [Run] 버튼을 누릅니다.

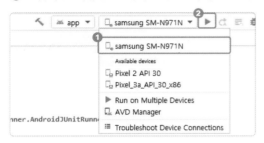

그럼 연결한 기기에 앱 설치가 시작되고 1-2분 후에 앱이 실행됩니다.

단순하고 시시해보일 수도 있지만 앱 개발의 첫 단추를 뀐 감격적인 순간입니다. 이 책에서 수도 없이 에뮬레이터 혹은 실제 기기에 앱을 설치하면서 앱을 개발해나갈 겁니다.

학습 마무리

코틀린으로 안드로이드 앱을 개발할 준비를 마쳤습니다. 다음 장에서는 코틀린 문법을 빠르게 배우겠습니다.

핵심 요약

1 안드로이드는 구글이 만든 오픈 소스 모바일 운영체제입니다.

2 코틀린은 자바처럼 JVM에서 동작하는 프로그래밍 언어로서 간결성, 안정성, 호환성이 뛰어나 안드로이드 개발에 용이합니다.

3 앱이 배포되기까지는 기획, 디자인, 개발 및 테스트 과정을 거칩니다.

4 [manifests]는 앱의 패키지 이름과, 앱의 구성요소, 권한 등이 정리된 폴더입니다.

5 [java]는 앱의 작동 로직인 자바와 코틀린 파일을 모아놓은 폴더입니다.

6 [res]는 앱 내에서 쓰이는 이미지, 레이아웃, 색상 값과 같은 자원들을 모아놓은 폴더입니다.

7 [Gradle Scripts]는 프로젝트 단위, 모듈 단위에서 여러 빌드 속성을 정의하는 폴더입니다.

코틀린 문법 빠르게 살펴보기

☐ **학습 목표** 코틀린 핵심 문법을 쏙쏙 살펴보겠습니다. 안드로이드 앱을 코틀린으로 개발하면 자바보다 훨씬 효율적으로 코드를 작성할 수 있습니다. 이미 자바를 안다면 더 쉽게 학습할 수 있을 겁니다. 이미 코틀린 문법을 안다면 이번 장을 건너뛰어도 됩니다.

☐ **학습 순서**

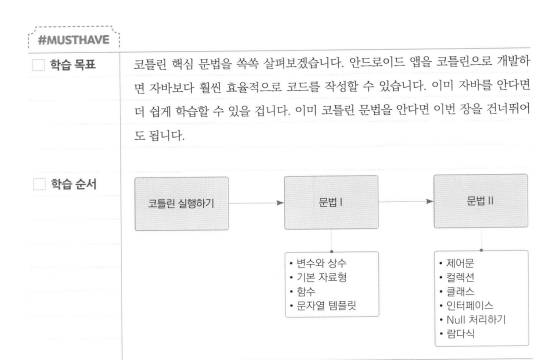

알려드려요

코틀린 유튜브 강의 소개
유튜브 Code with joyce 채널 강의 '코틀린 3강으로 끝내기'도 시청해보세요. 코틀린 문법을 익히는 데 도움이 될 겁니다.
• https://url.kr/j8kbdz

2.1 코틀린 실행하기

안드로이드 스튜디오는 코틀린 언어를 실행할 수 있는 스크래치라는 간편하고 강력한 툴을 제공합니다. 이제부터 안드로이드 스튜디오를 사용해서 코틀린 문법을 알아보겠습니다.

2.1.1 스크래치 실행하기

프로젝트를 먼저 생성하겠습니다.

To Do **01** 안드로이드 스튜디오를 실행해 프로젝트를 생성합니다.

- 웰컴창이 나타나면 [Projects] → [New Project]를 눌러주세요.

- 이미 다른 프로젝트가 로딩된 화면이 나타난다면 메뉴에서 [File] → [New] → [New Project...]를 선택합니다.

02 ❶ [No Activity]를 선택합니다. ❷ [Next]를 눌러주세요.

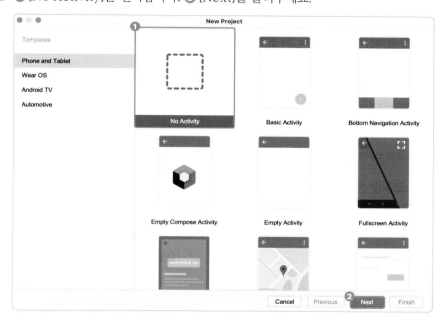

03 설정 화면이 나옵니다. ❶ 프로젝트 이름으로 LearningKotlin을 적어주세요. ❷ 저장할 폴더 위치를 지정합니다. 오른쪽 폴더 아이콘을 눌러 위치를 직접 지정하면 됩니다. ❸ 프로젝트 기본 언어로 Kotlin을 선택합니다.

❹ 앱이 지원할 최소 SDK를 'API 26: Android 8.0 (Oreo)'로 지정합니다. 코틀린 파일만 실행할 것이기 때문에 최소 SDK는 무엇을 해주더라도 상관은 없습니다. 모든 설정을

마쳤다면 ❺ [Finish]를 누릅니다.

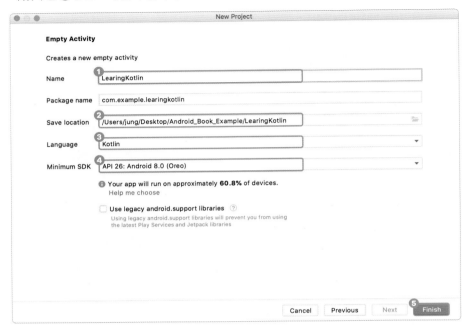

04 일정 시간이 지나 프로젝트가 완전히 생성되었으면, 코틀린을 쉽게 실행할 수 있는 스크래치
를 사용해보겠습니다. ❶ 안드로이드 스튜디오 상단 메뉴에서 [File] → [New] → [Scratch
File]을 선택합니다. ❷ 그리고 스크롤을 내려 [Kotlin]을 선택하세요.

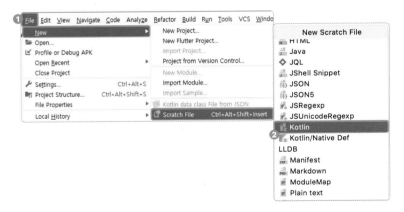

05 코틀린을 배우기 앞서 스크래치창을 살펴봅시다. ❶ [Android] → [Scratches and Consoles]를 클릭합니다.

06 ❶ [Scratches] 폴더 아래 생성된 scratch.kts가 보일 겁니다. 우리가 앱을 만들 때 생성할 코틀린 파일은 .kt 확장자인데요, 이 파일이 .kts 확장자인 이유는 스크립트 파일이기 때문입니다. 스크립트 파일은 일반 .kt 파일과는 다르게 컴파일이 없이 바로 실행되어 문법을 익히기 편합니다. ❷ 코틀린 코드를 작성하는 공간입니다. ❸ 실행 결과가 보이는 공간입니다. ❹ 툴바 영역입니다.

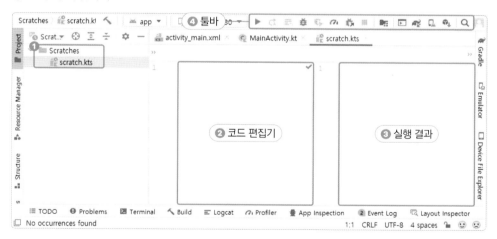

07 코드를 작성하는 창 위에 있는 메뉴 바를 살펴봅시다.

❶ 스크래치 파일을 실행하는 버튼입니다. ❷ 출력 결과를 모두 지워줍니다. ❸ 모듈을 임포트하는 데 사용합니다. 프로젝트에서 사용할 클래스를 가져와서 실행할 수 있답니다. 하지만 코틀린 언어를 배울 것이므로 모듈을 가져올 필요가 없으니 〈no module〉 그대로 둡니다. ❹ [Interactive mode]를 체크하면 사용자가 2초 이상 타이핑을 멈췄을 때 자동으로 스크래치 파일을 실행시켜줍니다. 여러모로 편리하므로 체크해둔 채로 코틀린을 배워보세요. ❺ REPL은 Read eval print loop의 줄임말로 코드를 한 줄씩 실행하는 기능입니다. 우리는 여러 줄의 코드를 한꺼번에 실행하는 실습이 있으므로 체크박스를 해제해줍니다.

08 println("Hello World!")를 입력하고 → 실행 버튼을 누르거나 2초간 기다려주세요. 다음과 같이 출력 결과가 나오면 성공입니다.

2.2 코틀린 기본

코틀린 첫걸음입니다. 변수와 상수를 선언하는 방법, 함수의 모양새, 그리고 코틀린에서 새롭게 소개된 Nullable(null 안정성) 개념을 배워보겠습니다. 스크래치 파일에 코드를 적으며 따라와 보세요.

2.2.1 변수와 상수

코틀린에서는 변수variable를 var로, 상수값을 val로 선언합니다. val은 다음과 같은 방법으로 사용합니다.

```
val pi : Double = 3.14     // val 변수명 : 자료형 = 값
```

자료형을 앞에 쓰던 자바와는 다르게 코틀린은 변수명을 먼저 쓰고, 콜론 :을 쓴 후 자료형을 명시합니다. 문맥상 추론이 가능하면 자료형을 생략할 수 있습니다. 이를 코틀린의 형추론이라고 합니다.

```
val name = "gil-dong" // 형추론 (String)
```

val은 상수이므로 값을 재할당을 하면 다음과 같이 컴파일 오류가 납니다.

```
val pi = 3.14
pi = 3.141592 // 오류 (Val cannot be reassigned)
```

값을 변경하고 싶을 때는 var를 사용해야 합니다. var로 정의된 변수의 값은 바꿀 수 있습니다.

```
var age = 21     // 형추론 (Int)
println(age)     // 21
age = 25         // 재할당
println(age)     // 25
```

2.2.2 기본 자료형

코틀린에서 자료형은 크게 기본 자료형primitive data type과 참조 자료형reference data type으로 나뉩니다. 각각 기본형, 참조형으로 줄여 부르기도 합니다. 기본형은 순수하게 값을 저장하는 자료형입니다. 자바에서는 int, byte, boolean 등이 해당됩니다. 참조형은 객체를 만들고 변수에는 객체의 참조값을 저장합니다. 자바에는 String, Array 등이 해당합니다.

코틀린의 자료형은 모두 참조형입니다. 즉 모든 자료형이 객체 형태라고 생각하면 됩니다.

숫자(정수, 실수) 자료형
코틀린의 정수 자료형은 다음과 같습니다.

자료형	크기	값의 범위
Byte	1 Byte	$-2^7 \sim 2^{7-1}$ (−128 ~ 127)
Short	2 Byte	$-2^{15} \sim 2^{15-1}$ (−32768 ~ 32767)
Int	4 Byte	$-2^{31} \sim 2^{31-1}$
Long	8 Byte	$-2^{63} \sim 2^{63-1}$

직접 다음 코드를 스크래치 파일에서 작성해보세요. 코틀린은 형추론을 통해서 자료형을 명시

하지 않아도 알아서 추론합니다. 정수의 경우 Int형으로 추론하기 때문에 Byte나 Short 같은 작은 범위를 사용할 때는 자료형을 지정하세요.

```
31   val numByte : Byte = 100            31   val numByte: Byte
32   val numShort : Short = 20           32   val numShort: Short
33   val numInt : Int = 1  // 자료형 생략 가능   33   val numInt: Int
34   val numLong : Long = 2L //자료형 생략 가능   34   val numLong: Long
```

코틀린의 실수 자료형은 다음과 같습니다.

자료형	크기	값의 범위
Double	8바이트	1.79E-308 ~ 1.79E+308
Float	4바이트	3.4E-38 ~ 3.4E+38

실수의 경우 자료형을 명시하지 않으면 Double형이 됩니다. Float형으로 지정하고 싶다면 값 뒤에 f를 추가로 붙여주세요.

```
val numDouble : Double = 3.2  // 자료형 생략 가능   38   val numDouble: Double
val numFloat : Float = 3.2f  // 자료형 생략 가능   39   val numFloat: Float
```

문자 자료형

문자 자료형은 문자 하나를 표현하는 Char형과 문자열을 표현하는 String형으로 나눌 수 있습니다.

Char형은 문자를 작은따옴표로 감싸 값을 표현합니다.

```
val char1 : Char = 'H' // 자료형 생략 가능
```

String형은 문자열을 큰따옴표로 감싸 표현합니다.

```
val string1 : String = "Hi, This is String" // 자료형 생략 가능
```

논리 자료형

참, 거짓을 표현하는 논리 자료형, Boolean형을 알아봅시다. 값은 true, false가 될 수 있으며 주로 조건 검사에 사용됩니다.

```
val isTrue : Boolean = true // 자료형 생략 가능
```

배열 자료형

배열을 나타내는 자료형으로는 Array가 있습니다. 배열을 만드는 방법은 바로 arrayOf( )라는 함수를 사용하는 겁니다. 또한, 배열을 만들고 나서는 연산자 []를 이용해 배열의 요소에 접근할 수 있습니다.

```
val stringArray : Array<String> = arrayOf("apple","banana","grape")
val intArray = arrayOf(1,2,3) // 자료형 생략

println(stringArray[0])  // apple
println(intArray[2])     // 3
```

명시적 형변환

변환될 자료형을 직접 지정하는 것을 명시적 형변환이라고 합니다. 예를 들어 Int형을 String형으로 만들거나, Int형을 Double형으로 만들거나 하는 행위입니다.

다음 코드를 직접 작성해보세요.

```
val score = 100 // Int형
val scoreString = score.toString() // String형
val scoreDouble = score.toDouble() // Double형

println(scoreDouble) // 100.0
```

2.2.3 함수

코틀린에서 함수의 기본적인 모양(문법)은 다음과 같습니다.

```
함수    fun 함수명 (매개변수) : 반환 자료형 {
            // 실행할 코드 내용
        }
```

다른 언어를 배우고 왔다면 처음에 약간 헷갈릴 수도 있으니 직접 함수를 작성하며 익숙해져봅시다. 나이를 출력하는 함수를 작성해봅시다.

```
fun printAge(age : Int) : Unit {
    println(age)
}

printAge(15)    // 15
```

fun 키워드 뒤에 함수명 printAge를 작성한 후, 매개변수로 나이를 받습니다. 매개변수를 선언할 때는 **매개변수명 : 자료형** 형태로 적습니다. 그리고 반환 자료형을 적어주는데, 이 함수에서는 반환값이 필요 없으므로 Unit형을 적었습니다. Unit형은 자바의 void에 대응하며, 생략할 수 있습니다. 생략한 코드는 다음과 같습니다.

```
fun printAge(age : Int) {     // Unit 생략
    println(age)
}
```

이번에는 반환값이 있는 함수를 만들어봅시다. 숫자 2개를 인수로 받아 더한 값을 반환하는 addNum() 함수를 다음과 같이 작성해보세요.

```
fun addNum(a : Int, b : Int) : Int {
    return a + b
}

println(addNum(200, 400))     // 600
```

앞의 함수의 반환값은 Unit이 아닌 Int이므로 반드시 반환형을 명시해주어야 합니다. 반환 자료형을 생략할 수 있는 경우는 반환 자료형이 Unit일 때와 단일 표현식 함수일 때입니다. 단일 표현식 함수는 실행할 코드가 표현식 하나로 이루어진 함수를 말합니다.

```
fun minusNum(a : Int, b : Int) = a-b

println(minusNum(minusNum(1000, 200), 100))     // 700
```

minusNum( ) 함수는 표현식이 하나인 단일 표현식 함수입니다. 반환형을 명시해주지 않았지만 형추론으로 무사히 결괏값을 얻을 수 있습니다.

2.2.4 문자열 템플릿

우리는 가끔 변수를 포함해 문자열을 만들 때가 있습니다. 자바에서는 + 연산자를 이용해서 값을 만들었는데요, 가독성이 떨어지고 코드가 길어질 수 있습니다. 코틀린에서는 간단하게 $를 변수 명 앞에 덧붙이면 됩니다. 변수가 하나면 $, 더 많다면 ${ }로 감싸주면 됩니다.

```kotlin
val price = 3000
val tax = 300

val originalPrice = "The original price is $price"
val totalPrice= "The total price is ${price + tax}"

println(originalPrice) // The original price is 3000
println(totalPrice)    // The total price is 3300
```

2.3 제어문

코틀린은 직관적이고 간결한 제어문을 제공합니다. 아마 코틀린으로 제어문을 작성해보면, 다시는 자바로 돌아가기 싫을 겁니다. for, while, if, when을 이용한 제어문을 차례로 배워보기 전에, 범위 클래스를 먼저 배우겠습니다.

2.3.1 범위 클래스

코틀린을 이용하면 특정 범위의 값들을 간편하게 표현할 수 있습니다. 범위 클래스로는 IntRange, LongRange, CharRange 등이 있습니다. 예를 들어 IntRange 클래스를 사용해 1에서 5까지 숫자의 범위를 생성하는 코드를 살펴볼까요?

```kotlin
val numRange : IntRange = 1..5

println(numRange.contains(3)) // true
println(numRange.contains(10)) // false
```

알파벳의 범위도 마찬가지입니다. CharRange 클래스를 사용합니다.

```
val charRange : CharRange = 'a'..'e'

println(charRange.contains('b')) // true
println(charRange.contains('z')) // false
```

2.3.2 for문

for문은 대부분의 프로그래밍 언어에서 사용되는 반복문입니다. 코틀린에서는 in 연산자와 함께 쓰면 훨씬 간편하게 사용할 수 있습니다. 여러 예제를 차례로 살펴봅시다.

1에서 5까지 출력하는 반복문입니다.

```
for(i in 1..5) {
    println(i) // 1, 2, 3, 4, 5
}
```

5에서 1로 출력할 때는 downTo 키워드를 이용하면 됩니다.

```
for(i in 5 downTo 1) {
    println(i) // 5, 4, 3, 2, 1
}
```

1에서 10까지 2씩 증가할 때는 step 키워드를 사용하면 됩니다. step 키워드 뒤의 숫자를 바꿔서 증가 값을 바꿀 수 있습니다.

```
for(i in 1..10 step 2) {
    println(i) // 1, 3, 5, 7, 9
}
```

배열의 요소를 출력할 수도 있습니다.

```
val students = arrayOf("jun-gi","jun-su","si-u","yeon-seo","jun-seo")

for(name in students) {
    println(name)    // jun-gi, jun-su, si-u, yeon-seo, jun-seo
}
```

withIndex( ) 함수를 이용하면 요소의 인덱스도 함께 가져올 수 있습니다. 앞의 for문을 살짝 변형하여 이름과 인덱스를 함께 출력해봅시다.

```
for((index,name) in students.withIndex()) {
    println("Index : $index Name : $name")
}

// 출력 결과
// Index : 0 Name : jun-gi
// Index : 1 Name : jun-su
// Index : 2 Name : si-hu
// Index : 3 Name : yeon-seo
// Index : 4 Name : jun-seo
```

2.3.3 while문

while문은 주어진 조건이 참일 때 계속 반복하는 제어문입니다. 크게 while문과 do while문으로 나뉘는데 do while문은 조건과 관계없이 최소 한 번은 실행되는 특징이 있습니다.

다음과 같이 while문을 사용합니다.

```
var num = 1

while(num < 5) {
    println(num) // 1, 2, 3, 4까지 출력
    num++        // 1을 더함
}
```

do while문은 먼저 실행하고 조건을 판단하여 다시 실행할지 멈출지를 결정합니다. 최소 1회 실

행이 보장된 구문이죠.

```
var num = 1
do {
    num++
    println(num)   // 2, 3, 4, 5까지 출력
} while (num < 5)
```

2.3.4. if문

if문은 자바와 같은 방식으로 사용하면 됩니다. 다음 예제를 보세요.

```
val examScore = 60
var isPass = false

if(examScore > 80) {
    isPass = true
}

println("시험 결과 : $isPass")   // 시험 결과 : false
```

if-else문도 자바와 같습니다. 조건식을 통과하지 못했을 때 실행할 코드를 else 안에 넣어주면 됩니다.

```
val examScore = 99
if(examScore == 100) {
    println("만점이네요.")
} else {
    println("만점은 아니에요.")
}
```

if문을 다음과 같이 표현식으로도 사용할 수 있습니다. 일반적인 명령문[statement]은 어떤 동작[action]을 수행하는 데 반해, 표현식[expression]은 하나의 값[value]으로 평가되는 문장을 말합니다. 즉, 표현식을 해석하면 결국 값 하나만 남습니다. 그래서 다음과 같이 if문을 활용하여 변수에 값을 할당할 수 있습니다. 값을 할당해야 하므로 반드시 else문이 필요합니다.

```
val myAge = 40
val isAdult = if(myAge > 30) true else false

println("성인 여부 : $isAdult") // 성인 여부 : true
```

2.3.5 when문

코틀린에는 값에 따라서 분기하여 코드를 실행하는 switch문이 없습니다. 대신 when문이 있습니다. 아래 예제를 작성해보면서 when문의 쓰임새를 알아봅시다.

```
val weather = 15
when(weather) {
    -20 -> { println("매우 추운 날씨")}        // 값 하나
    11,12,13,14 -> {println("쌀쌀한 날씨")}    // 값 여러 개
    in 15..26 -> {println("활동하기 좋은 날씨")} // 범위 안에 들어가는 경우

    // 범위 안에 안 들어가는 경우
    !in -30..50 -> {println("잘못된 값입니다. -30 ~ 50 가운데 값을 적어주세요.")}
    else -> {println("잘 모르겠는 값")} // 위 경우가 모두 아닐 때
}
```

weather의 값으로 무엇으로 넣느냐에 따라 출력되는 값이 다릅니다. 특히 마지막 else문을 보면 아무것도 해당되지 않을 때 실행할 코드를 작성할 수 있습니다.

if문과 마찬가지로 when문도 값을 반환하는 표현식으로 사용할 수 있습니다. 값을 무조건 할당해야 하므로 else문이 필수로 들어가야 합니다.

```
val essayScore = 95
val grade = when(essayScore) {
    in 0..40 -> "D"
    in 41..70 -> "C"
    in 71..90 -> "B"
    else -> "A"
}
println("에세이 학점 : $grade")
```

2.4 컬렉션

자바에서도 리스트^{List}, 셋^{Set}, 맵^{Map} 등 여러 자료구조를 사용했습니다. 코틀린에서도 이러한 컬렉션을 모두 사용할 수 있을 뿐만 아니라 몇 가지 편리한 함수를 추가로 제공합니다. 또한 코틀린은 컬렉션을 읽기 전용^{immutable} 컬렉션과 읽기-쓰기^{mutable} 컬렉션으로 크게 두 가지로 나눕니다.

2.4.1 리스트(List)

리스트는 순서가 있는 자료구조입니다. 먼저 읽기 전용 리스트를 만들 것인지, 읽기 쓰기 모두 가능한 리스트를 만들 것인지를 정한 후, 목적에 맞는 함수를 사용해 리스트를 만들어야 합니다.

읽기 전용 리스트는 listOf( ) 함수를 사용합니다.

```
val numImmutableList = listOf(1,2,3)
numList[0] = 1 // 오류 발생
```

numList[0] = 1에서 오류가 발생하는데, 그 이유는 리스트가 immutable(읽기 전용)이기 때문입니다.

읽기 쓰기 모두 가능한 리스트를 만들려면 mutableListOf( ) 함수를 사용하면 됩니다.

```
val numMutableList = mutableListOf(1,2,3)
numMutableList[0] = 100     // 첫 번째 요소를 1에서 100으로 변경

println(numMutableList)     // [100, 2, 3]
println(numMutableList[0])  // 100
```

리스트에 어떤 요소가 있는지 확인할 때는 contains( ) 함수를 사용하세요.

```
println(numMutableList.contains(1))   // false
println(numMutableList.contains(2))   // true
```

2.4.2 셋(Set)

셋Set은 순서가 없습니다. 또한 중복되지 않은 요소들로 만들어지므로 같은 값을 추가하더라도 해당 값은 하나만 저장됩니다. 리스트와 마찬가지로 읽기 전용 셋과 읽기 쓰기 모두 가능한 셋, 총 두 가지를 제공합니다. 각각 setOf( ), mutableSetOf( ) 함수로 객체를 생성합니다.

```kotlin
// 읽기 전용 셋
val immutableSet = setOf(1,1,2,2,2,3,3)
println(immutableSet)   // [1, 2, 3]

// 읽기 쓰기 모두 가능한 셋
val mutableSet = mutableSetOf(1,2,3,3,3,3)
mutableSet.add(100)     // 100을 더한다. → true
mutableSet.remove(1)    // 1을 없앤다. → true
mutableSet.remove(200)  // 200을 제거 → false

println(mutableSet)     // [2, 3, 100]
println(mutableSet.contains(1)) // 앞에서 1을 제거했음 → false
```

2.4.3 맵(Map)

맵은 키와 값을 짝지어 저장하는 자료구조입니다. 키는 중복되지 않도록 해야 합니다. 역시 읽기 전용 맵과, 읽기 쓰기 모두 가능한 맵 두 가지 종류가 있습니다. 다음 예제를 보고 코드를 작성해 주세요(참고로 맵의 요소는 Pair(A,B)를 사용하는데 이는 A to B 로도 표현할 수 있습니다).

```kotlin
// 읽기 전용 맵
val immutableMap = mapOf("name" to "junsu", "age" to 13, "age" to 15, "height"
to 160)
println(immutableMap)   // {name=junsu, age=15, height=160} 키는 중복 불가이므로
                        // "age"는 뒤에 정의한 값으로 나옴.

// 읽기 쓰기 모두 가능한 맵
val mutableMap = mutableMapOf("돈까스" to "일식","짜장면" to "중식", "김치" to "중
식")
mutableMap.put("막국수","한식")       // 새로운 요소 추가 → null
mutableMap.remove("돈까스")           // key값으로 요소 삭제 → 일식
mutableMap.replace("김치","한식")      // 기존 요소 교체 → 중식
println(mutableMap) // {짜장면=중식, 김치=한식, 막국수=한식}
```

2.5 클래스

클래스란 객체를 정의하는 설계도라고 생각하면 됩니다. 예를 들면 자동차 설계도(클래스) 하나를 가지고 공장에서 여러 대의 자동차(객체)를 만들어낼 수 있습니다. 코틀린에서는 자바보다 클래스를 좀 더 편하게 정의할 수 있습니다. 자바의 보일러 플레이트 코드가 삭제되고 필요한 코드들만 작성하면 되도록 바뀌었습니다. 차례차례 코틀린의 클래스를 배워봅시다.

> **보일러 플레이트 코드**
> 상용구 코드라고도 합니다. 변형이 거의 또는 전혀 없이 여러 위치에서 반복되는 코드 문구를 말합니다.

> **Note** 함수 vs 메서드
> 프로그래밍에서 말하는 함수는 어떠한 기능을 수행하는 코드 형식입니다. 클래스 내부에 선언되어 있는 함수를 메서드라고 합니다. 메서드 역시 함수에 포함되는 개념입니다. 이 장에서만 메서드와 함수를 구분하고 다음 장부터는 함수로 통일하여 부르겠습니다.

2.5.1 클래스 선언 및 객체 생성

다음과 같이 class 키워드와 클래스 이름만으로도 클래스를 만들 수 있습니다. 하지만 아무 기능도 없어 의미가 없습니다.

```
class Car
```

읽기 전용 프로퍼티를 추가해봅시다. 프로퍼티란 클래스의 속성을 뜻합니다. 다음 예제에서는 color가 Car 클래스의 프로퍼티입니다.

```
class Car(val color : String)
```

객체를 생성해봅시다. 자바에서는 new 키워드를 사용했지만, 코틀린에서는 필요가 없습니다.

```
val car = Car("red")   // 객체 생성
println("My car color is ${car.color}") // 객체의 color 프로퍼티 사용
```

2.5.2 클래스 생성자

생성자는 객체를 생성할 때 항상 실행되는 특수한 함수로 객체 초기화가 목적입니다. 코틀린의 생성자로는 주 생성자primary constructor와 보조 생성자secondary constructor가 있습니다.

주 생성자

클래스 이름 옆에 괄호로 둘러쌓인 코드를 주 생성자라고 합니다. 다음 코드에서 박스 부분입니다.

```
class Person constructor(name : String) {}
```

키워드 constructor를 생략할 수도 있습니다.

```
class Person(name : String) {}
```

또한 var와 val을 이용하면 프로퍼티 선언과 초기화를 한 번에 할 수도 있습니다. 다음 예제는 name을 프로퍼티로 선언하고, 생성 시 입력된 값을 name 프로퍼티에 할당해줍니다.

```
class Person(val name : String) {}
```

보조 생성자

보조 생성자는 주 생성자와 다르게 클래스 바디 내부에서 constructor 키워드를 이용해 만들며, 객체 생성 시 실행할 코드를 작성해 넣을 수 있습니다.

```
class Person {
    constructor(age : Int) {
        println("I'm $age years old")
    }
}
```

주 생성자가 존재할 때는 반드시 this 키워드를 통해 주 생성자를 호출해야 합니다.

```
class Person(name : String) {
    constructor(name : String, age : Int) : this(name) {
        println("I'm $age years old")
    }
}
```

초기화 블록

객체 생성 시 필요한 작업을 하는 것이 초기화 블록입니다. init{ } 안의 코드들은 객체 생성 시 가
장 먼저 실행되고 주 생성자의 매개변수를 사용할 수 있습니다. 주로 주 생성자와 같이 쓰입니다.
다음 예제를 참고하세요.

```
class Person(name : String) {
    val name : String
    init {
        if (name.isEmpty()) { // 문자열이 비어 있는 경우 에러 발생
            throw IllegalArgumentException("이름이 없어요.")
        }
        this.name = name // 문자열이 안 비어 있으면 이름 저장
    }
}
```

Person 클래스는 이름을 인수로 받으며, 이름이 비어 있으면 에러를 발생시킵니다. 다음 코드를
작성 후 실행해보세요.

```
val newPerson = Person("") // 에러 발생
```

결과가 보이지 않고 IllegalArgumentException 에러가 납니다. 에러 내용은 안드로이드 스튜
디오 하단 메뉴에서 ❶ [Scratch Output]을 선택하면 볼 수 있습니다.

이름을 가진 Person 객체를 생성해봅시다. 다음과 같이 코드를 작성하면 에러가 나지 않습니다. 이와 같이 우리는 초기화 블록을 통해 객체 생성 시 필요한 작업을 할 수 있습니다.

```kotlin
val newPerson = Person("yeon-seo")   // 객체 생성 성공
```

2.5.3 클래스의 상속

코틀린에서 클래스를 상속받으려면 부모 클래스에 open 키워드를 추가해야 합니다. 메서드도 자식 클래스에서 오버라이드하려면 부모 클래스의 메서드에 open 키워드를 추가해야 합니다. 다음은 Flower 클래스를 상속받는 Rose 클래스입니다. 콜론 :을 이용해 상속을 나타내면 됩니다.

> **메서드 오버라이드**
> Method Override. 우리 말로 메서드 재정의라고 합니다. 조상의 메서드를 자식 클래스에서 재정의하는 기법입니다.

```kotlin
open class Flower {
    open fun waterFlower() {
        println("water flower")
    }
}

class Rose : Flower() {
    override fun waterFlower() {
        super.waterFlower()      // Flower 클래스의 메서드 먼저 실행
        println("Rose is happy now")
    }
}

val rose = Rose()        // 객체 생성
rose.waterFlower()       // water flower; Rose is happy now
```

부모 클래스 생성자를 실행시키려면 자식 클래스에서 반드시 부모 클래스의 생성자를 명시적으로 호출해주어야 합니다.

```kotlin
open class Flower(val name : String) {}

class Rose(name : String, color : String) : Flower(name) {}
```

2.5.4 접근 제한자

접근 제한자란 자바를 공부했던 분이면 익숙할 텐데요, 간단하게 말하면 "누구에게 클래스의 메서드와 변수를 공개할 것인가?"를 정하는 겁니다. 코틀린 클래스의 기본 속성과 메서드는 public^퍼블릭입니다. public 이외에도, private^{프라이빗}, protected^{프로텍티드}, internal^{인터널} 접근 제한자가 있습니다.

각각의 접근 제한자가 공개하는 범위는 다음과 같습니다.

❶ public : 코틀린의 기본 접근 제한자입니다. 어디에서나 접근 가능합니다.

❷ internal : 같은 모듈 내에서 접근 가능합니다. 안드로이드 개발 시에는 한 프로젝트 안에 있으면 같은 모듈이라고 보면 됩니다. 만약 한 프로젝트에 여러 모듈을 만든다면 이는 모듈 간 접근이 제한됩니다.

❸ protected : 자식 클래스에서는 접근할 수 있습니다.

❹ private : 해당 클래스 내부에서만 접근할 수 있습니다.

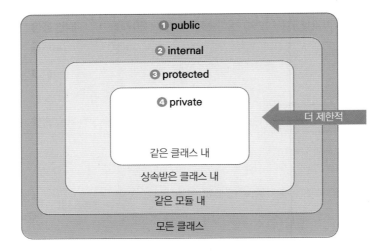

접근 제한자는 다음과 같이 변수나 메서드 앞에 써주면 됩니다.

```
private val b = 2
```

2.5.5 컴패니언 객체 : companion 키워드

자바에서 static 키워드를 이용하면 정의된 변수나 메서드들은 객체를 만들지 않고도 접근이 가능했습니다. 코틀린에서는 companion 키워드가 그 역할을 합니다.

```kotlin
class Dinner{
    companion object{        // ❶ object 키워드
        val MENU = "pasta"   // 정적 변수 생성
        fun eatDinner() {    // 정적 메서드 생성
            println("$MENU is yummy!")
        }
    }
}

println(Dinner.Companion.MENU) // pasta
println(Dinner.MENU) // Companion 생략 가능 → pasta
Dinner.eatDinner()   // pasta is yummy!
```

예상한 바와 같이 Dinner 클래스의 객체를 생성하지 않고도 companion으로 정의된 MENU 변수와 eatDinner( ) 메서드를 사용하는 데 성공했네요. ❶ object 키워드를 사용해서 만들어진 객체는 여러 번 호출되더라도 딱 하나의 객체만 생성되어 재사용됩니다.

2.5.5 추상 클래스

추상 클래스는 그 자체로는 객체를 만들 수 없는 클래스로, 일반적으로 추상 메서드가 포함된 클래스를 말합니다. 추상 메서드란 아직 구현되지 않고 추상적으로만 존재하는 메서드를 말합니다. 추상 클래스와 추상 메서드 앞에는 abstract 키워드를 붙입니다. 상속받는 자식 클래스에 특정 메서드 구현을 강제하고 싶을 때 씁니다. 추상 클래스 자체로는 직접 객체를 만들 수 없고 자식 클래스에서 추상 메서드를 구현한 다음, 자식 클래스의 객체를 생성하면 됩니다. 예를 들어 게임은 실체(객체)가 없지만 오버워치는 실체(객체)가 있죠. 여기서 게임은 추상 클래스, 오버워치는 추상 클래스를 상속받은 클래스입니다.

```kotlin
abstract class Game {
    fun startGame() {
        println("게임을 시작했습니다.")
```

```
    }

    // 추상 메서드
    abstract fun printName()
}

class Overwatch : Game() {
    override fun printName() { // 추상 메서드 구현
        println("오버워치입니다.")
    }
}

val overwatch = Overwatch()
overwatch.startGame() // Game 클래스 메서드 → 게임을 시작했습니다.
overwatch.printName() // Overwatch 클래스에서 구현한 메서드 → 오버워치입니다.
```

2.5.7 데이터 클래스

코틀린의 데이터 클래스는 특정한 메서드의 실행보다는 데이터 전달에 목적이 있습니다. 코틀린은 데이터 전달용 객체data transfer object를 간편하게 생성하도록 data class라는 키워드를 제공합니다.

주 생성자에는 반드시 val이나 var를 사용한 프로퍼티 정의가 적어도 하나 이상 필요하며 val, var가 아닌 매개변수는 사용할 수 없습니다.

```
data class Memo(val title : String ,val content : String ,var isDone : Boolean)
var memo1 = Memo("마트 가기","계란, 우유, 빵",false)
```

데이터 클래스는 각각의 프로퍼티에 대한 toString( ), copy( )와 같은 메서드를 자동으로 만들어줍니다. 각 메서드의 역할을 다음과 같습니다.

- toString( ) : 객체에 포함되어 있는 데이터를 출력하여 볼 수 있습니다. 생성자에 포함된 프로퍼티만 출력됩니다.
- copy( ) : 객체의 속성들을 복사하여 반환하는 메서드이며 인수로 받은 프로퍼티만 해당 값으로 바꾸어 복사해줍니다.

직접 위 Memo 데이터 클래스의 자동 생성된 메서드를 사용해봅시다.

```
data class Memo(val title : String ,val content : String ,var isDone : Boolean)
var memo1 = Memo("마트 가기","계란, 우유, 빵",false)
var memo2 = memo1.copy(content = "칫솔, 과자")  // content 프로퍼티만 변경

println(memo1.toString())
// Memo(title=마트 가기, content=계란, 우유, 빵, isDone=false)

println(memo2.toString())
// Memo(title=마트 가기, content=칫솔, 과자, isDone=false)
```

2.6 인터페이스

인터페이스를 한마디로 표현하자면, 클래스들이 같은 기능을 수행하게끔 강제하는 것을 말합니다. 예를 들면 자동차 인터페이스를 만든다면, 최소한 가고(drive) 멈추는(stop) 기능을 추상 메서드로 만들어야 할 겁니다. 그러면 자동차 인터페이스를 구현하는 모든 클래스는 반드시 drive( )와 stop( )을 오버라이드하여 구현을 해야 합니다. 이해가 잘 가지 않는다면, 다음 예제를 보면서 따라 해봅시다.

2.6.1. 인터페이스 정의

우선 Car 인터페이스를 정의하겠습니다. interface 키워드를 이용하면 인터페이스를 만들 수 있고, 추상 메서드임을 선언하는 키워드 abstract는 추상 클래스에서는 필요하나 인터페이스에서는 생략할 수 있습니다.

```
interface Car{
    abstract fun drive()
    fun stop() // abstract 생략 가능
}
```

2.6.2 디폴트 메서드

자바에 default 메서드가 있는 것처럼 코틀린도 인터페이스에서 기본적으로 구현하는 메서드를 제공할 수 있습니다. 해당 인터페이스를 구현하는 클래스들은 디폴트 메서드만큼은 오버라이드하지 않아도 됩니다(물론 필요하면 오버라이드할 수도 있습니다).

코틀린에서는 특별한 키워드 없이 디폴트 메서드를 구현해주면 됩니다. 다음 destroy( ) 함수가 디폴트 메서드입니다.

```
interface Car{
    abstract fun drive()
    fun stop() // abstract 생략 가능
    fun destroy() = println("차가 파괴되었습니다.")
}
```

2.6.3 인터페이스의 구현

인터페이스를 구현할 때는 클래스명 다음 콜론 : 뒤에 인터페이스 이름을 쓰면 됩니다.

```
class Ferrari : Car {
}
```

앞의 코드는 실행하면 에러가 납니다. 왜냐하면 인터페이스에 선언된 추상 메서드를 구현해주지 않았기 때문입니다. drive( ), stop( ) 메서드를 오버라이드하여 인터페이스를 구현해줍니다.

```
class Ferrari : Car {
    override fun drive() {
        println("페라리가 달립니다.")
    }

    override fun stop() {
        println("페라리가 멈춥니다.")
    }
}
```

Car 인터페이스를 구현한 Ferrari 클래스로 객체를 생성하고 사용해봅시다.

```
val myFerrari = Ferrari()      // 객체 생성

myFerrari.drive()         // 페라리가 달립니다.
myFerrari.stop()          // 페라리가 멈춥니다.
myFerrari.destroy()       // Car 인터페이스 디폴트 메서드 → 차가 파괴되었습니다.
```

2.6.4 다중 인터페이스 구현

한 클래스에서 클래스는 단 한 개만 상속받을 수 있습니다. 하지만 인터페이스는 2개 이상 구현할
수 있습니다.

```
interface Animal {
    fun breath()
    fun eat()
}

interface Human {
    fun think()
}

class Korean : Animal, Human { // 2개 이상의 인터페이스 구현
    override fun breath() {
        println("후-하 후-하")
    }
    override fun eat() {
        println("한식 먹기")
    }
    override fun think() {
        println("생각하기")    }
}
```

2.6.5 클래스 상속과 인터페이스 구현

2.6.4절의 다중 인터페이스 구현 예제에 추가로 Name 클래스를 상속받아봅시다. 코틀린은 다중 상속을 지원하지 않으므로 단 한 개의 클래스만 상속 가능하다는 점을 잊지 마세요. 그리고 부모 클래스 생성자에 필요한 인수는 자식 클래스 생성자에서 전달해주어야 합니다.

```kotlin
interface Animal {
    fun breath()
    fun eat()
}

interface Human {
    fun think()
}

open class Name(val name : String) {
    fun printName() {
        println("제 이름은 $name")
    }
}

class Korean(name : String) : Name(name), Animal, Human { // 부모 클래스 생성자에
                                                          // 필요한 인수 전달

    override fun breath() {
        println("후-하 후-하")
    }
    override fun eat() {
        println("한식 먹기")
    }
    override fun think() {
        println("생각하기")
    }
}

val joyce = Korean("정아")
joyce.breath()          // 후-하 후-하
joyce.printName()       // 제 이름은 정아
```

2.7 Null 처리하기

자바에서는 객체를 반환하는 함수가 반환할 객체가 없을 때 null을 반환합니다. 이 방식은 null 체크가 필요합니다. 안 그러면 NullPointerException을 만나게 될지도 모릅니다. 뭇 개발자들의 눈물을 자아냈던 NPE 에러가 코틀린에서 안전하게 해결됐습니다!

2.7.1 Nullable과 Non-Nullable

코틀린은 기본적으로 '객체는 null이 될 수 없다'고 봅니다. 따라서 모든 객체들은 생성과 동시에 초기화해야 합니다.

```
var myName : String      // 초기화를 해주지 않아 에러
```

그럼 해당 변수를 null로 초기화해봅시다. 그러면 다음과 같이 null이 될 수 없는 String형에 null을 넣어서 에러가 납니다.

```
var myName : String = null    // non-nullable 자료형에 null을 넣어서 에러
```

어떻게 하면 컴파일러에게 null값이 허용된다고 알려줄 수 있을까요? 바로 자료형 뒤에 ? 기호를 붙여 명시적으로 null이 올 수 있음을 알려주면 됩니다. Int가 non-nullable(null 불가)이라면 Int?는 nullable(null 가능)입니다. 같은 방식으로 String과 String?, ArrayList〈String〉과 ArrayList〈String〉?, CustomClass와 CustomClass?도 사용할 수 있습니다.

앞의 변수 자료형 String을 String?로 바꿔봅시다.

```
var myName : String? = null
```

이제 myName은 공식적으로 null이 가능한 String형이 되었습니다. 문자열 순서를 반대로 만들어주는 reversed( ) 메서드를 사용해보죠.

```
var myName : String? = null
myName= "Joyce"
println(myName.reversed()) // 에러 발생
```

이 코드에서 에러가 발생하는 이유는 바로 myName이 null이 될 수도 있기 때문에 코틀린 컴파일러가 개발자에게 확인하라고 알려서 그렇습니다. 그러므로 실제 실행하고 난 후 런타임 오류 (NullPointerException)가 나기 전에 코드 작성 시 미리 에러를 예방할 수 있습니다. 위 예시의 경우 너무 간단해서 null이 들어가지 않을 것이라 직관적으로 알 수 있습니다. 하지만 코드가 복잡해지면 실수로 null이 들어갈 가능성이 높아집니다. 코틀린은 놀랍게도 컴파일 시점에 null 가능성을 체크하여 오류에 안전한 방어적인 코드를 작성하도록 유도합니다. 엄격하다고 할 수 있지만, 안전한 것이 코틀린의 매력입니다.

자 그럼, 이제 이 코드를 어떻게 바꿔야 reversed( ) 메서드를 안전하게 부를 수 있을까요?

2.7.2 셰이프 콜 연산자 ?

? 연산자를 이용하면 메서드 호출, 혹은 객체 프로퍼티 접근과 null 체크를 한 번에 할 수 있습니다. ? 연산자를 셰이프 콜 연산자(안전 호출 연산자)라고 합니다. 만약 객체 참조가 null이면 셰이프 콜 연산자의 반환값은 null이 됩니다.

? 연산자를 이용해 myName 변수가 null이 아닌 경우에만 함수를 실행시켜봅시다.

```
fun reverseName(name : String?) : String? { // 인수, 반환값 자료형 모두 null 가능
    return name?.reversed() // name이 null이라면 null을 반환
}

println(reverseName("joyce")) // ecyoj
println(reverseName(null))    // null
```

현재 reverseName( ) 함수의 반환값은 null이 될 수도 있습니다. 하지만 반환값을 반드시 null이 아니게 하려면 어떻게 해야 할까요? 바로 이때 사용하는 것이 엘비스 연산자입니다.

2.7.3 엘비스 연산자 ?:

엘비스 연산자는 ? 연산자를 이용해 셰이프 콜을 할 시 null을 반환하지 않고, 기본값을 반환합니다. 사용법은 다음과 같습니다.

```
fun reverseName(name : String?) : String { // 반환 자료형은 null 불가능
    return name?.reversed() ?: "이름을 확인해주세요."  // null일 때 기본값 반환
}

println(reverseName("joyce")) // ecyoj
println(reverseName(null))         // 이름을 확인해주세요.
```

왜 엘비스 연산자로 불리느냐고요? 고개를 왼쪽으로 꺾고 ?: 표시를 보세요. ?가 엘비스 프레슬리의 시그니처 헤어 스타일입니다. :이 엘비스의 두 눈을 표현하고 있습니다.

2.7.4 확정 연산자 !!

세이프 콜 연산자와 엘비스 연산자만으로 코드를 안전하게 작성할 수 있습니다. 그런데 개발자의 귀차니즘을 더 충족시킬 연산자가 필요합니다. 바로 절대 null이 아님을 보증하는 확정 연산자 !! 입니다. 컴파일러에게 "이게 null이 가능한 자료형이긴 한데, 절대 null 아니니까 걱정마!!"라고 알리는 겁니다. 다음과 같이 씁니다.

```
fun reverseName(name : String?) : String { // 반환 자료형은 null 불가능
    return name!!.reversed() // 절대 null이 아님을 보증
}
```

null이 아닌 값을 함수의 인수로 넣으면 문제가 일어나지 않습니다.

```
println(reverseName("joyce"))   // ecyoj
```

하지만 다음과 같이 null을 넣으면 바로 NullPointerException 에러가 발생합니다. !! 연산자를 남용하면 코틀린이 제공하는 자료형 안전성을 제대로 누리는 것이 아닙니다. 편리하지만 무분별한 사용은 금물입니다.

```
println(reverseName(null)) // 에러 발생. java.lang.NullPointerException
```

2.7.5 lateinit 키워드와 lazy 키워드

lateinit은 var로 선언한 변수의 늦은 초기화를 돕고, lazy는 val로 선언한 상수의 늦은 초기화를 돕습니다.

lateinit 키워드

코틀린에서는 기본적으로 모든 변수는 null이 아니기 때문에 반드시 선언과 동시에 초기화돼야 했습니다. 만약 변수에 값을 나중에 넣고 싶으면 어떻게 해야 할까요? 그때 필요한 것이 lateinit 키워드입니다. lateinit 키워드를 사용하면 일단 변수를 선언하고 나중에 값을 할당할 수 있습니다.

```
lateinit var lunch : String   // lateinit 키워드로 나중에 값 할당할 것임을 선언
lunch = "waffle"


println(lunch)
```

lateinit 키워드는 사용할 때 몇 가지를 주의해야 합니다.

1 var 변수에서만 사용합니다.
2 nullable 자료형과 함께 사용할 수 없습니다.
3 초기화 전에 변수를 사용하면 에러가 발생합니다.
4 원시 자료형(Int, Double, Float) 등에는 사용이 불가능합니다.
5 **::변수명.isInitialized( )** 함수로 함수가 초기화되었는지 확인할 수 있습니다.

lazy 키워드

lazy를 이용하면 변경할 수 없는 변수인 val의 늦은 초기화를 할 수 있습니다. 객체가 생성될 때 초기화되는 것이 아니라 처음 호출될 때 lazy{ } 안의 코드가 실행되면서 초기화되는 것이지요.

```
val lazyBear : String by lazy{
    println("곰이 일어났습니다.")
    "bear"
}


println(lazyBear) // lazy 블록 실행됨
println(lazyBear) // 이미 초기화되었으므로 블록 실행 안됨
```

▼ 실행 결과

곰이 일어났습니다.

bear

▼ 실행 결과

bear

2.8 람다식

람다식^{Lambda Expression}은 람다 표현식, 람다라고도 불립니다. 람다식을 한 줄로 표현하면 다음과 같습니다.

> "람다식은 마치 값처럼 다룰 수 있는 익명 함수다."

이 말을 하나하나 이해해보겠습니다.

일단 익명 함수라는 것은 무엇일까요? 바로 이름이 없이 정의되는 함수를 말합니다. 다음 코드에서 sayHello 변수에 할당되는 함수가 익명 함수입니다.

```
val sayHello = fun() { println("안녕하세요.") }
sayHello()   // 안녕하세요.
```

람다식을 값처럼 다룰 수 있다는 말은, 람다식 자체가 함수의 인수가 되거나 변환값이 될 수 있다는 말입니다. 그 방법은 예제들을 보며 학습하도록 하겠습니다.

2.8.1 람다식 정의

람다를 이용하여, 인수 숫자의 제곱값을 반환하겠습니다.

```
val squareNum : (Int) -> (Int) = { number -> number*number }
println(squareNum(12)) // 144
```

정의된 람다식을 더 자세히 들여다보며, 람다의 기본 정의 방법을 알아보겠습니다.

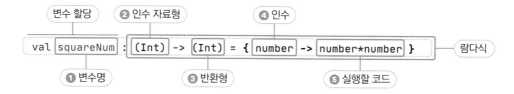

❶ 람다식을 저장할 변수의 이름을 지정합니다. ❷ 람다식의 인수 자료형을 지정하고, ❸ 람다식의 반환 자료형을 지정합니다. 이 경우에는 정수를 넣고 정수를 반환합니다. ❹ 인수 목록을 나열합

니다. number의 자료형은 ❷ 자료형에서 명시를 해주었으므로 형추론이 되어 number는 Int가 됩니다. ❺ 람다식에서 실행할 코드를 지정합니다.

자료형은 ❷, ❸ 자리에 넣어도 되지만 ❹에서 명시해주어도 됩니다. 어디든 한 곳에서는 명시를 해야 합니다. 다음 코드는 앞의 코드와 똑같이 작동하는 함수입니다.

```
val squareNum2 = {number : Int -> number*number}
```

또한 람다식의 인수가 한 개이면 인수를 생략하고 it으로 지칭할 수 있습니다. 다음 코드는 앞의 코드와 동작이 같습니다.

```
val squareNum3 : (Int) -> Int = {it*it}
```

2.8.2 람다를 표현하는 다양한 방법

람다는 앞서 말했듯이 "값처럼" 사용할 수 있는 익명 함수입니다. 값처럼 사용한다는 것은 함수의 인수로도 넣어줄 수 있다는 말입니다. 다음 invokeLambda( ) 함수를 보겠습니다.

```
fun invokeLambda (lambda : (Int) -> Boolean): Boolean { // 람다식을 인수로 받는다.
    return lambda(5)
}
```

이 함수는 다음과 같이 람다식을 인수로 넣어 사용할 수 있습니다.

```
val paramLambda : (Int) -> Boolean = {num -> num == 10}

println(invokeLambda(paramLambda)) // 람다식의 인수로 넣은 5 != 10이므로 → false
```

변수를 사용하지 않고 바로 넣어줄 수도 있습니다. 다음의 람다식들은 모두 똑같이 작동합니다.

```
invokeLambda({num -> num == 10}) // 람다식 바로 넣어주기
invokeLambda({it == 10})  // 인수가 하나일 때 it으로 변경 가능
invokeLambda() {it == 10} // 만약 함수의 마지막 인수가 람다일 경우 밖으로 뺄 수 있음
invokeLambda{it == 10}    // 그 외 인수가 없을 때 () 생략 가능
```

2.8.3 SAM(Single Abstract Method) 변환

안드로이드를 개발하다 보면 다음과 같은 코드를 아주 많이 작성하게 됩니다.

```
button.setOnClickListener {
    // 버튼이 눌렸을 때 작동할 코드
}
```

2.8.2절에서 배운 대로 함수의 마지막 인수가 람다식인 경우에 ( )를 생략하고 { }에 코드를 작성할 수 있습니다. invokeLambda{it == 10}처럼 말이죠.

setOnClickListener( ) 함수도 마지막 인수가 람다식일까요? 확인해보니 그렇지는 않았습니다. 다음 코드를 보면 setOnClickListener는 람다식이 아닌 OnClickListener 인터페이스를 인수로 받고 있습니다.

```
public void setOnClickListener(@Nullable OnClickListener l) {
...
}
```

OnClickListener는 다음과 같이 추상 메서드 하나가 있는 인터페이스입니다.

```
public interface OnClickListener {
    void onClick(View v);
}
```

setOnClickListener는 이와 같이 람다식이 아님에도 마치 람다식처럼 취급되고 있습니다. 이 것이 가능한 이유가 바로 자바 8에서 소개된 SAM 변환입니다. SAM 변환은 두 가지 조건이 있습니다.

1 코틀린 인터페이스가 아닌 자바 인터페이스여야 할 것
2 인터페이스 내에는 딱 한 개의 추상 메서드만 존재할 것

이 조건을 만족하는 경우 익명 인터페이스 객체 생성에 람다식을 사용할 수 있습니다. 람다식을 사용할 때와 사용하지 않을 때의 코드양을 비교해보세요. 람다식을 사용하면 코드가 훨씬 간결해지고 가독성이 높아집니다.

```
// 람다를 사용하지 않았을 때
button.setOnClickListener(object : OnClickListener{
  override fun onClick(view: View) {
    doSomething()
  }
})

// 람다 사용 1
button.setOnClickListener({ view -> doSomething() })

// 람다 사용 2 : 코틀린 컴파일러가 인수를 미리 알기 때문에 생략,
// (인수가 여러 개일 때) 마지막 인수가 람다인 경우 {}를 밖으로 이동
button.setOnClickListener() { doSomething() }

// 람다 사용 3 : 유일한 인수인 경우 () 생략
button.setOnClickListener { doSomething() }
```

학습 마무리

기존에 자바를 배우고 코드를 작성해본 경험이 있다면 이해하는 데 큰 어려움은 없었을 겁니다. 하지만 프로그래밍 언어를 이 책으로 처음 공부한다면 용어부터 막혔을 겁니다. 이 책은 코틀린 언어 책이 아닌 코틀린으로 안드로이드 앱 개발을 하는 책이기 때문에 최대한 필수 개념만 전달했습니다. 여전히 코틀린이 너무 어렵다고 느껴진다면 코틀린 관련 서적이나 강의로 더 공부한 후 다음 장으로 넘어가세요.

다음 장에서는 사용자가 보는 화면을 아름답게 구성하는 레이아웃 에디터와 레이아웃을 살펴보겠습니다.

레이아웃 에디터와
레이아웃 파일

☐ **학습 목표** 앱 화면을 구성하려면 레이아웃 파일이 꼭 필요합니다. 이번 장에서는 레이아웃 에디터 배치를 살펴보고, 레이아웃 파일(XML 형식)을 생성하는 방법을 알아봅니다. XML 책은 아니지만 한 번도 접하지 못한 독자를 고려해 레이아웃의 XML 코드를 보는 아주 기초적인 방법 3가지를 알려드립니다.

☐ **레이아웃 소개** 레이아웃이란 여러 UI 요소를 화면에 배치한 모습을 말합니다. UI 요소로는 버튼, 텍스트, 이미지 등이 있으며, 이들을 통틀어 뷰라고 합니다. 레이아웃 종류로는 LinearLayout, RelativeLayout, FrameLayout, TableLayout이 있습니다. 뷰는 5장, 레이아웃은 6장에서 자세히 다룹니다.

☐ **레이아웃 에디터 소개** 레이아웃 에디터는 화면을 구성할 때 쓰는 도구입니다.

☐ **레이아웃 파일 소개** 화면 구성 요소를 담은 XML 파일입니다. XML 코드로 직접 작성해도 되고, 레이아웃 에디터를 사용해 작성해도 됩니다.

☐ **학습 순서**

레이아웃 에디터 알아보기	→	레이아웃 파일 생성 방법	→	레이아웃 파일 코딩을 위한 아주 얇은 XML 지식

3.1 레이아웃 에디터 알아보기

레이아웃 에디터는 화면을 구성할 때 쓰는 도구입니다. 처음 볼 때는 버튼이 너무 많아 헷갈리고 어렵게 느껴질 수 있지만 한 번 알고 나면 쉽게 쓸 수 있으니 함께 살펴보고 넘어가겠습니다.

- 실습용 프로젝트 생성하기
- 레이아웃 에디터 배치 살펴보기
- 레이아웃 미리보기 모양 변경

3.1.1 실습용 프로젝트 생성하기

3장을 본격적으로 진행하기에 앞서 일단 새로운 프로젝트를 생성하겠습니다.

알려드려요

3장까지는 아직 익숙하지 않은 분을 고려해서 차근차근 프로젝트를 만들 겁니다. 4장부터는 간단히 프로젝트 사양만 알려드립니다. 익숙하지 않은 분은 1.3절 '프로젝트 생성 방법'을 참고하세요.

`To Do` **01** 안드로이드 스튜디오를 실행해 프로젝트를 생성합니다.

- 웰컴창이 나타나면 [Projects] → [New Project]를 눌러주세요.

- 이미 다른 프로젝트가 로딩된 화면이 나타난다면 메뉴에서 [File] → [New] → [New Project...]를 선택합니다.

02 [Empty Activity]를 클릭해 기본 액티비티인 빈 화면을 선택하겠습니다.

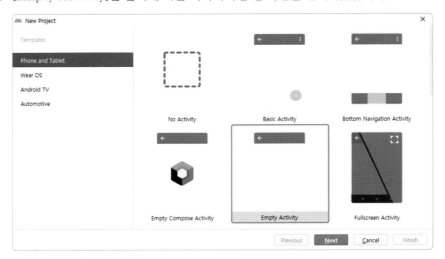

03 ❶ 프로젝트 이름에 BasicLayout을 쓰고 나머지는 기본값으로 ❷ [Finish] 버튼을 눌러 프로젝트를 생성합니다.

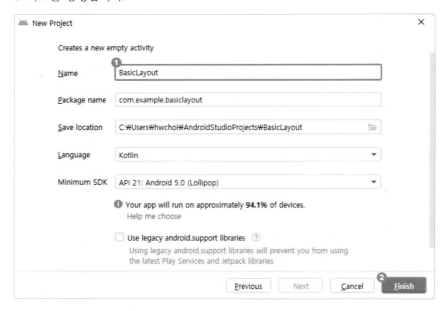

잠시 기다리면 다음과 같이 프로젝트가 생성됩니다. 자동으로 ❸ MainActivity라는 메인 화면 액티비티가 생성됐습니다. 이 파일에 레이아웃 파일을 지정하고, 화면이 작동하는 로직은 MainActivity.kt에 코틀린으로 작성하게 됩니다.

04 [app] → [res] → [layout] → activity_main.xml을 클릭합니다. activity_main.xml은 화면에 보여줄 요소들을 지정하는 레이아웃 파일입니다.

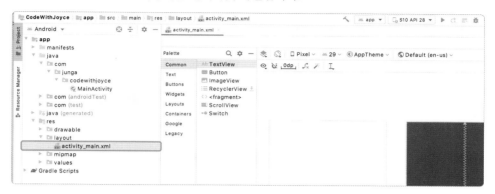

> **MainActivity.kt에서 사용할 레이아웃 파일 지정하기**
>
> onCreate( ) 함수 안에 있는 setContentView( ) 함수에 지정하면 됩니다. 현재는 기본 값인 R.layout.activity_main과 연결되어 있습니다. 예를 들어 새로운 activity_new. xml이라는 레이아웃 파일을 만들고 MainActivity에 지정하고 싶다면 어떻게 해야 할까요? 바로 R.layout.activity_main 대신 R.layout.activity_new를 인수로 넣으면 됩니다.
>
> ```
> activity_main.xml      MainActivity.kt
> 1    package com.example.basiclayout
> 2
> 3    import ...
> 5
> 6    class MainActivity : AppCompatActivity() {
> 7        override fun onCreate(savedInstanceState: Bundle?) {
> 8            super.onCreate(savedInstanceState)
> 9            setContentView(R.layout.activity_main)
> 10       }
> 11   }
> ```

3.1.2 레이아웃 에디터 배치 살펴보기

activity_main.xml 파일에서 레이아웃 에디터 배치를 살펴보고, 레이아웃과 뷰를 이용해 화면을 구성하는 방법을 배워보겠습니다.

activity_main.xml 파일을 선택한 상태이므로 에디터에 다음과 같은 화면이 보일 겁니다.

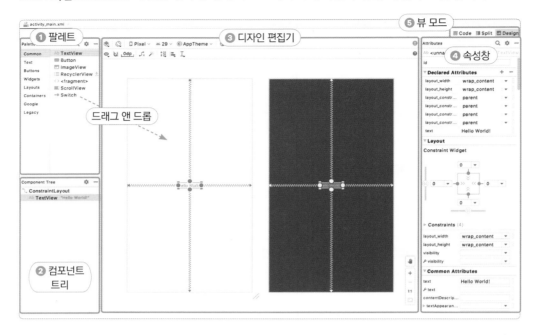

❶ 팔레트 : 레이아웃으로 드래그 앤 드롭할 수 있는 다양한 뷰와 레이아웃을 보여줍니다. 붓에 팔레트의 물감을 찍어 도화지에 그림을 그린다고 생각해보세요. 레이아웃 에디터에서 팔레트는 뷰라는 물감을 담는 쟁반 같은 거랍니다.

TIP 팔레트에서 원하는 뷰를 디자인 편집기로 드래그 앤 드롭하면, 뷰가 생성됩니다. 뷰가 화면에 생성되었다는 건 뭘까요? XML 파일에 관련 코드가 생성되었다는 이야기입니다. 팔레트는 앱을 만들며 지겹도록 애용하게 됩니다.

❷ 컴포넌트 트리 : 레이아웃에는 계층 구조가 존재합니다. 그 구조를 보기 좋게 보여줍니다.

❸ 디자인 편집기 : 도화지에 그림을 그린다고 생각해보면, 이곳은 레이아웃 디자인할 때 사용하는 도화지라고 할 수 있습니다. 팔레트에서 드래그해 디자인 편집기 위에 드롭하면 됩니다.

❹ 속성창 : 선택한 뷰의 여러 속성을 제어할 수 있는 영역입니다.

❺ 뷰 모드 : 레이아웃을 코드(Code) ▤, 분할(Split) ▥, 디자인(Design) ▦ 모드 중 하나로 표시합니다. 현재는 디자인 모드이며, 분할 모드에서는 코드창과 디자인창을 동시에 보여줍니다.

3.1.3 레이아웃 미리보기 모양 변경

레이아웃 에디터는 수정한 앱 화면을 레이아웃 미리보기에서 보여줍니다. 미리보기를 볼 때 화면 방향, 기기 유형 등을 다음 탭에서 바꿀 수 있습니다.

❶ ⬡ 디자인 및 청사진 : 편집기에서 레이아웃을 어떻게 표시할지 선택합니다. 사용자가 볼 화면인 렌더링된 레이아웃을 보고 싶다면 [Design]을 선택합니다. 뷰의 윤곽선만 표시하고 싶다면 [Blueprint]를 선택합니다. 두 뷰를 나란히 표시하고 싶다면 [Design + Blueprint]를 선택합니다.

▼ Design ▼ Blueprint ▼ Design + Blueprint

❷ ⬡ 화면 방향 및 레이아웃 변형 : 화면을 세로 방향으로 보고 싶다면 [Portrait]을 선택하고 가로 방향으로 보고 싶다면 [Landscape]를 선택하면 됩니다.

❸ ⬡ 데이/나이트 모드 선택 : 안드로이드 파이(API 28)부터는 데이/나이트 테마를 사용자가 설정할 수 있습니다. 나이트 모드를 선택하면 어두운 나이트 테마의 레이아웃을 미리 보여줍니다.

❹ ▣ Pixel∨ 기기 유형 및 크기 : 스마트폰, 태블릿, 웨어러블 기기와 같은 기기 유형과 화면의 크기, 밀도와 같은 구성을 선택합니다. 미리 구성된 여러 유형의 기기와 직접 생성한 AVD^Android Virtual Device 중에서 선택할 수 있고, 목록에서 [Add Device Definition]을 선택해 새로운 구성을 추가할 수도 있습니다.

❺ ▣ 30∨ API 버전 : API 버전에 따라 레이아웃 형식이 달라집니다. 해당 버전에 맞는 레이아웃을 선택할 때 사용합니다.

❻ ◎ BasicLayout∨ 앱 테마 : 미리보기 화면에 적용할 UI 테마를 지정합니다. 앱 테마는 지원되는 레이아웃에서만 쓰여서 레이아웃을 디자인할 때는 자주 사용되지 않습니다.

❼ ◉ Default (en-us)∨ 언어 : UI 문자의 언어를 지정합니다. 기본값은 en-us로 영어이지만 한국어와 같이 왼쪽에서 오른쪽으로 쓰는 언어이므로 그대로 사용해도 괜찮습니다. [Preview Right to Left]를 선택하면 아랍어와 같이 오른쪽에서 왼쪽으로 쓰는 언어가 어떻게 보이는지 확인할 수 있습니다.

3.2 레이아웃 파일 생성 방법

앞서 이미 생성된 레이아웃 파일을 살펴봤습니다. 프로젝트를 진행하다 보면 여러 레이아웃 파일이 필요합니다. 이번에는 새 파일을 생성하는 방법을 알아보겠습니다.

To Do **01** ❶ [app] → [res] → [layout] 위에서 → ❷ 마우스 우클릭 후 ❸ [New] → [Layout Resource File]을 누릅니다.

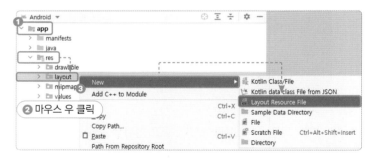

02 ❶ 파일 이름에는 sample_linear_layout을 입력합니다. 확장자는 붙이지 않아도 됩니다. 레이아웃 파일은 모두 XML이기 때문입니다.

루트 엘리먼트를 지정해야 합니다. 루트 엘리먼트란 해당 레이아웃 파일에서 루트가 될 최상위 요소를 말합니다. 그 이후 추가되는 레이아웃이나 뷰는 이 루트 엘리먼트에 종속됩니다. ❷ 루트 엘리먼트에 LinearLayout을 입력해 리니어 레이아웃을 지정하겠습니다. Linear 라고 치면 아래에 자동 완성되므로 클릭하면 됩니다. ❸ 그 후 [OK]를 눌러 파일 생성을 완료하세요.

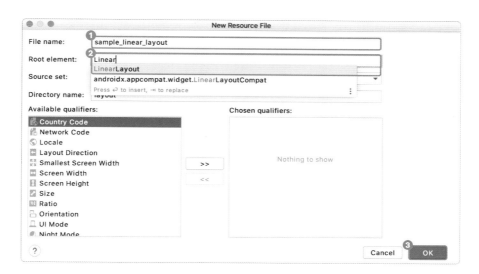

03 처음 파일을 생성하면 레이아웃 미리보기 모드가 [Design + Blueprint]로 되어 있습니다. ❶ 🔷 → [Design]을 클릭해주세요. ❷ [Split]을 선택하여 반은 코드가 보이고 반은 레이아웃 미리보기가 보이는 뷰 모드로 바꿔주세요.

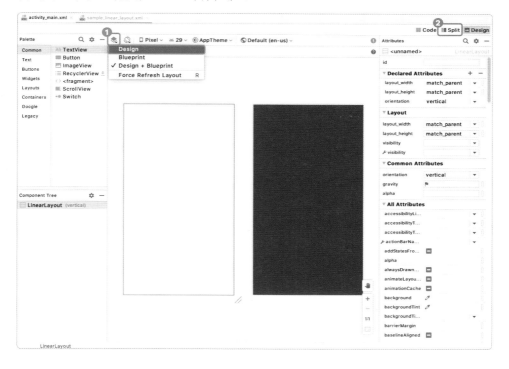

다음과 같은 화면이 보이면 레이아웃 파일을 구성하기 전 준비를 모두 마친 겁니다. 코드도 보고 화면도 볼 수 있어 편리하므로 주로 사용하게 됩니다.

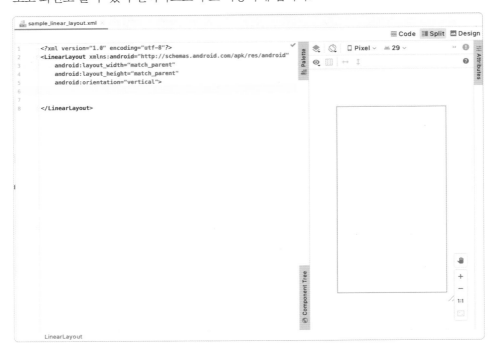

3.3 레이아웃 파일 코딩을 위한 아주 얕은 XML 지식

이 책은 다른 프로그래밍 언어를 최소 한 번쯤 사용해본 분을 대상으로 합니다. 코틀린을 모르는 분을 배려해서 코틀린 문법은 앞장에서 살펴보았습니다. 다만 다른 언어를 사용해보았다고 해서 XML 코드를 안다는 보장이 없으므로 아주 얕은 최소한의 XML 지식을 알려드리겠습니다. XML 을 잘 아는 분은 스킵하셔도 됩니다.

XML이란 무엇인지부터 알아볼게요. XML은 Extensible Markup Language의 준말로 많은 종류의 데이터를 저장하고 관리할 목적으로 만들어졌습니다. 안드로이드에서는 AndroidManifest. xml, 레이아웃 파일, 리소스 파일 등에 XML을 사용합니다. 데이터를 구조화하여 쉽게 표현할 수 있기 때문입니다.

지금부터 1장에서 만든 "안녕 세상아!" 앱에서 사용한 activity_main.xml 파일로 XML 코드를 살펴보겠습니다. XML 문법 관련 깊은 내용은 별도의 책이나 강의에서 학습하시기 바랍니다.

3.3.1 아주 얕은 XML 지식 3가지

❶ XML 코드는 크게 태그, 요소, 값으로 구성됩니다. 안드로이드 스튜디오의 테마 기준으로 파란색 글씨가 태그입니다. 보라색 글씨가 요소입니다. 초록색 글씨는 값입니다(안드로이드 스튜디오에서 테마 설정에 따라 색은 달라질 수 있습니다).

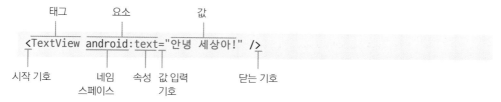

❷ 태그의 시작 기호는 〈이고 닫는 기호는 /〉입니다. 태그를 여닫는 형태는 2가지입니다.

형태	예제

〈태그명 내용 /〉	`<TextView`
	`    android:layout_width="wrap_content"`
	`    android:layout_height="wrap_content"`
	`    android:text="안녕 세상아!" />`

〈태그명〉
...
〈/태그명〉
	`<androidx.constraintlayout.widget.ConstraintLayout`
	`    tools:context=".MainActivity">`
	`    ...`
	`</androidx.constraintlayout.widget.ConstraintLayout>`

❸ activity_main.xml 파일의 첫 줄은 태그를 여닫는 기호가 특이합니다. 〈?로 열고 ?〉로 닫았습니다. 이 태그는 문서의 메타 데이터를 알려주는 데 사용합니다. XML 코드이고 XML 버전은 1.0, 인코딩 방식은 utf-8을 쓴다는 내용입니다. 코드 전체에서 딱 한 번 여기서만 씁니다. 우리가 타이핑할 일이 없으므로 외울 필요가 없습니다. 그렇지만 지우면 안드로이드가 문서 정보를 알 수 없으므로 지우지 마세요.

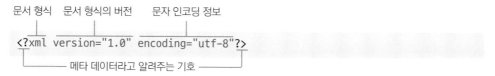

3.3.2 activity_main.xml 파악하기

본격적으로 "안녕 세상아!" 앱의 activity_main.xml을 해석해보겠습니다.

코드	설명
`<?xml version="1.0" encoding="utf-8"?>`	이 파일이 XML 문서임을 명시합니다. version은 XML의 버전, encoding은 인코딩 방식을 뜻합니다.
`<androidx.constraintlayout.widget.ConstraintLayout`	6장에서 배울 컨스트레인트 레이아웃을 모든 뷰들을 감싸는 루트 레이아웃으로 지정합니다. 레이아웃의 종류에 따라 배치 방법이 다릅니다.
`xmlns:android="http://schemas.android.com/apk/res/android"`	xmlns는 네임스페이스를 선언합니다. android라는 네임스페이스를 선언했습니다. 추후 안드로이드가 기본으로 제공하는 속성을 사용할 때 이 네임스페이스를 사용합니다.
`xmlns:app="http://schemas.android.com/apk/res-auto"`	app이라는 네임스페이스를 선언합니다.
`xmlns:tools="http://schemas.android.com/tools"`	tools라는 네임스페이스를 선언합니다.
`android:layout_width="match_parent"`	레이아웃의 너비를 화면에 꽉차게 합니다.
`android:layout_height="match_parent"`	레이아웃의 높이를 화면에 꽉차게 합니다.
`tools:context=".MainActivity"`	관련 액티비티를 명시합니다. 편의를 위한 것이므로 삭제해도 무방합니다.
`>`	이상으로 컨스트레인트 레이아웃 태그를 열었습니다.
`<TextView`	텍스트뷰 태그입니다.
`android:layout_width="wrap_content"`	뷰의 너비 속성을 내용에 딱 맞게 조정합니다.
`android:layout_height="wrap_content"`	뷰의 높이 속성을 내용에 딱 맞게 조정합니다.
`android:text="안녕 세상아!"`	뷰의 텍스트를 지정합니다.
`app:layout_constraintBottom_toBottomOf="parent"`	뷰의 하단을 부모 레이아웃의 하단에 위치시킵니다.
`app:layout_constraintLeft_toLeftOf="parent"`	뷰의 좌측을 부모 레이아웃의 좌측에 위치시킵니다.

`app:layout_constraintRight_toRightOf="parent"`	뷰의 우측을 부모 레이아웃의 우측에 위치시킵니다.
`app:layout_constraintTop_toTopOf="parent"`	뷰의 상단을 부모 레이아웃의 상단에 위치시킵니다. 이로써 상단/하단, 좌측/우측 모두에서 팽팽하게 위치하므로 뷰는 화면의 중앙에 위치하게 됩니다.
`/>`	텍스트뷰 태그를 닫아줍니다.
`</androidx.constraintlayout.widget.ConstraintLayout>`	컨스트레인트 레이아웃 태그를 닫아줍니다.

> **TIP** 안드로이드 스튜디오 자동 정렬 기능
>
> 코드를 계속 쓰다 보면 정렬이 엉망이 될 때가 있습니다. 그럼 보기도 불편하고, 나중에 오류를 찾기도 힘들겠죠? 그때 안드로이드 스튜디오가 제공하는 자동 정렬 기능을 사용해보세요. 그럼 간편하게 코드가 예쁘게 정렬됩니다.
>
> - 윈도우/리눅스 : `Ctrl + Alt + L`
> - 맥OS : `Command + Option + L`

기타 유용한 검색 단축키를 소개합니다. 단축키를 잘 쓰면 생산성이 높아져요. 유용하게 활용하시기 바랍니다.

▼ 안드로이드 스튜디오 단축키

구분	설명	윈도우/리눅스	맥OS
일반	모두 저장	Control + S	Command + S
	동기화	Control + Alt + Y	Command + Option + Y
검색	모든 항목 검색(코드와 메뉴 포함)	Shift 키를 두 번 누름	Shift 키를 두 번 누름
	찾기	Control + F	Command + F
	다음 항목 찾기	F3	Command + G
	이전 항목 찾기	Shift + F3	Command + Shift + G
	바꾸기	Control + R	Command + R
	작업 찾기	Control + Shift + A	Command + Shift + A
	기호 이름으로 검색	Control + Alt + Shift + N	Command + Option + O
	클래스 찾기	Control + N	Command + O

(클래스 대신에) 파일 찾기	Control + Shift + N	Command + Shift + O
경로에서 찾기	Control + Shift + F	Command + Shift + F
줄 이동	Control + G	Command + L

학습 마무리

이번 장에서는 본격적으로 앱을 만들기에 앞서 레이아웃 에디터와 XML의 구조를 간단히 알아보았습니다. 굉장히 복잡해보이던 XML이지만 알고 나니 간단하죠? 아마도 책이 끝나갈 때 쯤이면 레이아웃은 눈 감고도 만들 수 있을 겁니다. 레이아웃 에디터를 사용해서 다양한 레이아웃을 만드는 방법은 5장과 6장에서 살펴볼 겁니다. 그전에 4장에서 화면 제어 방법을 먼저 알아보겠습니다.

핵심 요약

1 레이아웃 에디터는 XML 코드를 직접 작성하는 대신 시각적인 요소로 UI를 디자인하는 도구입니다.

2 Split 모드를 이용하면 XML 코드를 작성하고 바로 미리보기를 할 수 있어 편리합니다.

3 레이아웃 파일은 XML로 이루어져 있으며 태그, 요소, 값으로 이루어져 있습니다.

화면 제어하기
액티비티와 프래그먼트

☐ **학습 목표**	화면을 보여주는 액티비티와 프래그먼트, 화면과 화면 간의 전환 방법을 배웁니다.
☐ **액티비티와 프래그먼트**	액티비티는 사용자에게 사용자 인터페이스를 제공하는 앱 구성요소입니다. 다르게 말하면 화면을 통해 사용자와 소통하는 역할을 담당합니다. 액티비티는 화면 전체를 차지합니다. 그런데 앱을 만들다보면 화면을 영역별로 나눠 사용하고 싶을 때가 많습니다. 이럴 때 각 영역을 담당하는 개념이 프래그먼트(파편, 조각)입니다. 정의상 한 액티비티에서 여러 프래그먼트를 보여줄 수 있습니다. 또 이 프래그먼트를 여러 액티비티에서 재활용할 수도 있습니다. 대부분 앱은 여러 화면으로 이루어져 있습니다. 클릭이나 드래그를 해서 화면을 이동합니다. 이때 각 화면을 액티비티나 프래그먼트라고 생각하면 됩니다. 프로젝트 설계 방식에 따라 프래그먼트를 쓸 수도 있고 두 개를 혼용해서 쓸 수도 있습니다.
☐ **학습 순서**	

안드로이드
4대 구성요소 → 액티비티
알아보기 → 프래그먼트
알아보기

알려드려요

주석은 타이핑하지 마세요.

이제부터 본격적으로 코드를 살펴보게 됩니다. 코드에는 주석이 필수죠. .kt와 .xml 파일에 코드를 작성하고 필요할 때마다 주석을 달았습니다. 전자는 //와 /* */, 후자는 ⟨!-- --⟩가 주석 기호입니다.

설명을 하다 보면 문법적으로 주석이 들어가면 안 되는 곳에 주석을 달아야 하는 경우가 있었습니다. 그런 경우에도 주석 기호를 사용해서 주석을 달아두었습니다. 실습하실 때 주석까지 타이핑하는 일은 없으리라 생각합니다. 깃허브에는 에러가 나는 위치의 주석을 제거한 소스 코드를 올려뒀습니다. 이점 참고하시기 바랍니다.

4.1 안드로이드 4대 구성요소

안드로이드는 4대 기본 구성요소로 이루어져 있습니다. 바로 액티비티, 서비스, 브로드캐스트 리시버, 콘텐트 프로바이더입니다.

▼ 안드로이드 4대 기본 구성요소

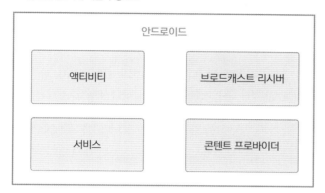

각 구성요소는 서로 독립적인 기능을 가지고 있으며 각각 나름의 생명 주기를 가지고 있습니다. 어떤 기능을 제공하는지 간단히 알아보겠습니다.

- 액티비티activity : 사용자에게 사용자 인터페이스를 제공합니다.
- 서비스service : 백그라운드 조작을 수행합니다(8장).
- 브로드캐스트 리시버broadcast receiver : 앱의 밖에서 일어난 이벤트를 앱에 전달합니다.
- 콘텐트 프로바이더content provider : 데이터를 관리하고 다른 앱의 데이터를 사용할 수 있게 합니다.

익숙하지 않은 단어가 많아 보이지만 걱정 마세요. 모든 앱에서 4가지 구성요소를 모두 써야 하는 것은 아닙니다. 하지만 사용자에게 화면을 보여주는 액티비티는 꼭 하나는 있어야 합니다. 사용자와의 상호작용을 제공하는 액티비티를 알아봅시다.

4.2 액티비티 알아보기

액티비티는 화면의 기본 구성 단위입니다. 액티비티는 여러분이 만든 UI를 보여주고, 터치, 드래그, 키보드 입력과 같은 여러 상호작용을 제공합니다. 액티비티를 작동시키려면 알아야 하는 액티비티의 생명 주기와 화면 전환 방법을 알아보겠습니다.

4.2.1 액티비티 작동시키기

"안녕 세상아!" 앱을 만들면서 이미 액티비티를 사용해봤습니다. 눈에 보이는 UI는 XML 파일로, 동작은 .kt 파일로 구성하고, 둘이 한 쌍을 이룬다고 말씀드렸습니다. 액티비티를 작동시키려면 XML 파일에 액티비티의 UI 구성을 먼저 해야 합니다. 또한 액티비티에 코틀린 코드로 기능을 심고 필요하다면 액티비티 간 전환도 제공해야 합니다.

액티비티를 구성하는 방법은 1.5.3절 '레이아웃 수정해보기'에서 이미 약간의 실습을 해보았습니다. XML 파일이나 미리보기 화면에서 구성하면 됩니다. 그럼 코틀린 코드를 XML 파일과 어떻게 연계할 수 있을까요? 액티비티가 생성되고 종료되기까지를 생명 주기라고 합니다. 우선 생명 주기를 알아야 때에 알맞은 나만의 동작을 심어넣을 수 있습니다. 이때 XML에서 정의한 뷰 ID를 사용합니다.

우선은 이 정도로 알고 액티비티의 생명 주기를 먼저 알아보겠습니다.

4.2.2 액티비티의 생명 주기

사람도 태어나서 죽을 때까지 유아기, 청년기, 노년기를 거치듯이 액티비티 역시 마찬가지입니다. 우리가 태어나자마자 어른처럼 뛰어다닐 수 없듯이 액티비티도 각 상태마다 할 수 있는 행동, 해야 하는 행동이 다릅니다.

인간은 시간이 지나면 자연스럽게 커가지만, 액티비티는 사용자의 활동에 따라 새로운 상태에 들어갑니다. 그리고 그 상태에 들어가면 시스템은 미리 정의된 콜백 함수를 실행합니다. 이를 그림으로 간단히 표현하면 다음과 같습니다.

▼ 액티비티 생명 주기 흐름도

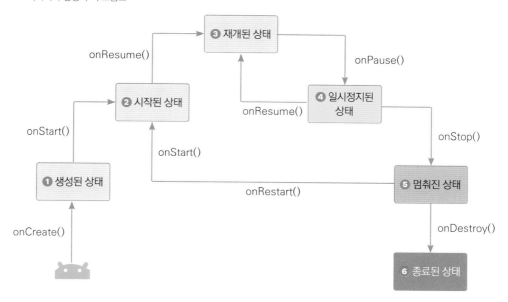

앱은 ❶ 생성된 상태, ❷ 시작된 상태, ❸ 재개된 상태, ❹ 일시정지된 상태, ❺ 멈춰진 상태, ❻ 종료된 상태가 있습니다. 각 상태에 진입하려면 그에 맞는 콜백 함수가 호출되어야 합니다. 예를 들어 onCreate( ) 함수가 호출되어야 '액티비티가 생성된 상태'가 됩니다. 액티비티가 생성된 후 시작이 될 수 있습니다. 앱을 종료하려면 '멈춰진 상태'에서 onDestroy( ) 함수가 호출되어야 하는 거죠. 다른 상태와 달리 '종료된 상태'의 액티비티는 다시는 상태 변환을 할 수 없습니다. 다 외우지 않아도 됩니다. 액티비티는 생성부터 소멸까지 각각의 상태를 거치며 그때 수행할 수 있는 일이 있다는 정도만 기억합시다. 그래서 각 콜백 함수마다 할 수 있는 일이 따로 있습니다. "안녕 세상아!"의 MainActivity.kt 코드를 다시 한번 살펴보면서 설명드리겠습니다.

```kotlin
 1    package com.example.helloworld
 2
 3    import ...
 5
 6    class MainActivity : AppCompatActivity() {
 7        override fun onCreate(savedInstanceState: Bundle?) {
 8            super.onCreate(savedInstanceState)
 9            setContentView(R.layout.activity_main)
10        }
11    }
12
```

❶ onCreate( ) 콜백 함수가 보입니다. 이 함수가 호출되면 어떤 상태가 되는지 생명 주기 그림에서 찾아보세요. 어디에 있는지 찾았나요? 네, 액티비티를 '생성된 상태'로 만들어줍니다. 따라서 액티비티에 필요한 초기 설정을 여기서 해주면 됩니다. 대표적인 초기화 설정으로 보여줄 레이아웃을 선택하는 걸 들 수 있습니다. ❷ setContentView( ) 함수로 사용자에게 보여줄 레이아웃을 지정합니다. 레이아웃을 정의한 파일(리소스)의 ID를 인수로 주면 되는 거죠.

정리하자면 '생성된 상태'가 되려면 화면이 있어야 하고, 화면이 있으려면 사용할 레이아웃이 뭔지 알아야 합니다. 그러므로 '생성된 상태' 이전에는 꼭 레이아웃을 onCreate( ) 함수에서 지정해주어야 하는 겁니다. 콜백 함수마다 할 수 있는 일이 다르다는 말이 이제 이해가 가시나요? 그럼 각각의 콜백 함수에서 할 일을 간단히 알아보겠습니다.

다음은 액티비티가 시작될 때 실행되는 콜백 함수들입니다.

- onCreate( ) : 시스템이 액티비티를 처음 시작할 때 실행됩니다. 레이아웃 지정이나, 클래스 범위 변수를 초기화하는 등, 기본적인 앱 시작 로직을 여기서 구현해줍니다.
- onStart( ) : 액티비티가 시작된 상태에 들어가기 직전에 실행됩니다. 액티비티가 사용자에게 보이지만 사용자와의 상호작용은 아직 준비하는 단계입니다. UI 관련 로직을 초기화하는 코드를 작성하면 됩니다.
- onResume( ) : 액티비티가 재개된 상태로 들어가기 직전에 실행됩니다. 이제 드디어 액티비티와 사용자의 상호작용이 가능해집니다. 전화가 온다거나, 사용자가 다른 액티비티로 이동하는 등 포커스를 잃는 경우가 아닌 이상 액티비티는 재개된 상태로 존재합니다.

다음은 다른 액티비티가 호출될 때 실행되는 콜백 함수들입니다.

- onPause( ) : 사용자가 액티비티를 떠나는 경우 처음 실행되는 콜백 함수입니다. 더는 이 액티비티에 포커스가 없는 것이지요. 여기서 액티비티가 보이지 않을 때 더 이상 실행할 필요가 없는 부분들을 비활성화해주면 됩니다. 주의할 점은 onPause( )가 지속되는 시간이 굉장히 짧으므로 여기서 사용자의 정보를 데이터베이스에 저장하거나, 네트워크 호출을 하는 등 중요하거나 시간이 오래 걸리는 작업을 수행하면 안 됩니다. 이와 같은 부하가 큰 작업은 바로 다음 콜백인 onStop( )을 활용해주세요.

> **Note** 특정 뷰가 사용자와 상호작용하기 시작하면 해당 뷰에 "포커스가 있다"라고 합니다. 포커스가 없다고 해서 항상 안 보인다고 할 수는 없습니다. 멀티 윈도우에서는 보일 수는 있습니다.

- onStop( ) : 액티비티가 사용자에게 더 이상 표시 안 되는 중단된 상태에 들어가기 직전에 실행되는 콜백입니다. 여기서는 데이터베이스에 정보를 저장하는 일처럼 부하가 큰 작업을 할 수 있습니다.
- onDestroy( ) : 액티비티가 완전히 소멸되기 직전에 호출되는 함수입니다.

4.2.3 액티비티 간의 화면 전환

앱을 사용할 때 수많은 화면 전환이 일어나는데요, 화면 전환은 곧 액티비티(혹은 프래그먼트) 전환입니다. 여기서 매우 중요한 개념 중 하나가 인텐트^{intent}입니다. 인텐트란 무엇일까요?

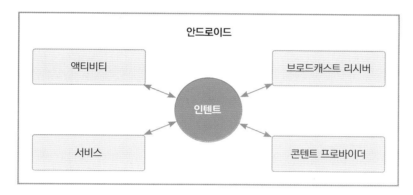

Intent의 사전적 의미는 의지, 의향입니다. 안드로이드에서도 마찬가지 의미로 사용됩니다. 즉 인텐트를 사용하여 무엇을 하고 싶은지 의지를 나타냅니다. 예를 들면 A 액티비티에서 B 액티비티로 넘어가고 싶습니다. 그럼 나의 의지를 나타낼 수 있는 방법이 필요하겠죠? 바로 인텐트 객체를 사용하면 됩니다. 인텐트 객체를 사용하면 액티비티뿐만 아니라 앞서 배운 안드로이드 4대 구성요소를 자유롭게 넘나들 수 있습니다. 인텐트 객체가 사용자의 다양한 요청을 알맞은 구성요소에게 보내주는 것이지요. 인텐트 객체를 사용해 다른 액티비티로 넘어가는 방법을 살펴보겠습니다. 그러면 인텐트 개념이 팍 잡힐 겁니다.

새 프로젝트를 만들어 액티비티 간 전환하는 방법을 알아보겠습니다.

01 안드로이드 스튜디오를 실행해 다음과 같이 프로젝트를 생성합니다.

- 액티비티 : Empty Activity
- 프로젝트 이름 : ActivityAndFragment
- 언어 : Kotlin
- Minimum SDK : API 26 : Android 8.0 (Oreo)

프로젝트를
생성해주세요.

프로젝트가 생성되면 기본 액티비티인 MainActivity.kt를 다음과 같이 확인할 수 있습니다. 이 프로젝트로 만든 앱을 시작했을 때 가장 먼저 보이는 액티비티입니다.

02 새로운 액티비티인 SubActivity.kt를 만들어보겠습니다. ❶ MainActivity 위에서 마우스 우클릭 → ❷ [New] → [Activity] → [Empty Activity]를 선택해주세요.

03 ❶ 액티비티 이름을 SubActivity라고 하겠습니다. 다른 설정은 그대로 둔 후 ❷ [Finish]를 눌러주세요.

04 이것으로 MainActivity와 SubActivity, 두 액티비티가 준비되었습니다. MainActivity 에서 SubActivity로 가려면 MainActivity에 버튼이 필요합니다. 이동할 때 누를 버튼을 MainActivity의 레이아웃을 담당하는 activity_main.xml 파일 안에 추가하겠습니다.

❶ [app] → [res] → [layout] → activity_main.xml을 클릭해주세요.

❷ 보이는 화면이 다음 그림과 다르다면 [Design]을 클릭해주세요.

❸ "Hello World"라고 쓰여진 텍스트뷰를 클릭 후 Del 키를 눌러 삭제해주세요.

❹ 버튼을 추가해주겠습니다. 직접 코드를 추가할 수도 있지만 이번 시간에는 구성요소를 직접 드래그해서 추가해보겠습니다. 왼쪽의 [Palette] 탭의 [Buttons]을 클릭 → [Button]을 드래그해 흰 색 배경 위에 놓아보세요. 처음 버튼을 드래그하면 ConstraintLayout 안의 버튼에 수직과 수평 제약이 존재하지 않아서 에러가 납니다.

❺ 요술봉 아이콘을 클릭해 제약을 추가합니다.

❻ Button의 이름을 바꿔보겠습니다. 오른쪽 [Attributes] 탭의 [Common Attributes] 부분에서 [text]를 수정하면 버튼 속의 텍스트가 변경됩니다. "Go to SubActivity"로 바꾼 후 enter 를 눌러주세요.

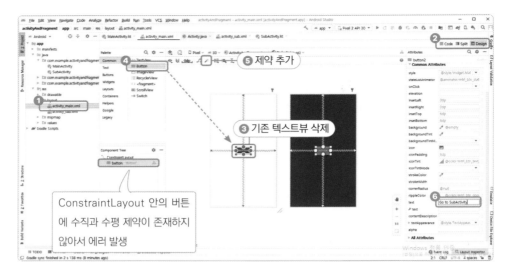

그러면 activity_main.xml 파일의 코드가 다음과 같이 변경됩니다.

```
                                                    /app/java/res/layout/activity_main.xml
<?xml version="1.0" encoding="utf-8"?>
<androidx.constraintlayout.widget.ConstraintLayout xmlns:android=
"http://schemas.android.com/apk/res/android"
    xmlns:app="http://schemas.android.com/apk/res-auto"
    xmlns:tools="http://schemas.android.com/tools"
    android:layout_width="match_parent"
    android:layout_height="match_parent"
    tools:context=".MainActivity">


    <Button                                         <!-- 추가된 버튼 -->
        android:id="@+id/button"
        android:layout_width="wrap_content"
        android:layout_height="wrap_content"
        android:text="Go To SubActivity"    <!-- 수정한 텍스트 -->
        app:layout_constraintBottom_toBottomOf="parent"
        app:layout_constraintEnd_toEndOf="parent"
        app:layout_constraintStart_toStartOf="parent"
        app:layout_constraintTop_toTopOf="parent" />
</androidx.constraintlayout.widget.ConstraintLayout>
```

05 메인 액티비티와 서브 액티비티 모양이 달라야 전환했을 때 구별됩니다. 그러므로 activity_sub.xml을 간단하게 수정해주겠습니다.

❶ 이번엔 버튼 대신 텍스트뷰를 드래그해 화면에 추가합니다.

❷ 마술봉 버튼을 눌러 텍스트뷰에 제약을 추가해주세요.

❸ 텍스트뷰의 텍스트를 바꿔보겠습니다. 오른쪽 [Attributes] 탭의 [Common Attributes] 부분에서 [text]를 "SubActivity"로 수정 후 enter 를 눌러주세요. 이제 SubActivity의 정중앙에 SubActivity라고 쓰여진 텍스트뷰가 생겼습니다.

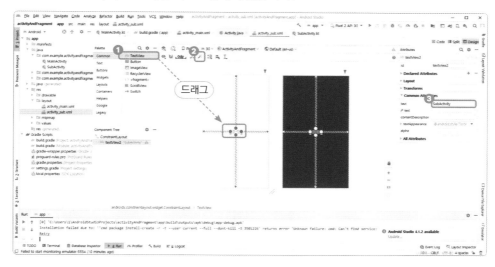

다음은 완성된 activity_sub.xml 파일의 소스 코드입니다.

```
                                                         /app/java/res/layout/activity_sub.xml
<?xml version="1.0" encoding="utf-8"?>
<androidx.constraintlayout.widget.ConstraintLayout xmlns:android=
"http://schemas.android.com/apk/res/android"
    xmlns:app="http://schemas.android.com/apk/res-auto"
    xmlns:tools="http://schemas.android.com/tools"
    android:layout_width="match_parent"
    android:layout_height="match_parent"
    tools:context=".SubActivity">

    <TextView
        android:id="@+id/textView"
        android:layout_width="wrap_content"
        android:layout_height="wrap_content"
```

```
        android:layout_marginEnd="168dp"
        android:text="SubActivity"
        app:layout_constraintBottom_toBottomOf="parent"
        app:layout_constraintEnd_toEndOf="parent"
        app:layout_constraintTop_toTopOf="parent" />
</androidx.constraintlayout.widget.ConstraintLayout>
```

06 이제 버튼이 클릭되면 SubActivity로 넘어가게끔 해주겠습니다. [app] → [java] → [com. example.activityandfragment] → MainActivity.kt 파일에 다음과 같이 코드를 작성 합니다.

/app/java/com.example.activityandfragment/MainActivity.kt

```
package com.example.activityandfragment

import android.content.Intent // 추가
import androidx.appcompat.app.AppCompatActivity
import android.os.Bundle
import android.widget.Button

class MainActivity : AppCompatActivity() {
    override fun onCreate(savedInstanceState: Bundle?) {
        super.onCreate(savedInstanceState)
        setContentView(R.layout.activity_main)
        settingButton() // ❹
    }

    fun settingButton() {
        val button = findViewById<Button>(R.id.button) // ❶
        button.setOnClickListener {
            val intent = Intent(this, SubActivity::class.java) // ❷
            startActivity(intent) // ❸
        }
    }
}
```

❶ activity_main.xml 함수에서 추가한 버튼 객체를 변수로 만듭니다. findViewById() 함수는 뷰의 id값을 인수로 받습니다. **R.id.[뷰의_ID]** 형식으로 넣어주면 됩니다.

▼ Split이나 Code 모드에서

코드에서 android:id="@+id/뷰의_ID"처럼
생긴 부분에서 찾으면 됩니다.

```
<Button
    android:id="@+id/button"
    android:layout_width="wrap_content"
    android:layout_height="wrap_content"
    android:text="Go to SubActivity"
    tools:layout_editor_absoluteX="103dp"
    tools:layout_editor_absoluteY="341dp" />
```

▼ Design 모드에서

Attributes 탭에서 id값을 찾으면 됩니다.

❷ 버튼이 클릭되었을 때 행동을 setOnClickListener()에 지정합니다. intent라는 변수를
만들고 인텐트 객체를 생성하겠습니다. 이때 어디로 가야 할지에 대한 정보를 적습니다.

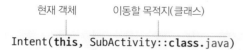

this는 현재 객체, 즉 액티비티의 컨텍스트를 가리킵니다. 컨텍스트란 애플리케이션(객체)의
현재 상태를 알 수 있도록 해주는 인터페이스라고 생각하면 됩니다. 안드로이드 시스템에 의
해 자동으로 구현됩니다. 액티비티 컨텍스트는 액티비티의 생명 주기와 연결되어 있습니다.
두 번째 인수로는 클래스를 넣어주어야 하는데요, 자바의 클래스 참조는 **클래스 이름::class.
java**입니다. 우리는 SubActivity로 가야 하므로 SubActivity::class.java라고 명시했습니
다.

❸ startActivity() 함수는 방금 만든 인텐트 객체를 인수로 받아 새로운 액티비티를 시작합
니다.

❹ settingButton() 함수를 onCreate() 함수에 넣어 액티비티를 실행할 때 버튼이 활성화
되도록 하겠습니다.

07 이제 모든 준비는 끝났습니다. 에뮬레이터에서 앱을 실행해보겠습니다. 오른쪽 상단에서 ❶
앱을 실행할 에뮬레이터나 실제 기기를 선택해주세요. ❷ 플레이 버튼을 눌러 앱을 실행해주
세요.

앱이 실행되면 한 번 버튼을 클릭해보세요. SubActivity로 넘어갈 겁니다.

▼ 클릭 전(MainActivity)　　　　　　　　　　　　　▼ 클릭 후(SubActivity)

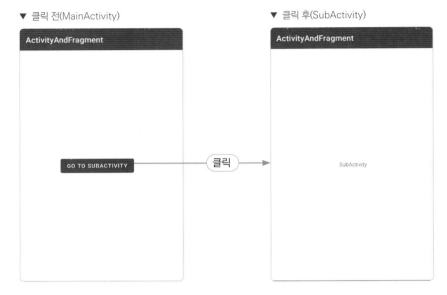

액티비티란 무엇인지, 액티비티의 생명 주기, 액티비티 간 이동을 알아봤습니다. 액티비티는 앱을 만드는 데 정말 기본적이고 필수적인 요소이지만 그에 못지 않게 실무에서 많이 쓰이는 것이 프래그먼트입니다. 이어서 알아보겠습니다.

4.3 프래그먼트 알아보기

프래그먼트는 액티비티 안에서 액티비티의 일정 부분을 차지합니다. 그러므로 한 액티비티에서 여러 프래그먼트를 보여줄 수도 있고, 같은 프래그먼트를 여러 액티비티에서 재사용을 할 수도 있습니다. 이번 절에서는 프래그먼트가 나오게 된 유래에 대해서 배우고, 프래그먼트의 생명 주기와 프래그먼트의 화면 전환을 알아보겠습니다.

4.3.1 프래그먼트의 유래

프래그먼트의 사전적 정의는 '파편, 조각'입니다. 한 화면의 UI를 분할하는 데 사용합니다. 왜 화면을 쪼개서 써야 하는 걸까요? 다음 그림을 봐주세요.

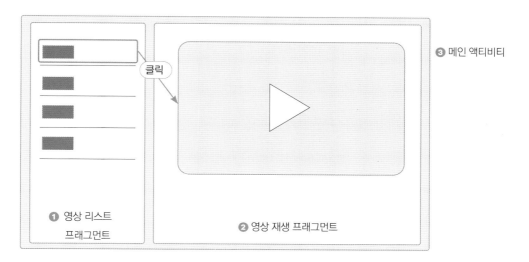

한 화면에 위와 같이 ❶ 영상 리스트와 ❷ 영상 재생 영역을 함께 보여주려면 화면을 쪼개야 합니다. 그래서 프래그먼트가 필요한 겁니다. 기억해두어야 할 점은 ❶ 영상 리스트 프래그먼트와 ❷ 영상 재생 프래그먼트 모두 ❸ 메인 액티비티 안에 종속되어 있다는 겁니다. 그 말은 즉, 만약 메인 액티비티의 생명 주기가 종료되면 이 두 프래그먼트 역시 함께 종료되는 것이지요. 액티비티가 실행 중 상태에 있을 때는 두 프래그먼트는 각각 나름의 생명 주기를 가지고, 따로 사용자 입력 이벤트를 받습니다.

프래그먼트는 마치 액티비티와 하는 일은 비슷하지만 조금 더 하위 개념이고 액티비티 위에 뗐다 붙였다 할 수 있는 것이라고 생각하면 됩니다. 프래그먼트 특징을 정리해볼게요.

* 꼭 액티비티 안에 종속되어야 합니다.
* 액티비티의 생명 주기에 영향을 받지만, 프래그먼트 고유의 생명 주기가 존재합니다.
* 액티비티가 실행 중일 때 프래그먼트를 추가하거나 제거할 수 있습니다.

프래그먼트는 분할된 화면을 독립적으로 활용하고 재사용하기에 안성맞춤입니다. 앱을 만들면서 굉장히 많이 접하게 될 겁니다. 액티비티와 마찬가지로 생명 주기와 화면 전환 방법을 알아보며 익혀봅시다.

4.3.2 프래그먼트의 생명 주기

프래그먼트의 생명 주기를 알아보겠습니다. 액티비티의 생명 주기와 유사한 부분도 있고 조금 다른 부분도 있으니 천천히 따라와주세요. 11가지 콜백 함수를 알아봅시다.

▼ 프래그먼트의 생명 주기

액티비티 상태	프래그먼트 콜백 함수
생성된 상태	❶ onAttach()
	❷ onCreate()
	❸ onCreateView()
	❹ onActivityCreated()
시작된 상태	❺ onStart()
재개된 상태	❻ onResume()
일시정지된 상태	❼ onPause()
멈춘 상태	❽ onStop()
종료된 상태	❾ onDestroyView()
	❿ onDestroy()
	⓫ onDetach()

프래그먼트의 생명 주기는 액티비티의 생명 주기에 영향을 받는다고 했죠? 액티비티의 상태에 따라 프래그먼트가 호출할 수 있는 함수의 범위가 달라집니다. 이 사실을 기억하고 하나하나 살펴보겠습니다.

❶ onAttach( ) : 프래그먼트가 호스트 액티비티에 더해지고^{attach} 나서 호출되는 함수입니다. '이 프래그먼트가 액티비티에 추가되었어'라고 알려주는 겁니다.

TIP 호스트 액티비티
프래그먼트가 속한 액티비티를 부르는 말입니다.

❷ onCreate( ) : 프래그먼트가 최초로 생성된 시점에 호출되는 함수입니다. 프래그먼트를 초기화하는 코드를 넣습니다.

❸ onCreateView( ) : 프래그먼트에서 굉장히 중요한 콜백 함수 중 하나입니다. 바로 프래그먼트에 그릴 뷰를 생성할 때 호출되는 함수입니다. 이 함수에서 그릴 뷰를 반환해야 합니다.

❹ onActivityCreated( ) : 액티비티의 onCreate( ) 함수가 완료되고 나서 실행되는 함수입니다. 만약 액티비티 생성 후에 프래그먼트에서 해주어야 할 작업이 있다면 바로 여기에 코드를 작성하면 되겠죠? 이때는 액티비티와 프래그먼트의 뷰가 생성된 후이기 때문에 뷰를 변경할 수 있습니다.

❺ onStart( ) : 사용자에게 프래그먼트가 보이기 시작할 때 실행됩니다.

❻ onResume( ) : 사용자와 상호작용할 수 있습니다. 사용자가 프래그먼트를 떠나지 않는 이상 계속 재개된 상태에 머물게 됩니다.

❼ onPause( ) : 사용자가 프래그먼트를 떠날 때 처음 불러지는 콜백 함수입니다. 이때 불필요한 리소스들을 해제해주면 됩니다.

❽ onStop( ) : 프래그먼트가 사용자에게 더 이상 보이지 않을 때 호출되는 콜백 함수입니다.

❾ onDestroyView( ) : 앞서 있었던 콜백 함수인 onCreateView( )와 상응되는 함수로서 여기서 뷰 리소스들을 해제해주면 됩니다.

❿ onDestroy( ) : 프래그먼트가 마지막으로 완전히 삭제되기 전에 호출되는 함수입니다.

⓫ onDetach( ) : 앞서 onAttach( ) 콜백 함수와 상응되는 것으로서 액티비티와의 연결을 끊기 전에 호출됩니다.

자 이렇게 프래그먼트도 액티비티와 같이 생명 주기가 있다는 걸 알았습니다.

4.3.3 프래그먼트의 화면 전환

프래그먼트는 액티비티 안에 자유롭게 추가되거나 제거될 수 있다고 배웠습니다. 그럼 이번엔 하나의 액티비티 안에서 버튼을 눌러 빨간색 배경의 프래그먼트와 파란색 배경을 가진 프래그먼트를 자유자재로 전환해보겠습니다.

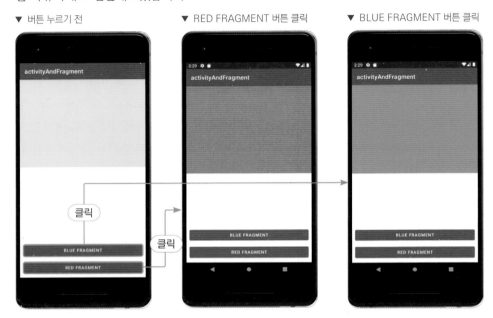

▼ 버튼 누르기 전   ▼ RED FRAGMENT 버튼 클릭   ▼ BLUE FRAGMENT 버튼 클릭

구현해나갈 순서는 다음과 같습니다.

1. 새로운 액티비티(TwoColorActivity.kt)를 만듭니다.
2. 해당 액티비티의 xml 파일(레이아웃 파일)에 버튼 2개와 프레임 레이아웃을 추가합니다.
3. 새로 두 개의 프래그먼트와 각각의 레이아웃 파일을 만듭니다.
4. 프래그먼트와 레이아웃 파일을 연결해줍니다.
5. TwoColorActivity에서 버튼에 따라 액티비티 속 프래그먼트가 바뀌게 해줍니다.

앞 절에서 만든 ActivityAndFragment 프로젝트를 그대로 사용하겠습니다.

To Do **01** 첫 번째로 액티비티를 만들어보겠습니다.

❶ [File] → ❷ [New] → [Activity] → [Empty Activity]를 선택해서 새로운 액티비티를 생성해주겠습니다.

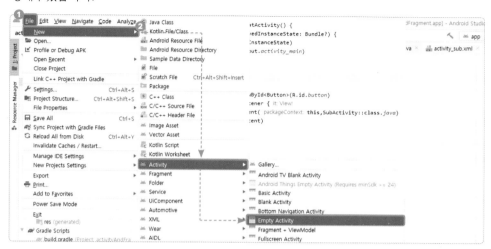

02 ❶ 액티비티 이름을 TwoColorActivity로 해주겠습니다. 두 가지 색을 보여줄 거라 Two Color라고 명명했답니다. ❷ [Generate a Layout File]은 체크된 채로 두세요. 그럼 자동으로 액티비티 파일에 들어갈 레이아웃 파일이 생성됩니다. ❸ 다 끝마쳤으면 [Finish]를 눌러주세요.

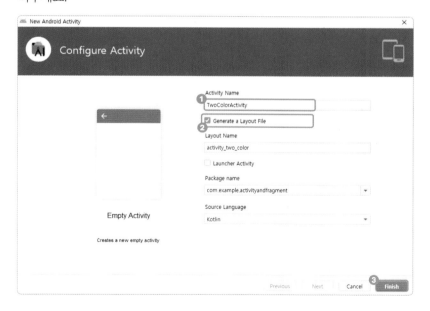

03 생성한 TwoColorActivity의 xml 레이아웃 파일을 수정해보겠습니다. 프래그먼트가 들어갈 FrameLayout과 버튼 두 개를 생성하겠습니다. 이번에는 뷰를 레이아웃 에디터에 드래그해서 추가하는 방식이 아니라 직접 코드를 작성하여 추가해보겠습니다(두 방법 모두를 할 줄 알아야 합니다).

❶ [app] → [res] → [layout] → activity_two_colors.xml을 선택합니다. ❷ 디자인과 코드를 모두 볼 수 있는 [Split]을 선택해주세요. ❸ 만약 청사진blueprint을 보고 싶지 않다면 [Design] 버튼을 클릭해주세요.

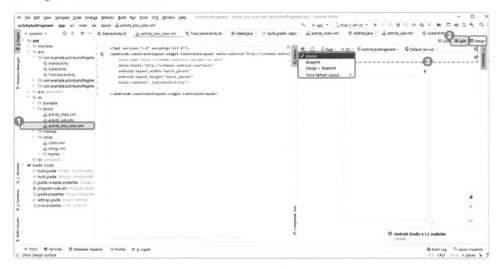

04 이제 직접 레이아웃 코드를 작성해보겠습니다. 아직 속성값들이 어색하겠지만 자세한 내용은 6장과 7장 화면 구성하기에서 자세히 배우므로 걱정하지 마세요.

app/res/layout/activity_two_colors.xml

```xml
<?xml version="1.0" encoding="utf-8"?>
<androidx.constraintlayout.widget.ConstraintLayout xmlns:android=
"http://schemas.android.com/apk/res/android"
    xmlns:app="http://schemas.android.com/apk/res-auto"
    xmlns:tools="http://schemas.android.com/tools"
    android:layout_width="match_parent"
    android:layout_height="match_parent"
    tools:context=".TwoColorActivity"
    >
```

```xml
<FrameLayout
    android:id="@+id/fragmentFrame"
    android:layout_width="match_parent"
    android:layout_height="300dp"
    android:background="#FFEB3B"
    app:layout_constraintTop_toTopOf="parent"
    />
                                            <!-- ❶ 프레임 레이아웃 -->
<Button
    android:id="@+id/button_red_fragment"
    android:layout_width="match_parent"
    android:layout_height="wrap_content"
    app:layout_constraintBottom_toBottomOf="parent"
    android:layout_margin="10dp"
    android:text="Red Fragment"/>
                                            <!-- ❷ 빨강 버튼 -->
<Button
    android:id="@+id/button_blue_fragment"
    android:layout_width="match_parent"
    android:layout_height="wrap_content"
    app:layout_constraintBottom_toTopOf="@id/button_red_fragment"
    android:layout_margin="10dp"
    android:text="Blue Fragment"/>
                                            <!-- ❸ 파랑 버튼 -->
```

```xml
</androidx.constraintlayout.widget.ConstraintLayout>
```

❶ 프래그먼트가 들어가기 전 프레임 레이아웃의 색상을 노란색으로 지정해두었습니다. 프레임 레이아웃은 이름에서도 나타나듯이 프레임, 즉 틀의 역할을 해주는 레이아웃이라고 생각하면 됩니다. 여기에 프래그먼트를 넣을 수가 있는 것이지요.

❷ 버튼을 생성한 후에 꼭 id를 넣는 것을 잊지 말아야 합니다. 그래야 소스 코드에서 xml에 만든 버튼을 특정할 수 있기 때문입니다. 빨간색 프래그먼트를 불러오는 버튼이므로 button_red_fragment라는 id값을 주겠습니다.

❸ 위와 같은 이유로 button_blue_fragment라는 id값을 주겠습니다.

다음과 같은 화면이 보인다면 레이아웃 파일을 제대로 수정한 겁니다.

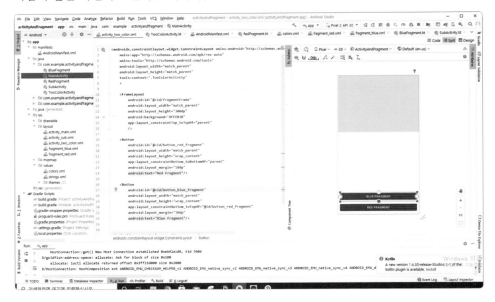

05 다음은 2개의 프래그먼트를 추가해보겠습니다. ❶ [app] → [java] → [com.example.
activityandfregment] 폴더 위에서 우클릭 → ❷ [New] → [Kotlin Class/File]을 선택
해주세요.

04 팝업창이 뜨면 ❶ 이름을 RedFragment라고 지정해준 후 아래 파일 종류에서 ❷ [Class]를
더블클릭하세요.

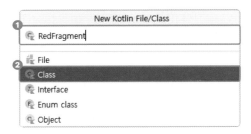

05 프래그먼트는 반드시 Fragment 클래스를 상속해야 합니다. 다음 코드처럼 ❶ RedFragment 뒤에 : Fragment()를 추가해 Fragment 클래스를 상속해주세요. 그러면 빨간색 글씨로 보일 겁니다.

❷ 윈도우/리눅스에서는 [Alt + Enter](맥OS [Option + Enter])를 눌러주면 됩니다. 빨간색 글이 사라지고 다음과 같은 코드 한 줄이 생길 겁니다. Fragment 클래스를 사용할 수 있게 관련 라이브러리를 임포트(추가)해준 겁니다. 임포트 관련 상세 설명은 4.4절을 참고해주세요.

```
3       import androidx.fragment.app.Fragment
4
5       class RedFragment: Fragment() {          ─── 임포트된 코드
6       }
```

06 BlueFragment.kt도 **04**와 **05**와 같은 절차로 생성해주세요.

07 모든 프래그먼트는 각각의 레이아웃 파일이 필요하다고 말씀드렸습니다. 따라서 RedFragment와 BlueFragment의 레이아웃 파일을 각각 만들어봅시다.

❶ [app] → [res] → [layout] 폴더 위에서 우클릭하여 ❷ [New] → [Layout Resource File]을 눌러 새로운 레이아웃 파일을 만들겠습니다.

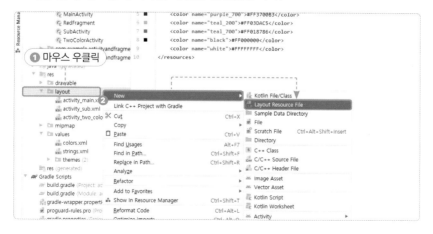

08 팝업 창에서 ❶ 이름을 fragment_red로 한 후 → ❷ [OK]를 눌러 fragment_red.xml 레이아웃 파일을 생성해주세요.

09 프래그먼트의 배경 색상이 빨갛게 되도록 [app] → [res] → [layout] → fragment_red.xml 파일에서 코드를 수정하겠습니다. 변경되는 코드만 살펴보겠습니다.

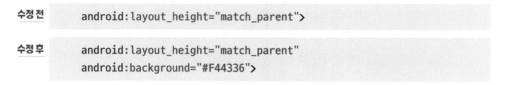

❶ 굉장히 간단하죠? 컨스트레인트 레이아웃의 배경 속성을 원하는 색상으로 지정해주면 됩니다. 빨간색인 #F44336으로 지정했습니다.

코드를 잠깐 해석해드릴게요. android는 안드로이드 SDK에서 제공하는 기본 속성에 접근하겠다는 말입니다. background는 뷰의 배경을 지정하는 속성입니다.

10 ❶ 07~09번을 반복해서 BlueFragment를 위한 [app] → [res] → [layout] → fragment_blue.xml을 생성해주세요. 생성할 파일명으로 fragment_blue를 넣으시면 됩니다.

그리고 ❷ 다음과 같이 코드를 수정하면 됩니다.

수정전
```
android:layout_height="match_parent">
```

수정후
```
android:layout_height="match_parent"
android:background="#03A9F4">
```

BlueFragment 배경색으로 파랑색(#03A9F4)을 지정해줬습니다.

11 이제 두 프래그먼트를 위한 두 레이아웃을 모두 준비했습니다. 다시 각 소스 코드 파일로 돌아가 연결 작업을 해주겠습니다. 첫 번째로 [app] → [java] → [com.example.activityandfregment] → RedFragment.kt 파일입니다.

app/java/com.example.activityandfragment/RedFragment.kt

```
package com.example.activityandfragment

import android.os.Bundle
import android.view.LayoutInflater
import android.view.View
import android.view.ViewGroup
import androidx.fragment.app.Fragment

class RedFragment : Fragment() {

    override fun onCreateView( // ❶
        inflater: LayoutInflater,      // 뷰를 생성하는 객체
        container: ViewGroup?,         // 생성할 뷰(자식 뷰)가 들어갈 부모 뷰
        savedInstanceState: Bundle?    // 이전 프래그먼트 객체에서 전달된 데이터(번들)
    ): View? {
        return inflater.inflate(R.layout.fragment_red, container, false); // ❷
    }
}
```

❶ onCreateView()는 프래그먼트의 레이아웃을 연결할 때 쓰는 콜백 함수입니다. 여기서 어떤 레이아웃을 사용할지 정하게 됩니다.

❷ 인수로 받는 inflater를 통해 프래그먼트의 레이아웃을 지정해줍니다. 아까 만들어준 fragment_red.xml 레이아웃을 첫 번째 인수로 넣어주면 준비 완료입니다. container는 부모 뷰를 뜻하며, 자식 뷰가 들어갈 곳을 의미합니다. 세 번째 인수 attachToRoot는 지금 즉시 부모 뷰에 뷰를 추가할 것인지 나중에 추가할 것인지를 뜻합니다. 뷰를 나중에 추가할 것이므로 false를 해주세요.

레이아웃 리소스 참조값　　　　　attachToRoot

```
inflate(R.layout.fragment_red, container, false)
```

부모 뷰

11 두 번째로 BlueFragment.kt 파일입니다. 이번엔 보지 마시고 먼저 한 번 작성해보세요.

app/java/com.example.activityandfragment/BlueFragment.kt

```kotlin
package com.example.activityandfragment

import android.os.Bundle
import android.view.LayoutInflater
import android.view.View
import android.view.ViewGroup
import androidx.fragment.app.Fragment

class BlueFragment : Fragment() {
    override fun onCreateView(
        inflater: LayoutInflater,
        container: ViewGroup?,
        savedInstanceState: Bundle?
    ): View? {
        return inflater.inflate(R.layout.fragment_blue, container, false); // ❶
    }
}
```

❶ 이번엔 첫 번째 인수로 fragment_blue를 넣었습니다. 파란색 배경이 되겠군요.

12 이제 버튼을 누르면 프래그먼트가 교체되게끔 액티비티에서 설정해보겠습니다. 프래그먼트를 다룰 때 가장 중요한 부분이므로 주목해주세요.

app/java/com.examle.activityandfragment/TwoColorActivity.kt

```kotlin
package com.example.activityandfragment
```

```kotlin
import androidx.appcompat.app.AppCompatActivity
import android.os.Bundle
import android.widget.Button
import com.example.activityandfragment.BlueFragment
import com.example.activityandfragment.R
import com.example.activityandfragment.RedFragment

class TwoColorActivity : AppCompatActivity() {
    override fun onCreate(savedInstanceState: Bundle?) {
        super.onCreate(savedInstanceState)
        setContentView(R.layout.activity_two_color)

        settingButtons()        // ⑧
    }

    fun settingButtons() {      // ❶
        val redButton = findViewById<Button>(R.id.button_red_fragment) ⌐
        val blueButton = findViewById<Button>(R.id.button_blue_fragment)⌐ // ❷

        redButton.setOnClickListener {       // ❸ 빨간 버튼 리스너
            val fragmentTransaction =
                supportFragmentManager.beginTransaction() // ❹
            fragmentTransaction.replace(R.id.fragmentFrame,RedFragment()) // ❺
            fragmentTransaction.commit()     // ❻
        }
        blueButton.setOnClickListener {       // ❼ 파란 버튼 리스너
            val fragmentTransaction = supportFragmentManager.beginTransaction()
            fragmentTransaction.replace(R.id.fragmentFrame,BlueFragment())
            fragmentTransaction.commit()
        }
    }
}
```

❶ settingButtons() 함수는 뷰가 생성되었을 때 실행되어 빨강과 파랑 버튼이 클릭되었을
때 행동을 정의합니다.

❷ 두 버튼 변수(redButton, blueButton)를 초기화합니다. 초기화 코드는 두 변수 모두 같
으므로 빨간 버튼의 초기화 코드만 살펴보겠습니다.

ID로 뷰를 찾는 함수   리소스 ID

```
val redButton = findViewById<Button>(R.id.button_red_fragment)
```

뷰 유형

❸ 빨간 버튼 리스너는 빨간 버튼(redButton)이 클릭되면 동작합니다.

❹ supportFragmentManager.beginTransaction()을 호출해 프래그먼트 트랜잭션^FragmentTransaction 클래스의 객체 생성합니다. 프래그먼트 트랜잭션을 사용하면 프래그먼트 추가, 삭제 혹은 기존 프래그먼트와 교체하고 백스택에 추가하는 등을 할 수 있습니다.

> **백스택**
>
> 스택과 같이 태스크들이 쌓여있는 형태로 이해하면 됩니다. 이 경우에는 프래그먼트들이 쌓여있는 것이지요.

프래그먼트 관련 작업 수행

```
supportFragmentManager.beginTransaction()
```

프래그먼트 트랜잭션 객체 생성

❺ 트랜잭션에서 무엇을 할지 정의하는 곳입니다. 여기서는 replace()로 기존의 프래그먼트를 새로운 프래그먼트로 교체했습니다. 함수의 첫 번째 인수로는 교체할 컨테이너의 ID 참조값을 넣습니다. 액티비티 레이아웃 파일에서 생성했던 FrameLayout의 id를 **R.id.실제 ID** 형식으로 넣으면 됩니다. 두 번째 인수로는 프래그먼트 객체를 넣어주면 됩니다.

프래그먼트를 넣는 프레임 레이아웃 ID

```
replace(R.id.fragmentFrame,RedFragment())
```

새로운 프래그먼트 객체

❻ 트랜잭션 이후에는 반드시 commit() 함수를 호출해야 합니다.

❼ 똑같은 방식으로 파란 버튼 코드도 구현합니다. 이번엔 RedFragment가 아닌 BlueFragment 객체를 생성해야 합니다.

❽ 방금 만든 함수를 액티비티의 onCreate() 함수 안에 쏙 집어넣어줍니다. 그럼 onCreate() 콜백 함수가 실행될 때 자동으로 버튼이 설정되겠죠?

13 실제 기기를 이용해 실행하기 전에 꼭 하나 해주어야 할 것이 있습니다. 4.2절 '액티비티 알아보기'에서 액티비티에 대해 배웠던 거 기억 나시나요? 우리는 그 이후 프래그먼트를 배울 때 따로 프로젝트를 생성하지 않고 추가적으로 액티비티와 프래그먼트를 생성해주었습니다.

프로젝트는 기본적으로 MainActivity를 앱을 켰을 때 처음 나오는 액티비티로 지정을 하는 데요, 우리는 방금 만든 TwoColorActivity를 첫 화면으로 바꾸어주겠습니다.

❶ [app] → [menifests] → AndroidManifest.xml 파일을 열어주세요.

14 〈intent-filter〉를 어디에 위치시키느냐에 따라서 어디가 시작 지점이 될지가 결정됩니다.

❶ MainActivity 태그 안에 있던 〈intent-filter〉 태그를 Ctrl+C (맥OS Command + C)를 눌러 복사한 후 지워주세요. ❷ TwoColorActivity 태그 안에 Ctrl+V (맥OS Command + V) 붙여넣기 하여 위치시켜주세요.

[예시] app/menifests/AndroidManifest.xml

```xml
<?xml version="1.0" encoding="utf-8"?>
<manifest xmlns:android="http://schemas.android.com/apk/res/android"
    package="com.example.activityandfragment">

    <application
        android:allowBackup="true"
        android:icon="@mipmap/ic_launcher"
        android:label="ActivityAndFragment"
        android:roundIcon="@mipmap/ic_launcher_round"
        android:supportsRtl="true"
        android:theme="@style/Theme.ActivityAndFragment">
        <activity android:name=".TwoColorActivity"
            android:exported="true">
            <intent-filter>
                <action android:name="android.intent.action.MAIN" />
                <category android:name="android.intent.category.LAUNCHER" />
            </intent-filter>
        </activity>
        <activity android:name=".SubActivity"
            android:exported="true"/>
        <activity android:name=".MainActivity"
            android:exported="true">
            <intent-filter>
                <action android:name="android.intent.action.MAIN" />
                <category android:name="android.intent.category.LAUNCHER" />
            </intent-filter>
        </activity>
    </application>

</manifest>
```

오려붙이기

그리고 ❸과 같이 기존 코드를 수정합니다.

수정 전
```
<activity
    android:name=".TwoColorActivity"
    android:exported="true" />
```

수정후
```
<activity android:name=".TwoColorActivity"
    android:exported="true">
    <!--오려붙인 코드-->
</activity>
```

15 에뮬레이터에서 이 앱을 한 번 실행해보겠습니다. 오른쪽 상단에서 ❶ 앱을 실행할 에뮬레이터나 실제 기기를 선택해주세요. ❷ 플레이 버튼을 눌러 앱을 실행해주세요.

16 아래 두 버튼을 눌러 테스트해보세요.

▼ 버튼 누르기 전 　　　　▼ RED FRAGMENT 버튼 클릭 　　　　▼ BLUE FRAGMENT 버튼 클릭

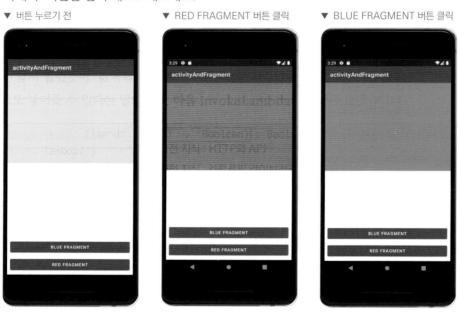

버튼을 누르기 전에는 프레임 레이아웃의 배경색이 노란색입니다. [RED FRAGMENT] 버튼을 누르면 빨강으로, [BULE FRAGMENT] 버튼을 누르면 파랑으로 바뀝니다. 이상으로 하나의 액티비티에서 사용자와 상호작용해 프래그먼트를 전환할 수 있다는 사실을 알게 되었습니다. 이미지, 글, 리스트 등도 바꿀 수 있답니다.

학습 마무리

사용자에게 화면을 보여주는 액티비티와 프래그먼트를 배우고, 각각의 생명 주기와 화면 간의 전환 방법을 알아보았습니다. 액티비티는 화면의 기본 구성 단위로서 사용자와 상호작용이 가능합니다. 프래그먼트 역시 비슷한 역할을 하지만 액티비티 안에 종속되며 여러 액티비티 사이에서 재사용이 가능하다는 차이점이 있습니다.

핵심 요약

1 안드로이드 앱 4대 구성요소는 액티비티, 서비스, 브로드캐스트 리시버, 콘텐트 프로바이더 입니다.

2 액티비티는 사용자에게 UI 화면을 제공하는 앱 구성요소입니다.

3 액티비티와 프래그먼트는 고유의 생명 주기가 존재하며 생명 주기에 따라 해야 하는 것과 할 수 있는 활동이 나누어져 있습니다.

4 0인텐트는 사용자로 하여금 액티비티를 시작하거나, 서비스를 시작하는 등 다양한 활동을 할 수 있게끔 해주는 메시징 객체입니다.

5 프래그먼트는 분할된 화면을 독립적으로 활용하고 재사용하기에 적절한, 액티비티에 종속된 UI 구성요소입니다.

화면 구성하기
뷰(위젯)

| □ **학습 목표** | 사용 빈도가 높은 텍스트뷰, 이미지뷰, 버튼, 에디트텍스트를 알아보겠습니다. 기본 뷰를 잘 숙지하면 새로운 뷰 역시 어려움 없이 학습할 수 있을 겁니다. |

□ **뷰 소개**

뷰란 앱에서 우리가 눈으로 볼 수 있는 모든 것을 말합니다. 버튼, 이미지, 리스트, 입력창 등이 뷰입니다. 이와 같이 볼 수 있는 뷰를 위젯이라고도 합니다. 뷰의 종류에는 위젯도 있지만 뷰 그룹도 있습니다. 뷰 그룹은 독특하게 보이지 않는 뷰로서 레이아웃의 역할을 하며 여러 위젯을 담거나 혹은 또 다른 뷰 그룹을 담는 역할을 합니다(뷰 그룹 역시 뷰입니다. 헷갈리지 마세요). 예를 들면 다음과 같습니다.

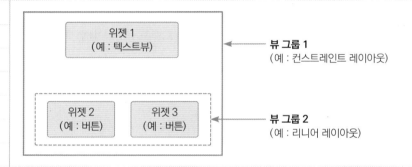

위의 예시를 보면 뷰 그룹 1이 위젯 1과 뷰 그룹 2를 담고 있습니다. 뷰 그룹 2는 위젯 2개를 담고 있네요. 이렇듯이 위젯과 뷰 그룹은 하는 일이 다릅니다. 이번 장에서는 위젯이 하는 일을 알아봅시다.

□ **UI 구성요소**

헷갈릴 수 있는 UI 구성요소 용어를 한 방에 깔끔하게 정리해드리겠습니다.

1 뷰 : UI 구성요소의 기본 클래스이면서 화면을 구성하는 기본 단위입니다. 뷰의 종류로는 버튼, 텍스트뷰, 이미지뷰 같은 위젯과 컨스트레인트 레이아웃, 리니어 레이아웃과 같은 뷰 그룹이 있습니다(레이아웃은 6장에서 다뤄요).

2 위젯(뷰) : 위젯은 화면에 직접적으로 보이고 사용자와 상호작용하는 구성요소입니다. 위젯은 뷰 그룹에 속해야 합니다. 텍스트뷰, 버튼, 에디트텍스트 등의 위젯을 통해 사용자의 이벤트를 처리하고 정보를 보여줍니다. 이 책에서는 위젯을 편의상 뷰라고 부릅니다.

3 뷰 그룹(레이아웃) : 뷰 그룹은 한 개 이상의 뷰 혹은 다른 뷰 그룹을 담고 뷰들을 배치하는 역할을 합니다. 그래서 뷰 그룹을 레이아웃이라고도 부릅니다. 이 책에서도 뷰 그룹을 레이아웃으로 부르겠습니다.

☐ **학습 순서**

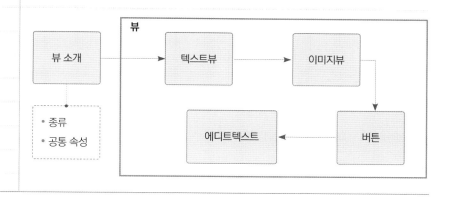

이 장을 공부하기 전에 실습에 사용할 프로젝트를 만들어주세요.

- 액티비티 : Empty Activity
- 프로젝트 이름 : LearningViews
- 언어 : Kotlin
- Minimum SDK : API 26 : Android 8.0 (Oreo)

프로젝트를
생성해주세요.

5.1 뷰(위젯) 종류

어떤 뷰가 있는지 알아야 필요할 때 적절히 사용할 수 있을 겁니다. 여러 가지 뷰를 간단하게 알아보겠습니다.

다음 이미지는 레이아웃 에디터의 왼쪽 상단에 위치한 팔레트입니다. 디자인 모드에서 뷰를 추가할 때 사용합니다. 이 메뉴를 보면 어떤 뷰가 있는지 확인할 수가 있습니다. 왼쪽은 뷰 분류, 오른쪽은 해당 분류에서 제공하는 다양한 뷰입니다. 이 책에서는 ❶ Common(가장 자주 쓰이는 뷰 모음), ❷ Text(문자 관련 뷰 모음), ❸ Buttons(누를 수 있는 버튼 관련 뷰 모음), ❹ Layouts(레이아웃 관련된 뷰 모음)에 소속된 다양한 뷰들을 배울 겁니다.

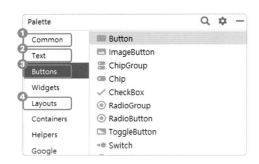

5.2 뷰 공통 속성

뷰들은 용도별로 고유 속성과 필수로 지정하는 공통 속성을 가지고 있습니다. 공통 속성으로는 layout_width와 layout_height, 즉 너비와 높이가 있죠. 또 여백도 있습니다. 각각을 알아봅시다.

5.2.1 너비와 높이

뷰의 공통 속성인 너비와 높이를 알아보겠습니다.

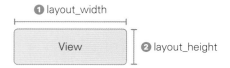

❶ layout_width는 뷰 너비를, ❷ layout_height는 뷰 높이를 지정합니다. layout_height와 layout_width값으로 쓰이는 대표적인 3가지 값은 아래와 같습니다.

대푯값	설명
match_parent	해당 뷰를 담고있는 부모 레이아웃의 크기에 맞춥니다.
wrap_content	해당 뷰 안에 들어있는 내용에 크기를 자동으로 맞춥니다.
직접 지정	크기를 직접 지정해줍니다. 예를 들면 100dp , 200dp 이렇게 설정하면 됩니다.

버튼을 하나 만들어보겠습니다(아직 리니어 레이아웃과 버튼을 배우진 않았지만, 너비와 높이를 이해하는 데 꼭 필요한 사전 지식은 아니니 일단 따라와주세요).

To Do 01 프로젝트 생성 시 자동 생성된 ❶ [app] → [res] → [layout] → activity_main.xml을 클릭해 열어주세요. 그리고 ❷ 코드를 다음과 같이 바꿔 버튼을 하나 추가합시다.

/app/res/layout/activity_main.xml

```xml
<?xml version="1.0" encoding="utf-8"?>
<LinearLayout xmlns:android="http://schemas.android.com/apk/res/android"
android:layout_width="match_parent"
android:layout_height="match_parent"         <!-- ❸ -->
android:orientation="horizontal">


<Button
    android:layout_width="wrap_content"
    android:layout_height="wrap_content"      <!-- ❹ -->
    android:text="button1" />


</LinearLayout>
```

❸ 버튼의 부모 레이아웃인 LinearLayout은 너비와 높이 둘 다 속성값이 match_parent이므로 화면을 꽉 채웁니다.
❹ 버튼 속성값이 wrap_content이므로 내용물 크기로 너비와 높이를 맞춥니다.
레이아웃 미리보기에 오른쪽과 같은 그림이 보일 겁니다.

02 버튼의 속성 중에서 ❶ layout_width를 match_parent로 바꿔봅시다. 그러면 다음과 같이 너비가 부모 레이아웃의 너비만큼 커지게 됩니다.

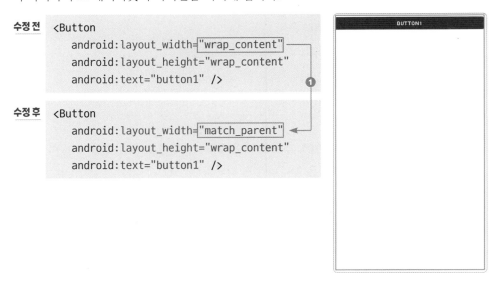

03 ❶ 버튼의 너비인 layout_width를 wrap_content로 바꾸고, ❷ layout_height를 match_parent로 바꿔보세요. 그럼 다음과 같이 세로 방향으로 버튼이 길쭉해집니다.

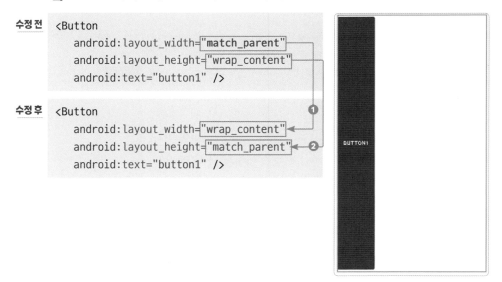

04 이번에는 원하는 크기를 숫자로 넣어봅시다. ❶ 폭에 150dp, ❷ 높이에 400dp를 넣어줍니다. 그 결과 다음과 같이 위로 길쭉한 버튼이 생성됩니다.

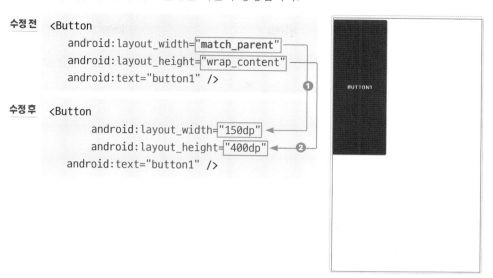

수정전 `<Button`
    `android:layout_width="match_parent"`
    `android:layout_height="wrap_content"`
    `android:text="button1" />`

수정후 `<Button`
    `android:layout_width="150dp"`
    `android:layout_height="400dp"`
    `android:text="button1" />`

다른 값도 직접 넣어보면서 layout_width와 layout_height 속성에 익숙해져보세요.

dp는 무엇일까?

안드로이드에서 레이아웃을 만들다 보면 빠질 수 없는 것이 바로 dp 단위입니다. px(픽셀)는 많이 들어보았지만 dp는 생소할 겁니다. dp는 셀 수 없이 많은 다양한 크기의 안드로이드 기기에서 이미지를 같은 크기로 보여주고자 만든 개념입니다. 이해가 안 간다구요? 다음 그림을 봐주세요.

픽셀을 이용한 경우를 살펴보겠습니다.

4픽셀짜리 이미지가 있다고 합시다. 해상도가 높다는 말은 픽셀이 더

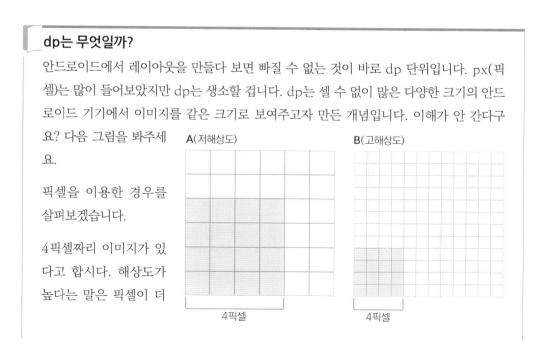

촘촘하게 존재한다는 말인데요. 예를 들어 앞의 그림에서 고해상도 기기는 저해상도 기기보다 4배 많은 픽셀을 가지고 있죠. 따라서 4픽셀 이미지는 저해상도 기기에서 볼 때보다 고해상도 기기에서 볼 때 이미지가 더 작게 보입니다. 이처럼 픽셀 단위로는 이미지를 디바이스에 무관하게 균일한 크기로 보여줄 수가 없습니다. 그래서 나온 것이 dp입니다.

dp를 사용한 경우를 살펴봅시다.

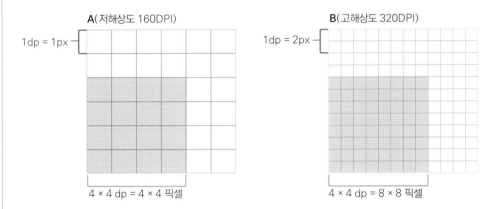

dp는 density-independent pixel의 준말입니다. 직역하면 밀도(해상도)에 독립적이라는 것이죠. 반대로 픽셀은 밀도에 독립적이지 못합니다. 픽셀과 달리 dp는 해상도에 관계없이 이미지를 같은 크기로 표현합니다.

앞에 예시를 보면 A에서 1픽셀이 B에서는 2픽셀이 됩니다. dp를 사용하면 안드로이드 운영체제에서 기기의 해상도에 맞춰 자동으로 픽셀값을 조정해주거든요. 결국 저해상도/고해상도와 상관없이 같은 그림은 같은 크기로 보입니다(따라서 A에서의 4 × 4 픽셀은 B에서 8 × 8 픽셀로 보입니다). 그러므로 개발자들이 모든 기기의 해상도를 대응할 필요 없이 dp값으로만 레이아웃을 만들면 되는 것이지요.

안드로이드는 다음과 같이 5가지 대표적인 DPI가 있습니다. DPI는 dot per inch의 약자로 1인치당 들어가는 픽셀 개수를 뜻합니다. 예를 들어 160DPI는 1인치에 픽셀 160개가 들어가는 겁니다. DPI가 높을수록 해상도가 높습니다.

5.2.2 패딩과 마진

모든 뷰가 여백 없이 다닥다닥 붙어있으면 어떨까요? 당연히 사용자가 내용을 한눈에 알아보기도 어려울 뿐더러 버튼을 잘못 누를 수도 있습니다. 이러한 상황을 방지하는 데 뷰와 뷰 사이에, 그리고 뷰 안에 여백을 사용합니다. 뷰에 여백을 주는 데 마진과 패딩 개념을 활용합니다.

예를 들어 다음 그림처럼 텍스트뷰에 ❶ 패딩과 ❷ 마진을 준다고 생각해봅시다.

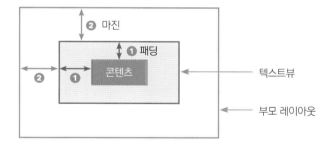

❶ 패딩은 텍스트뷰 안에 있는 내용(즉 콘텐츠)과 텍스트뷰 외곽 사이의 여백입니다. ❷ 마진은 부모 레이아웃과 텍스트뷰 사이의 간격을 의미합니다. 부모 레이아웃뿐만 아니라 다른 뷰 혹은 다른 뷰 그룹(레이아웃)과의 간격일 수도 있습니다.

상하좌우 방향 중에서 원하는 방향으로만 마진이나 패딩을 줄 수 있습니다. 다음 속성을 이용해보세요.

마진 속성	적용 위치	패딩 속성
layout_margin	상하좌우	padding
layout_marginTop	위	paddingTop
layout_marginBottom	아래	paddingBottom
layout_marginStart	시작점	paddingStart
layout_marginEnd	끝점	paddingEnd
layout_marginLeft	왼쪽	paddingLeft
layout_marginRight	오른쪽	paddingRight
layout_marginHorizontal	수평 방향	paddingHorizontal
layout_marginVertical	수직 방향	paddingVertical

그림으로 마진과 패딩의 top/bottom, left/right 속성 위치를 살펴보겠습니다.

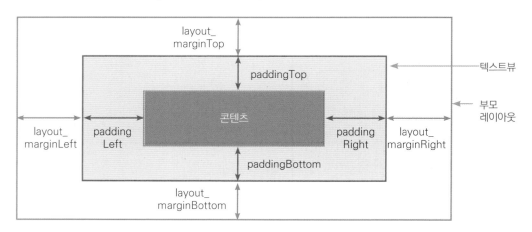

left/right와 start/end의 차이

뷰에서 속성의 가로 방향을 나타낼 때 left-right와 start-end 개념을 사용합니다. 예를 들면 layout_marginStart, layout_marginLeft와 같은 속성이 있습니다. left는 start와 같고, right는 end와 같은 것 같은데 왜 두 가지를 구분하는 걸까요?

그 이유는 모든 언어에서 글이 왼쪽에서 시작하지는 않기 때문입니다. 한국어와 영어는 왼쪽에서 오른쪽으로 쓰는 LTR^{Left To Right} 언어이고, 아랍어는 오른쪽에서 왼쪽으로 쓰는 RTL^{Right to Left} 언어입니다. 안드로이드 4.2 (API 레벨 17) 이상을 타깃으로 한다면 LTR과 RTL 미러링 기능을 지원하는 start-end 형식을 쓰는 것이 권장됩니다.

▼ LTR 형식 언어

▼ RTL 형식 언어

자 그럼 직접 텍스트뷰를 여러 개 만들어보면서 마진과 패딩을 알아봅시다.

To Do 01 새 레이아웃 리소스 파일을 만들겠습니다. ❶ [app] → [res] → [layout] 위에서 → ❷ 마우스 우클릭 후 ❸ [New] → [Layout Resource File]을 클릭해주세요.

02 ❶ 파일 이름을 padding_and_margin으로 지정해줍니다. ❷ 루트 엘리먼트에 LinearLayout을 입력해 리니어 레이아웃을 지정해줍니다. ❸ 그 후 [OK]를 눌러 파일 생성을 완료해주세요.

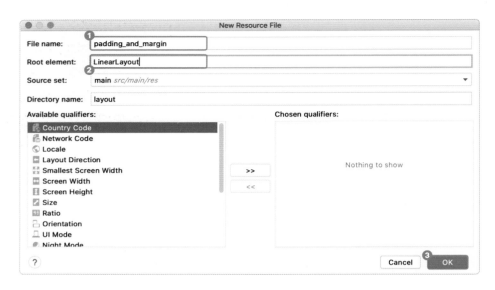

03 [app] → [res] → [layout] → padding_and_margin.xml 파일의 코드를 다음과 같이 바꿉니다(클릭했는데 코드가 안 보인다면 오른쪽 상단의 뷰 모드 탭에서 [Split]을 클릭해주세요). 텍스트뷰에 패딩과 마진을 다양한 방법으로 적용해보는 코드입니다.

/app/res/layout/padding_and_margin.xml

```xml
<LinearLayout xmlns:android="http://schemas.android.com/apk/res/android"
    android:orientation="vertical"
    android:layout_width="match_parent"
    android:layout_height="match_parent">

    <TextView
        android:layout_width="wrap_content"
        android:layout_height="wrap_content"
        android:background="#D7FAEA"
        android:text="패딩, 마진 둘 다 없음"
        android:textSize="20sp" />

    <TextView
        android:layout_width="wrap_content"
        android:layout_height="wrap_content"
        android:background="#4B653B"
        android:text="패딩, 마진 둘 다 없음"
        android:textColor="#FFFFFF"
        android:textSize="20sp" />
```

```xml
<TextView
    android:layout_width="wrap_content"
    android:layout_height="wrap_content"
    android:layout_margin="15dp"
    android:background="#D7FAEA"
    android:text="마진만 있음"
    android:textSize="20sp" />

<TextView
    android:layout_width="wrap_content"
    android:layout_height="wrap_content"
    android:layout_margin="15dp"
    android:background="#4B653B"
    android:text="마진만 있음"
    android:textColor="#FFFFFF"
    android:textSize="20sp" />

<TextView
    android:layout_width="wrap_content"
    android:layout_height="wrap_content"
    android:background="#D7FAEA"
    android:padding="10dp"
    android:text="패딩만 있음"
    android:textSize="20sp" />

<TextView
    android:layout_width="wrap_content"
    android:layout_height="wrap_content"
    android:background="#4B653B"
    android:padding="10dp"
    android:text="패딩만 있음"
    android:textColor="#FFFFFF"
    android:textSize="20sp" />

<TextView
    android:layout_width="wrap_content"
    android:layout_height="wrap_content"
    android:layout_margin="15dp"
```

```
        android:background="#D7FAEA"
        android:padding="10dp"
        android:text="패딩,마진 둘 다 없음"
        android:textSize="20sp" />

    <TextView
        android:layout_width="wrap_content"
        android:layout_height="wrap_content"
        android:layout_margin="15dp"
        android:background="#4B653B"
        android:padding="10dp"
        android:text="패딩,마진 둘 다 있음"
        android:textColor="#FFFFFF"
        android:textSize="20sp" />

</LinearLayout>
```

▼ 실행결과

패딩, 마진 둘 다 없음
패딩, 마진 둘 다 없음

마진만 있음

마진만 있음

패딩만 있음

패딩만 있음

패딩,마진 둘 다 있음

패딩,마진 둘 다 있음

텍스트뷰로 만든 예제인데, 이어서 텍스트뷰를 자세히 다루므로 일단 여기서는 자세한 코드 설명을 생략하고 패딩과 마진만 이해하고 넘어가겠습니다. 코드와 출력 결과를 비교하면 쉽게 이해될 겁니다.

5.3 텍스트뷰

텍스트뷰TextView는 텍스트를 보여주는 뷰입니다. 수많은 뷰 중에서도 단연 가장 자주 쓰입니다. 특징을 알아봅시다.

5.3.1 텍스트뷰의 기본 속성

가장 많이 사용하는 text, textColor, textSize, textStyle 속성을 살펴보겠습니다.

To Do 01 새 레이아웃 리소스 파일을 만들겠습니다. ❶ [app] → [res] → [layout] 위에서 → ❷ 마우스 우클릭 → ❸ [New] → [Layout Resource File]을 클릭해주세요.

02 ❶ 파일 이름을 sample_textview로 지정해줍니다. ❷ 루트 엘리먼트에 LinearLayout을 입력해 리니어 레이아웃을 지정해줍니다. ❸ 그 후 [OK]를 눌러 파일 생성을 완료해주세요.

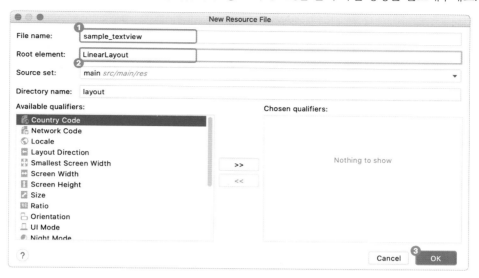

03 sample_textview.xml 파일의 코드를 다음과 같이 바꿉니다.

/app/res/layout/sample_textview.xml

```xml
<?xml version="1.0" encoding="utf-8"?>
<LinearLayout xmlns:android="http://schemas.android.com/apk/res/android"
    android:orientation="vertical"
    android:layout_width="match_parent"
    android:layout_height="match_parent">

    <TextView
        android:layout_width="wrap_content"
        android:layout_height="wrap_content"
        android:text="안녕하세요. 조이스입니다."  <!-- ❶ -->
        android:textColor="#000000"   <!-- ❷ -->
        android:textSize="20sp"       <!-- ❸ -->
        android:textStyle="bold" />   <!-- ❹ -->

</LinearLayout>
```

안녕하세요. 조이스입니다.

❶ text : 텍스트뷰에서 보여줄 글자를 지정합니다. 이 속성에 직접 텍스트를 입력할 수도 있고, strings.xml 파일에 선언한 문자열을 불러올 수도 있습니다(5.3.2 절 'strings.xml과 colors.xml' 참조)

❷ textColor : 텍스트 색깔을 지정합니다. 검은색인 #000000을 대입했습니다.

❸ textSize : 텍스트 크기를 지정합니다. 텍스트 크기를 나타내는 숫자 뒤에 sp 또는 dp를 붙입니다. sp와 dp의 차이점은 다음 글상자를 확인해주세요.

❹ textStyle : 텍스트 스타일을 지정합니다. 현재는 bold로 되어 있어 글자가 굵게 보입니다. 기울임체를 사용하려면 italic값을 주면 됩니다. 굵은 기울임체를 사용하고 싶다면 **italic | bold**값을 주면 됩니다. 이와 같이 일부 속성은 둘 이상의 값을 허용하는데요, |vertical bar를 사용해 열거하면 됩니다.

색상을 지정하는 숫자

textColor를 #000000으로 지정했습니다. #000000은 검정색입니다. 숫자는 두 자리 단위로 빨강, 초록, 파랑값입니다.

각 색마다 00부터 FF까지 값을 지정할 수 있습니다. 주요 색상별 값은 다음과 같습니다.

- 빨간색 : #FF0000
- 초록색 : #00FF00
- 파란색 : #0000FF
- 흰색 : #FFFFFF
- 검정색 : #000000

dp와 sp의 차이점

dp는 해상도에 상관없이 동일한 크기로 뷰를 보여주려고 안드로이드에서 정한 단위입니다. 그에 비해서 sp^scale-independent pixels은 텍스트 크기를 지정하는 단위입니다. 다음 이미지와 같이 안드로이드 휴대폰 설정을 살펴보면 휴대폰 전체에서 사용되는 글자 크기를 지정할 수 있습니다. 작은 글씨를 보기 어렵다면 시스템 글자 크기를 키울 수가 있겠죠.

아래의 왼쪽 그림은 시스템 글자 크기를 크게 키웠을 때이고, 오른쪽 그림은 시스템 글자 크기를 보통으로 해놓았을 때입니다. 자동으로 UI 글자 크기가 바뀌는 것으로 보아 텍스트 크기를 sp 단위로 지정했다고 짐작해볼 수 있습니다.

▼ 큰 시스템 글자 선택

▼ 보통 시스템 글자 선택

5.3.2 strings.xml과 colors.xml 사용하기

예를 들어 UI에 보이는 모든 텍스트를 검은색으로 지정하려면 A 텍스트뷰의 textColor 속성에 #000000, B 텍스트뷰의 textColor 속성에 #000000을 주어야 합니다. 텍스트뷰가 100개라면 textColor 속성 100개에 #000000값을 넣으면 됩니다. 여기까지는 문제가 안 됩니다. 하지만 텍스트 색을 초록색으로 바꾸고 싶다면 어떻게 해야 할까요? 텍스트뷰 100개의 색상을 일일히 초록색으로 바꾸어야 할까요?

colors.xml 밸류 리소스 파일을 이용하면 일일이 텍스트뷰 색상을 지정하지 않아도 됩니다. 방법을 알아봅시다.

To Do colors.xml 파일에 색상을 미리 지정하기

01 [app] → [res] → [values] → colors.xml을 클릭해주세요.

02 colors.xml에 다음과 같이 두 줄을 추가해주세요.

/app/res/values/colors.xml

```xml
<?xml version="1.0" encoding="utf-8"?>
<resources>
... 생략 ...

    <color name="colorMain">#000000</color>    <!-- ❶ -->
    <color name="colorSub">#25A632</color>    <!-- ❷ -->
</resources>
```

❶ 메인 컬러와 ❷ 서브 컬러를 지정했습니다. 이제 메인 컬러와 서브 컬러를 한 번만 변경해 원하는 효과를 얻을 수 있습니다.

또 색상뿐 아니라 텍스트도 미리 지정해줄 수 있습니다. 여러 레이아웃 파일에 직접 텍스트를 하드코딩하는 대신 strings.xml 한 곳에서 관리하면 유지보수도 용이합니다.

01 [app] → [res] → [values] → strings.xml에 다음과 같이 ① 한 줄을 추가합니다(인사말을 추가한 겁니다).

```
                                                       /app/res/values/strings.xml
<resources>
    <string name="app_name">LearningViews</string>
    <string name="greeting">안녕하세요 조이스입니다.</string> <!-- ① -->
</resources>
```

To Do 미리 지정한 색상과 텍스트 사용해보기

하드코딩했던 레이아웃을 colors.xml과 strings.xml을 이용해 바꿔봅시다.

01 새 레이아웃 리소스 파일을 만들겠습니다. ① [app] → [res] → [layout] 위에서 → ② 마우스 우클릭 후 ③ [New] → [Layout Resource File]을 클릭해주세요.

02 ① 파일 이름을 sample_textview_with_values로 지정해줍니다. ② 루트 엘리먼트에 LinearLayout을 입력해 리니어 레이아웃을 지정해줍니다. ③ 그 후 [OK]를 눌러 파일 생성을 완료해주세요.

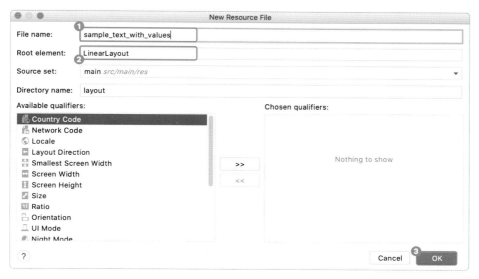

03 [app] → [res] → [layout] → sample_textview_with_values.xml 파일의 코드를 다음과 같이 바꿉니다. ❶ text값은 @string/greeting으로, ❷ textColor값은 @color/colorMain으로 바꾸어주세요.

/app/res/layout/sample_textview_with_values.xml

```xml
<?xml version="1.0" encoding="utf-8"?>
<LinearLayout xmlns:android="http://schemas.android.com/apk/res/android"
    android:orientation="vertical"
    android:layout_width="match_parent"
    android:layout_height="match_parent">

    <TextView
        android:layout_width="wrap_content"
        android:layout_height="wrap_content"
        android:text="@string/greeting"          <!-- ❶ -->
        android:textColor="@color/colorMain"     <!-- ❷ -->
        android:textSize="20sp"
        android:textStyle="bold"
    />
</LinearLayout>
```

안녕하세요. 조이스입니다.

결과는 이전과 같습니다. 하지만 훨씬 더 유지보수가 쉽고 실무에 자주 쓰는 코드가 되었습니다.

5.4 이미지뷰

이미지뷰는 화면에 이미지를 출력해주는 뷰입니다. 텍스트뷰 못지 않게 빈번히 쓰입니다. 이미지
뷰의 기본 속성을 알아보고 비율 조정도 해보겠습니다. 먼저 이미지를 리소스에 추가하는 방법을
알아보겠습니다.

To Do **이미지를 리소스에 추가하기**

01 깃허브에서 내려받은 [05_LearningViews] 폴더에 있는 sample_img.png 이미지를
[app/res/drawable] 폴더로 드래그 앤 드롭해주세요.

02 다음과 같은 화면이 뜨면 ❶ API 레벨 24 이상에서 사용하는 [drawable-v24] 폴더로 수정
후 ❷ [Refactor]를 눌러 이미지를 저장합니다(실제로 파일시스템에서는 app/src/main/
res/drawable-v24/sample_img.png 경로에 저장됨).

추가한 이미지를 앱에서 사용해봅시다.

To Do **이미지뷰 기본 속성**

01 ❶ [app] → [res] → [layout] 위에서 → ❷ 마우스 우클릭 후 ❸ [New] → [Layout
Resource File]을 클릭해주세요.

02 ❶ 파일명을 sample_imageview로 입력합니다. ❷ 루트 엘리먼트에 LinearLayout을 입력해 리니어 레이아웃을 지정해줍니다. ❸ [OK]를 눌러 파일 생성해주세요.

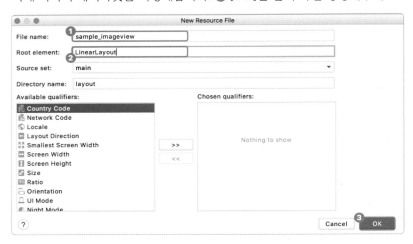

03 [app] → [res] → [layout] → sample_imageview.xml 파일의 코드를 다음과 같이 바꿉니다. 그러면 drawable 폴더에 저장한 이미지 파일을 @drawable/sample_img로 불러옵니다.

```
                                              /app/res/layout/sample_imageview.xml
<?xml version="1.0" encoding="utf-8"?>
<LinearLayout xmlns:android="http://schemas.android.com/apk/res/android"
    android:layout_width="match_parent"
    android:layout_height="match_parent"
    android:orientation="horizontal">

    <ImageView
        android:layout_width="wrap_content"
        android:layout_height="wrap_content"
        android:src="@drawable/sample_img"    <!-- ❶ 파일명   -->
    />

</LinearLayout>
```

이미지뷰에서 가장 중요한 속성은 바로 ❶ src입니다. 이미지뷰의 이미지 소스를 지정해주는 코드입니다. 다음과 같은 이미지가 보입니다.

지금까지 간단히 이미지뷰를 구성했습니다. 이어서 이미지뷰 크기에 맞춰 이미지 비율을 조정하고, 자르는 방법을 알아봅시다.

5.4.1 이미지뷰 비율 조정하기 : Scale Type

사용할 이미지의 가로/세로 비율이 이미지뷰의 비율과 같다면 비율을 조정할 필요가 없습니다. 하지만 현실에서는 그렇지 않은 경우가 많습니다. 이미지뷰에서는 이미지 비율을 scaleType 속성으로 조정합니다.

속성에 줄 수 있는 대표적인 값은 다음과 같습니다.

▼ 이미지 비율 속성값

속성값	설명
fitCenter	scaleType 속성의 기본값으로서, 가로 또는 세로 중 한 방향으로 스케일됩니다. 이미지뷰의 센터를 기준으로 이미지가 표시됩니다.
fitXY	가로, 세로 방향으로 이미지가 이미지뷰를 빈틈없이 가득 채웁니다.
center	스케일 없이 이미지를 가운데 표시합니다. 이미지가 뷰보다 크다면 그대로 잘리고, 작다면 작은 그대로 보여집니다.
centerCrop	이미지 비율은 그대로 유지한 상태로 스케일합니다. 이미지뷰를 벗어나는 부분은 잘라낸 채로 보여줍니다.

이미지뷰를 실제로 어떻게 쓰는지를 확인해보겠습니다.

To Do 01 sample_imageview.xml 파일을 수정합시다. ❶ 이미지뷰 크기를 너비 350dp, 높이 200dp로 해주세요. ❷ 여백을 알아보기 쉽게끔 배경색을 회색(#AEAEAE)으로 지정합니다.

```
... 생략 ...                                    /app/res/layout/sample_imageview.xml
<ImageView
    android:layout_width="350dp"  ┐ <!-- ❶ 크기 조절 -->
    android:layout_height="200dp" ┘
    android:background="#AEAEAE" <!-- ❷ 배경 회색 -->
    android:scaleType="[속성 값]" <!-- 여기에 이제부터 알아볼 속성값을 넣으면 됩니다 -->
    android:src="@drawable/sample_img" />
... 생략 ...
```

To Do fitCenter 적용하기

fitCenter는 Scale Type의 기본값이므로, 아무 속성도 지정하지 않으면 이미지뷰에 fitCenter가 적용됩니다. 여백이 어디 생기냐의 문제이지 원본 사진의 비율은 그대로 유지됩니다. 현재 너비, 높이가 350dp, 200dp이므로 fitCenter를 적용하면 다음과 같습니다. 이미지 비율상 여백이 좌우로 생성됐습니다.

01 코드에서 속성값을 다음과 같이 바꿔보세요.

```
android:scaleType="fitCenter"
```

02 이미지뷰의 너비와 높이를 각각 300dp, 400dp로 조정
하면 어떻게 될까요? 이번에는 세로가 가로보다 길어지
게 됩니다. 코드에서 속성값을 다음과 같이 바꿔보세요.

```
android:layout_width="300dp"
android:layout_height="400dp"
```

상하로 여백이 생겼습니다.

03 다음 실습을 위해 너비와 높이를 각각 350dp, 200dp으로 바로 바꿔둡니다.

수정 전
```
android:layout_width="300dp"
android:layout_height="400dp"
```

수정 후
```
android:layout_width="350dp"
android:layout_height="200dp"
```

fitXY 적용하기

fitXY를 적용하면 이미지를 이미지뷰 크기에 맞춥니다. 이미지가 가로 방향으로 늘어났네요. fitXY 속성은 이처럼 스케일을 키우거나 줄여 이미지뷰를 꽉 채우기 때문에 이미지 비율이 원본과 같지 않을 수 있습니다.

01 코드에서 속성값을 다음과 같이 바꿔보세요.

`android:scaleType="fitXY"`   `android:scaleType="fitCenter"`

To Do center 적용하기

이미지뷰

center는 이미지가 커지거나 작아지지 않고, 원본 이미지를 그대로 이미지뷰에 보여줍니다. 이미지는 이미지뷰의 중앙에 위치합니다. 이미지 원본의 크기가 이미지뷰보다 훨씬 크기 때문에 사진이 중앙을 기준으로 잘렸습니다.

원본 이미지 ⟶

01 코드에서 속성값을 다음과 같이 바꿔보세요.

`android:scaleType="center"`

centerCrop 속성은 이미지뷰 안에 이미지를 넣고 가로, 세로 비율을 유지해 확대/축소해 가로와 세로 중 어느 곳이 먼저 이미지뷰의 경계선과 닿는지 확인합니다. 예를 들어 큰 이미지를 축소할 때는 경계에 먼저 닿지 않는 쪽의 튀어나온 부분을 잘라 보여줍니다. 지금의 예시처럼 가로가먼저 닿으면, 세로로 튀어나온 부분을 잘라줍니다.

상하 잘림

이미지뷰

01 코드에서 속성값을 다음과 같이 바꿔보세요.

```
android:scaleType="centerCrop"
```

```
android:scaleType="fitCenter"
```

fitCenter는 이미지 비율을 맞추느라 좌우로 여백이 생겼지만, centerCrop은 이미지 비율을 유지해 확대하면서, 이미지뷰를 벗어난 부분을 잘라냈습니다.

5.5 버튼

버튼은 레이아웃의 전환이나 사용자와 앱이 상호작용을 하는 데 사용하는 뷰입니다. 텍스트뷰와이미지뷰가 사용자에게 보여주는 용도라면, 버튼은 사용자의 행동을 유도하는 용도입니다. 하지만 버튼은 기본적으로 텍스트뷰를 상속하고 있기 때문에 텍스트뷰에서 사용하는 (텍스트 색깔, 크기, 스타일 등) 속성과 기능 대부분을 그대로 사용할 수 있습니다. 이제부터 직접 버튼을 함께 만들어보시죠.

To Do 01 ❶ [app] → [res] → [layout] 위에서 → ❷ 마우스 우클릭 후 ❸ [New] → [Layout Resource File]을 클릭해주세요.

02 ❶ 파일 이름을 sample_button으로 지정합니다. ❷ 루트 엘리먼트에 LinearLayout을 입력해 리니어 레이아웃을 지정해줍니다. ❸ 그 후 [OK]를 눌러 파일 생성을 완료해주세요.

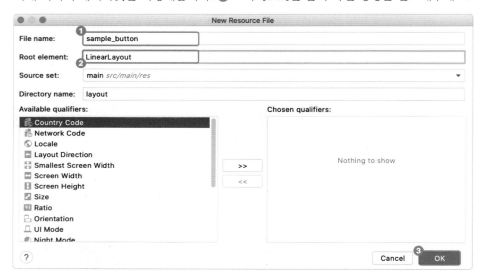

03 생성한 [app] → [res] → [layout] → sample_button.xml 파일에 다음 코드를 채워넣으세요. ❶ 텍스트, ❷ 컬러, ❸ 크기, ❹ 패딩을 설정했습니다.

```xml
/app/res/layout/sample_button.xml
<?xml version="1.0" encoding="utf-8"?>
<LinearLayout xmlns:android="http://schemas.android.com/apk/res/android"
    android:orientation="vertical"
    android:layout_width="match_parent"
    android:layout_height="match_parent">

    <Button
        android:layout_width="wrap_content"
        android:layout_height="wrap_content"
        android:text="클릭 해주세요"      <!-- ❶ 텍스트 -->
        android:textColor="#000000"      <!-- ❷ 컬러 -->
        android:textSize="20sp"          <!-- ❸ 크기 -->
```

```
        android:padding="20dp"/>     <!-- ❹ 패딩 -->
</LinearLayout>
```

5.6 에디트텍스트

앱에 로그인할 때 이메일과 비밀번호를 쓴 경험이 있을 겁니다. 그때 텍스트를 입력했던 뷰가 에디트텍스트^{EditText}입니다. 사용자의 입력을 받는 뷰이기 때문에 앱을 만들 때 빈번하게 쓰입니다. 에디트텍스트 역시 버튼처럼 텍스트뷰를 상속하고 있어서 텍스트뷰의 속성과 기능을 사용할 수 있습니다.

5.6.1 에디트텍스트 만들기

패딩과 마진을 각각 10dp씩 주고 에디트텍스트를 만들어봅시다.

To Do **01** 새 레이아웃 리소스 파일을 만들겠습니다. ❶ [app] → [res] → [layout] 위에서 → ❷ 마우스 우클릭 후 ❸ [New] → [Layout Resource File]을 클릭해주세요.

02 ❶ 파일 이름을 sample_edittext로 지정해줍니다. ❷ 루트 엘리먼트에 LinearLayout을 입력해 리니어 레이아웃을 지정해줍니다. ❸ 그 후 [OK]를 눌러 파일 생성을 완료해주세요.

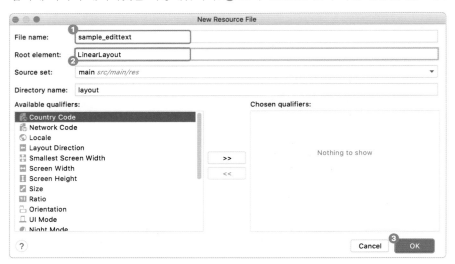

03 생성한 [app] → [res] → [layout] → sample_edittext.xml 파일에 다음 코드를 채워넣으세요. ❶은 힌트입니다. 사용자가 에디트텍스트에 무슨 값을 넣어야 하는지 알려줍니다. 힌트는 에디트텍스트에 텍스트가 없을 때는 회색 글씨로 보이다가 텍스트를 입력하면 사라집니다. ❷ 패딩값 ❸ 마진값을 각각 10dp씩 주었습니다.

```xml
                                                    /app/res/layout/sample_edittext.xml
<?xml version="1.0" encoding="utf-8"?>
<LinearLayout xmlns:android="http://schemas.android.com/apk/res/android"
    android:layout_width="match_parent"
    android:layout_height="match_parent"
    android:orientation="horizontal">

    <EditText
        android:layout_width="match_parent"
        android:layout_height="wrap_content"
        android:hint="Hello World라고 입력해주세요." <!-- ❶ 힌트 -->
        android:padding="10dp"          <!-- ❷ 패딩 -->
        android:layout_margin="10dp"  <!-- ❸ 마진 -->
        />

</LinearLayout>
```

04 직접 이 파일을 메인 액티비티에 적용해보겠습니다. 일단 MainActivity.kt에서 보여줄 레이아웃 파일을 바꿔줍시다. ❶ [app] → [java] → [com.example.learningviews] → MainActivity.kt를 클릭하고 → ❷ setContentView( ) 함수의 인수를 R.layout. sample_edittext로 바꿉니다.

/app/java/com.example.learningviews/MainActivity.kt

```kotlin
package com.example.learningviews

import androidx.appcompat.app.AppCompatActivity
import android.os.Bundle

class MainActivity : AppCompatActivity() {
    override fun onCreate(savedInstanceState: Bundle?) {
        super.onCreate(savedInstanceState)
        setContentView(R.layout.sample_edittext)
    }
}
```

❷ 여기를 바꾸어줍니다.

05 [Run] → [Run...]을 눌러 에뮬레이터로 앱을 실행합니다. 그러면 다음과 같이 선 하나가 생기고 ❶ 클릭하면 텍스트 입력기가 실행됩니다. 이제 텍스트를 입력할 수 있습니다. ❷ hello world라고 입력해보세요.

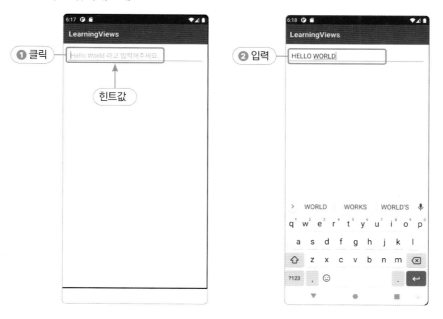

5.6.2 에디트텍스트의 다양한 속성 : 비밀번호, 전화번호, 이메일, 날짜

inputType 속성을 사용해 에디트텍스트에 들어갈 유형과 텍스트 입력기 형태 등을 결정할 수 있습니다. inputType 속성에서 자주 쓰는 값으로 textPassword, phone, textEmailAddress, datetime을 들 수 있습니다.

▼ 에디트텍스트의 다양한 속성

속성값	설명
textPassword	비밀번호를 입력할 때는 inputType 속성을 textPassword로 지정하면 입력한 값 대신에 가운데점 •을 보여줍니다.
phone	전화번호를 입력하는 속성
textEmailAddress	이메일을 입력받는 속성
datetime	날짜와 시간 형식의 값을 받는 속성

textPassword를 사용해 패스워드를 입력해보겠습니다.

To Do **01** [app] → [res] → [layout] → sample_edittext.xml을 열어서 ❶ 다음과 같이 코드를 작성해주세요.

```
                                              /app/res/layout/sample_edittext.xml
... 생략 ...
<EditText
    android:layout_width="match_parent"
    android:layout_height="wrap_content"
    android:hint="비밀번호를 입력해주세요."
    android:inputType="textPassword"          <!-- ❶ -->
    android:padding="10dp"
    android:layout_margin="10dp"
    />
... 생략 ...
```

02 [Run] 버튼을 눌러 에뮬레이터를 실행해주세요. 입력 시에 다음과 같이 입력값이 •으로 보이면 성공입니다.

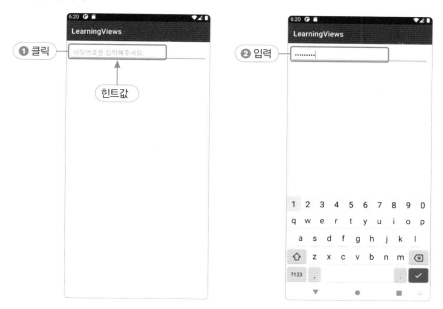

학습 마무리

이번 장에서는 안드로이드 앱 UI를 구성하는 뷰를 알아봤습니다. 앞으로 뷰를 사용해 다양한 레이아웃을 구성합니다. 아름다운 UI를 직접 구현할 수 있다는 것은 프론트엔드 개발자가 누릴 수 있는 특권입니다. 자유자재로 화면을 구성할 수 있는 개발자가 되기를 빕니다.

핵심 요약

1 뷰의 공통 속성으로는 뷰 크기를 지정하는 너비(layout_width)와 높이(layout_height), 뷰의 여백을 조정하는 마진과 패딩이 있습니다.
2 마진은 뷰와 뷰 사이의 바깥 여백, 패딩은 내용물과 뷰 사이의 내부 여백을 뜻합니다.
3 뷰 종류는 다양합니다. 텍스트뷰, 이미지뷰, 버튼, 에디트텍스트 등이 있습니다.

화면 구성하기
레이아웃(뷰 그룹)

☐ **학습 목표**

앱을 만드는 것이 건물을 짓는 일이라고 한다면, 레이아웃을 만드는 것은 공사 면적을 측량하고 어떤 공법을 쓸지 결정하는 일입니다. 다양한 레이아웃을 학습해보고 상황에 맞춰 적절한 레이아웃을 사용할 수 있는 능력을 키워봅시다. 실무에서 자주 쓰는 레이아웃 위주로 학습해보겠습니다.

☐ **레이아웃**
   소개

레이아웃은 뷰를 배치하는 구성요소입니다. 여기서 뷰란 버튼, 텍스트뷰, 이미지뷰 등과 같이 눈에 보이는 모든 화면 요소들을 뜻합니다. 뷰들이 여기저기 산재해 있으면 사용자가 화면을 효율적으로 사용하지 못하게 됩니다. 그래서 레이아웃이 필요한 거죠. 레이아웃 종류는 리니어 레이아웃, 상대적 레이아웃, 컨스트레인트 레이아웃, 테이블 레이아웃, 프레임 레이아웃 등이 있습니다. 먼저 레이아웃 종류를 간단하게 훑어보고 그중에서도 가장 많이 사용되는 리니어/상대적/컨스트레인트 레이아웃을 자세히 살펴보고 반응형 UI도 만들어보겠습니다.

☐ **학습 순서**

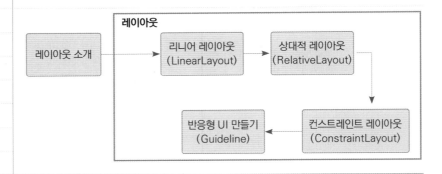

이 장을 공부하기 전에 실습에 사용할 프로젝트를 만들어주세요.

- 액티비티 : Empty Activity
- 프로젝트 이름 : LearningLayouts
- 언어 : Kotlin
- Minimum SDK : API 26 : Android 8.0 (Oreo)

프로젝트를
생성해주세요.

6.1 레이아웃 종류

대표적인 레이아웃들을 상세히 알아보기 전에, 어떤 레이아웃들이 있는지 한 번 훅 훑고 가도록
하겠습니다. 이런 레이아웃들이 있구나, 레이아웃 별로 뷰를 배치하는 방식이 이렇게 다르구나 정
도로 확인하시면 됩니다.

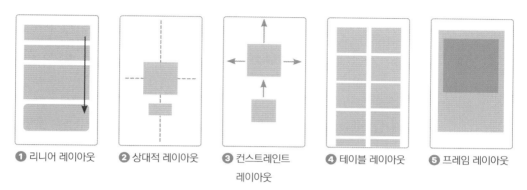

❶ 리니어 레이아웃   ❷ 상대적 레이아웃   ❸ 컨스트레인트   ❹ 테이블 레이아웃   ❺ 프레임 레이아웃
레이아웃

❶ 리니어 레이아웃(LinearLayout) : 수직 방향 (위에서 아래로) 혹은 수평 방향 (왼쪽에서 오
른쪽으로) 차례로 주어진 뷰를 정렬합니다.

❷ 상대적 레이아웃(RelativeLayout) : 상대적 레이아웃을 사용하면 뷰들이 다른 뷰들로부터
위치를 지정하거나 자신이 속한 레이아웃을 기준으로 위치를 정합니다. 예를 들면 'A 뷰의
오른쪽에 위치' , '부모 레이아웃의 정중앙에 위치'와 같이 지정할 수 있습니다.

❸ 컨스트레인트 레이아웃(ConstraintLayout) : 뷰 사이에 수평, 수직 방향의 제약을 주어 뷰
들을 위치시킵니다.

❹ 테이블 레이아웃(TableLayout) : 뷰를 행과 열로 구성하여 표(테이블)의 형태로 표현합
니다.

❺ 프레임 레이아웃(FrameLayout) : 뷰들을 액자처럼 쌓아놓습니다. 여러 뷰들을 추가하더라
도 가장 나중에 추가한 뷰가 가장 위에 위치하게 되는 것이지요. 그러므로 레이아웃 내에 여
러 뷰들을 배치시키는 데는 적합하지 않고 주로 화면에 표시될 하나의 뷰를 바꿔가며 표시하
는 데 적합합니다.

6.2 리니어 레이아웃 : LinearLayout

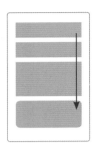 리니어^{linear}는 한국어로 하면 '직선 모양의'이라는 뜻입니다. 이름에서 알 수 있다시피 이 레이아웃을 사용하면 뷰들이 세로 또는 가로 방향 직선 모양으로 정렬됩니다. 뷰가 쌓이는 방식은 우리가 책을 꽂을 때나, 접시를 쌓는 방식을 생각하면 됩니다. 뷰가 쌓이는 순서가 중요한 것이지요.

6.2.1 리니어 레이아웃의 기본 속성

리니어 레이아웃은 다른 레이아웃과 다르게 방향 속성을 꼭 지정해주어야 합니다. 그렇지 않으면 뷰들를 세로로 구성할지, 가로로 구성할지 알 방법이 없겠죠? 방향을 설정할 때는 세로 방향은 vertical(수직), 가로 방향은 horizontal(수평)로 orientation(방향) 속성을 지정해주면 됩니다.

리니어 레이아웃 안에 버튼 세 개를 배치해 방향 개념을 잡아보겠습니다.

To Do 01 ❶ [app] → [res] → [layout] 위에서 → ❷ 마우스 우클릭 후 ❸ [New] → [Layout Resource File]을 클릭해주세요.

02 ❶ 파일 이름을 linear_layout_1로 지정합니다. ❷ 루트 엘리먼트에 LinearLayout을 입력해 리니어 레이아웃을 지정하고, ❸ [OK]를 눌러 파일 생성을 완료해주세요.

03 생성한 [app] → [res] → [layout] → linear_layout_1.xml 파일에 다음 코드를 채워넣으세요.

/app/res/layout/linear_layout_1.xml

```xml
<?xml version="1.0" encoding="utf-8"?>
<LinearLayout xmlns:android="http://schemas.android.com/apk/res/android"
    android:orientation="vertical"    <!-- ❶ 세로 방향 -->
    android:layout_width="match_parent"
    android:layout_height="match_parent">

    <Button
        android:layout_width="wrap_content"
        android:layout_height="wrap_content"
        android:text="button1" />

    <Button
```

```
        android:layout_width="wrap_content"
        android:layout_height="wrap_content"
        android:text="button2" />


    <Button
        android:layout_width="wrap_content"
        android:layout_height="wrap_content"
        android:text="button3" />


</LinearLayout>
```

❶ orientation이 vertical로 설정되어 있습니다. 그러므로
버튼이 차례대로 수직 방향으로 정렬됩니다(버튼에는 기본
패딩이 존재하기 때문에 간격이 띄어져 보입니다).

04 한 번 orientation을 horizontal로 바꿔보세요. 그러면 버
튼이 수평 방향으로 정렬됩니다.

수정전 `android:orientation="vertical"`

수정후 `android:orientation="horizontal"`

이렇게 리니어 레이아웃의 orientation 속성을 이용해 그 안에 있는 뷰 정렬 방식을 지정할 수 있습니다.

6.2.2 독립적으로 위치를 지정하는 layout_gravity 속성 알아보기

orientation은 레이아웃 속성 자체에 값을 주어 종속된 모든 뷰가 영향을 받았습니다. 이번에는 리니어 레이아웃 안에 있는 뷰에 layout_gravity 속성을 주어 리니어 레이아웃 안에서 어떻게 독립적으로 자신의 위치를 정하는지 알아보겠습니다.

To Do 레이아웃의 방향이 vertical일 때 배치

01 새 레이아웃 리소스 파일을 만들겠습니다. ❶ [app] → [res] → [layout] 위에서 → ❷ 마우스 우클릭 후 ❸ [New] → [Layout Resource File]을 클릭해주세요.

02 ❶ 파일 이름을 linear_layout_2로 지정합니다. ❷ 루트 엘리먼트에 LinearLayout을 입력해 리니어 레이아웃을 지정하고, ❸ [OK]를 눌러 파일 생성을 완료해주세요.

03 오른쪽 상단의 뷰 모드 탭에서 [Split]을 클릭해주세요.

04 생성한 [app] → [res] → [layout] → linear_layout_2.xml 파일에 다음 코드를 채워넣으세요.

/app/res/layout/linear_layout_2.xml

```
<?xml version="1.0" encoding="utf-8"?>
<LinearLayout xmlns:android="http://schemas.android.com/apk/res/android"
android:orientation="vertical"          <!-- ❶ 수직 방향 -->
android:layout_width="match_parent"
android:layout_height="match_parent">

<Button
    android:layout_width="wrap_content"
    android:layout_height="wrap_content"
    android:layout_gravity="start"       <!-- ❷ 맨 앞 -->
    android:text="button1" />

<Button
    android:layout_width="wrap_content"
    android:layout_height="wrap_content"
    android:layout_gravity="center"      <!-- ❸ 가운데 -->
    android:text="button2" />
```

```
<Button
    android:layout_width="wrap_content"
    android:layout_height="wrap_content"
    android:layout_gravity="end"              <!-- ❹ 맨 뒤 -->
    android:text="button3" />

</LinearLayout>
```

❶ 수직 방향(vertical)으로 뷰 위치를 결정해줍니다.
❷ layout_gravity가 start이면 부모 레이아웃 기준으로
맨 앞에, ❸ center이면 가운데에, ❹ end이면 맨 뒤에 위
치합니다.

To Do 레이아웃의 방향이 horizontal일 때 배치

리니어 레이아웃의 방향이 horizontal이라면 어떻게 될까요? 그때는 start 대신 top을, end 대
신 bottom을 쓰면 됩니다.

01 새 레이아웃 리소스 파일을 만들겠습니다. ❶ [app] → [res] → [layout] 위에서 → ❷ 마우
스 우클릭 후 ❸ [New] → [Layout Resource File]을 클릭해주세요.

02 ❶ 파일 이름을 linear_layout_3으로 지정합니다. ❷ 루트 엘리먼트에 LinearLayout을
입력해 리니어 레이아웃을 지정하고, ❸ [OK]를 눌러 파일 생성을 완료해주세요.

03 생성한 [app] → [res] → [layout] → linear_layout_3.xml 파일에 다음 코드를 채워넣으
세요.

/app/res/layout/linear_layout_3.xml
```
<?xml version="1.0" encoding="utf-8"?>
<LinearLayout xmlns:android="http://schemas.android.com/apk/res/android"
android:layout_width="match_parent"
```

```
android:layout_height="match_parent"
android:orientation="horizontal">        <!-- ❶ 수평 정렬 -->

<Button
    android:layout_width="wrap_content"
    android:layout_height="wrap_content"
    android:layout_gravity="top"         <!-- ❷ 맨 위 -->
    android:text="button1" />

<Button
    android:layout_width="wrap_content"
    android:layout_height="wrap_content"
    android:layout_gravity="center"      <!-- ❸ 가운데 -->
    android:text="button2" />

<Button
    android:layout_width="wrap_content"
    android:layout_height="wrap_content"
    android:layout_gravity="bottom"      <!-- ❹ 맨 아래 -->
    android:text="button3" />

</LinearLayout>
```

❶ 방향이 horizontal이므로 뷰들이 쌓이는 방향은 수평이지만 layout_gravity 속성을 사용해서 수직 방향으로 ❷ 맨 위, ❸ 중간, ❹ 제일 하단에 배치됐습니다.

layout_gravity를 자유롭게 바꾸면서 학습해보세요.

6.2.3 비중을 지정하는 layout_weight 속성 알아보기

버튼 3개를 1:2:1 비율로 부모 레이아웃의 가로에 꽉차게 배치하고 싶으면 어떻게 해야 할까요? 바로 layout_weight를 사용하면 됩니다. 쉽게 생각해보면 각 크기에 가중치^{weight}를 둔다고 생각하면 됩니다. 코드로 구현해봅시다.

To Do **01** 새 레이아웃 리소스 파일을 만들겠습니다. ❶ [app] → [res] → [layout] 위에서 → ❷ 마우스 우클릭 후 ❸ [New] → [Layout Resource File]을 클릭해주세요.

02 ❶ 파일 이름을 linear_layout_4로 지정해줍니다. ❷ 루트 엘리먼트에 LinearLayout을 입력해 리니어 레이아웃을 지정해줍니다. ❸ 그 후 [OK]를 눌러 파일 생성을 완료해주세요.

03 생성한 [app] → [res] → [layout] → linear_layout_4.xml 파일에 다음 코드를 채워넣으세요.

/app/res/layout/linear_layout_4.xml

```xml
<?xml version="1.0" encoding="utf-8"?>
<LinearLayout xmlns:android="http://schemas.android.com/apk/res/android"
    android:layout_width="match_parent"      <!-- ❶ 가로 길이 -->
    android:layout_height="match_parent"     <!-- ❷ 세로 길이 -->
    android:weightSum="4"                    <!-- ❸ 총합 크기 -->
    android:orientation="horizontal">

    <Button
        android:layout_width="0dp"     <!-- ❹ -->
        android:layout_weight="1"      <!-- ❺ -->
        android:layout_height="wrap_content"
        android:text="1" />

    <Button
        android:layout_width="0dp"     <!-- ❹ -->
        android:layout_weight="2"      <!-- ❺ -->
        android:layout_height="wrap_content"
        android:text="2" />

    <Button
        android:layout_width="0dp"     <!-- ❹ -->
        android:layout_weight="1"      <!-- ❺ -->
        android:layout_height="wrap_content"
```

```
        android:text="1" />

</LinearLayout>
```

❶ 가로 길이가 match_parent이고, ❷ 세로 길이가 match_parent인 리니어 레이아웃을 만들고, ❸ 그 태그 안에 weightSum 속성을 추가합니다. 바로 weight의 총합을 지정해주는 겁니다. 즉 꽉 찬 가로의 크기를 weightSum에 지정을 해주는 것이지요. 비율이 1:2:1이라면 모두를 합한 4를 지정해주면 되겠죠?

❹ 각 버튼의 속성에 더 이상 가로 크기를 명시적으로 지정해주지 않으니 0dp라고 해줍니다. 참고로 레이아웃에서 뷰가 정해진 고정 값이 아닌 경우에는 0dp를 넣어줍니다. ❺ 그리고 layout_weight를 비율에 맞게 지정해주어야 합니다. 차례대로 1, 2, 1을 넣어주었습니다.

이렇게 weightSum과 layout_weight 속성을 이용해 사용자 기기의 화면 크기에 상관없이 뷰 크기를 비율대로 지정해줄 수 있습니다.

❸ weightSum을 6으로 바꾸면 어떻게 될까요? 바로 다음과 같이 6 중의 4만큼만 채워지고, 나머지는 여백으로 비워둡니다. 이런 방식으로 layout_weight와 weightSum을 이용하면 원하는 대로 여백까지 조정할 수 있습니다.

6.3 상대적 레이아웃 : RelativeLayout

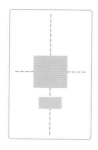

상대적 레이아웃은 다른 뷰를 기준으로 상대적 위치를 지정하는 레이아웃입니다. 리니어 레이아웃을 사용할 때보다 조금 더 복잡한 레이아웃 구성을 목표로 할 때 적합합니다.

6.3.1 상대적 레이아웃의 기본 속성

상대적 레이아웃은 내부에 뷰를 배치할 때 기준이 되는 뷰가 존재해야 합니다. 이는 다른 뷰가 될 수도 있고, 부모 레이아웃 역시 기준이 될 수 있습니다. 먼저 부모 레이아웃을 기준으로 삼고 뷰를 배치해봅시다. 기본적으로 아무 위치도 지정해주지 않으면 부모 레이아웃의 상단top, 왼쪽left에 배치됩니다. 부모 레이아웃을 기준으로 배치할 때 사용할 수 있는 속성은 다음과 같습니다.

▼ 부모 레이아웃을 기준으로 한 상대적 레이아웃 속성

속성값	위치
android:layout_alignParentStart	부모 레이아웃에서 시작점
android:layout_alignParentEnd	부모 레이아웃에서 끝점
android:layout_alignParentBottom	부모 레이아웃에서 아래쪽
android:layout_centerInParent	부모 레이아웃의 정중앙
android:layout_centerHorizontal	부모 레이아웃에 수평 방향으로 중앙
android:layout_centerVertical	부모 레이아웃에 수직 방향으로 중앙
android:layout_alignParentLeft	부모 레이아웃의 왼쪽
android:layout_alignParentRight	부모 레이아웃의 오른쪽
android:layout_alignParentTop	부모 레이아웃의 위쪽

예제로 각 속성을 확인해봅시다.

부모 레이아웃을 기준으로 배치하기

01 새 레이아웃 리소스 파일을 만들겠습니다. ❶ [app] → [res] → [layout] 위에서 → ❷ 마우스 우클릭 후 ❸ [New] → [Layout Resource File]을 클릭해주세요.

02 ❶ 파일 이름을 relative_layout_1로 지정합니다. ❷ 루트 엘리먼트에 RelativeLayout을 입력해 상대적 레이아웃으로 지정해줍니다. ❸ 그 후 [OK]를 눌러 파일 생성을 완료해주세요.

03 생성한 [app] → [res] → [layout] → relative_layout_1.xml 파일에 다음 코드를 채워넣으세요.

/app/res/layout/relative_layout_1.xml

```xml
<?xml version="1.0" encoding="utf-8"?>
<RelativeLayout xmlns:android="http://schemas.android.com/apk/res/android"
    android:layout_width="match_parent"
    android:layout_height="match_parent"
    >

    <Button
        android:layout_width="wrap_content"
        android:layout_height="wrap_content"
        android:layout_alignParentStart="true"
        android:text="parent\nstart" />

    <Button
        android:layout_width="wrap_content"
        android:layout_height="wrap_content"
        android:layout_alignParentEnd="true"
        android:text="parent\nend" />
```

행내림 기호

```xml
    <Button
        android:layout_width="wrap_content"
        android:layout_height="wrap_content"
        android:layout_alignParentBottom="true"
        android:text="parent bottom" />

    <Button
        android:layout_width="wrap_content"
        android:layout_height="wrap_content"
        android:layout_alignParentBottom="true"
```

```
                android:layout_alignParentEnd="true"
                android:text="parent bottom\n + parent end" />

            <Button
                android:layout_width="wrap_content"
                android:layout_height="wrap_content"
                android:layout_centerInParent="true"
                android:text="parent\ncenter" />

            <Button
                android:layout_width="wrap_content"
                android:layout_height="wrap_content"
                android:layout_centerHorizontal="true"
                android:text="center\nhorizontal" />

            <Button
                android:layout_width="wrap_content"
                android:layout_height="wrap_content"
                android:layout_centerVertical="true"
                android:text="center\nvertical" />

    </RelativeLayout>
```

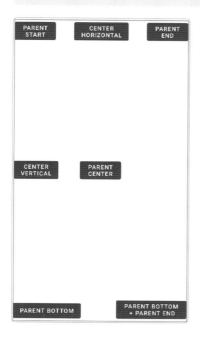

이 예제는 코드와 그림을 보면 쉽게 이해되므로 자세한 설명을 생략합니다. 위치에 신경써서 살펴봐주세요.

> **TIP 개행문자 \n**
>
> 문자열 안에 \n를 쓰게 되면 줄바꿈이 됩니다. 이 외에도 \t는 탭을 누른 것처럼 띄어쓰기를 해줍니다.

앞의 예시에서 자식 뷰들은 서로 간의 위치에 영향을 주지 않고 오로지 부모 레이아웃을 기준으로 배치됐습니다. 자식 뷰들을 서로를 기준으로 배치할 수 있을까요? 있습니다. 자식 뷰 기준으로 배치할 때 사용할 수 있는 속성은 다음과 같습니다.

▼ 자식 뷰 기준으로 배치를 할 때 사용할 수 있는 속성

속성값	위치
android:layout_toLeftOf	기준이 되는 뷰의 왼쪽에 위치
android:layout_above	기준이 되는 뷰의 위에 위치
android:layout_toRightOf	기준이 되는 뷰의 오른쪽에 위치
android:layout_below	기준이 되는 뷰의 아래에 위치
android:layout_toStartOf	기준이 되는 뷰의 시작점에 대상 뷰의 끝점을 위치
android:layout_toEndOf	기준이 되는 뷰의 끝에 대상 뷰의 시작점을 위치

01 ❶ [app] → [res] → [layout] 위에서 → ❷ 마우스 우클릭 후 ❸ [New] → [Layout Resource File]을 클릭해주세요.

02 ❶ 파일 이름을 relative_layout_2로 지정합니다. ❷ 루트 엘리먼트에 RelativeLayout을 입력해 상대적 레이아웃으로 지정해줍니다. ❸ 그 후 [OK]를 눌러 파일 생성을 완료해주세요.

03 생성한 [app] → [res] → [layout] → relative_layout_2.xml 파일에 다음 코드를 채워넣으세요. 기준이 되는 버튼 3개를 부모 뷰 기준으로 왼쪽 상단, 정중앙, 오른쪽 하단에 배치하는 코드입니다.

```
/app/res/layout/relative_layout_2.xml
<?xml version="1.0" encoding="utf-8"?>
<RelativeLayout xmlns:android="http://schemas.android.com/apk/res/android"
    android:layout_width="match_parent"
    android:layout_height="match_parent"
    >

    <Button
        android:id="@+id/standard_1"   <!-- ❶ ID 지정 -->
        android:layout_width="wrap_content"
        android:layout_height="wrap_content"
```

```
    android:layout_alignParentStart="true"
    android:text="기준 1" />

<Button
    android:id="@+id/standard_2"  <!-- ❶ ID 지정 -->
    android:layout_width="wrap_content"
    android:layout_height="wrap_content"
    android:layout_centerInParent="true"
    android:text="기준 2" />

<Button
    android:id="@+id/standard_3"  <!-- ❶ ID 지정 -->
    android:layout_width="wrap_content"
    android:layout_height="wrap_content"
    android:layout_alignParentBottom="true"
    android:layout_alignParentEnd="true"
    android:text="기준 3" />

</RelativeLayout>
```

❶ 다른 뷰들이 이 기준 뷰들을 이용하는 데 필수 값인 id를 지정했습니다.

04 이제 앞서 만든 자식 뷰 중 하나를 기준으로 새로운 위치를 정해봅시다. [기준 1] 버튼의 오른쪽 아래에 [BUTTON 1]을 위치시키는 코드를 추가합니다.

```
<Button
    android:layout_width="wrap_content"
    android:layout_height="wrap_content"
    android:layout_below="@id/standard_1"        <!-- ❶ 아래에 -->
    android:layout_toRightOf="@id/standard_1"     <!-- ❷ 오른쪽에 -->
    android:text="button 1" />
```

두 가지 속성을 추가시켜줬습니다. ❶ layout_below는 아래에 위치시킨다는 의미입니다. ❷ 두 번째로 layout_toRightOf는 오른쪽에 위치시킨다는 말입니다.

05 다음 코드를 추가해 [기준 2] 버튼 오른쪽 위에 [BUTTON 2]를 위치시켜 봅시다.

```
<Button
    android:layout_width="wrap_content"
    android:layout_height="wrap_content"
    android:layout_above="@id/standard_2"         <!-- ❶ -->
    android:layout_toRightOf="@id/standard_2"      <!-- ❷ -->
    android:text="button 2" />
```

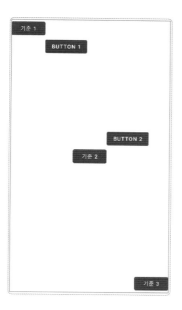

이 역시 두 가지 속성을 추가시켜줬습니다. ① 기준이 되는 버튼 위에 배치시키는 layout_above 속성과 ② 기준이 되는 버튼 오른쪽에 배치시키는 layout_toRightOf 속성입니다.

06 다음 코드를 추가해 [기준 3] 버튼 왼쪽 위에 [BUTTON 3]을 위치시켜 봅시다.

```
<Button
    android:layout_width="wrap_content"
    android:layout_height="wrap_content"
    android:layout_above="@id/standard_3"       <!-- ① -->
    android:layout_toStartOf="@id/standard_3"   <!-- ② -->
    android:text="button 3" />
```

이 역시 두 가지 속성을 추가시켜줬습니다. ① 기준이 되는 버튼 위에 배치시키는 layout_above 속성과 ② 기준이 되는 버튼 시작점에 배치시키는 layout_toStartOf 속성입니다.

6.4 컨스트레인트 레이아웃 : ConstraintLayout

컨스트레인트^{Constraint}는 한국어로 '제약'입니다. 이름에서도 알 수 있다시피, 한 화면을 구성하는 뷰들에 서로 제약을 줍니다. 어떤 형태의 제약인지는 곧 말씀드리겠습니다.

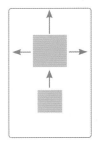

컨스트레인트 레이아웃을 리니어 레이아웃이나 상대적 레이아웃보다 더 자주 쓰는 가장 큰 이유는 다양한 화면 크기에 대응하는 반응형 UI를 쉽게 구성할 수 있기 때문입니다. 또 중첩된 레이아웃을 사용하지 않고도 크고 복잡한 레이아웃을 만들 수 있어 성능면에서 유리합니다. 리니어 레이아웃과 상대적 레이아웃은 잘 모르더라도 컨스트레인트 레이아웃은 꼭 잘 알아야 합니다. 이 책에서 다루는 예제는 기본적으로 컨스트레인트 레이아웃을 사용합니다.

6.4.1 컨스트레인트 레이아웃 기본 속성

컨스트레인트 레이아웃에서 자식 뷰의 위치를 정의하려면 자식 뷰의 수직/수평 방향에 제약 조건을 각각 하나 이상 추가해야 합니다. 제약이라는 말을 처음 들으면 굉장히 모호할 수 있습니다. 하지만 직접 코딩해보면 그렇게 어려운 개념이 아니라는 것을 알 수 있을 겁니다.

자식 뷰에 아무런 제약도 추가해주지 않으면 왼쪽 상단에 배치됩니다. 컨스트레인트 레이아웃에서 자주 쓰는 속성은 다음과 같이 생겼습니다.

```
app:layout_constraint[내 방향]_to[기준 뷰 방향]Of = "[기준 뷰 ID or parent]"
```

[내 방향]을 [기준 뷰 방향]에 맞추고 그 기준 뷰가 무엇인지 알려줍니다. 이것만 잘 기억하면 컨스트레인트 레이아웃이 한결 수월해질 겁니다.

To Do 컨스트레인트 레이아웃 기본 속성 살펴보기

01 새 레이아웃 리소스 파일을 만들겠습니다. ❶ [app] → [res] → [layout] 위에서 → ❷ 마우스 우클릭 후 ❸ [New] → [Layout Resource File]을 클릭해주세요.

02 ❶ 파일 이름을 constraint_layout_1로 지정합니다. ❷ 루트 엘리먼트는 이미 컨스트레인트 레이아웃으로 지정되어 있으니 초깃값 그대로 둡니다. ❸ 그 후 [OK]를 눌러 파일 생성을 완료해주세요.

03 생성한 [app] → [res] → [layout] → constraint_layout_1.xml 파일에 다음 코드를 채워 넣으세요.

```xml
/app/res/layout/constraint_layout_1.xml
<?xml version="1.0" encoding="utf-8"?>
<androidx.constraintlayout.widget.ConstraintLayout
    xmlns:android="http://schemas.android.com/apk/res/android"
    android:layout_width="match_parent"
    android:layout_height="match_parent"
    xmlns:app="http://schemas.android.com/apk/res-auto">

    <Button
        android:layout_width="wrap_content"
        android:layout_height="wrap_content"
        app:layout_constraintStart_toStartOf="parent"   <!-- ❶ 시작점 지정 -->
        android:layout_marginStart="32dp"                <!-- ❷ 간격 -->
        android:text="Button 1"
        />

</androidx.constraintlayout.widget.ConstraintLayout>
```

수평 방향으로 제약을 추가해주었습니다. ❶ 이 버튼 뷰의 시작점을 부모 레이아웃의 시작점에 배치시켰습니다. 이때 app:layout_constraintStart_toStartOf="parent" 속성을 사용했습니다. ❷ 32dp를 간격으로 주었습니다.

▼ 가로 방향으로 32dp 마진을 추가할 때

▼ 아무런 마진이 없을 때

04 하지만 이렇게 수평 방향만 추가하면 IDE에서 버튼 뷰에 빨간 밑줄과 함께 에러 메시지가 뜹니다. IDE 아래 ❶ Problems를 클릭해 어떤 에러인지 확인해봅시다.

❷ 수직 방향으로 제약이 설정되지 않았다는 에러입니다. 수직 방향 제약으로 버튼 뷰의 위쪽을 부모 레이아웃의 위쪽에 위치시켜보겠습니다. 그리고 그 사이에 마진값을 100dp만큼 줘보겠습니다.

05 Button을 다음과 같이 수정해주세요.

```
<Button
    android:layout_width="wrap_content"
    android:layout_height="wrap_content"
    app:layout_constraintStart_toStartOf="parent"
    android:layout_marginStart="32dp"
app:layout_constraintTop_toTopOf="parent"    <!-- ❶ -->
android:layout_marginTop="100dp"             <!-- ❷ -->
    android:text="Button 1"
    />
```

❶ layout_constraintTop_toTopOf 속성을 추가해 뷰의 위쪽을 부모 레이아웃의 위쪽에 위치시켰습니다. ❷ 위쪽에 100dp만큼 마진을 주려고 layout_marginTop 속성을 추가했습니다. 그럼 앞의 그림과 같이 버튼이 수직과 수평 방향 모두 제약이 생기고 에러 메시지 또한 사라질 겁니다.

06 이번엔 부모 레이아웃을 기준으로 잡지 말고, 방금 만든 [Button 1]을 기준 뷰로 새로운 텍스트뷰를 배치해볼 겁니다. [Button 1]을 기준으로 삼을 수 있게 ❶ [Button 1]에 ID를 추가합니다.

```
<Button
    android:id="@+id/button_1"   <!-- ❶ ID 추가-->
    android:layout_width="wrap_content"
    android:layout_height="wrap_content"
    app:layout_constraintStart_toStartOf="parent"
    android:layout_marginStart="32dp"
    app:layout_constraintTop_toTopOf="parent"
    android:layout_marginTop="100dp"
    android:text="Button 1"
/>
```

07 [Button 1]을 참조해 텍스트뷰 위치를 지정합시다. 힌트를 드릴 테니 코드를 보지 말고 지금까지 배운 내용을 종합해 먼저 코드를 작성해보세요.

- [Button 1]의 끝점에 텍스트뷰의 시작점이 위치합니다.
- [Button 1]의 위쪽과 아래쪽의 정중앙에 텍스트뷰가 위치합니다.
- "버튼을 클릭해주세요!"라는 텍스트를 [Button 1] 오른쪽에 놓습니다.
- [Button 1]과 텍스트뷰의 수평 방향 여백은 32dp입니다.

한 번 작성해보셨나요? 코드를 같이 살펴보시죠.

```
<TextView
    android:layout_width="wrap_content"
    android:layout_height="wrap_content"
    app:layout_constraintStart_toEndOf="@id/button_1"
                            <!-- ❶ 수평 방향 제약 -->
    app:layout_constraintBottom_toBottomOf="@id/button_1"
                            <!-- ❷ 수직 방향 제약 1 -->
    app:layout_constraintTop_toTopOf="@id/button_1"
                            <!-- ❸ 수직 방향 제약 2 -->
    android:layout_marginStart="32dp"   <!-- ❹ 여백 -->
    android:text="버튼을 클릭해주세요!"        />
```

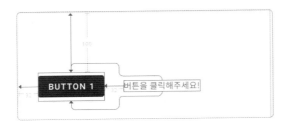

❶ app:layout_constraintStart_toEndOf 속성을 이용해 수평 방향으로 제약을 추가했습니다. ❷ app:layout_constraintBottom_toBottomOf 속성과 ❸ app:layout_constraintTop_toTopOf 속성을 사용해 수직 방향으로 두 제약을 추가했습니다. 제약은 각각의 방향으로 최소 하나, 혹은 그 이상을 지정해줄 수 있다고 했습니다. 이 경우에는 제약을 두 개 추가한 것이지요. 그 결과 [Button 1]의 위쪽과 아래쪽 중간에 텍스트뷰가 위치합니다.

제약을 두 개 추가하는 것을 마치 뷰에 줄을 걸어서 각 방향으로 같은 힘으로 당기고 있다고 생각하면 이해하기 쉽습니다. 위아래로 동시에 당기고 있으므로 텍스트뷰는 중간에 위치하게 되는 것이지요. ❹ 마지막으로 텍스트뷰에 layout_marginStart 속성을 사용해 32dp만큼의 여백을 줍시다.

각 제약이 이해되지 않는다면 하나씩 제거해보세요. 그러면 이해에 도움이 될 겁니다.

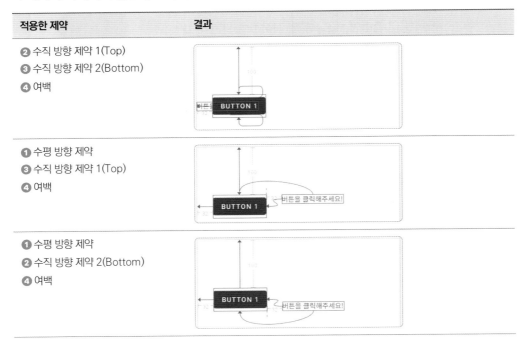

적용한 제약	결과
❷ 수직 방향 제약 1(Top) ❸ 수직 방향 제약 2(Bottom) ❹ 여백	
❶ 수평 방향 제약 ❸ 수직 방향 제약 1(Top) ❹ 여백	
❶ 수평 방향 제약 ❷ 수직 방향 제약 2(Bottom) ❹ 여백	

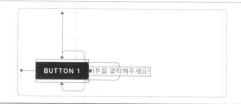

6.4.2 컨스트레인트 레이아웃에서 마진을 줄 때 주의점

자식 뷰 사이에 여백을 정해줄 때 레이아웃에서는 layout_margin 속성을 사용합니다. 리니어 레이아웃과 상대적 레이아웃에서는 별다른 고려 없이 사용해도 되지만, 컨스트레인트 레이아웃을 사용할 때는 반드시 해당 방향으로 제약이 존재해야 마진값이 적용된다는 규칙이 있습니다. 예를 들면 위쪽 방향으로 여백을 100dp만큼 주고 싶다고 해봅시다. 위쪽 방향에 제약이 없는 상태에서 android:layout_marginTop = "100dp"를 하면 제대로 적용이 되지 않습니다. 그러므로 반드시 android:layout_constraintTop_toTopOf = "parent"와 같은 위쪽 방향에 제약을 추가할 수 있는 속성을 추가해야 합니다.

- layout_marginTop = "100dp"
- 위쪽 방향 제약 없음

- layout_marginTop = "100dp"
- 위쪽 방향 제약 있음

6.4.3 match_constraint 속성

컨스트레인트 레이아웃을 이용해 앱의 레이아웃을 구성하다 보면 layout_width와 layout_height 속성에서 빈번하게 0dp값을 보게 됩니다. 그럼 그 뷰의 너비나 높이가 0dp라는 말일까요? 사실 0dp는 match_constraint를 값으로 주는 것과 같습니다. match_parent가 부모 레이아웃 크기에 뷰 크기를 맞추는 것이라면 match_constraint는 제약에 뷰 크기를 맞추는 것이지요. 제약에 뷰 크기를 맞춘다는 의미가 무슨 말일까요?

일단 layout_width와 layout_height 속성에 모두 wrap_content값을 준 버튼 2개를 만들어 봅시다. 여기서 우리가 집중할 것은 [Button 2]입니다. [Button 2]에는 [Button 1]의 끝점을 시작점으로 하는 수평 방향 제약 하나가 있고, 부모 레이아웃의 끝점에 끝점을 두는 수평 방향 제약 하나가 있습니다. 총 2개의 수평 방향 제약이 있기 때문에 두 제약의 중간에 [Button 2]가 위치합니다.

To Do 컨스트레인트 레이아웃 match_constraint 속성 살펴보기

01 새 레이아웃 리소스 파일을 만들겠습니다. ❶ [app] → [res] → [layout] 위에서 → ❷ 마우스 우클릭 후 ❸ [New] → [Layout Resource File]을 클릭해주세요.

02 ❶ 파일 이름을 constraint_layout_2로 지정합니다. ❷ 루트 엘리먼트는 이미 컨스트레인트 레이아웃으로 지정되어 있으니 초깃값 그대로 둡니다. ❸ 그 후 [OK]를 눌러 파일 생성을 완료해주세요.

03 생성한 [app] → [res] → [layout] → constraint_layout_2.xml 파일에 다음 코드를 채워 넣으세요. 버튼 2개를 만드는 코드입니다. [button_1]을 기준으로 [button_2]를 배치했습니다.

/app/res/layout/constraint_layout_2.xml

```
<?xml version="1.0" encoding="utf-8"?>

<androidx.constraintlayout.widget.ConstraintLayout xmlns:android=
"http://schemas.android.com/apk/res/android"
    android:layout_width="match_parent"
    android:layout_height="match_parent"
    xmlns:app="http://schemas.android.com/apk/res-auto">

    <Button
        android:id="@+id/button_1"
        android:layout_width="wrap_content"
        android:layout_height="wrap_content"
        app:layout_constraintStart_toStartOf="parent"
        app:layout_constraintTop_toTopOf="parent"
        android:layout_marginTop="100dp"
```

```
    android:text="Button 1"/>

<Button
    android:id="@+id/button_2"
    android:layout_width="wrap_content"
    android:layout_height="wrap_content"
    app:layout_constraintStart_toEndOf="@id/button_1"
    app:layout_constraintEnd_toEndOf="parent"
    app:layout_constraintTop_toTopOf="@id/button_1"
    android:text="Button 2"/>

</androidx.constraintlayout.widget.ConstraintLayout>
```

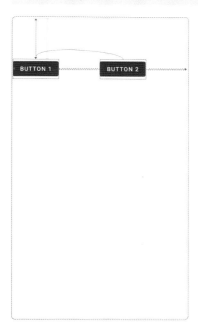

02 이제 [Button 2]의 layout_width를 0dp로 바꿔주세요. 어떤 일이 일어났나요?

수정 전
```
android:id="@+id/button_2"
android:layout_width="wrap_content"
```

수정 후
```
android:id="@+id/button_2"
android:layout_width="0dp"
```

바로 [Button 2]의 너비가 제약에 맞추어졌습니다. [Button 1]의 끝점과 부모 레이아웃의 끝점만큼의 크기를 차지하게 되었네요. 다양한 곳에서 빈번하게 사용되니 꼭 기억해두세요.

6.5 반응형 UI 만들기 : Guideline

가이드 라인은 실제 화면에는 보이지 않으며, 레이아웃을 구성할 때만 사용되는 도구입니다. 다음과 같이 어떤 기기 해상도에서도 일정한 비율로 레이아웃을 구성하고 싶을 때 굉장히 유용하게 사용됩니다.

가이드라인을 추가하는 가장 간단한 방법은 툴바에 있는 ❶ ⏟ 아이콘을 누르는 겁니다. ❷ [Add Vertical Guideline]을 선택하면 수직 방향 가이드라인이 생성되고, ❸ [Add Horizontal Guideline]을 선택하면 수평 방향 가이드라인이 생성됩니다.

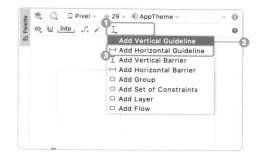

To Do **가이드라인 만들어보기**

수직 가이드라인을 만들어봅시다.

01 새 레이아웃 리소스 파일을 만들겠습니다. ❶ [app] → [res] → [layout] 위에서 → ❷ 마우스 우클릭 후 ❸ [New] → [Layout Resource File]을 클릭해주세요.

02 ❶ 파일 이름을 constraint_layout_3으로 지정합니다. ❷ 루트 엘리먼트는 이미 컨스트레인트 레이아웃으로 지정되어 있으니 초깃값 그대로 둡니다. ❸ 그 후 [OK]를 눌러 파일 생성을 완료해주세요.

03 수직 방향 가이드라인을 추가해봅시다. ❶ ⏟ 가이드라인 추가 아이콘을 클릭하고 ❷ [Vertical Guideline]을 클릭해주세요.

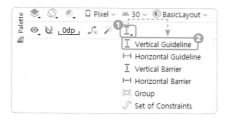

그러면 다음과 같은 코드가 자동으로 생성됩니다.

/app/res/layout/constraint_layout_3.xml

```
<androidx.constraintlayout.widget.Guideline
    android:id="@+id/guideline2"          <!-- ❶ 자동 생성된 ID -->
    android:layout_width="wrap_content"
    android:layout_height="wrap_content"
    android:orientation="vertical"        <!-- ❷ 수직 방향 -->
    app:layout_constraintGuide_begin="20dp" />   <!-- ❸ -->
```

❶ 자동 생성된 가이드라인 ID는 **@+id/guideline[숫자]** 형식입니다. [숫자]는 생성할 때마다 1씩 올라갑니다.

❷ 수직 방향 가이드라인을 추가했으므로 orientation값은 vertical입니다. ❸ 부모 레이아웃의 시작점에서 20dp 떨어진 곳에 가이드라인을 위치시켰습니다. 이 속성을 포함해서 가이드라인은 3가지 종류의 제약을 줄 수 있습니다. 다음과 같습니다.

- app:layout_constraintGuide_begin = "xdp" : 부모 레이아웃의 시작점을 기준으로 xdp만큼 떨어진 가이드라인입니다.
- app:layout_constraintGuide_end = "xdp" : 부모 레이아웃의 끝점을 기준으로 xdp만큼 떨어진 가이드라인입니다.
- app:layout_constraintGuide_percent = "0.x" : 수평 방향 가이드라인이면 위쪽, 수직 방향 가이드라인이면 왼쪽을 기준으로 몇 퍼센트 지점에 위치하는지를 정합니다. 예를 들어 0.3이면 전체 길이의 30% 지점에 가이드라인이 위치합니다.

04 가이드라인의 ❶ ID를 이해할 수 있도록 vertical로 바꿉니다.

수정 전 `android:id="@+id/guideline2"`

수정 후 `android:id="@+id/vertical"`

05 반응형으로 만들려면 고정된 dp값이 아니라 백분률로 위치를 정해주어야 합니다. 그러니 이 수직 방향 가이드 라인이 전체 너비 중 40%에 해당하는 곳에 위치하도록 코드를 수정합니다.

수정전 `app:layout_constraintGuide_begin="20dp"`

수정후 `app:layout_constraintGuide_percent="0.4"`

06 똑같은 방법으로 이번엔 툴바에서 수평 가이드라인을 추가해보겠습니다. ❶ 가이드라인 추가 아이콘을 클릭하고 ❷ [Horizontal Guideline]을 클릭해주세요.

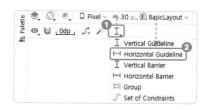

그러면 다음과 같은 코드가 자동으로 추가됩니다.

```
<androidx.constraintlayout.widget.Guideline
    android:id="@+id/guideline3"
    android:layout_width="wrap_content"
    android:layout_height="wrap_content"
```

```
    android:orientation="horizontal"
    app:layout_constraintGuide_begin="20dp"
/>
```

07 ❶ 가로 가이드라인 ID를 horizontal로 수정하고 → ❷ 부모 레이아웃 높이의 30%에 해당하는 곳에 가이드라인을 추가합니다. 이 가이드라인까지 추가하면 화면은 이렇게 수직, 수평 방향의 가이드라인 두 개로 구성되어 있을 겁니다.

```
<androidx.constraintlayout.widget.Guideline
    android:id="@+id/horizontal"
          ❶ ID 수정 ——
    android:layout_width="wrap_content"
    android:layout_height="wrap_content"
    android:orientation="horizontal"
    app:layout_constraintGuide_percent="0.3"
/>
          ❷ 백분율로 변경 ——
```

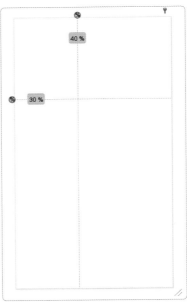

08 텍스트뷰 3개를 추가해 다음과 같이 레이아웃을 구성해보세요. 이때 0dp값(match_constraint)을 꼭 이용해보세요.

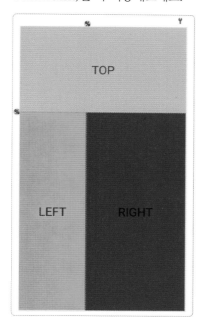

6.5.1 전체 코드

전체 소스 코드는 바로 다음에 있습니다.

```
                                              /app/res/layout/constraint_layout_3.xml
<?xml version="1.0" encoding="utf-8"?>
<androidx.constraintlayout.widget.ConstraintLayout xmlns:android=
"http://schemas.android.com/apk/res/android"
    xmlns:app="http://schemas.android.com/apk/res-auto"
    android:layout_width="match_parent"
    android:layout_height="match_parent">

    <TextView
        android:layout_width="0dp"
        android:layout_height="0dp"
        android:background="#ff7e67"
        app:layout_constraintBottom_toBottomOf="parent"
        app:layout_constraintEnd_toEndOf="@id/vertical"
```

```
        app:layout_constraintStart_toStartOf="parent"
        app:layout_constraintTop_toTopOf="@id/horizontal"
        android:text="LEFT"
        android:gravity="center"
        android:textSize="30dp"/>

    <TextView
        android:layout_width="0dp"
        android:layout_height="0dp"
        android:background="#006a71"
        app:layout_constraintBottom_toBottomOf="parent"
        app:layout_constraintEnd_toEndOf="parent"
        app:layout_constraintStart_toStartOf="@id/vertical"
        app:layout_constraintTop_toTopOf="@id/horizontal"
        android:text="RIGHT"
        android:gravity="center"
        android:textSize="30dp"/>

    <TextView
        android:layout_width="match_parent"
        android:layout_height="0dp"
        android:background="#A0CAC7"
        app:layout_constraintBottom_toBottomOf="@id/horizontal"
        app:layout_constraintTop_toTopOf="parent"
        android:text="TOP"
        android:gravity="center"
        android:textSize="30dp"/>

    <androidx.constraintlayout.widget.Guideline
        android:id="@+id/horizontal"
        android:layout_width="wrap_content"
        android:layout_height="wrap_content"
        android:orientation="horizontal"
        app:layout_constraintGuide_percent="0.3" />

    <androidx.constraintlayout.widget.Guideline
        android:id="@+id/vertical"
        android:layout_width="wrap_content"
        android:layout_height="wrap_content"
```

```
        android:orientation="vertical"
        app:layout_constraintGuide_percent="0.4" />

</androidx.constraintlayout.widget.ConstraintLayout>
```

가이드라인이라는 도구를 사용해 반응형 UI를 만들 생각에 벌써 신나지 않나요? 가이드라인 외에
도 컨스트레인트 레이아웃에는 다양한 도구가 존재합니다. 7장부터는 다양한 앱을 만들면서 배워
보겠습니다.

학습 마무리

안드로이드 앱 UI에서 뷰를 배치하는 다양한 레이아웃을 알아봤습니다. 그중에서도 자주 사용하
는 리니어 레이아웃, 상대적 레이아웃, 컨스트레인트 레이아웃을 집중 학습했습니다. 앞으로 구현
할 예제에서 지금까지 배운 뷰와 레이아웃을 사용해 다양한 화면을 구성합니다. 준비가 되었다면
본격적으로 완성도 있는 프로젝트 예제를 구현하러 출발합시다.

핵심 요약

1 레이아웃은 뷰를 배치하는 구성요소입니다.
2 리니어 레이아웃은 방향성을 가지고 뷰들을 차례로 배치시킵니다.
3 상대적 레이아웃은 뷰가 다른 뷰나 레이아웃을 기준으로 삼고 배치되게 합니다.
4 컨스트레인트 레이아웃은 뷰가 수직 및 수평 방향에 제약 조건을 각각 하나 이상 추가하여 배
  치되게 합니다.

모든 것을 다 배우고 나서 앱을 개발하면 기능을 어떻게 앱에 적용해야 할지 감이 오지 않을 겁니다. 2단계에서는 네 가지 앱을 직접 구현해보면서 스레드, 미디어 플레이어 API, 서비스, ROOM 데이터베이스, 구글 ML 키트, 카메라 등의 다양한 기능을 자연스럽게 익혀보겠습니다. 이론과 경험을 동시에 얻는 시간이 될 겁니다.

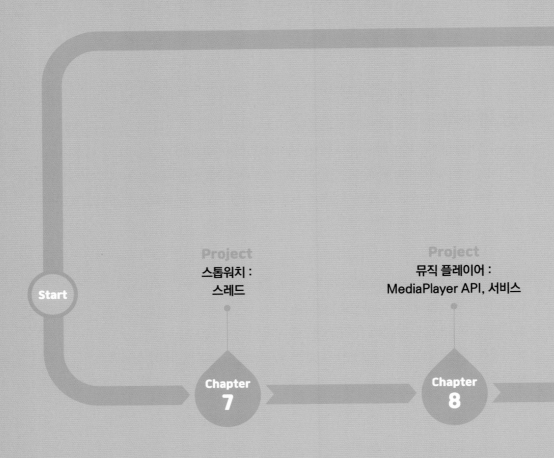

Start

Project
스톱워치 :
스레드

Chapter
7

Project
뮤직 플레이어 :
MediaPlayer API, 서비스

Chapter
8

프로젝트를 만들며
유용한 기능 익히기

Project
스톱워치
스레드

스톱워치

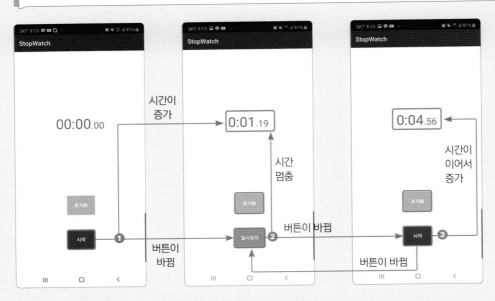

난이도	★☆☆☆
이름	스톱워치
예제 위치	• 링크 : https://github.com/code-with-joyce/must_have_android • 폴더 : 07_StopWatch
프로젝트명	StopWatch
개발 환경	• minSdk : 26 • targetSdk : 31
미션	나만의 스톱워치를 만들어보자.
기능	시작, 일시정지, 초기화
조작법	• [시작] 버튼을 누르면 스톱워치가 시작됩니다. • [일시정지] 버튼을 누르면 스톱워치가 일시정지됩니다. • [초기화] 버튼을 누르면 스톱워치가 초기화됩니다.
핵심 구성요소	• 컨스트레인트 레이아웃(체인, 베이스라인) • 스레드

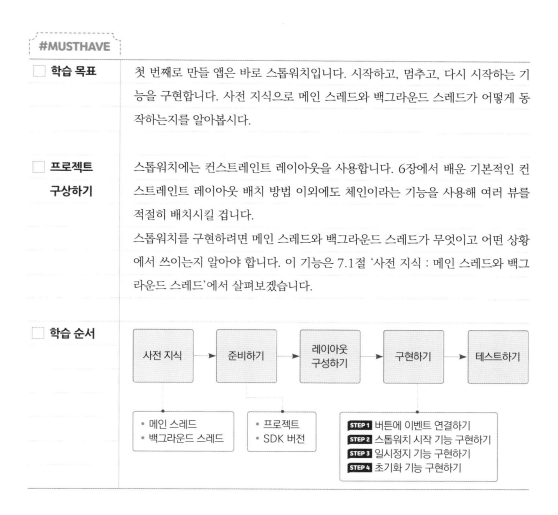

☐ **학습 목표**

첫 번째로 만들 앱은 바로 스톱워치입니다. 시작하고, 멈추고, 다시 시작하는 기능을 구현합니다. 사전 지식으로 메인 스레드와 백그라운드 스레드가 어떻게 동작하는지를 알아봅시다.

☐ **프로젝트 구상하기**

스톱워치에는 컨스트레인트 레이아웃을 사용합니다. 6장에서 배운 기본적인 컨스트레인트 레이아웃 배치 방법 이외에도 체인이라는 기능을 사용해 여러 뷰를 적절히 배치시킬 겁니다.

스톱워치를 구현하려면 메인 스레드와 백그라운드 스레드가 무엇이고 어떤 상황에서 쓰이는지 알아야 합니다. 이 기능은 7.1절 '사전 지식 : 메인 스레드와 백그라운드 스레드'에서 살펴보겠습니다.

☐ **학습 순서**

7.1 사전 지식 : 메인 스레드와 백그라운드 스레드

앱이 처음 시작될 때 시스템이 스레드 하나를 생성하는데 이를 메인 스레드라고 합니다. 메인 스레드의 역할은 크게 두 가지입니다. 첫 번째는 액티비티의 모든 생명 주기 관련 콜백 실행을 담당합니다. 두 번째로는 버튼, 에디트텍스트와 같은 UI 위젯을 사용한 사용자 이벤트와 UI 드로잉 이벤트를 담당합니다. 그렇기 때문에 UI 스레드라고도 불립니다.

작업량이 큰 연산이나, 네트워크 통신, 데이터베이스 쿼리 등은 처리에 긴 시간이 걸립니다. 이 모든 작업을 메인 스레드의 큐에 넣고 작업하면 한 작업의 처리가 완료될 때까지 다른 작업을 처리하지 못합니다. 사용자 입장에서는 마치 앱이 먹통이 된 것처럼 보이게 됩니다. 몇 초 이상 메인 스레드가 멈추면 "앱이 응답하지 않습니다"라는 메시지를 받게 됩니다.

백그라운드 스레드를 활용하면 이러한 먹통 현상을 피할 수 있습니다(백그라운드 스레드를 워커 스레드라고도 부릅니다). 메인 스레드에서 너무 많은 일을 처리하지 않도록 백그라운드 스레드를 만들어 일을 덜어주는 것이지요. 백그라운드 스레드에서 복잡한 연산이나, 네트워크 작업, 데이터베이스 작업 등을 해주면 됩니다. 여기서 꼭 주의할 일이 하나가 있습니다. 절대로 UI 관련 작업을 백그라운드 스레드에서 하면 안 된다는 점입니다.

예를 하나 들게요. 다음 그림과 같이 여러 백그라운드 스레드에서 직접 뷰의 내용을 바꾼다고 가정할게요. 그럼 바나나 그림 대신에 오렌지가 들어갈까요 아니면 사과가 들어갈까요?

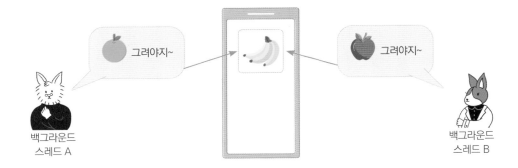

각 백그라운드 스레드가 언제 처리를 끝내고 UI에 접근할지 그 순서를 알 수 없기 때문에 UI는 메인 스레드에서만 수정할 수 있게 한 겁니다. 따라서 백그라운드 스레드에서 UI 자원을 사용하려면 메인 스레드에 UI 자원 사용 메시지를 전달하는 방법을 이용해야 합니다.

UI 스레드에서 UI 작업을 하는 데 Handler 클래스, AsyncTask 클래스, runOnUiThread( ) 메서드 등을 활용할 수가 있습니다. 이번 스톱워치 예제에서는 사용이 간편한 runOnUiThread( ) 메서드를 활용해보겠습니다.

7.1.1 runOnUiThread() 메서드

runOnUiThread( )는 UI 스레드(메인 스레드)에서 코드를 실행시킬 때 쓰는 액티비티 클래스의
메서드입니다. Activity.java에서 메서드를 살펴보면 다음과 같습니다.

```java
public final void runOnUiThread(Runnable action) {
    if (Thread.currentThread() != mUiThread) {
        mHandler.post(action);
    } else {
        action.run();
    }
}
```

if문을 살펴보면, 만약 현재 스레드가 UI 스레드가 아니면 핸들러를 이용해 UI 스레드의 이벤트
큐에 action을 전달post합니다. 만약 UI 스레드이면 action.run( )을 수행합니다. 즉 어떤 스레드
에 있든지 runOnUiThread( ) 메서드는 UI 스레드에서 Runnable 객체를 실행합니다.

다음과 같은 UI 관련 코드를 runOnUiThread( )로 감싸주어 사용하면 됩니다.

```kotlin
runOnUiThread(object :Runnable{
    override fun run() {
        doSomethingWithUI() // 여기에 원하는 로직을 구현하세요.
    }
})
```

코틀린의 SAM 변환(2.8.3절 참고)을 사용하면 더 간단히 표현할 수도 있습니다.

```kotlin
runOnUiThread {
    doSomethingWithUI() // 여기에 원하는 로직을 구현하세요.
}
```

7.2 준비하기 : 프로젝트, SDK 버전

본격적인 앱 구현에 앞서 프로젝트를 생성하겠습니다. 첫 번째 앱이라서 그런지 왠지 모를 설렘이
가득합니다. 차근차근 따라와주세요.

7.2.1 프로젝트 생성

실습에 사용할 프로젝트를 만들어주세요.

- 액티비티 : Empty Activity
- 프로젝트 이름 : StopWatch
- 언어 : Kotlin
- Minimum SDK : API 26 : Android 8.0 (Oreo)

프로젝트를
생성해주세요.

7.2.2 SDK 버전 설정

스톱워치 앱 프로젝트를 생성할 때 Minimum SDK 버전을 API 26 : Android 8.0 (Oreo)으
로 지정해주었습니다. 앱이 돌아가는 최소 사양을 API 26으로 명시해준 것이지요. Minimum
SDK 버전뿐만 아니라 프로젝트에서 설정해주는 SDK 버전으로는 타깃 SDK 버전과 컴파일
SDK 버전이 있습니다. 현재 프로젝트의 모든 SDK 버전은 [Gradle Scripts] → build.gradle
(Module: app) 파일에서 확인할 수 있습니다.

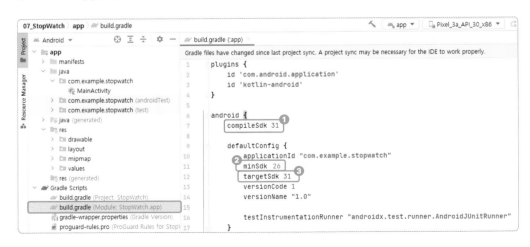

❶ compileSdk : Gradle에 어떤 안드로이드 SDK 버전으로 앱을 컴파일할 것인지를 명시합니다. 가장 최신 API 버전(현 시점 API 31)으로 지정을 하면, 개발 시점 기준으로 모든 API를 사용할 수 있습니다. 컴파일 SDK 버전이므로 런타임에는 영향을 미치지 않습니다. 디프리케이티드 API^{Deprecated API} 체크나, 기존 코드의 컴파일 체크 그리고 새로운 API에 대비하려면 항상 최신 SDK 버전으로 지정하는 것이 좋습니다.

> **디프리케이티드 API(Deprecated API)**
> 아직까지 사용은 할 수 있지만 조만간 사라질 수 있다고 예고된 API를 말합니다.

❷ minSdk : 앱을 사용할 수 있는 최소한의 API 레벨을 명시합니다. 안드로이드는 앱을 설치하려는 기기의 API 레벨이 minSdk 버전보다 낮으면 설치되지 않도록 합니다.

❸ targetSdk : 앱이 기기에서 동작할 때 사용하는 SDK 버전입니다. 기기 버전이 API 28이고 targetSdk 버전이 API 24이면 앱은 API 24를 기본으로 동작합니다. 새로운 안드로이드 API 버전이 출시될 때마다 보안과 성능이 좋아지고 사용자 환경이 전반적으로 개선되므로 구글에서는 앱 개발 당시의 최신 API를 targetSdk로 지정할 것을 권장하고 있습니다.

7.3 레이아웃 구성하기

기능을 구현하기 전에 우리가 구성할 레이아웃을 살펴봅시다.

7.3.1 기본 레이아웃 설정

레이아웃으로 사용자에게 보일 화면을 구성합니다.

To Do **01** [app] → [res] → [layout] → activity_main.xml을 열어주세요. ❷ 뷰 모드에서 [Split] 모드를 선택해주세요.

02 activity_main.xml 파일에 "Hello World" 텍스트뷰가 있습니다. 사용하지 않을 것이므로 이 텍스트뷰를 삭제합시다. ❶ 〈TextView〉 태그 전체를 코드에서 직접 삭제하거나, ❷ 레이아웃 미리보기에서 텍스트뷰를 클릭한 후에 Del 키를 눌러 삭제하면 됩니다.

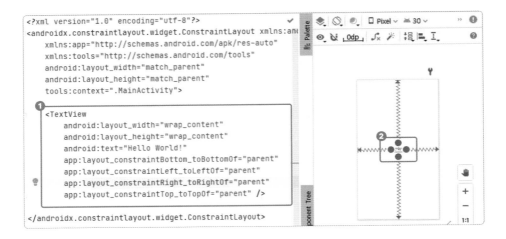

7.3.2 colors.xml과 strings.xml 설정

스톱워치에서 4가지 색상과 3가지 문자열을 사용할 겁니다. 색상과 문자열을 차례대로 추가해줍니다.

To Do **01** [app] → [res] → [values] →colors.xml에 파랑, 빨강, 노랑, 흰색을 추가해줍시다.

/app/res/values/colors.xml

```xml
<?xml version="1.0" encoding="utf-8"?>
<resources>

<!-- 기본 설정된 색 -->
    <color name="purple_200">#FFBB86FC</color>
    <color name="purple_500">#FF6200EE</color>
    <color name="purple_700">#FF3700B3</color>
    <color name="teal_200">#FF03DAC5</color>
    <color name="teal_700">#FF018786</color>
    <color name="black">#FF000000</color>
    <color name="white">#FFFFFFFF</color>

<!-- 여기서부터 직접 추가한 색 -->
    <color name="blue">#603CFF</color>
    <color name="red">#FF6767</color>
    <color name="yellow">#E1BF5A</color>

</resources>
```

색상 선택기 사용하기

색상을 코드로만 지정할 수 있는 것이 아닙니다. 색상 선택기를 이용하는 방법도 있습니다. 색상을 지정하는 코드 왼쪽 ❶에서 코드가 나타내는 색을 미리 보여주는데요, 이 사각형을 클릭하면 색상 선택기가 뜹니다. 여기서 선택한 색상대로 자동으로 코드가 바뀝니다. 실제로 코딩할 때 꽤 유용하게 쓰이니 기억해두세요.

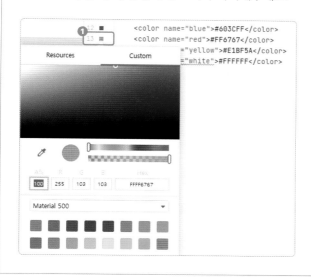

❷ [app] → [res] → [values] →strings.xml에서 '시작', '일시정지', '초기화' 문자열을 추가해줍시다.

/app/res/values/strings.xml

```
<resources>

<string name="app_name">StopWatch</string> <!-- 앱 이름 -->

<!-- 여기서부터 추가한 문자열 -->
    <string name="start">시작</string>
    <string name="pause">일시정지</string>
    <string name="refresh">초기화</string>
</resources>
```

이렇게 색깔과 문자열을 추가했으므로 이제 다시 레이아웃 파일로 돌아가서 뷰 구성을 해주겠습니다.

7.3.3 버튼 추가

아직은 빈 화면입니다. 오른쪽 화면과 같이 [초기화] 버튼과 [시작] 버튼을 만들어봅시다.

To Do **01** [app] → [res] → [layout] → activity_main.xml에 [시작] 버튼 코드를 추가합니다.

/app/res/layout/activity_main.xml

```xml
<?xml version="1.0" encoding="utf-8"?>
<androidx.constraintlayout.widget.ConstraintLayout xmlns:android=
"http://schemas.android.com/apk/res/android"
    xmlns:app="http://schemas.android.com/apk/res-auto"
    xmlns:tools="http://schemas.android.com/tools"
    android:layout_width="match_parent"
    android:layout_height="match_parent"
    tools:context=".MainActivity">

    <!-- [시작] 버튼 -->
    <Button
        android:id="@+id/btn_start"                    <!-- ❶ 버튼 ID-->
        android:layout_width="wrap_content"
        android:layout_height="wrap_content"           <!-- ❷ 버튼 크기 -->
        app:layout_constraintBottom_toBottomOf="parent"
                                                       <!-- ❸ 수직 방향 제약 -->
```

```
        app:layout_constraintEnd_toEndOf="parent" ┐
        app:layout_constraintStart_toStartOf="parent" ┘ <!-- ❹ 수평 방향 제약 -->
        android:layout_marginBottom="80dp"      <!-- ❺ 마진(외부 여백) -->
        android:padding="20dp"                  <!-- ❻ 패딩(내부 여백) -->
        android:backgroundTint="@color/blue"    <!-- ❼ 배경색 -->
        android:text="@string/start"            <!-- ❽ 텍스트 -->
        android:textColor="@color/white" ┐
        android:textSize="16sp"          ├─ <!-- ❾ 텍스트 속성 -->
        android:textStyle="bold"         ┘
    />

</androidx.constraintlayout.widget.ConstraintLayout>
```

❶ [시작] 버튼의 ID를 지정합니다. ID는 버튼을 클릭하는 함수에서 사용합니다. 버튼임을 알려주려고 접두사 btn_을 사용했습니다. ❷ 버튼 크기를 내용 크기로 감싸는 wrap_content 속성으로 통일해 적용했습니다. ❸ 수직 방향 속성을 app:layout_contraintBottom_toBottomOf="parent"로 지정해 버튼 아래쪽을 부모 레이아웃 아래쪽에 배치했습니다. ❹ 수평 방향으로는 부모 레이아웃의 시작점과 끝점에 맞춤으로써 버튼이 가운데 정렬되도록 했습니다(6.4절 '컨스트레인트 레이아웃' 참조) ❺ 부모 레이아웃 아래쪽에 80dp만큼의 여백을 둡니다. ❻ 패딩값을 주어 버튼 내부에 여백을 둡니다.

❼ 버튼의 배경색을 colors.xml에서 지정한 파란색으로 해줍니다. ❽ 텍스트를 strings.xml에서 지정한 '시작'으로 지정해줍니다. ❾ 텍스트의 색, 크기, 스타일 속성을 지정해줍니다.

02 이번에 [초기화] 버튼 코드를 추가합니다.

```
<Button
    android:id="@+id/btn_refresh"
    android:layout_width="wrap_content"
    android:layout_height="wrap_content"
```

```
app:layout_constraintBottom_toTopOf="@+id/btn_start"   ←
                                        <!-- ❶ 수직 방향 제약 -->

app:layout_constraintEnd_toEndOf="parent"
app:layout_constraintStart_toStartOf="parent"
android:layout_margin="50dp"
android:padding="20dp"
android:backgroundTint="@color/yellow"
android:text="@string/refresh"
android:textColor="@color/white"
android:textSize="16sp"
android:textStyle="bold"
/>
```

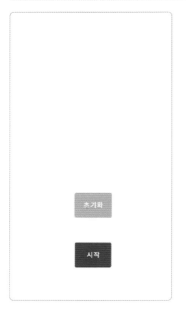

❶ [시작] 버튼은 수직 방향 제약이 부모 레이아웃 아래쪽에 있습니다. [초기화] 버튼은 [시작] 버튼 위에 위치해야 하므로 layout_constraintBottom_toTopOf에 "@+id/btn_start" 속성을 사용합니다. 버튼의 아래쪽을 ID가 btn_start인 뷰 위쪽에 배치시킨다는 뜻입니다.

7.3.4 텍스트뷰 추가 : 체인 사용해보기

흐르는 시간을 표현해줄 텍스트뷰를 만들어보겠습니다.

To Do **텍스트뷰 추가하기**

01 [app] → [res] → [layout] → activity_main.xml에 ❶ 분, ❷ 초, ❸ 밀리초 텍스트뷰 코드
를 추가해봅시다.

/app/res/layout/activity_main.xml

```
<TextView
    android:id="@+id/tv_minute"              <!-- ❶ 분 -->
    android:layout_width="wrap_content"
    android:layout_height="wrap_content"
    android:text="00"
    android:textSize="45sp"
/>

<TextView
    android:id="@+id/tv_second"              <!-- ❷ 초 -->
    android:layout_width="wrap_content"
    android:layout_height="wrap_content"
    android:text=":00"
    android:textSize="45sp"
/>

<TextView
    android:id="@+id/tv_millisecond"         <!-- ❸ 밀리초 -->
```

```
android:layout_width="wrap_content"
android:layout_height="wrap_content"
android:text=".00"
android:textSize="30sp"
/>
```

❶ 분을 나타내는 텍스트뷰입니다. ID로 tv_minute 를 사용했습니다. 텍스트뷰를 나타내는 접두사로 tv_ 를 사용했습니다. ❷ 초를 나타내는 텍스트뷰입니다. ID로 tv_second를 사용했습니다. ❸ 밀리초를 나타 내는 텍스트뷰입니다. ID로 tv_millisecond를 사용 했습니다.

아무런 제약도 추가해주지 않아서 왼쪽 상단에 텍스 트뷰들이 뭉쳐 있습니다.

02 레이아웃 미리보기 창에서 텍스트뷰들을 드래그하여, 원하는 위치로 놓아줍니다.

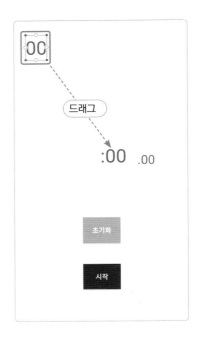

세 텍스트뷰의 수직 방향에 제약을 추가해줍시다. 초를 나타내는 텍스트뷰를 중심으로 왼쪽에는 분을 나타내는 텍스트뷰, 오른쪽에는 밀리초를 나타내는 텍스트뷰를 위치시키겠습니다. 이번에는 코드로 직접 하지 않고, 레이아웃 미리보기 창에서 손쉽게 제약을 추가해주는 방법으로 설명하겠습니다.

먼저 초 텍스트뷰의 위쪽을 부모 레이아웃의 위쪽에 맞추겠습니다.

01 텍스트뷰를 클릭 후 위쪽 동그라미를 잡고 부모 레이아웃의 상단에 드래그해주세요. 그럼 마진을 주지 않았으므로, 오른쪽 상단에 딱 붙게 됩니다. 이 작업은 텍스트뷰에 app:layout_constraintTop_toTopOf = "parent" 속성을 추가한 것과 동일한 효과를 줍니다. 왼쪽에 코드창을 보면 신기하게도 해당 코드가 추가되었을 겁니다.

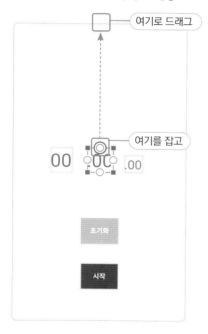

02 초 텍스트뷰 아래쪽을 [초기화] 버튼의 상단에 드래그합시다. 그럼 텍스트뷰가 상하 제약의
중간 지점에 놓입니다.

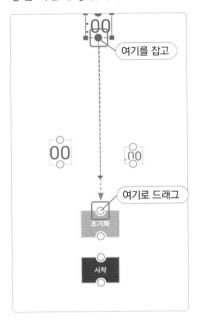 

이제 분 텍스트뷰와 밀리초 텍스트뷰를 일직선 위에 놓이도록 제약을 추가하겠습니다. 모든
텍스트뷰를 일직선 위에 정확히 놓으려면 베이스라인을 사용해야 합니다.

양 쪽 텍스트뷰에 수직 방향 제약들을 추가봅시다.

03 ❶ 분 텍스트뷰 위에서 마우스 우클릭 → ❷ Show baseline을 선택해줍니다.

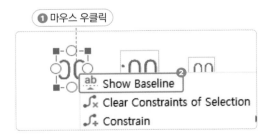

04 그럼 다음과 같이 텍스트의 아래쪽에 베이스라인 막대가 보입니다. ❶ 분 텍스트뷰 막대를 ❷ 초 텍스트뷰 막대 모양에 드래그해줍니다. ❸ 밀리초 텍스트뷰 역시 똑같은 방법으로 베이스라인을 정렬해주세요.

드디어 모든 텍스트가 완벽하게 정렬되었네요. 마음이 편안해집니다. 만약 가운데 있는 초 텍스트뷰의 상하 위치를 변경하면 분 텍스트뷰와 밀리초 텍스트뷰도 함께 움직이겠죠? 이로써 세 텍스트뷰의 수직 방향의 제약을 모두 추가했습니다.

왜 텍스트뷰 정렬에 베이스라인을 사용해야 할까요?

분과 밀리초 텍스트뷰의 아래쪽을 각각 가운데에 있는 초 텍스트뷰의 아래쪽에 맞추면 될 것 같은데 왜 베이스라인을 사용해야 할까요? 일단 한번 베이스라인 없이 정렬을 맞춰보도록 하겠습니다.

양 옆 텍스트뷰의 아래쪽을 가운데 텍스트뷰의 아래쪽에 맞도록 제약을 추가하면 다음과 같이 정렬됩니다.

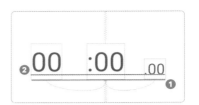

❶ 빨간색 선 기준으로 모든 텍스트뷰들의 bottom, 즉 아래쪽이 정확히 일직선으로 정렬됩니다.

❷ 하지만 파란색 선을 주목해주세요. 텍스트 크기가 다른 밀리초 텍스트뷰 안의 텍스트 위치가 다른 둘과 다릅니다. 텍스트뷰 수직 위치는 정렬되었지만 텍스트는 그렇지 못합니다.

이 문제를 해결하려면 뭐가 필요할까요? 바로 앞에서 배운 베이스라인이 필요합니다! 베이스라인을 이용하면 오른쪽 그림과 같이 텍스트뷰 안의 텍스트를 일직선으로 정렬할 수 있습니다.

To Do 수평 방향 제약 추가하기

수평 방향은 제약이 아직 없기 때문에 여백이 제각각이라 보기가 불편하네요. 바로 조치를 취해야겠습니다. 컨스트레인트 레이아웃에는 뷰 여러 개의 수직 또는 수평 여백을 손쉽게 관리하는 체인 Chain을 제공합니다.

체인을 추가해보겠습니다. UI를 구성할 때 굉장히 빈번히 사용되니 잘 따라와주세요.

01 ❶ Ctrl 키를 누른 상태에서(맥OS는 Command 키) → ❷ 세 텍스트뷰를 모두 클릭하여 선택한 후 → 선택한 텍스트뷰 위에서 마우스 우클릭 → ❸ [Chains] → [Create Horizontal Chain]을 선택해주세요.

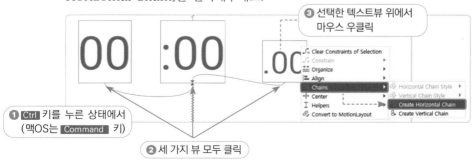

그럼 다음과 같이 세 텍스트뷰가 수평 방향으로 균등한 여백을 두고 위치하게 됩니다.

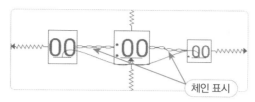

이런 식으로 균등하게 여백을 분배하는 것이 언제나 알맞지는 않을 수 있습니다. 스톱워치에서는 오히려 세 텍스트뷰가 딱 붙어있는 것이 더 적절할 것 같습니다. 가까이 붙여보겠습니다.

02 ❶ 세 텍스트뷰 중 아무 텍스트뷰 위에서 마우스 우클릭 → ❷ [Chains] → [Horizontal Chain Style] → [packed]를 선택해주세요.

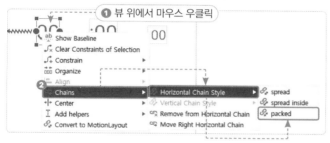

그러면 우리가 원하는 모양이 나옵니다.

여기까지 마치고 나면 코드 창에서 빨간 밑줄이 사라질 겁니다. 모든 뷰들의 제약을 적절히 추가했기 때문입니다. 처음 앱을 만드는 예제인데 잘 따라오셨나요? 이제 모든 UI가 준비되었으니 본격적으로 코드를 작성해봅시다.

체인이 제공하는 모드별 모습은 다음 표에서 확인하세요.

▼ 체인이 제공하는 모드

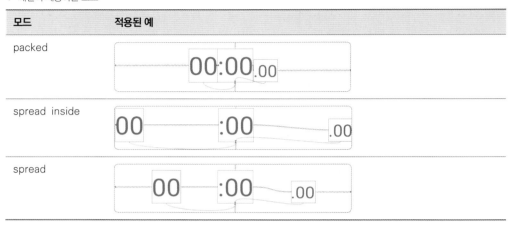

모드	적용된 예
packed	
spread inside	
spread	

STEP 1 7.4 버튼에 이벤트 연결하기

MainActivity.kt의 전반적인 코드의 틀을 잡고 버튼에 이벤트를 연결해주겠습니다. 일단 클릭 이벤트를 처리할 리스너 인터페이스를 구현해줍니다. 더 자세한 구현 방법은 다음 코드를 작성하면서 배워봅시다.

To Do 01 [app] → [java] → [com.example.stopwatch] → MainActivity.kt에 다음과 같은 코드를 작성해주세요.

/app/src/main/java/com/example/stopwatch/MainActivity.kt

```
package com.example.stopwatch

import androidx.appcompat.app.AppCompatActivity
import android.os.Bundle
import android.view.View
import android.widget.Button
```

```kotlin
import android.widget.TextView
import java.util.*
import kotlin.concurrent.timer


class MainActivity : AppCompatActivity(), View.OnClickListener {
                  // ❶ 클릭 이벤트 처리 인터페이스 ───────

    var isRunning = false  // ❷ 실행 여부 확인용 변수

    private lateinit var btn_start: Button
    private lateinit var btn_refresh: Button
    private lateinit var tv_millisecond: TextView
    private lateinit var tv_second: TextView
    private lateinit var tv_minute: TextView

    override fun onCreate(savedInstanceState: Bundle?) {
        super.onCreate(savedInstanceState)
        setContentView(R.layout.activity_main)

        // ❸ 뷰 가져오기
        btn_start = findViewById(R.id.btn_start)
        btn_refresh = findViewById(R.id.btn_refresh)
        tv_millisecond = findViewById(R.id.tv_millisecond)
        tv_second = findViewById(R.id.tv_second)
        tv_minute = findViewById(R.id.tv_minute)

        // ❹ 버튼별 OnClickListener 등록
        btn_start.setOnClickListener(this)
        btn_refresh.setOnClickListener(this)
    }

    // ❺ 클릭 이벤트 처리
    override fun onClick(v: View?) {
        when(v?.id) {
            R.id.btn_start -> {
                if(isRunning) {
                    pause()
                } else {
```

```
            start()
        }
    }
    R.id.btn_refresh -> {
        refresh()
    }
    }
}

private fun start() {
    // ❻ 스톱워치 측정을 시작하는 로직
}

private fun pause() {
    // ❼ 스톱워치 측정을 일시정지하는 로직
}

private fun refresh() {
    // ❽ 초기화하는 로직
}
}
```

❶ 클릭 이벤트를 처리하는 View.OnClickListener 인터페이스를 구현합니다. ❷ 스톱워치가 현재 실행되고 있는지를 확인하는 데 사용하는 isRunning 변수를 false로 초기화해 생성합니다. ❸ findViewById() 함수로 xml 레이아웃 파일에서 정의한 뷰들을 액티비티에서 사용할 수 있게 가져옵니다.

❹ btn_start와 btn_refresh에 구현한 리스너를 등록합니다. setOnClickListener() 메서드를 이용해서 onClickListener를 추가해주어야 클릭이 가능해집니다. ❺ 클릭 이벤트가 발생했을 때 어떤 기능을 수행할지 구현합니다. 따라서 View.OnClickListener 인터페이스는 반드시 onClick() 함수를 오버라이드해야 합니다. 클릭 이벤트가 발생했을 때 뷰 ID가 R.id.btn_start이고, 스톱워치가 동작 중이라면 일시정지하고, 정지 상태라면 시작합니다. 뷰 ID가 R.id.btn_refresh이면 초기화 메서드가 실행됩니다.

❻ start(), ❼ pause(), ❽ refresh()는 각각 시작, 일시정지, 초기화 함수입니다. 아직 로직을 구현하지 않았습니다. 이제부터 하나씩 구현해보겠습니다.

STEP 2 # 7.5 스톱워치 시작 기능 구현하기

[시작] 버튼을 누르면 스톱워치가 시작되고 [시작] 버튼 텍스트가 '일시정지'로 바뀝니다. 이제부터 구현해봅시다. 일시정지와 초기화를 하려면 이를 관리할 변수가 있어야 합니다. 시간을 관리할 변수를 생성해봅시다.

To Do **01** [app] → [java] → [com.example.stopwatch] → MainActivity.kt에 다음과 같이 타이머 관련 변수 timer와 time을 추가하고 초기화합니다.

/app/src/main/java/com/example/stopwatch/MainActivity.kt

```
class MainActivity : AppCompatActivity(), View.OnClickListener {

    var isRunning = false
    var timer : Timer? = null      // ❶ timer 변수 추가
    var time = 0                   // ❷ time 변수 추가
    ... 생략 ...
}
```

02 start() 함수를 다음과 같이 구현합니다.

```
private fun start() {

    btn_start.text = "일시정지"
    btn_start.setBackgroundColor(getColor(R.color.red))    // ❶ 텍스트뷰 변경
    isRunning = true                // ❷ 실행 상태 변경

    // ❸ 스톱워치를 시작하는 로직
    timer = timer(period = 10) {

        time++   // ❹ 10밀리초 단위 타이머

        // ❺ 시간 계산
        val milli_second = time % 100
        val second = (time % 6000) / 100
        val minute = time / 6000

        // ❻ 밀리초
        tv_millisecond.text =
            if (milli_second < 10) ".0${milli_second}" else ".${milli_second}"
        // 초
```

```
        tv_second.text = if (second < 10) ":0${second}" else ":${second}"
        // 분
        tv_minute.text = "${minute}"
    }
}
```

❶ [시작] 버튼을 클릭하면 텍스트를 '일시정지'로, 색상을 빨강으로 변경합니다. ❷ 이제 스톱워치가 시작되었으므로 isRunning값을 true로 바꿉니다.

❸ 코틀린에서 제공하는 timer(period = [주기]) { } 함수는 일정한 주기로 반복하는 동작을 수행할 때 유용하게 쓰입니다. { } 안에 쓰인 코드들은 모두 백그라운드 스레드에서 실행됩니다. 주기를 나타내는 period 변수를 10으로 지정했으므로 10밀리초마다 실행됩니다.

❹ 0.01초마다 time에 1을 더합니다(period값, 즉 주기가 10밀리초이기 때문입니다. 참고로 1000밀리초는 1초입니다). ❺ time 변수를 활용해 밀리초, 초, 분을 계산합니다.

❻ 분, 초, 밀리초 텍스트뷰를 0.01초마다 갱신해줍니다. 시간이 한 자리일 때 전체 텍스트 길이를 두 자리로 유지하려고 if문을 추가했습니다. 0:10.8과 0:1.1처럼 텍스트 길이가 짧아졌다 길어졌다하면 보기 불편하기 때문입니다.

03 안드로이드 스튜디오 메뉴에서 [Run] → [Run 'app']을 눌러 앱을 실행해보세요.

04 에뮬레이터에 실행된 앱에서 ❶ [시작] 버튼을 눌러 타이머를 시작합시다. 헉, 앱이 종료되었습니다. 왜 그럴까요? 사망한 앱의 사인을 알려주는 로그캣^Logcat^을 살펴보며 이유를 찾아봅시다.

05 ❶ 안드로이드 스튜디오의 왼쪽 아래에 위치한 [Logcat] 탭을 선택해주세요. 여기에 빠르게 로그가 흘러갑니다. ❷ 현재는 [Debug] 모드이기 때문에 다양한 로그들이 출력되는데요, 다음과 같이 [Error]만 보여주게 바꿔주세요.

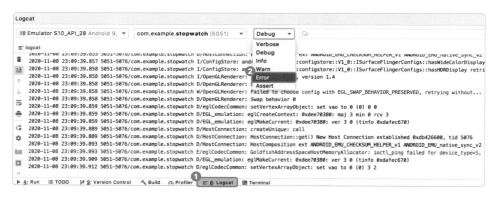

그러면 로그캣에 빨간 줄이 뭉텅이로 출력됩니다. 이 빨간 로그를 잘 해석하면 왜 우리 앱이 중단되었는지 감이 올듯 싶습니다.

❸ 'Only the original thread that created a view hierarchy can touch its views.'라는 문구가 보입니다. '뷰의 계층 구조를 생성한 메인 스레드에서만 그 뷰들에 접근할 수 있다'라고 하네요. 아~ 백그라운드 스레드에서 UI 작업을 해주었기 때문에 일어난 에러군요!

자 그럼, 코드를 수정해줍시다.

06 분, 초, 밀리초를 출력하는 텍스트뷰가 UI 스레드에서 실행되도록 start() 함수를 다음과 같이 수정합니다.

```
private fun start() {
    btn_start.text = "일시정지"
    btn_start.setBackgroundColor(getColor(R.color.red))
    isRunning = true

    // 스톱워치를 시작하는 로직
    timer = timer(period = 10) {
        time++

        val milli_second = time % 100
        val second = (time % 6000) / 100
        val minute = time / 6000

        runOnUiThread {          // ❶ UI 스레드 생성
            if (isRunning) { // ❷ UI 업데이트 조건 설정
                // 밀리초
```

```
                        tv_millisecond.text = if (milli_second < 10)
                                        ".0${milli_second}" else ".${milli_second}"
                        // 초
                        tv_second.text = if (second < 10) ":0${second}"
                                        else ":${second}"
                        // 분
                        tv_minute.text = "${minute}"
                }
            };
        }
    }
```

❶ runOnUiThread를 사용해서 텍스트뷰를 수정하는 부분에 감쌉니다. 그러면 UI 작업이 백그라운드 스레드가 아닌 UI 스레드(메인 스레드)에서 일어납니다. ❷ isRunning이 true 일 경우에만 UI가 업데이트되게 해주었습니다. 왜냐하면 사용자가 타이머를 정지하는 시점 과 UI 스레드에서 코드가 실행되는 시점이 다를 수 있기 때문입니다.

07 다시 ❶ 안드로이드 스튜디오 메뉴에서 [Run] → [Run 'app']을 눌러 앱을 실행하세요. 그리고 ❷ 실행된 앱의 [시 작] 버튼을 눌러보세요. 그러면 정상 동작할 겁니다(아직 타 이머를 멈추는 기능이 없네요).

이것으로 시작하기 기능 구현을 마쳤습니다. 메인 스레드와 백그라운드 스레드를 정확히 이해하 고 활용하는 것은 안드로이드 프로그래밍에서 굉장히 중요한 부분입니다. 이해를 하는 데 도움이 되었으면 좋겠습니다.

STEP 3 | 7.6 일시정지 기능 구현하기

일시정지 기능을 구현해봅시다.

To Do **01** pause() 함수를 다음과 같이 구현합니다.

```
private fun pause() {                        /app/src/main/java/com/example/stopwatch/MainActivity.kt
    // ❶ 텍스트 속성 변경
    btn_start.text = "시작"
    btn_start.setBackgroundColor(getColor(R.color.blue))

    isRunning = false        // ❷ 멈춤 상태로 전환
    timer?.cancel()          // ❸ 타이머 멈추기

}
```

❶ [일시정지] 버튼을 누르면 다시 텍스트를 "시작"으로 바꾸고 배경색을 파란색으로 바꿉니다. ❷ 일시정지 상태이므로 isRunning을 false로 바꿉니다. ❸ 현재 실행되는 타이머를 cancel() 함수를 호출해 멈춥니다(cancel() 함수는 백그라운드 스레드에 있는 큐를 깔끔하게 비워줍니다).

STEP 4 | 7.7 초기화 기능 구현하기

초기화 기능을 추가해줍시다. [초기화] 버튼을 누르면 타이머가 실행 중이든, 일시정지 상태이든 시간이 00:00.00으로 초기화되어야 합니다.

To Do **01** refresh() 함수를 다음과 같이 구현합니다.

```
private fun refresh() {                      /app/src/main/java/com/example/stopwatch/MainActivity.kt
    timer?.cancel()                  // ❶ 백그라운드 타이머 멈추기

    btn_start.text = "시작"
    btn_start.setBackgroundColor(getColor(R.color.blue))      // ❷
    isRunning = false        // ❸ 멈춤 상태로 변경

    // ❹ 타이머 초기화
    time = 0
    tv_millisecond.text = ".00"
```

```
    tv_second.text = ":00"
    tv_minute.text = "00"
}
```

❶ 백그라운드 스레드에서 실행 중인 타이머를 멈춥니다. ❷ 버튼에 시작 문구를 노출하고 버튼색을 파란색으로 바꿉니다. ❸ isRunning을 false로 바꿉시다. ❹ 일단 0.01초에 1씩 늘어났던 time을 0으로 초기화해주고, 분, 초, 밀리초 텍스트뷰 모두 "00"으로 초기화합니다.

자 이렇게 모든 기능이 완벽하게 구현되었습니다. 계란 삶을 때나, 운동할 때 한번 직접 만든 스톱워치를 사용해보는 건 어떨까요?

7.8 테스트하기

To Do 01 안드로이드 스튜디오 메뉴에서 [Run] → [Run 'app']을 선택하여 에뮬레이터나 본인의 기기에서 앱을 실행해보세요.

02 앱이 잘 실행되면 다음과 같이 테스트해보세요.

❶ [시작] 버튼을 눌러주세요. [시작] 버튼을 누르면 스톱워치가 시작되고, [일시정지] 버튼이 보입니다.

❷ [일시정지] 버튼을 눌러보세요. 스톱워치가 멈추고 다시 [시작] 버튼이 보입니다. 여기서 다시 [시작] 버튼을 누르면 초가 이어져 동작합니다.

❸ [초기화] 버튼을 눌러보세요. 스톱워치가 초기화됩니다.

이렇게 스톱워치가 초기화되었음을 확인할 수 있습니다. 이 스톱워치로 숨 오래 참기 시합을 하거나, 정해진 시간 안에 코딩 문제 풀기 등 여러 활동에 활용보세요.

학습 마무리

스톱워치 UI를 구성하며 버튼을 부모 컨스트레인트 레이아웃의 아래로 정렬시켰습니다. 그리고 가운데 있는 텍스트뷰를 부모 레이아웃과 [초기화] 버튼 사이에 위치하도록 제약을 추가했습니다. 딱 기준이 되는 위치를 먼저 정해 놓은 것이지요. 그 후 왼쪽 텍스트뷰와 오른쪽 텍스트뷰는 가운데 있는 텍스트뷰의 베이스라인에 맞도록 정렬시켰습니다.

스톱워치 구현은 간단해 보이지만 스레드 개념이 있어 약간은 어렵게 느껴질 수 있습니다. 앞으로 배울 예제에서 네트워크 요청을 서버로 보내거나, 데이터베이스 관련 작업을 할 때 백그라운드 스레드를 또 이용을 할 겁니다.

핵심 요약

1 서로 크기가 다른 텍스트뷰 안의 텍스트의 정렬을 맞추는 데 베이스라인을 이용합니다.
2 서로 크기가 다른 뷰들의 여백을 수직 혹은 수평 방향으로 일정하게 분배하는 데 체인을 사용합니다.
3 UI 변경은 UI 스레드(메인 스레드)에서만 가능합니다.
4 백그라운드 스레드에서는 네트워크 작업, 데이터베이스 작업, 계산량이 많은 작업을 하면 됩니다.

Project
뮤직 플레이어
MediaPlayer API, 서비스

Project 뮤직 플레이어

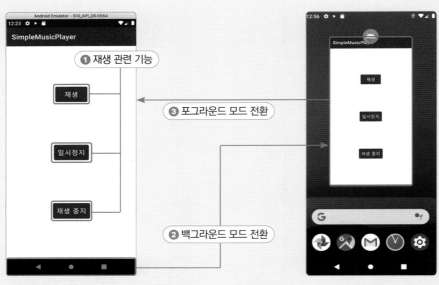

난이도	★★☆☆
이름	뮤직 플레이어
예제 위치	• 링크 : https://github.com/code-with-joyce/must_have_android • 폴더 : 08_SimpleMusicPlayer
프로젝트명	SimpleMusicPlayer
개발 환경	• minSdk : 26 　　　• targetSdk : 31
미션	MP3 파일을 직접 재생해봐요.
기능	• MP3 파일 재생, 일시정지, 재생중지 • 서비스를 이용하여 앱이 종료되어도 재생하기
조작법	• 재생 버튼을 눌러 음악을 재생함 • 일시정지 버튼을 눌러 음악을 일시정지함 • 재생중지 버튼을 눌러 음악을 완전히 멈춤 • 음악 재생 중 앱이 종료되어도 계속 재생하고, 다시 앱을 열었을 때 이어서 재생함 • 음악을 재생 중이지 않을 때는 앱을 종료하면 완전히 종료됨
핵심 구성요소	• 서비스 • 미디어 플레이어

☐ **학습 목표**

평소에 앱으로 음악을 많이 들으시나요? 이번에 만들 앱은 바로 심플 뮤직 플레이어입니다. 음악을 어떻게 재생하고, 일시정지하고, 멈추는지 배울 뿐만 아니라 앱이 종료되더라도 음악을 계속 재생하는 방법을 알아봅시다.

☐ **프로젝트 구상하기**

앱을 직접 구현하기에 앞서 두 가지 개념을 알아보겠습니다. 첫 번째는 사운드 및 동영상을 재생하는 MediaPlayer API입니다. 두 번째로는 앱이 종료되더라도 MediaPlayer가 계속 재생할 수 있도록 해주는 '서비스'입니다.

서비스는 액티비티와 함께 안드로이드 4대 구성요소 중의 하나로 안드로이드 개발자라면 꼭 숙지해야 할 개념입니다. 이번 장에서 서비스 개념을 탄탄히 하고 기본이 충실한 안드로이드 개발자로 거듭나도록 합시다.

☐ **학습 순서**

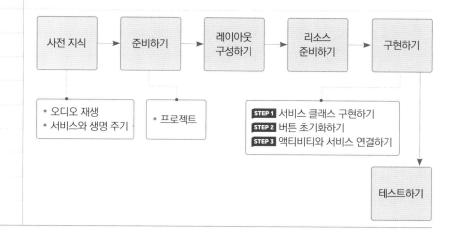

8.1 사전 지식 : 오디오 재생 MediaPlayer API

MediaPlayer API는 안드로이드에서 다양한 유형의 미디어 재생을 지원합니다. MediaPlayer API로 오디오를 재생할 때 음원을 가져와 재생하는 방법은 다양합니다. 그중에서 다음과 같은 두 가지 방법을 알아보겠습니다.

- Raw 리소스를 사용해 재생하기
- URI를 사용해 재생하기

8.1.1 Raw 리소스를 사용해 재생하기

첫 번째 방법은 Raw 리소스를 가져와 실행하는 방법입니다(이번 장에서 우리가 사용할 방법). ❶ res 폴더에 ❷ raw 폴더를 생성한 후에 사용할 mp3 파일들을 넣어주면 됩니다.

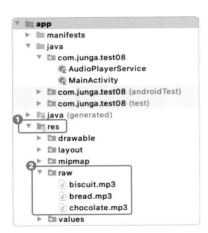

그러고 나서 액티비티 안에 다음과 같은 코드를 작성하면 음악을 재생할 수 있습니다.

```
val mPlayer: MediaPlayer? = MediaPlayer.create(this, R.raw.FILE_NAME)
mPlayer?.start()
```

8.1.2 URI를 사용해 재생하기

두 번째 방법은 기기 안에 들어있는 오디오 파일의 위치를 알려주는 URI를 사용해 재생시키는 겁니다. URI는 한국어로 번역하면 통합 자원 식별자입니다. 텍스트, 이미지, 영상 등 자원의 주소를 표현하는 형식이라고 생각하면 됩니다. 참고로 URL은 웹에서 자원의 위치를 알려주는 URI의 일종입니다. 우리가 기기에 직접 저장한 MP3 파일도 고유의 URI를 가지고 있습니다. URI를 사용해 다음과 같은 코드로 재생할 수 있습니다.

```
val myUri: Uri = ... // 여기서 URI를 초기화하세요.
val mediaPlayer: MediaPlayer? = MediaPlayer().apply {
    setAudioStreamType(AudioManager.STREAM_MUSIC)
    setDataSource(applicationContext, myUri)
    prepare()
    start()
}
```

8.1.3 MediaPlayer 클래스에서 지원하는 함수

기능별 사용할 수 있는 MediaPlayer 클래스의 함수와 사용법은 다음과 같습니다.

- 파일 준비하기 : 음원을 재생하려면 prepare( ), prepareAsync( ), setDataResource( ) 함수를 사용하여 파일을 로드시켜주어야 합니다. prepare( )와 prepareAsync( ) 함수의 가장 큰 차이점은 prepare( )는 메인 스레드에서 실행이 되고, prepareAsync( )는 백그라운드 스레드에서 실행이 된다는 점입니다. prepare( )는 메인 스레드에서 실행되므로 영상이나 음원이 너무 크면 ANR^{Application Not Responding}(앱 응답 없음, 일명 먹통)을 유발할 수도 있습니다. 반면 prepareAsync( )에서는 메인 스레드를 막지 않고 백그라운드 스레드를 이용하기 때문에 ANR 문제가 발생하지 않는 장점이 있습니다. 또한 onPreparedListener를 등록하여 음악 준비가 완료되는 시점을 알 수 있습니다.
- 파일 재생하기 : start( ) 함수로 재생하고, pause( ) 함수로 일시멈춤합니다. pause( ) 후에 다시 start( )를 누르면 멈춘 부분부터 다시 재생됩니다.
- 파일 멈추기 : 현재 재생되는 미디어를 reset( ) 함수를 호출해 멈출 수 있습니다. 아울러 MediaPlayer 객체도 초기화시킬 수 있습니다. 이 함수 이후에 새로운 미디어를 준비한 후 재생하면 됩니다.

- 음악 길이 찾기 : getDuration( ) 함수로 음악의 길이를 얻을 수 있습니다. 단위는 밀리초 (ms)로 반환합니다.
- 특정 구간으로 이동하기 : seekTo( ) 함수로 특정 위치로 이동합니다.
- 자원 해제하기 : release( ) 함수를 통해 사용하던 메모리와 자원들을 해제시켜줄 수 있습니다. MediaPlayer를 더 이상 사용하지 않는다면 꼭 release( )를 호출해주세요.

8.2 사전 지식 : 서비스와 생명 주기

서비스는 백그라운드에서 꺼지지 않고 작업을 수행하는 안드로이드 4대 구성요소 중 하나입니다. 사용자가 서비스를 실행하면, 시스템에게 "이건 서비스라는 건데, 사용자와 인터랙션을 하지는 않지만 오랫동안 실행되어야 해. 누군가가 멈추라고 하기까지는 멈추지 말아줘"라고 알려줍니다. 서비스는 독립된 구성요소이기 때문에 독립된 생명 주기를 가집니다. 액티비티가 소멸되더라도 서비스는 독립된 상태로 실행이 되고 있어서 다시 액티비티를 생성하여 해당 서비스와 소통할 수도 있습니다. 서비스를 앱에서 사용하려면 AndroidManifest.xml에 직접 추가해주어야 합니다.

우리가 자주 쓰는 음악 앱을 한번 실행해보세요. 음악이 재생되고 있을 때 앱을 꺼버리더라도 음악은 계속 재생될 겁니다. 다시 앱을 실행하면 재생되고 있는 음악의 정보를 바로 볼 수 있습니다. 이러한 일이 어떻게 일어날 수 있을까요? 서비스 덕분입니다.

서비스 유형은 크게 세 가지로 나눌 수가 있습니다.

- 시작된 서비스
- 바인드된 서비스
- 시작되고 바인드된 서비스

8.2.1 시작된 서비스

서비스를 시작하려면 ❶ startService( ) 함수를 액티비티나 다른 서비스에서 실행해야 합니다. startService( )를 호출하면 서비스가 시작되고 서비스 내의 콜백 메서드인 ❷ onCreate( )와 ❸ onStartCommand( )가 차례로 호출이 되어 **시작된 상태**가 됩니다. 한 번 시작된 상태가 된 서비스는 stopSelf( ) 함수로 알아서 중지하거나, 다른 구성요소가 stopService( )를 호출하여 서비스를 명백하게 종료시키기 전까지는 계속 실행 중인 상태로 존재합니다. 앞의 두 가지 방법 중의 하나로 서비스를 종료하면 ❹ onDestroy( ) 함수가 호출되어 서비스가 완전히 종료됩니다.

또한 서비스는 아무리 많은 구성요소에서 startService( )를 호출하더라도 서비스 객체는 하나만 생성되며 onCreate( ) 함수 역시 서비스를 만들 때 처음에만 호출이 됩니다. 그래서 서비스에서 딱 한 번만 수행되어야 하는 작업은 onCreate( ) 함수를 이용합니다.

▼ 시작된 서비스 생명 주기

8.2.2 바인드된 서비스

바인드된 서비스는 무엇을 뜻할까요? 바인드는 '묶다'라는 뜻입니다. 뭔가 흩어진 요소를 연결되게끔 묶다는 뜻이지요. 바인드가 된 서비스는 다른 구성요소와 연결이 가능합니다. 예를 들면 액티비티가 서비스와 바인딩이 되었다면 액티비티는 서비스에 정의된 함수를 사용할 수 있고, 서비스에 요청을 보내 응답을 받을 수 있습니다. 다른 앱의 구성요소가 서비스에 접근할 수 있도록 만들 수도 있습니다. 그러므로 마치 서버(서비스)와 클라이언트(다른 구성요소) 관계를 이룬다고 할 수 있습니다. 바인드된 서비스는 기본적으로 다른 구성요소들에 바인드된 동안에만 실행됩니다. 계속 백그라운드에서 실행되는 것은 아닙니다.

언제 바인드된 서비스를 이용할까요? 예를 들면 음악 앱에서 서비스를 실행한 후 음악을 재생하면 앱에서 나가더라도 계속 재생이 됩니다. 그리고 다시 앱을 실행하면 바로 액티비티가 서비스와 바인드가 되고 재생을 컨트롤할 수 있게 되는 것이지요.

다음 코드는 액티비티에서 바인드된 서비스를 시작합니다.

```
class MainActivity : AppCompatActivity() {

val mServiceConnection = object : ServiceConnection {
    override fun onServiceConnected(name: ComponentName?, service: IBinder?) {
        // 서비스 연결 성공
    }

    override fun onServiceDisconnected(name: ComponentName?) {
        // 서비스 연결 실패
        }
}

private fun bindService() {
    val intent = Intent(this, AudioPlayerService::class.java)
    bindService(intent, mServiceConnection, Context.BIND_AUTO_CREATE)
    }
}
```

액티비티에서 bindService( ) 함수를 호출할 때 인텐트 객체, 서비스 연결 관련 정보를 받을 수 있는 Service Connection 구현 객체와 Context.BIND_AUTO_CREATE를 인수로 줍니다. 안드로이드 시스템에 의해 구성요소가 서비스와 연결되면 해당 구현 객체의 onServiceConnected( ) 함수가 호출되는데, 여기에서 서비스와 통신을 가능케 하는 IBinder 객체를 전달받습니다. BIND_AUTO_CREATE는 bindService( ) 함수를 실행했을 때 만약 해당 서비스가 없으면 서비스의 onCreate( ) 콜백 함수를 실행시켜 서비스를 생성하라는 의미입니다.

그렇다면 바인드된 서비스의 생명 주기를 살펴봅시다. ❶ 방금 살펴본 bindService( ) 함수를 액티비티와 같은 구성요소에서 호출합니다. 만약 서비스가 생성되어 있지 않다면 ❷ onCreate( ) 함수를 실행해줍니다. ❸ onBind( )가 호출되었을 때는 서비스는 IBinder 인터페이스 구현 객체를

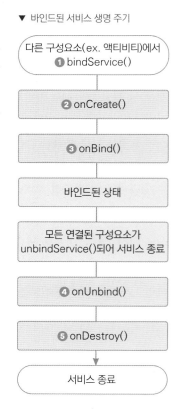

▼ 바인드된 서비스 생명 주기

bindService( )를 호출한 구성요소에 전달합니다. 해당 구성요소가 IBinder를 받고 나서부터는 이것을 통해 서비스와 상호작용을 할 수 있게 되는 겁니다.

모든 연결된 구성요소들이 unBindService( )를 호출하여 서비스와의 연결을 모두 끊게 되면 ❹ onUnbind( )가 실행되고 이어서 ❺ onDestroy( )가 호출되면서 완전히 서비스가 종료됩니다.

이쯤되면 '시작된 서비스'와 '바인드된 서비스'가 뭐가 다른지 헷갈릴 수 있습니다. 차이점은 아래와 같습니다.

- **시작된 서비스**는 다른 구성요소와의 연결고리가 없습니다. 단순히 startService( ) 함수를 실행해 서비스를 시작하고, stopService( )로 서비스를 멈춥니다. 예를 들면 크기가 큰 동영상을 다운받는 경우를 생각해봅시다. 서비스를 시작하고 다운로드가 종료되면 서비스에서 stopSelf( )를 호출해 서비스를 종료시키면 됩니다.
- **바인드된 서비스**는 IBinder라는 인터페이스를 매개로 다른 구성요소와 소통할 수 있습니다. bindService( )는 서비스와 연결된 다른 구성요소들이 모두 unbindService( )를 호출하여 연결을 끊게 되면 서비스가 종료됩니다. 그러므로 계속 살아있어야 하는 태스크에는 부적절합니다.

시작되고 바인드된 서비스

앞서 '시작된 서비스'와 '바인드된 서비스'를 배웠지만 대부분은 시작된 서비스와 바인드된 서비스를 함께 사용합니다. 백그라운드에서 계속 남아있는 동시에 다른 구성요소와 연결되어 소통이 가능하게끔 하는 경우이지요. 이를 '시작되고 바인드된 서비스'라고 합니다.

실행 방법은 간단합니다. 앞에서 설명한 startService( )와 bindService( ) 함수 둘 다를 실행해주면 됩니다. 즉, startService( ) 함수로 시작된 상태가 된 서비스는 특별한 요청이 없는 한 바인드된 구성요소와 모든 연결이 끊겨도 계속 살아있게 됩니다.

포그라운드 서비스와 백그라운드 서비스

서비스를 만들게 되면 startService( ) 함수를 자주 사용하게 됩니다. 그런데 startService( ) 함수만으로 코드를 작성하면 'java.lang.IllegalStateException: Not allowed to start service Intent'와 같은 런타임 에러를 만나게 됩니다. 에러의 내용은 백그라운드 서비스 실행에 제한을 두는 것으로 안드로이드 API 레벨 26 (안드로이드 O) 이상을 타깃 SDK로 설정하면 발생합니다. 여기서 말하는 '백그라운드 서비스 실행'이 뭘까요?

서비스에는 포그라운드 서비스와 백그라운드 서비스가 있습니다. 포그라운드 서비스는 예를 들면 뮤직 앱에서 음악을 재생할 때와 같이 상태 표시줄에 알림이 표시되며 사용자가 서비스가 실행되고 있음을 능동적으로 인지할 수 있는 서비스를 말합니다. 반면에 백그라운드 서비스는 사용자가 보이지 않는 곳에서 조용히 작업을 수행합니다. 만약 많은 앱이 백그라운드 서비스를 사용하고 사용자가 해당 사실을 모른다면, 기기에 성능 저하가 나타납니다. 그래서 안드로이드는 API 레벨 26(안드로이드 O)부터는 포그라운드 서비스를 통해 상태 표시줄에서 서비스가 실행되고 있음을 사용자에게 알리고 다른 서비스보다 높은 우선순위를 가지게끔 하였습니다. startForegroundService( ) 함수가 startService( ) 함수와 다른 점은 startForegroundService( ) 함수를 호출하고 나서 서비스 생성 이후 5초 이내에 startForeground( ) 함수를 통해 알림을 보여주어야 한다는 점입니다.

이번 장에서 만들 뮤직 플레이어는 타깃으로 하는 SDK 버전이 31이므로 startForegroundService( )를 사용합니다.

8.3 준비하기 : 프로젝트

실습에 사용할 프로젝트를 만들어주세요.

- 액티비티 : Empty Activity
- 프로젝트 이름 : SimpleMusicPlayer
- 언어 : Kotlin
- Minimum SDK : API 26 : Android 8.0 (Oreo)

프로젝트를
생성해주세요.

8.4 레이아웃 구성하기

오늘 만들 뮤직 플레이어 앱은 레이아웃이 굉장히 간단합니다. 완성된 오른쪽과 다음과 같습니다.

정말 간단하죠? 음악 [재생] 버튼, 음악 [일시정지] 버튼, 음악 [재생 중지] 버튼만 있습니다. 컨스트레인트 레이아웃을 사용하여 그림과 같이 버튼 3개를 배치해보겠습니다.

8.4.1 레이아웃 팔레트를 사용해 버튼 생성하기

To Do 01 ❶ [app] → [res] → [layout] → activity_main.xml을 클릭 후 → ❷ [Design]을 선택해주세요.

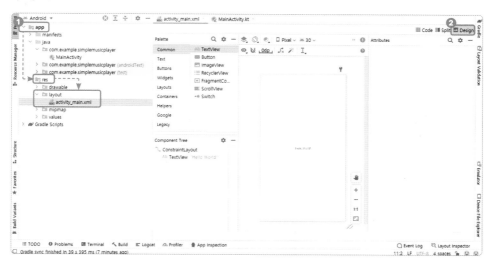

02 ❶ 기본 생성된 텍스트뷰를 마우스 좌클릭 후 <kbd>Del</kbd> 버튼을 눌러 지워주세요.

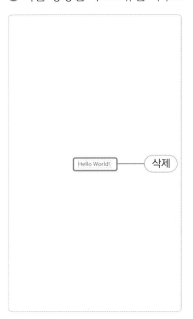

03 ❶ [Palette] 탭에서 [Buttons] → [Button]을 선택 후 → ❷ 드래그해서 화면 위에 두세요. 화면에 버튼이 추가되었습니다.

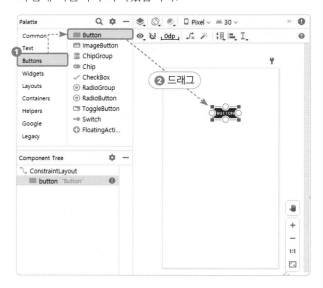

04 같은 방법으로 버튼 2개를 더 추가해주세요. 그러면 다음과 같이 세 버튼이 화면에 놓입니다.

05 이제 각각 버튼의 id값과 버튼 속의 텍스트를 지정해주겠습니다. ❶ 첫 번째 버튼에 id를 바꿔줍니다. [Attributes] 탭의 id값에 btn_play를 넣고 `enter` 를 누르면 팝업창이 뜹니다. 팝업창에서 ❷ [Refactor]를 선택해주세요.

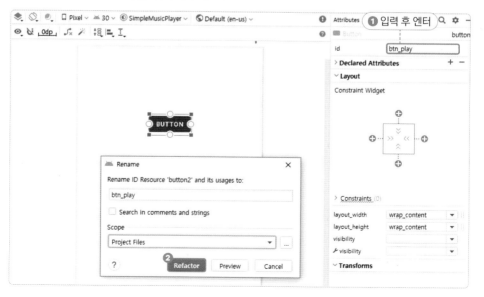

06 [Attributes] 탭을 쭈욱 내려보세요. 그러면 text 항목이 나옵니다. text에 '재생'을 넣고 `enter` 를 입력해주세요. 버튼 속의 텍스트가 지정해준 값으로 바뀌게 됩니다.

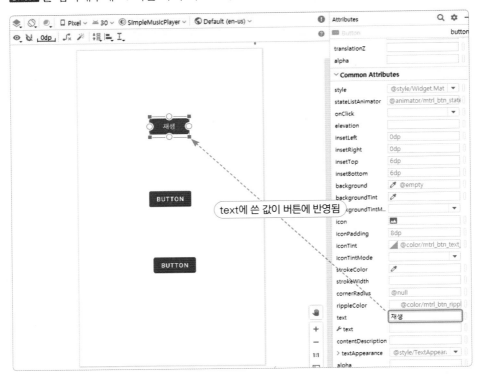

text에 쓴 값이 버튼에 반영됨

07 같은 방법으로 아래 두 버튼의 id값과 텍스트값을 각각 btn_pause와 일시정지, btn_stop 과 재생중지로 바꿔주세요.

08 이제 버튼의 정렬을 맞춰보겠습니다. ❶ 마우스로 드래그하여 세 버튼을 함께 선택해주세요. ❷ 세 버튼 중의 한 버튼 위에서 마우스 우클릭 → ❸ [Chains] → [Create Vertical Chain]을 선택해주세요. 그러면 수직 방향으로 체인이 생성이 됩니다. 체인이 생성되고 나면 세 버튼이 수직 방향으로 균등하게 분배가 됩니다(7.3.4절 '텍스트뷰 추가 : 체인 사용해 보기' 참조).

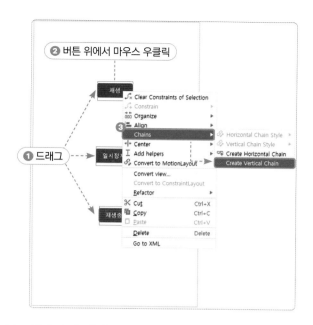

09 현재 수직 방향으로는 정렬되었지만 수평 방향으로는 정렬되지 않았습니다. ❶ 다시 세 버튼을 드래그하여 모두 선택한 후 → ❷ 세 버튼 중의 한 버튼 위에서 마우스 우클릭 → ❸ [Center] → [Horizontally in Parent]를 선택해주세요. 그러면 부모 레이아웃의 수평 방향의 중심에 위치합니다(가운데 정렬이 된 것이지요).

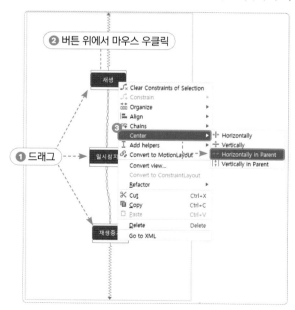

이렇게 레이아웃 설정이 끝났습니다. '이렇게 쉬울 수 있나?' 싶을 정도로 간단하게 세 버튼을 정렬해보았습니다.

8.4.2 버튼 속 텍스트를 리소스 파일을 사용해 지정하기

To Do **01** 이렇게 화면에 버튼을 생성하면 xml 코드가 자동으로 생성됩니다. ❶ [Code] 탭을 눌러 작성된 코드를 살펴봅시다. ❷ 노란색 경고 표시를 클릭합니다.

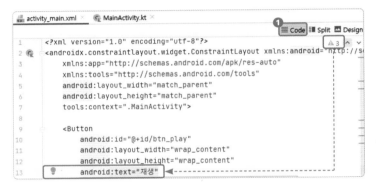

'Hardcoded string "재생", should use @string resource'라는 메시지가 보이네요. 문자열을 직접 적지 말고 string 리소스를 사용하라는 경고입니다(7.3.2절 'colors.xml과 strings.xml 설정' 참조). string 리소스를 사용해보겠습니다.

02 ❶ [app] → [res] → [values] → strings.xml을 엽니다. ❷ 버튼 3개에 필요한 문자열을 만드는 코드를 추가합니다.

app/res/values/strings.xml
```xml
<resources>
    <string name="app_name">SimpleMusicPlayer</string>
    <string name="btn_play">재생</string>
    <string name="btn_pause">일시정지</string>        <!-- 추가한 코드 -->
    <string name="btn_stop">재생중지</string>
</resources>
```

03 ❶ 다시 [app] → [res] → [layout] → activity_main.xml로 돌아옵니다. ❷ 세 버튼의 text 속성을 방금 만든 string 리소스들로 바꿔줍시다.

수정 전	**수정 후**
android:text="재생" ⟶	android:text="@string/btn_play"
android:text="일시정지" ⟶	android:text="@string/btn_pause"
android:text="재생중지" ⟶	android:text="@string/btn_stop"

드디어 경고문도 없는 완벽한 레이아웃을 완성했습니다.

8.5 리소스 준비하기

MP3 파일과 아이콘을 준비해봅시다.

8.5.1 MP3 파일 준비하기

음악을 실행하려면 mp3 파일이 있어야겠죠? 그리고 알림에 사용할 이미지를 먼저 임포트해 주겠습니다(chocolate.mp3 저작권 : Chocolate (Prod. by Lukrembo) https://youtu. be/9P4wn4ITE_Q).

To Do **01** mp3 파일을 내려받아보겠습니다. ❶ 브라우저로 https://github.com/code-with-joyce/must_have_android에 접속한 후 → ❷ 08_SimpleMusicPlayer/app/src/main/res/raw/로 이동해주세요.

❸ chocolate.mp3 파일을 클릭해주세요. ❹ [Download] 버튼을 클릭해 다운로드해주세요(여러분 PC에 mp3 파일이 있다면 여러분의 파일을 사용해도 됩니다).

02 다운로드한 mp3 파일의 이름이 너무 길어요. chocolate.mp3로 바꿔주세요.

03 다운로드한 파일을 우리 프로젝트에 임포트시키겠습니다. ❶ [app] → [res] 폴더에서 우클릭 → ❷ [New] → [Android Resource Directory]를 선택해주세요.

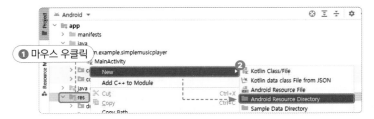

04 ❶ 디렉터리 이름으로 raw를 입력하고 → ❷ 리소스 타입 역시 raw로 선택 후 → ❸ [OK]를 선택해주세요.

05 ❶ 다운로드한 mp3 파일을 방금 만든 raw 폴더에 드래그 앤 드롭이나 복사붙여넣기로 넣어줍니다. 팝업창에서 ❷ [Refactor]를 클릭합니다. 그러면 mp3 파일이 [raw] 폴더에 놓입니다.

8.5.2 아이콘 준비하기

이제 상태 표시줄에 알림 아이콘으로 쓸 재생 이미지를 임포트해주겠습니다. 벡터 이미지는 안드로이드 스튜디오에서 기본적으로 제공하는 클립아트를 사용하겠습니다.

To Do 01 ❶ [app] → [res] → [drawable] 폴더에서 마우스 우클릭 → ❷ [New] → [Vector Asset]을 선택해주세요.

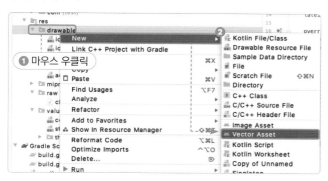

02 귀여운 안드로이드 아이콘이 기본으로 있네요. [Clip Art] 옆 아이콘을 클릭해 다른 클립아트를 선택해보겠습니다.

03 ❶ 검색 창에 play를 입력하고 → ❷ play arrow 아이콘을 선택해주세요. ❸ [OK] 버튼을 눌러주세요.

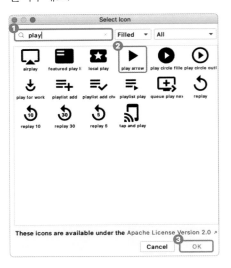

04 ❶ 아이콘 이름을 ic_play로 수정해주세요. ❷ [Next]를 눌러준 후 ❸ [Finish]를 눌러주세요. 이제 이 벡터 이미지를 프로젝트에서 사용할 수 있습니다.

STEP 1 8.6 서비스 클래스 구현하기

서비스 유형은 크게 세 가지로 나눌 수 있습니다. 바로 **시작된 서비스, 바인드된 서비스, 시작되고 바인드된 서비스**입니다(8.2절 '사전 지식 : 서비스와 생명 주기' 참조). 뮤직 플레이어 앱에 서비스의 세 번째 유형인 '시작되고 바인드된 서비스'를 구현보겠습니다. 왜냐하면 뮤직 플레이어는 앱을 끄더라도 음악을 재생하던 상태라면 백그라운드에서 계속 재생이 되어야 하고, 다시 앱으로 돌아왔을 때 재생되고 있는 정보를 보여줄 수 있어야 하기 때문입니다.

To Do **01** 새로운 서비스 클래스를 만들어주겠습니다. ❶ [app] → [java] → [com.example.simplemusicplayer] 폴더 위에서 마우스 우클릭 → ❷ [New] → [Kotlin File/Class]를 선택합니다.

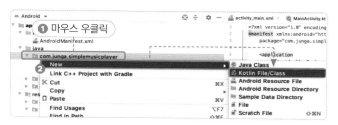

02 팝업창에서 기본 선택된 [Class]를 그대로 두고 → ❶ 파일의 이름으로 MusicPlayerService를 입력한 후 enter 를 입력해 클래스를 생성해주세요.

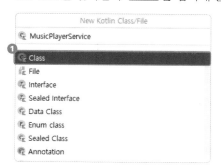

03 세부 기능을 구현하기에 앞서 전체 골격을 만들어주겠습니다. MusicPlayerService.kt에 다음과 같이 코드를 입력해주세요.

/app/src/main/java/com/example/simplemusicplayer/MusicPlayerService.kt

```
package com.example.simplemusicplayer

import ...
```

```kotlin
class MusicPlayerService : Service() {

    override fun onCreate() {  // ❶ 서비스가 생성될 때 딱 한 번만 실행
        super.onCreate()
        startForegroundService() // ❷ 포그라운드 서비스 시작
    }

    // ❸ 바인드
    override fun onBind(intent: Intent?): IBinder? {
        TODO("Not yet implemented")
    }

    // ❹ 시작된 상태 & 백그라운드
    override fun onStartCommand(intent: Intent?, flags: Int, startId: Int): Int {
        return super.onStartCommand(intent, flags, startId)
    }

    // ❺ 서비스 종료
    override fun onDestroy() {
        super.onDestroy()
    }


    fun startForegroundService() {} // ❻
    fun isPlaying() {}   // 재생 중인지 확인
    fun play() {}    // 재생
    fun pause() {}   // 일시정지
    fun stop() {}    // 완전 정지
}
```

❶ onCreate()는 서비스가 생성될 때 딱 한 번만 실행되는 함수입니다. startService()로 서비스를 생성하든, bindService( )로 생성하든 onCreate( )는 처음에 딱 한 번만 실행됩니다. 여기서 상태 표시줄에 앱이 실행되고 있다는 알림을 생성하는 ❷ start ForegoundService()를 실행해줍니다.

❸ onBind()는 액티비티와 같은 구성요소에서 bindService() 함수를 호출할 때 실행되는 함수입니다. 여기서 서비스와 구성요소를 이어주는 매개체 역할을 하는 IBinder를 반환합니다. 바인드가 필요 없는 서비스(예를 들어 시작된 서비스)라면 null을 반환하면 됩니다. 우

리 서비스는 시작되고 바인드된 서비스이기 때문에 꼭 구현해주어야 합니다.

❹ onStartCommand()는 startService()나 startForegroundService()를 호출할 때 실행되는 함수입니다. 이 함수가 실행되면 서비스는 시작된 상태가 되고 백그라운드에서 쭉 존재할 수 있게 됩니다.

❺ onDestroy()는 서비스 생명 주기의 마지막 단계입니다. 여기서 onCreate()에서 상태 표시줄에 보여주었던 알림을 해제합니다.

❻ startForegoundService()는 알림 채널을 만들고 startForeground() 함수를 실행합니다. 안드로이드 O (API level 26) 버전부터는 반드시 startService()가 아닌 startForegroundService()를 실행하여 사용자로 하여금 서비스가 실행되고 있다는 사실을 알림과 함께 알려야 합니다.

04 MusicPlayerService 클래스의 기능을 차근차근 구현해봅시다. 기존 코드에서 달라진 부분만 설명하겠습니다.

```
class MusicPlayerService : Service() {

    var mMediaPlayer: MediaPlayer? = null // 미디어 플레이어 객체를 null로 초기화

    var mBinder: MusicPlayerBinder = MusicPlayerBinder()

    inner class MusicPlayerBinder : Binder() {        // ❶ 바인더를 반환해 서비스
        fun getService(): MusicPlayerService {           함수를 쓸 수 있게 합니다.
            return this@MusicPlayerService
        }
    }

    override fun onCreate() {
        super.onCreate()
        startForegroundService()
    }

    override fun onBind(intent: Intent?): IBinder? {   // ❷ 바인더 반환
        return mBinder
    }

    // ❸ startService()를 호출하면 실행되는 콜백 함수
    override fun onStartCommand(intent: Intent?, flags: Int, startId: Int): Int {
```

```
        return START_STICKY
    }
```

❶ onBind( )에서는 bindService( )를 호출한 구성요소에 IBinder 인터페이스를 구현한 객체를 반환값으로 넘겨주어야 합니다. 우리는 서비스 안에 내부 클래스 MusicPlayerBinder를 생성해주겠습니다. MusicPlayerBinder 클래스는 Binder 클래스를 상속받고 있으며 Binder 클래스가 IBinder 인터페이스를 구현해주므로 onBind에서 MusicPlayerBinder 클래스 객체를 반환해주어도 됩니다. 이 클래스는 getService() 함수를 가지고 있으며 반환값으로 현재 서비스를 반환합니다. 서비스와 연결하려는 액티비티와 같은 구성요소에 현재 서비스를 반환함으로써, 연결된 구성요소가 서비스의 함수를 사용할 수 있게 됩니다.

❷ onBind() 함수는 ❶에서 생성한 mBinder 객체를 반환값으로 전달합니다.

❸ startService( )를 호출하면 실행되는 콜백 함수입니다. 이 함수는 반드시 정숫값 (START_STICKY, START_NOT_STICKY, START_REDELIVER_INTENT)을 반환해야 합니다. 이 값은 시스템이 서비스를 종료할 때 서비스를 어떻게 유지할지를 설명합니다.

- START_STICKY : 시스템이 서비스를 중단하면 서비스를 다시 실행하고 onStart Command( ) 함수를 호출합니다.

- START_NOT_STICKY : 시스템이 서비스를 중단시키면 서비스를 재생성하지 않습니다.

- START_REDELIVER_INTENT : 시스템이 서비스를 중단하면 서비스를 다시 실행하고 onStartCommand( ) 함수를 호출합니다. 또한, 서비스가 종료되기 전 마지막으로 전달된 인텐트를 재전달합니다. 반드시 명령을 실행해야 하는 경우에 쓰입니다.

05 알림 채널, 알림, 서비스 종료 기능을 구현합니다.

```
fun startForegroundService() {
    if (Build.VERSION.SDK_INT >= Build.VERSION_CODES.O) {
        val notificationManager = getSystemService(NOTIFICATION_SERVICE)
                as NotificationManager
        val mChannel = NotificationChannel( // ❶ 알림 채널 생성
                "CHANNEL_ID",
                "CHANNEL_NAME",
                NotificationManager.IMPORTANCE_DEFAULT
        )
```

```
            notificationManager.createNotificationChannel(mChannel)
        }

        // ❷ 알림 생성
        val notification: Notification = Notification.Builder(this, "CHANNEL_ID")
                .setSmallIcon(R.drawable.ic_play)    // 알림 아이콘
                .setContentTitle("뮤직 플레이어 앱")  // 알림의 제목 설정
                .setContentText("앱이 실행 중입니다.") // 알림의 내용 설정
                .build()

        startForeground(1, notification) // 인수로 알림 ID와 알림 지정
    }

    // ❸ 서비스 중단 처리
    override fun onDestroy() {
        super.onDestroy()
        if (Build.VERSION.SDK_INT >= Build.VERSION_CODES.O) {
            stopForeground(true);
        }
    }

    // 재생되고 있는지 확인
    fun isPlaying() : Boolean {
        return (mMediaPlayer != null && mMediaPlayer?.isPlaying ?: false)
    }
```

❶ 알림 채널을 생성해줍니다. 알림 채널은 알림을 용도나 중요도에 따라 구분하여 사용자가 앱의 알림을 관리할 수 있게 합니다. 안드로이드 O부터는 반드시 알림 채널을 사용하여 사용자에게 알림을 보여주어야 합니다.

❷ 알림을 만들어주겠습니다. ❶에서 만든 알림 채널을 "CHANNEL_ID"와 같이 인수로 넣어줍니다. 알림을 만든 후에는 startForeground(1, notification)으로 서비스를 포그라운드 서비스로 만들어주세요. 첫 번째 인수로는 0이 아닌 정숫값을 넘겨주어 알림의 식별자로 사용합니다. 두 번째 인수로는 보여줄 알림을 넘겨줍니다.

❸ onDestroy()에서는 서비스가 중단될 때 stopForeground(true) 함수를 사용하여 포그라운드 서비스를 멈춰줍니다.

06 play(), pause(), stop() 함수를 구현합니다.

```kotlin
// ❶ 음악 재생
fun play() {
    if (mMediaPlayer == null) {
        // 음악 파일의 리소스를 가져와 미디어 플레이어 객체를 할당해줍니다.
        mMediaPlayer = MediaPlayer.create(this, R.raw.chocolate)

        mMediaPlayer?.setVolume(1.0f, 1.0f); // 볼륨을 지정해줍니다.
        mMediaPlayer?.isLooping = true       // 반복재생 여부를 정해줍니다.
        mMediaPlayer?.start()                // 음악을 재생합니다.
    } else { // ❷ 음악 재생 중인 경우
        if (mMediaPlayer!!.isPlaying) {
            Toast.makeText(this, "이미 음악이 실행 중입니다.",
            Toast.LENGTH_SHORT).show()
        } else {
            mMediaPlayer?.start()        // 음악을 재생합니다.
        }
    }
}


// ❸ 일시정지
fun pause() {
    mMediaPlayer?.let {
        if (it.isPlaying) {
            it.pause() // 음악을 일시정지합니다.
        }
    }
}

// ❹ 재생중지
fun stop() {
    mMediaPlayer?.let {
        if (it.isPlaying) {
            it.stop()    // 음악을 멈춥니다.
            it.release() // 미디어 플레이어에 할당된 자원을 해제시켜줍니다.
            mMediaPlayer = null
        }
```

```
        }

    }
```

❶ play() 함수에서는 음악을 실행하는 로직을 작성해줍니다. 만약 mMediaPlayer가 null 로 아직 설정이 되어있지 않다면 음악을 로딩하고 재생을 합니다.

❷ mMediaPlayer가 이미 있고 음악 재생 중 상태면 음악이 실행 중이라는 토스트를 띄우고, 일시정지 상태면 다시 음악을 실행시킵니다. 토스트란 짧은 메시지 형식으로 사용자에게 정보를 보여주는 팝업입니다. Toast.makeText() 함수로 토스트 객체를 만들어주고, show() 함수로 보여주면 됩니다.

❸ pause()는 음악이 실행 중이면 음악을 일시정지합니다.

❹ stop()은 음악을 완전히 멈춰주고 release() 함수를 호출해 미디어 플레이어에 할당된 자원을 해제시켜줍니다.

service도 구성요소이기 때문에 꼭 AndroidMenifest.xml 파일에 〈service〉 태그를 추가해주어야 합니다. 또 안드로이드 API 레벨 28을 대상으로 하는 앱은 포그라운드 서비스를 위한 권한 요청을 해야 합니다.

07 [app] → [manifests] → AndroidManifest.xml 파일에 들어갑니다.

08 다음과 같은 태그를 application 태그 안에 추가해주세요.

```
<manifest ... 생략 ... >
<uses-permission android:name="android.permission.FOREGROUND_SERVICE"/>
                                                          <!-- ❶ -->
    <application ... 생략 ... >
    ... 생략 ...
    <service ————————————————————————— <!-- ❷ -->
        android:name="com.example.simplemusicplayer.MusicPlayerService"
    />
    ... 생략 ...
    </application>
</manifest>
```

❶ 우리 앱의 TargetSDK는 29이므로 포그라운드 서비스 권한 요청이 꼭 필요합니다.

❷ 서비스 태그의 name 속성을 패키지 이름으로 설정해주세요.

이렇게 서비스 클래스 준비가 완료되었습니다.

8.7 버튼 초기화하기

세 버튼들을 초기화해주고 onClickListener를 등록해주어 클릭 시에 play( ), pause( ), stop( ) 함수가 실행되도록 설정해주겠습니다.

To Do **01** [app] → [java] → [com.example.simplemusicplayer] → MainActivity.kt 파일을 엽니다.

02 다음과 같이 코드를 작성해주세요.

```kotlin
package com.example.simplemusicplayer

import ...

class MainActivity : AppCompatActivity() , View.OnClickListener{
                                                 // ❶
    lateinit var btn_play : Button
    lateinit var btn_pause: Button
    lateinit var btn_stop: Button

    override fun onCreate(savedInstanceState: Bundle?) {
        super.onCreate(savedInstanceState)
        setContentView(R.layout.activity_main)

        btn_play = findViewById(R.id.btn_play)
        btn_pause = findViewById(R.id.btn_pause)
        btn_stop = findViewById(R.id.btn_stop)

        // ❷ 리스너 등록
        btn_play.setOnClickListener(this)
        btn_pause.setOnClickListener(this)
        btn_stop.setOnClickListener(this)
    }

    // ❸ 콜백 함수
    override fun onClick(v: View?) {
        when(v?.id) {
            R.id.btn_play -> {
                play()
            }
```

```
            R.id.btn_pause -> {
                pause()
            }

            R.id.btn_stop -> {
                stop()
            }
        }
    }

    override fun onResume() {
        super.onResume()
    }

    override fun onPause() {
        super.onPause()
    }

    private fun play() {
    }

    private fun pause() {
    }

    private fun stop() {
    }
}
```

❶ View.OnClickListener() 인터페이스를 구현해주겠습니다. 이 인터페이스를 구현함으로써 사용자가 뷰를 클릭했을 때 어떤 행동을 할지 정해줄 수 있습니다.

❷ [재생], [일시정지], [재생중지] 버튼에 구현한 onClickListener()를 등록해주겠습니다.

❸ 클릭했을 때 실행되는 콜백 함수입니다. View.OnClickListener()는 onClick() 함수만 오버라이드해주면 됩니다. 뷰가 클릭되면 onClick() 함수가 실행이 되고 뷰의 ID에 따라 when문으로 분기가 되어 그에 맞는 함수가 실행이 됩니다.

8.8 액티비티와 서비스 연결하기

서비스를 다 만들었으므로 메인 액티비티를 구현해주겠습니다. 이전과 같은 [app] → [java] → [com.example.simplemusicplayer] → MainActivity.kt 파일에 구현합니다.

/app/src/main/java/com/example/simplemusicplayer/MainActivity.kt

```kotlin
package com.example.simplemusicplayer

import ...

class MainActivity : AppCompatActivity(), View.OnClickListener {

    lateinit var btn_play: Button
    lateinit var btn_pause: Button
    lateinit var btn_stop: Button
    var mService: MusicPlayerService? = null  // ❶ 서비스 변수

        // ❷ 서비스와 구성요소 연결 상태 모니터링
    val mServiceConnection = object : ServiceConnection {
        override fun onServiceConnected(name: ComponentName?, service: IBinder?) {
            mService = (service as MusicPlayerService.MusicPlayerBinder).
                    getService() // MusicPlayerBinder로 형변환해줍니다.
        }

        override fun onServiceDisconnected(name: ComponentName?) {
            mService = null // 만약 서비스가 끊기면, mService를 null로 만들어줍니다.
        }
    }

    override fun onCreate(savedInstanceState: Bundle?) {
        super.onCreate(savedInstanceState)
        setContentView(R.layout.activity_main)

        btn_play = findViewById(R.id.btn_play)
        btn_pause = findViewById(R.id.btn_pause)
        btn_stop = findViewById(R.id.btn_stop)

        btn_play.setOnClickListener(this)
        btn_pause.setOnClickListener(this)
        btn_stop.setOnClickListener(this)
```

```kotlin
    }

    override fun onClick(v: View?) {
        when (v?.id) {
            R.id.btn_play -> {
                play()
            }

            R.id.btn_pause -> {
                pause()
            }

            R.id.btn_stop -> {
                stop()
            }
        }
    }

    override fun onResume() {
        super.onResume()

        // ❸ 서비스 실행
        if (mService == null) {
            // 안드로이드 O 이상이면 startForegroundService를 사용해야 합니다.
            if (Build.VERSION.SDK_INT >= Build.VERSION_CODES.O) {
                startForegroundService(Intent(this,
                    MusicPlayerService::class.java))
            } else {
                startService(Intent(applicationContext,
                    MusicPlayerService::class.java))
            }

            // ❹ 액티비티를 서비스와 바인드시킵니다.
            val intent = Intent(this, MusicPlayerService::class.java)
            // 서비스와 바인드
            bindService(intent, mServiceConnection, Context.BIND_AUTO_CREATE)
        }
    }

    override fun onPause() {
        super.onPause()
```

```
            // ❺ 사용자가 액티비티를 떠났을 때 처리
        if (mService != null) {
            if (!mService!!.isPlaying()) { // mService가 재생되고 있지 않다면
                mService!!.stopSelf()      // 서비스를 중단해줍니다.
            }
            unbindService(mServiceConnection)   // 서비스로부터 연결을 끊습니다.
            mService = null
        }
    }

    private fun play() {
        mService?.play()
    }

    private fun pause() {
        mService?.pause()
    }

    private fun stop() {
        mService?.stop()
    }
}
```

❶ 뮤직 플레이어 서비스를 담을 수 있는 변수를 생성해주겠습니다. ❷ 서비스와 구성요소의 연결 상태를 모니터링해줍니다. bindService( ) 함수를 호출할 때 두 번째 인수로 들어가게 됩니다. ❸ onResume( )은 액티비티가 사용자에게 보일 때마다 실행되는 콜백 함수입니다. 여기서 바로 서비스를 시작해줄 겁니다. mService가 null이면 '아직 서비스가 액티비티와 연결되지 않았다' 는 말이므로 버전에 따라 startService( ) 함수나 startForegroundService( ) 함수를 호출해줍니다. 이 두 함수는 아무리 많이 불러도 이미 해당 서비스가 만들어진 상태이면 서비스를 새로 만들지 않습니다.

❹ 이 액티비티를 서비스와 바인드시킵니다. bindService( ) 함수의 첫 번째 인수 intent는 어떤 서비스와 바인드할지를 알려주고, 다음 인수인 mServiceConnection은 ❷에서 구현한 대로 연결되면 onServiceConnected( )를, 연결이 끊기면 onServiceDisconnected( )를 실행합니다. 마지막으로 Context.BIND_AUTO_CREATE는 바인드할 시점에 서비스가 실행되지 않은

상태라면 서비스를 생성하라는 표시입니다.

❺ onPause( )는 사용자가 액티비티를 떠나게 되면 실행됩니다. if문을 사용하여 만약 mService
가 null이 아닌 상태일 때, 즉 바인딩된 상태일 때를 생각해봅시다. 만약 음악이 실행되고 있지 않
은 상태라면 서비스를 종료하고 바인딩을 해제합니다. 음악이 실행 중이면 바인딩만 해제하여 다
시 앱으로 돌아왔을 때 해당 서비스에 바인딩할 수 있게끔 합니다.

이렇게 서비스와 액티비티까지 연결을 마무리했습니다. 이제 앱을 테스트해보겠습니다.

8.9 테스트하기

To Do 01 안드로이드 스튜디오 메뉴에서 [Run] → [Run 'app']을 선택하여 에뮬레이터나 본인의 기
기에서 앱을 실행해보세요.

02 앱이 잘 실행되면 다음과 같이 테스트해보세요.

❶ 음악 [재생] 버튼을 누릅니다. 상단의 상태 표시줄에서 플
레이 표시의 알림이 뜰 겁니다. ❷ 앱을 떠나서 앱 자체를 종
료해보세요. 종료하더라도 계속 음악이 재생될 겁니다.

❸ 상태 표시줄에서 역시 계속 떠있는
것을 확인할 수 있습니다.

03 다시 앱에 들어가서 음악을 일시정지해보세요. 그럼 음악이 멈춰야 합니다.

04 앱을 종료하면 알림표시줄에 알림이 사라지고 서비스 역시 완전히 종료되어야 합니다.

학습 마무리

이번 장에서는 꽤 복잡한 개념인 서비스를 배웠습니다. 서비스는 우리가 앱의 생명 주기와 무관하게 백그라운드에서 작업할 수 있게 해주고 다른 구성요소들이 서비스 기능에 접근할 수 있게 해줍니다. 심지어 다른 앱의 구성요소에서 서비스에 접근하는 것도 가능합니다.

서비스 이외에도 이번 장에서는 오디오나 비디오와 같은 파일을 재생할 수 있게 해주는 MediaPlayer API를 알아봤습니다. URI를 사용하는 방법이나, MP3 파일을 탐색해 추가하는 방법으로 업그레이드해 사용해보세요.

핵심 요약

1 MediaPlayer API를 이용하면 오디오나 비디오와 같은 다양한 일반 미디어 유형을 재생할 수 있습니다.

2 서비스를 이용하면 앱이 꺼져도 계속 태스크를 실행할 수 있습니다.

3 서비스의 유형에는 **시작된 서비스, 바인드된 서비스, 시작되고 바인드된 서비스**가 있습니다.

4 서비스를 시작하는 함수로는 startService( )와 startForegroundService( )가 있습니다. 안드로이드 O (API 레벨 26) 버전 이상부터는 사용자에게 알림을 보여주는 startForegroundService( )를 이용합니다.

Project

QR 코드 리더기
카메라, 뷰 바인딩, 구글 ML 키트

난이도	★★★☆
이름	QR 코드 리더기 만들기
예제 위치	• 링크 : https://github.com/code-with-joyce/must_have_android • 폴더 : 09_QRCodeReader
프로젝트명	QRCodeReader
개발 환경	• minSdk : 26 • targetSdk : 31
미션	구글 ML 키트 라이브러리와 CameraX를 이용해 QR 코드 리더기를 만들어봐요.
기능	카메라를 이용해 QR 코드 인식하기
조작법	인식하려는 QR 코드를 카메라로 찍기
핵심 구성요소	• CameraX 라이브러리 • 뷰 바인딩 • 구글 ML 키트 라이브러리

이번 시간에는 안드로이드 젯팩^{Jetpack} 중의 하나인 CameraX를 이용하여 카메라를 다루는 방법을 알아보고, 구글 ML 키트 라이브러리를 사용해 QR 코드를 인식해볼 거예요. 이번 시간에 만든 QR 코드 리더기만 있으면 그 어떤 QR 코드의 정보라도 바로 확인해볼 수 있답니다.

□ 프로젝트
　구상하기

QR 코드 리더기를 구현하는 데 어떤 기능이 필요할까요? QR 코드를 인식할 수 있는 카메라 기능이 필요할 겁니다. 카메라는 CameraX 라이브러리를 이용해 다룰 수 있습니다. 그리고 카메라에 찍힌 정보를 분석할 수 있는 알고리즘이 필요하겠지요. 하지만 알고리즘을 직접 구현하기에는 사실상 시간과 능력이라는 제약이 존재하므로 이미 구현되어 있는 구글 ML 키트 라이브러리를 사용하겠습니다.

□ 학습 순서

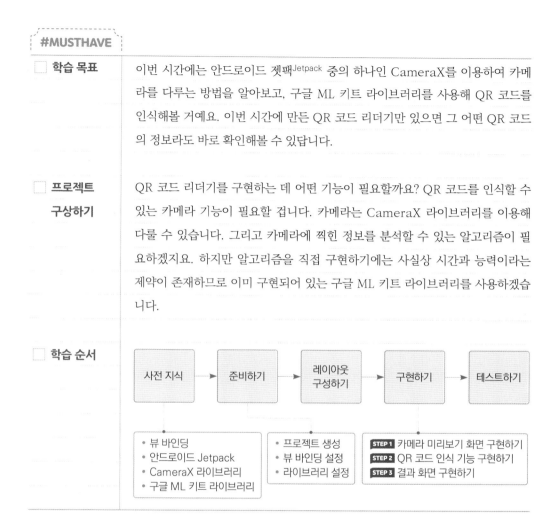

9.1 사전 지식 : 뷰 바인딩

지금까는 뷰를 액티비티에서 사용할 때 findViewById( ) 함수를 사용했습니다. 뷰 바인딩을 배우고 나면 더 간단하게 뷰를 사용할 수 있답니다. 왜 뷰 바인딩이 탄생하게 되었는지 살펴보고 나서 사용 방법을 알아봅시다.

9.1.1 뷰 바인딩의 탄생

지금까지는 xml에서 작성한 뷰를 사용하는 데 findViewById( ) 함수를 이용했습니다. 바로 다음과 같이 말이죠.

```kotlin
class MainActivity : AppCompatActivity() {
... 생략 ...
lateinit var mButton : Button

override fun onCreate(savedInstanceState: Bundle?) {
    super.onCreate(savedInstanceState)
    setContentView(R.layout.activity_main)

    mButton = findViewById(R.id.my_button)
    ... 생략 ...
    }
}
```

mButton이라는 변수를 선언해주고 onCreate( ) 함수 안에서 findViewById(R.id.my_button) 함수를 호출해 찾고자 하는 뷰를 할당합니다. 이렇게 성공적으로 뷰를 변수에 할당해주고 나서야 액티비티에 생성한 버튼을 사용할 수가 있었죠.

하지만 과장해서 버튼이 만약 100개라면 어떨까요? 변수 100개를 선언하고 모든 변수에 findViewById( ) 함수를 호출하여 뷰를 할당해야 합니다. 그렇게 되면 onCreate( ) 함수가 findViewById( )로 도배될 겁니다. findViewById( )와 같이 꼭 필요하고 간단하지만 반복적인 코드를 컴퓨터 프로그래밍에서는 보일러 플레이트[Boiler Plate]라고 합니다.

이 보일러 플레이트 코드를 없애려고 안드로이드 생태계는 굉장히 많은 노력했습니다. 이 바인딩이 제공되지 않았을 때 사용되던 버터나이프[ButterKnife] 라이브러리부터 코틀린 안드로이드 확장[Kotlin Android Extensions] 플러그인까지요! 그중에서도 2017년에 발표된 코틀린 안드로이드 확장 플러그인은 보일러 플레이트 없이 바로 뷰를 사용할 수 있게끔 해주어 많은 개발자(저 포함)에게 사랑을 받기도 했습니다. 하지만 같은 id를 여러 레이아웃에 사용하면 엉뚱한 레이아웃이 임포트되는 문제, 코틀린에서만 사용 가능한 점, 완전히 널 안전[Null Safe]하지 않은 문제가 있었습니다. 그래서 해당 플러그인은 코틀린 1.4.20 버전부터 디프리케이티드되었습니다.

사용하던 플러그인을 없앴으니 당연히 대안이 있어야겠죠? 바로 안드로이드 젯팩^{Jetpack}에서 제공하는 뷰 바인딩입니다.

9.1.2 뷰 바인딩 사용 방법

뷰 바인딩은 안드로이드가 권장하는 방법으로 뷰 컴포넌트를 이용해 편리하게 뷰와 소통하는 기능을 제공합니다. 작동 방식은 이렇습니다. 뷰 바인딩이 활성화되면, 우리가 작성하는 모든 xml 파일은 자동으로 각각 바인딩 클래스가 생성됩니다. 예를 들어 activity_main.xml 파일을 생성하면 자동으로 ActivityMainBinding 클래스가 생성이 됩니다. acitivity_main.xml의 뷰를 활용할 때 ActivityMainBinding 객체를 이용하면 됩니다. 귀찮은 일은 모두 자동으로 만들어진 바인딩 클래스가 대신해주는 것이지요. 뷰 바인딩을 사용할 프로젝트를 생성해 사용 방법을 간단히 알아보겠습니다.

To Do **01** 안드로이드 스튜디오를 실행해 프로젝트를 생성합니다.

- 액티비티 : Empty Activity
- 프로젝트 이름 : ViewBindingSample
- 언어 : Kotlin
- Minimum SDK : API 26 : Android 8.0 (Oreo)

프로젝트를
생성해주세요.

02 뷰 바인딩은 모듈 기반으로 적용됩니다. 그러므로 프로젝트의 [app] →[Gradle Scripts] → build.gradle(Module : ViewBindingSample.app)에 ❶ 코드를 추가해서 설정을 적용합니다.

```
android {
    ... 생략 ...
    buildFeatures {
        viewBinding true    // ❶ 이 코드를 추가해주세요.
    }
}
```

❷ 그리고 오른쪽 상단 상태 표시줄에 뜨는 [Sync now]를 눌러 새로운 설정을 반영해주세요.

Gradle files have changed since last project sync. A project sync may b... ❷ Sync Now   Ignore these changes

03 액티비티 레이아웃에 [Binding], [No Binding] 버튼 두 개를 추가합시다. ❶ [app] →
[res] → [layout] → activity_main.xml을 열고 기존 코드를 모두 지워준 후 다음과 같이
작성해주세요.

app/src/main/res/layout/activity_main.xml

```xml
<?xml version="1.0" encoding="utf-8"?>
<androidx.constraintlayout.widget.ConstraintLayout
    xmlns:android="http://schemas.android.com/apk/res/android"
    xmlns:tools="http://schemas.android.com/tools"
    xmlns:app="http://schemas.android.com/apk/res-auto"
    android:layout_width="match_parent"
    android:layout_height="match_parent"
    tools:context=".MainActivity">

    <Button
        android:id="@+id/binding_button"
        android:layout_width="wrap_content"
        android:layout_height="wrap_content"
        android:text="Binding"
        app:layout_constraintBottom_toBottomOf="parent"
        app:layout_constraintEnd_toEndOf="parent"
        app:layout_constraintStart_toStartOf="parent"
        app:layout_constraintTop_toTopOf="parent" />

    <Button
        android:layout_width="wrap_content"
        android:layout_height="wrap_content"
        android:text="No Binding"
        app:layout_constraintBottom_toBottomOf="parent"
        app:layout_constraintEnd_toEndOf="parent"
        app:layout_constraintStart_toStartOf="parent"
        app:layout_constraintTop_toBottomOf=
                    "@+id/binding_button" />

</androidx.constraintlayout.widget.ConstraintLayout>
```

▼ 레이아웃 결과

9.1.3 뷰 바인딩 파일 자세히 보기

뷰 바인딩은 레이아웃 파일에 만든 뷰를 어떻게 액티비티 파일에서 사용할 수 있게 하는 걸까요? 뷰 바인딩은 각 XML 레이아웃 파일의 루트 뷰 및 ID가 있는 모든 뷰의 참조를 포함한 클래스를 자동으로 생성합니다. 이 클래스의 이름은 XML 파일의 이름을 카멜 표기법으로 변환하고 끝에 'Binding'을 추가하여 생성됩니다. activity_main.xml은 ActivityMainBinding이 되는 것이 지요. 정말 그런지 확인해봅시다.

To Do 01 뷰 바인딩 설정을 추가했으므로 프로젝트 빌드를 진행해봅시다. ❶ IDE 상단의 망치 모양 빌드 버튼을 클릭하거나, 메뉴에서 [Build] → [Make Project]를 선택해주세요. 일정 시간이 지나면, 빌드가 완료됩니다.

> **Note** **Run과 Build의 차이**
> • Build : 빌드란 실행 가능한 형태의 파일(apk, jar, aar)을 만드는 과정
> • Run : 앱이 빌드되고 난 후 기기(에뮬레이터와 실제 단말)에 배포(실행)하는 과정

02 activity_main.xml의 뷰 바인딩 파일인 ActivityMainBinding.java를 직접 확인해봅시다. ❶ Project 모드를 선택하고 ❷ [app] → [build] → [generated] → [data_building_base_class_source_out]을 클릭해줍니다. 그러면 다음 그림처럼 하위 폴더가 쭈욱~ 보이면서 ActivityMainBinding.java 파일도 보입니다. ❸ ActivityMainBinding.java를 클릭해서 열어주세요.

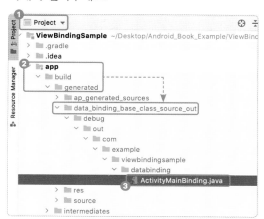

03 뷰 바인딩은 xml 파일에서 ID가 있는 뷰와 루트 뷰 참조를 자동으로 생성해준다고 했습니다. 다음 이미지를 보면 ❶ ConstraintLayout을 rootView라는 변수로, ❷ @+id/binding_button이라는 ID값을 가진 버튼 뷰를 bindingButton이라는 이름의 변수로 선언했습니다. ID값을 지정하지 않은 버튼 뷰는 변수가 생성되지 않았음도 확인해주세요.

activity_main.xml

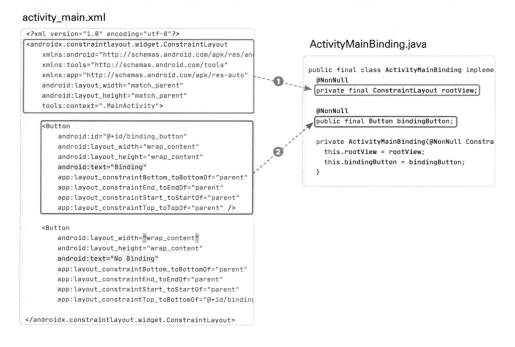

9.1.4 액티비티 파일에서 뷰 바인딩 사용하기

현재 activity_main.xml에는 버튼이 두 개 있습니다. 첫 번째 버튼은 ID가 binding_button 이지만 두 번째 버튼은 ID가 없습니다. 앞서 살펴본 대로 ID는 뷰 바인딩을 사용하는 데 필수인데요, 두 번째 버튼은 ID가 없기 때문에 자동 생성된 ActivityMainBinding 클래스에는 첫 번째 버튼 정보만 있습니다. 또한 모든 바인딩 클래스는 루트 뷰^root view를 반환하는 getRoot( ) 함수를 가지고 있습니다. ActivityMainBinding 객체에서 getRoot( ) 함수를 호출하면 레이아웃 파일의 루트 뷰인 ConstraintLayout을 반환하겠군요.

루트 뷰란?

루트 뷰를 최상위 뷰라고도 합니다. 뷰들은 계층 구조를 가지고 레이아웃을 구성합니다.

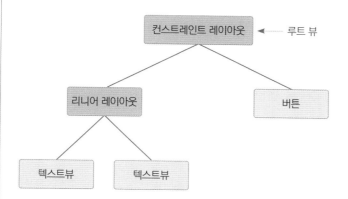

위의 그림으로 예를 들면 컨스트레인트 레이아웃 안에 버튼과 리니어 레이아웃이 있고, 리니어 레이아웃 안에 2개의 텍스트뷰가 있습니다. 레이아웃이 복잡해질수록 계층 구조는 더 단계가 많아질 것입니다. 이때 루트 뷰는 단 하나 존재하는데요, 모든 뷰들을 포함하는 뷰입니다. 위 예시에서는 컨스트레인트 레이아웃이 루트 뷰가 되겠지요. 루트 뷰는 트리 구조를 생각해보았을 때 루트 노드라고 생각하면 됩니다.

To Do **01** [app] → [java] → [com.example.viewbindingsample] → MainActivity.kt 파일을 엽니다.

02 onCreate() 함수를 다음과 같이 작성해주세요.

```
class MainActivity : AppCompatActivity() {

    private lateinit var binding : ActivityMainBinding

    override fun onCreate(savedInstanceState: Bundle?) {
        super.onCreate(savedInstanceState)

        binding = ActivityMainBinding.inflate(layoutInflater)
                                // ❶ 바인딩 클래스의 객체 생성
        val view = binding.root    // ❷ 바인딩 객체의 root 뷰 참조
        setContentView(view)       // ❸ 생성한 뷰 설정
```

```
        }
    }
```

❶ 바인딩 클래스에 포함된 inflate() 함수를 실행해 바인딩 클래스의 객체를 생성합니다.

❷ 모든 바인딩 클래스에는 getRoot() 함수가 있습니다. 새로운 변수 view를 만들고 바인딩 객체의 root 뷰를 참조합니다.

❸ setContentView 함수에 ❷에서 생성한 변수 view를 넣어주어 화면에 보여줄 수 있게 합니다.

이렇게 하면 뷰 바인딩을 사용할 모든 준비를 마친 겁니다.

예를 들어 activity_main.xml 파일에서 ID가 binding_button인 버튼을 사용하는 코드는 다음과 같습니다.

```
binding.bindingButton.setOnClickListener {
    // do something
}
```

바인딩 클래스에서 자동으로 Button형 멤버 변수로 선언되었기 때문에 액티비티에서 사용만 하면 됩니다. 뷰 바인딩 덕분에 어떤 뷰든지 ID값만 알면 binding.[ID_NAME] 형식으로 해당 뷰를 참조할 수 있습니다. 한 가지 유념해야 할 것은 바인딩 클래스에서는 첫 문자를 소문자로 표기하고 그 다음부터는 대문자로 표기하는 카멜 표기법으로 변수명을 생성합니다. 그래서 예를 들어 xml 파일에서 ID값을 "tv_name"으로 주면 tvName으로, "btn_login"으로 주면 btnLogin이 됩니다.

알려드려요

9장을 포함해서 이제부터 모든 프로젝트에서는 뷰 바인딩을 사용해서 뷰를 참조하겠습니다.

9.2 사전 지식 : 안드로이드 젯팩

안드로이드 젯팩은 구글 안드로이드팀에서 공식 발표한 라이브러리 모음입니다. 안드로이드 젯팩에 포함된 여러 라이브러리를 프로젝트 특성에 맞게 적용하면 안드로이드에서 권장하는 방식으로 퀄리티 높은 앱을 만들 수 있습니다. 안드로이드 젯팩을 사용하면 아래와 같은 이점이 있습니다.

- 안정성 : 모든 안드로이드 버전 및 다양한 기기에서 일관되게 작동하는 라이브러리이므로 복잡성을 낮추고 안정성을 높일 수 있습니다.
- 간편성 : 백그라운드 작업, 생명 주기 관리 등을 대신해주어 개발자가 앱을 만들 때 보일러 플레이트 코드를 줄이고 앱의 로직에만 집중할 수 있습니다.

안드로이드 젯팩의 주요 라이브러리를 다음 표에서 참고하세요.

▼ 주요 안드로이드 젯팩 라이브러리

라이브러리	설명
AppSearch	전체 텍스트 검색으로 사용자를 위한 맞춤 인앱 검색 기능을 만드는 데 사용됩니다.
CameraX	앱에 카메라 기능을 제공합니다.
Compose	선언형 UI 중의 하나로 더 적은 코드를 사용하여 효율적인 UI 개발을 제공합니다.
Data Binding	뷰가 선언적 형식을 사용하여 데이터와 결합이 되도록 합니다.
LiveData	데이터 변경을 실시간으로 뷰에 반영합니다.
WorkManager	백그라운드 작업, 비동기 작업 예약 등을 제공합니다.
Navigation	액티비티, 프래그먼트 간 화면 이동을 용이하게 제공합니다.
Test	테스트 관련 여러 유틸리티를 제공합니다.
ViewBinding	뷰 컴포넌트를 이용해 편리하게 뷰와 소통하는 기능을 제공합니다.

이 외에도 굉장히 많은 라이브러리가 제공됩니다. 참고로 안드로이드 젯팩 라이브러리는 모두 **[androidx.이름]**과 같은 패키지명으로 구성됩니다. 개발하면서 어느 부분이 안드로이드 젯팩 라이브러리인지 찾아보세요. 또한 공식 페이지에 들어가 최근 안드로이드 개발에서 가장 인기 있거나, 프로젝트에 도입할 만한 안드로이드 젯팩 라이브러리가 있는지도 확인해보세요. 훨씬 모던하고 안정적인 앱 개발을 할 수 있을 겁니다.

- 안드로이드 젯팩 홈페이지 : https://developer.android.com/jetpack

이번 QR 리더기 프로젝트에는 사용하기 편한 카메라 API를 제공해주는 CameraX와 뷰와 상호작용을 도와주는 ViewBinding 라이브러리를 사용합니다.

9.3 사전 지식 : CameraX 라이브러리

CameraX가 없던 시절에 카메라를 사용하는 앱을 만들려면 기기별로 작동을 확인하고, 간단한 기능인데도 많은 코드를 작성해야 했습니다. 하지만 안드로이드 젯팩에 포함된 라이브러리인 CameraX 덕분에 이제는 상황이 바뀌었습니다. CameraX는 카메라를 이용한 앱을 훨씬 쉽게 만들 수 있도록 해주고, 기기 간 호환성도 상당 부분을 해결주어 테스트 부담을 덜어줍니다.

어떻게 쉽게 카메라를 이용할 수 있게 했을까요? 바로 CameraX는 가장 많이 사용되는 시나리오를 기반으로 사용 사례를 분류했습니다. 다음 그림을 봐주세요.

▼ CameraX의 3가지 사용 사례

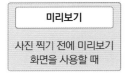

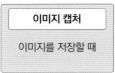

이와 같이 카메라가 필요한 경우를 크게 3가지로 분류하여 개발자가 취사선택하여 간단하게 이용할 수 있게끔 했습니다. 예를 들어 미리보기preview 기능을 사용하여 사용자가 미리 카메라에 비친 화면을 볼 수 있게 하고, 이미지 분석image analysis 기능을 이용하여 미리보기에 비친 사람이 웃고 있는지 찡그리고 있는지 표정을 인식할 수 있습니다. 웃고 있다면 이미지 캡처image capture 기능을 이용하여 사진을 찍어 저장하는 거죠. CameraX를 사용하는 자세한 방법은 직접 QR 코드 리더기를 만들면서 배워보겠습니다.

9.4 사전 지식 : 구글 ML 키트

구글 ML 키트는 구글 머신 러닝 기술을 안드로이드, iOS와 같은 모바일 기기에서 사용할 수 있게 해주는 라이브러리입니다. 사용하기 쉬운 API를 제공하고 모바일 환경에 최적화된 환경을 제공하기 때문에 모바일 기기에서 바코드 스캐닝, 얼굴 인식, 텍스트 인식과 같은 기능을 사용하고 싶을 때 직접 개발하기보다는 구글 ML 키트와 같은 라이브러리를 적극 활용하는 것이 좋습니다. 대표적인 API를 소개해보면 다음과 같습니다.

1 바코드 스캐닝 API : 바코드를 스캔하고 해석하는 API를 제공합니다. 우리가 이번 앱에서 사용할 API입니다.

2 얼굴 인식 API : 얼굴을 인식하거나 얼굴의 요소들을 인식합니다.

3 텍스트 인식 API : 이미지로부터 텍스트를 인식하거나 추출합니다.

4 포즈 인식 API : 사람 몸의 자세를 실시간으로 인식합니다.

5 언어 감지 API : 주어진 텍스트가 쓰여진 언어가 무엇인지를 알려줍니다.

이 외에도 굉장히 많은 API를 제공합니다. 궁금하다면 구글 ML 키트 홈페이지에 방문해 다양한 머신러닝 기능을 확인하세요.

- https://developers.google.com/ml-kit

9.5 준비하기 : 프로젝트, 뷰 바인딩, 라이브러리

본격적인 앱 구현에 앞서 프로젝트를 생성하겠습니다.

9.5.1 프로젝트 생성

실습에 사용할 프로젝트를 만들어주세요.

- 액티비티 : Empty Activity
- 프로젝트 이름 : QRCodeReader
- 언어 : Kotlin
- Minimum SDK : API 26 : Android 8.0 (Oreo)

프로젝트를
생성해주세요.

9.5.2 뷰 바인딩 설정과 라이브러리 추가

이번 프로젝트부터 모든 프로젝트에서 뷰 바인딩을 사용할 겁니다. 직접 뷰 바인딩을 설정해봅시다.

To Do **01** 뷰 바인딩을 설정합시다. ❶ [Gradle Scripts] 아래에서 모듈 수준의 build.gradle 파일을 열어주세요. ❷ android 태그 안에 다음 코드를 추가해 뷰 바인딩을 설정해주세요.

```
android {
    compileSdk 31
```

```
    defaultConfig {
        applicationId "com.example.todolist"
        minSdk 26
        targetSdk 31
        versionCode 1
        versionName "1.0"

        testInstrumentationRunner "androidx.test.runner.AndroidJUnitRunner"
    }


    ... 생략 ...
    buildFeatures {
        viewBinding true          // ❷ 이 코드를 추가해주세요.
    }
}
```

❸ Gradle 파일을 수정하면 다음과 같이 Sync를 하라는 표시줄이 뜹니다. [Sync now]를 클릭해주세요.

```
Gradle files have changed since last project sync. A project sync may be necessary f.   Sync Now   Ignore these changes
```

이것으로 프로젝트에서 뷰 바인딩을 쓸 준비를 모두 마쳤습니다.

02 사용할 라이브러리를 추가해보겠습니다. 사용할 라이브러리는 크게 2가지로 분류할 수 있습니다. 첫 번째로는 카메라를 쉽게 활용할 수 있는 CameraX 라이브러리이고, 두 번째로는 머신러닝을 직접 구현하지 않고도 원하는 기능을 손쉽게 사용할 수 있는 구글 ML 키트 라이브러리입니다.

뷰 바인딩을 적용할 때 열었던 파일과 같습니다. ❶ [Gradle Scripts]에서 모듈 수준의 build.gradle 파일을 열어주세요. ❷ dependencies 태그 안에 4개의 라이브러리들을 임포트합니다.

```
dependencies {

    ... 생략 ...

    def camerax_version = "1.1.0-alpha04"
    // CameraX의 코어 라이브러리
```

```
    implementation "androidx.camera:camera-camera2:$camerax_version"
    // CameraX의 생명 주기 관련 라이브러리
    implementation "androidx.camera:camera-lifecycle:$camerax_version"
    // CameraX의 뷰 관련 라이브러리
    implementation "androidx.camera:camera-view:1.0.0-alpha24"

    // ML kit 라이브러리
    implementation "com.google.mlkit:barcode-scanning:16.1.1"

}
```

❸ [Sync Now]를 클릭해주세요.

Gradle files have changed since last project sync. A project sync may be necessary for ... | ❸ Sync Now | Ignore these changes

이렇게 뷰 바인딩 설정과 프로젝트에 필요한 라이브러리를 모두 추가해주었습니다. 다음으로는 앱의 레이아웃을 구성하겠습니다.

9.6 레이아웃 구성하기

레이아웃은 우리가 만든 그 어떤 레이아웃보다도 간단합니다. 완성된 화면을 미리 확인해볼까요?

▼ 리더기 페이지

▼ 결과 페이지

왼쪽은 QR 코드를 찍는 리더기 페이지입니다. 오른쪽은 QR 코드를 정상 인식했을 때 결과 페이지입니다. QR 코드 리더기 페이지는 프로젝트 생성 시 자동으로 생성되는 MainActivity.kt에 구현합니다. 결과 페이지는 새로운 액티비티를 생성해 구현합니다.

To Do **01** ❶ [app] → [java] → [com.example.qrcodereader] 위에서 마우스 우클릭 후 ❷ [New] → [Activity] → [Empty Activity]를 클릭합니다.

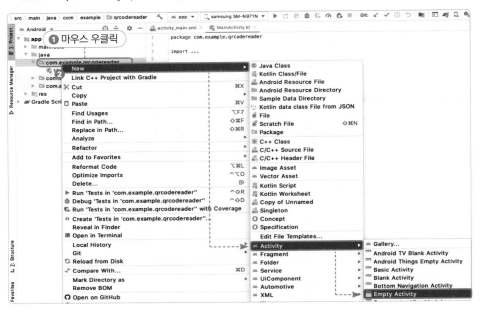

02 결과 페이지의 이름으로 ❶ ResultActivity를 적고, ❷ [Finish]를 눌러 액티비티를 생성해 주세요.

그러면 다음과 같이 ❶ 두 액티비티와 ❷ 두 xml 레이아웃 파일이 존재합니다. 이로써 프로젝트에서 사용할 파일을 모두 준비한 겁니다.

9.6.1 MainActivity 레이아웃 작성하기

To Do 01 ❶ [app] → [res] → [layout] → activity_main.xml을 열고 기존 코드를 모두 지워주세요.

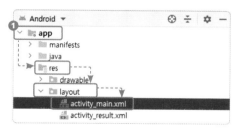

02 다음과 같이 화면에 꽉 차게 PreviewView를 배치해주세요. MainActivity는 QR 코드 리더기 화면으로서 카메라 미리보기 기능만 있으면 됩니다.

app/src/main/res/layout/activity_main.xml

```
<?xml version="1.0" encoding="utf-8"?>
<androidx.constraintlayout.widget.ConstraintLayout
    xmlns:android="http://schemas.android.com/apk/res/android"
    android:layout_width="match_parent"
    android:layout_height="match_parent">

    <androidx.camera.view.PreviewView
```

```
        android:id="@+id/barcode_preview"
        android:layout_width="match_parent"
        android:layout_height="match_parent" />

</androidx.constraintlayout.widget.ConstraintLayout>
```

9.6.2 ResultActivity 레이아웃 작성하기

Result Activity에는 텍스트뷰 2개와 버튼 1개가 있습니다. 완
성된 레이아웃의 개요를 살펴보면 다음과 같습니다.

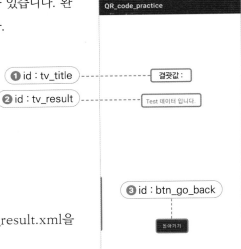

To Do 01 ❶ [app] → [res] → [layout] → activity_result.xml을
열고 기존 코드를 모두 지워주세요.

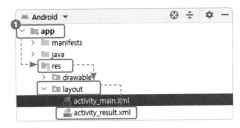

02 다음과 같이 레이아웃 코드를 작성해주세요.

app/src/main/res/layout/activity_result.xml

```xml
<?xml version="1.0" encoding="utf-8"?>
<androidx.constraintlayout.widget.ConstraintLayout
    xmlns:android="http://schemas.android.com/apk/res/android"
    xmlns:app="http://schemas.android.com/apk/res-auto"
    xmlns:tools="http://schemas.android.com/tools"
    android:layout_width="match_parent"
```

```xml
    android:layout_height="match_parent"
    tools:context=".ResultActivity">

    <TextView
        android:id="@+id/tv_title"    <!-- ❶ 결괏값 텍스트뷰 -->
        android:layout_width="wrap_content"
        android:layout_height="wrap_content"
        android:layout_marginTop="168dp"
        android:text="결괏값 :"
        android:textSize="24sp"
        android:textStyle="bold"
        app:layout_constraintEnd_toEndOf="parent"
        app:layout_constraintStart_toStartOf="parent"
        app:layout_constraintTop_toTopOf="parent" />

    <TextView
        android:id="@+id/tv_content"    <!-- ❷ QR 코드 인식 결과 자리  -->
        android:layout_width="wrap_content"
        android:layout_height="wrap_content"
        android:layout_marginTop="48dp"
        android:text="결괏값이 들어갈 자리"
        android:textSize="18sp"
        app:layout_constraintEnd_toEndOf="parent"
        app:layout_constraintStart_toStartOf="parent"
        app:layout_constraintTop_toBottomOf="@+id/tv_title" />

    <Button
        android:id="@+id/btn_go_back" <!-- ❸ [돌아가기] 버튼 -->
        android:layout_width="wrap_content"
        android:layout_height="wrap_content"
        android:layout_marginBottom="68dp"
        android:text="돌아가기"
        app:layout_constraintBottom_toBottomOf="parent"
        app:layout_constraintEnd_toEndOf="parent"
        app:layout_constraintStart_toStartOf="parent" />


</androidx.constraintlayout.widget.ConstraintLayout>
```

❶ 먼저 결괏값이라는 단어를 보여줄 텍스트뷰를 추가해주세요. ❷ 여기에는 실제로 QR 코드 인식 결괏값이 들어갈 자리입니다. ❸ 메인 액티비티 화면으로 [돌아가기] 버튼을 추가해 주세요.

9.7 카메라 미리보기 화면 구현하기

QR 코드 리더기 페이지는 총 두 가지 기능으로 구성되어 있습니다. 차례대로 구현해보겠습니다.

1 CameraX를 이용한 미리보기 기능
2 CameraX와 구글 ML 키트를 이용한 QR 코드 인식 기능

9.7.1 미리보기 구현하기

이제부터 CameraX를 이용한 미리보기 기능을 MainActivity에서 구현하겠습니다. 우선 뷰 바인딩 설정을 하고 필요한 함수들을 소개해드리겠습니다.

To Do 01 [app] → [java] → [com.example.qrcodereader] → MainActivity.kt 파일을 엽니다.

02 다음과 같이 코드를 작성해주세요.

/app/src/main/java/com/example/qrcodereader/MainActivity.kt

```kotlin
package com.example.qrcodereader

import androidx.appcompat.app.AppCompatActivity
import android.os.Bundle
import androidx.camera.core.ImageAnalysis
import androidx.camera.core.Preview
import com.example.qrcodereader.databinding.ActivityMainBinding

class MainActivity : AppCompatActivity() {

    private lateinit var binding : ActivityMainBinding // ❶ 바인딩 변수 생성

    override fun onCreate(savedInstanceState: Bundle?) {
        super.onCreate(savedInstanceState)

        // ❷ 뷰 바인딩 설정
```

```
        binding = ActivityMainBinding.inflate(layoutInflater)
        val view = binding.root
        setContentView(view)

    }

    // ❸ 미리보기와 이미지 분석 시작
    fun startCamera() {
    }

    // ❹ 미리보기 객체 반환
    fun getPreview() : Preview{
    }
}
```

❶ binding 변수를 생성합니다. ❷ 뷰 바인딩을 설정합니다. binding.root는 바인딩 클래스라면 항상 자동으로 생성되는 루트 뷰를 반환합니다. ❸ startCamera()는 카메라를 시작하는 함수입니다. ❹ getPreview()는 미리보기 기능을 설정하고 설정이 완료된 객체를 반환하는 함수입니다.

03 getPreview() 함수를 작성해주겠습니다.

```
// 미리보기 객체를 반환합니다.
fun getPreview(): Preview {

    val preview : Preview = Preview.Builder().build() // ❶ Preview 객체 생성
    preview.setSurfaceProvider(binding.barcodePreview.getSurfaceProvider())
    // ❷

    return preview
}
```

❶ Preview 객체를 생성합니다. ❷ setSurfaceProvider( ) 함수는 Preview 객체에 SurfaceProvider를 설정해줍니다. SurfaceProvider는 Preview에 Surface를 제공해주는 인터페이스입니다. 화면에 보여지는 픽셀들이 모여 있는 객체가 Surface라고 생각하면 됩니다. 인수로는 activity_main.xml에서 ID값이 **android:id="@+id/barcode_preview"**인 Preview 뷰의 SurfaceProvider를 줍니다.

04 startCamera() 함수를 작성합니다.

```kotlin
class MainActivity : AppCompatActivity() {

private lateinit var binding: ActivityMainBinding
private lateinit var cameraProviderFuture :
                    ListenableFuture<ProcessCamera Provider> // ❶


override fun onCreate(savedInstanceState: Bundle?) {
    super.onCreate(savedInstanceState)

    // 뷰 바인딩 설정
    binding = ActivityMainBinding.inflate(layoutInflater)
    val view = binding.root
    setContentView(view)

    startCamera()// ❽ 카메라 시작

}

fun startCamera() {
    cameraProviderFuture = ProcessCameraProvider.getInstance(this) // ❷
    cameraProviderFuture.addListener(Runnable {     // ❸
        val cameraProvider = cameraProviderFuture.get() // ❹

        val preview = getPreview() // ❺ 미리보기 객체 가져오기
        val cameraSelector = CameraSelector.DEFAULT_BACK_CAMERA
        // ❻ 후면 카메라 선택

        cameraProvider.bindToLifecycle(this, cameraSelector,preview)
        // ❼ 미리보기 기능 선택

    }, ContextCompat.getMainExecutor(this))
}
```

❶ ListenableFuture형 변수를 선언합니다. ListenableFuture에 태스크가 제대로 끝났을 때 동작을 지정해줄 수 있습니다(참고로 Future는 안드로이드의 병렬 프로그래밍에서 태스크가 제대로 끝났는지 확인할 때 씁니다).

❷ cameraProviderFuture에 객체의 참조값을 할당합니다.

❸ cameraProviderFuture 태스크가 끝나면 실행됩니다.

❹ 카메라의 생명 주기를 액티비티나 프래그먼트와 같은 생명 주기에 바인드해주는 ProcessCameraProvider 객체를 가져옵니다.

❺ 미리보기 객체를 가져옵니다.

❻ 후면 카메라(DEFAULT_BACK_CAMERA)를 선택합니다(참고로 전면 카메라는 DEFAULT_FRONT_CAMERA).

❼ 미리보기, 이미지 분석, 이미지 캡쳐 중 무엇을 쓸지 지정합니다. 하나 이상 선택할 수도 있습니다. 일단 미리보기(preview)만 넣어주겠습니다.

❽ startCamera( ) 함수를 onCreate( )에 넣어주세요.

03 이제 미리보기가 잘되나 실행해봅니다. [Run] → [Run 'app']을 선택하여 에뮬레이터나 본인의 기기에서 앱을 실행해보세요.

앗 근데 어찌된 일인지 화면이 까맣게만 나옵니다. 그 이유는 바로 아직 사용자로부터 카메라 사용 권한을 승인받지 않았기 때문입니다.

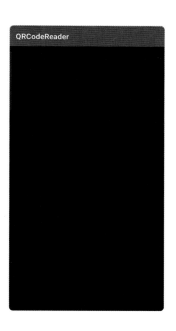

9.7.2 카메라 권한 승인하기

To Do **01** [app] → [manifests] → AndroidManifest.xml에 들어가주세요. 그리고 태그 2개를 추가해주세요.

```xml
<?xml version="1.0" encoding="utf-8"?>
<manifest xmlns:android="http://schemas.android.com/apk/res/android"
    package="com.example.qrcodereader">

    <uses-feature android:name="android.hardware.camera" />      <!-- ❶ -->
    <uses-permission android:name="android.permission.CAMERA" /> <!-- ❷ -->
```

```
<application>
... 생략 ...
```

❶ 카메라를 사용한다고 명시합니다. 〈uses-feature〉를 사용해서 하드웨어 및 소프트웨어의 기능 요구 사항을 명시할 수 있습니다. 그래서 구글 플레이에 앱을 올리면 카메라가 있는 기기에서만 다운로드가 가능합니다. ❷ 〈uses-permission〉로 앱을 실행할 때 사용자가 승인해야 하는 권한을 명시합니다. 이번에는 카메라만 있으면 되므로 카메라 권한만 추가합니다.

02 MainActivity.kt에서 다음과 같이 권한을 확인하는 코드를 추가해봅니다.

```kotlin
private val PERMISSIONS_REQUEST_CODE = 1 // ❶
private val PERMISSIONS_REQUIRED = arrayOf(Manifest.permission.CAMERA)
// ❷ 카메라 권한 지정

override fun onCreate(savedInstanceState: Bundle?) {
    super.onCreate(savedInstanceState)

    binding = ActivityMainBinding.inflate(layoutInflater)
    val view = binding.root
    setContentView(view)

    if (!hasPermissions(this)) {                                       // ❻
        // 카메라 권한을 요청합니다.
        requestPermissions(PERMISSIONS_REQUIRED, PERMISSIONS_REQUEST_CODE)
    } else {
        // 만약 이미 권한이 있다면 카메라를 시작합니다.
        startCamera()
    }

}

// ❸ 권한 유무 확인
fun hasPermissions(context: Context) = PERMISSIONS_REQUIRED.all {
    ContextCompat.checkSelfPermission(context, it) ==
                    PackageManager.PERMISSION_GRANTED
}
```

```kotlin
// ④ 권한 요청 콜백 함수
override fun onRequestPermissionsResult(
    requestCode: Int, permissions: Array<String>, grantResults: IntArray) {
    super.onRequestPermissionsResult(requestCode, permissions, grantResults)

    // ⑥에서 requestPermissions의 인수로 넣은 PERMISSIONS_REQUEST_CODE와
    // 맞는지 확인합니다.
    if (requestCode == PERMISSIONS_REQUEST_CODE) {                    // ⑤
        if (PackageManager.PERMISSION_GRANTED == grantResults.firstOrNull()) {
            Toast.makeText(this@MainActivity, "권한 요청이 승인되었습니다.",
                Toast.LENGTH_LONG).show()
            startCamera()
        } else {
            Toast.makeText(this@MainActivity, "권한 요청이 거부되었습니다.",
                Toast.LENGTH_LONG).show()
            finish()
        }
    }
}
```

❶ 태그 기능을 하는 코드입니다. 일종의 이름표를 붙여놓는 것이지요. PERMISSIONS_REQUEST_CODE는 나중에 권한을 요청한 후 결과를 onRequestPermissionsResult에서 받을 때 필요합니다. 0과 같거나 큰 양수이기만 하면 어떤 수든 상관없습니다. 여기서는 1로 지정해보았습니다.

❷ 카메라 권한을 지정합니다.

❸ 일단 권한이 있는지 없는지 확인합니다. 여기서 all은 PERMISSIONS_REQUIRED 배열의 원소가 모두 조건문을 만족하면 true를 반환하고 그렇지 못하면 false를 반환합니다.

❹ 권한 요청에 대한 콜백 함수입니다. Activity 클래스에 포함된 함수이므로 오버라이드를 해주어야 합니다.

❺ 권한이 수락되면 startCamera()를 호출하고 권한이 거부되는 경우 액티비티를 종료하는 finish()를 호출합니다.

❻ 이제 만들어둔 함수를 onCreate()에서 사용해봅니다. 처음 액티비티가 실행될 때 권한을 체크하고 권한이 있으면 startCamera()를 실행하고 권한이 없으면 권한 요청을 합니다.

03 [Run] → [Run 'app']을 선택하여 에뮬레이터나 본인의
기기에서 앱을 실행해보세요.
권한 허용을 물어보는 팝업이 뜨면 → [허용]을 눌러야 →
카메라가 실행이 됩니다. 이렇게 핸드폰의 카메라를 사용
하여 CameraX의 기능 중 하나인 미리보기^{Preview}를 구
현해보았습니다. 다음은 QR 코드를 인식할 수 있게 만들
어보겠습니다.

9.7.3 MainActivity.kt 전체 코드

/app/src/main/java/com/example/qrcodereader/MainActivity.kt

```kotlin
package com.example.qrcodereader

import android.Manifest
import android.content.Context
import android.content.pm.PackageManager
import androidx.appcompat.app.AppCompatActivity
import android.os.Bundle
import android.widget.Toast
import androidx.camera.core.CameraSelector
import androidx.camera.core.Preview
import androidx.camera.lifecycle.ProcessCameraProvider
import androidx.core.content.ContextCompat
import com.example.qrcodereader.databinding.ActivityMainBinding
import com.google.common.util.concurrent.ListenableFuture

class MainActivity : AppCompatActivity() {

    private lateinit var binding: ActivityMainBinding
    private lateinit var cameraProviderFuture : ListenableFuture<ProcessCamera
    Provider>
```

```kotlin
private val PERMISSIONS_REQUEST_CODE = 1
private val PERMISSIONS_REQUIRED = arrayOf(Manifest.permission.CAMERA)

override fun onCreate(savedInstanceState: Bundle?) {
    super.onCreate(savedInstanceState)

    // 뷰 바인딩 설정을 합니다.
    binding = ActivityMainBinding.inflate(layoutInflater)
    val view = binding.root
    setContentView(view)

    if (!hasPermissions(this)) {
        // 카메라 권한을 요청합니다.
        requestPermissions(PERMISSIONS_REQUIRED, PERMISSIONS_REQUEST_CODE)
    } else {
        // 만약 이미 권한이 있다면 카메라를 시작합니다.
        startCamera()
    }
}

fun hasPermissions(context: Context) = PERMISSIONS_REQUIRED.all {
    ContextCompat.checkSelfPermission(context, it) ==
                    PackageManager.PERMISSION_GRANTED
}

override fun onRequestPermissionsResult(
    requestCode: Int, permissions: Array<String>, grantResults: IntArray) {
    super.onRequestPermissionsResult(requestCode, permissions, grantResults)

    // ❻에서 requestPermissions의 인수로 넣은 PERMISSIONS_REQUEST_CODE와 맞는지
    // 확인을 합니다.
    if (requestCode == PERMISSIONS_REQUEST_CODE) {
        if (PackageManager.PERMISSION_GRANTED == grantResults.firstOrNull()) {
            Toast.makeText(this@MainActivity, "권한 요청이 승인되었습니다.",
                Toast.LENGTH_LONG).show()
            startCamera()
        } else {
            Toast.makeText(this@MainActivity, "권한 요청이 거부되었습니다.",
                Toast.LENGTH_LONG).show()
```

```
                finish()
            }
        }
    }

    // 미리보기와 이미지 분석을 시작합니다.
    fun startCamera() {
        cameraProviderFuture = ProcessCameraProvider.getInstance(this)
        cameraProviderFuture.addListener(Runnable {
            val cameraProvider = cameraProviderFuture.get()

            val preview = getPreview()
            val cameraSelector = CameraSelector.DEFAULT_BACK_CAMERA

            cameraProvider.bindToLifecycle(this, cameraSelector,preview)

        }, ContextCompat.getMainExecutor(this))
    }

    // 미리보기 객체를 반환합니다.
    fun getPreview(): Preview {
        val preview : Preview = Preview.Builder().build()
        preview.setSurfaceProvider(binding.barcodePreview.getSurfaceProvider())

        return preview
    }
}
```

STEP 2 9.8 QR 코드 인식 기능 구현하기

QR 코드 인식 기능을 구현할 차례입니다. 인식하고 나서 QR 코드의 데이터를 팝업 메시지로 출력해보겠습니다. 다음 순서로 진행해봅시다.

1 CameraX의 Analyzer 클래스 만들기
2 onDetect( ) 메서드가 있는 인터페이스 만들기
3 MainActivity.kt에서 Analyzer와 카메라 연동하기

9.8.1 CameraX의 Analyzer 클래스 만들기

CameraX의 두 번째 사용 사례인 이미지 분석을 사용해보겠습니다. 먼저 ImageAnalysis. Anaylzer 인터페이스를 구현한 Analyzer 클래스를 만들어주어야 합니다. 실제로 이 클래스에서 분석이 이루어집니다. 분석에는 구글 ML 키트 API를 사용합니다.

01 QRCodeAnalyzer 클래스를 생성해주겠습니다. ❶ [app] → [java] → [com.example. qrcodereader] 위에서 마우스를 우클릭합니다. 팝업 메뉴에서 ❷ [New] → [Kotlin Class/File]을 선택합니다.

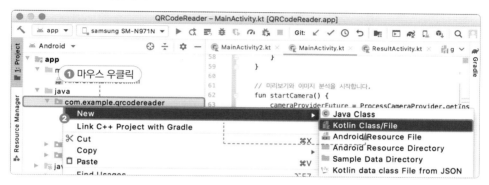

❸ 클래스 이름으로 QRCodeAnalyzer를 입력하고 ❹ enter 를 칩니다.

02 QRCodeAnalyzer 클래스의 기본 골격을 잡아주세요. ImageAnalysis.Analyzer 인터페이스는 analyze() 함수 하나만 오버라이드하면 됩니다.

/app/src/main/java/com/example/qrcodereader/QRCodeAnalyzer.kt

```
package com.example.qrcodereader

import android.annotation.SuppressLint
import androidx.camera.core.ImageAnalysis
import androidx.camera.core.ImageProxy
import com.google.mlkit.vision.barcode.BarcodeScanning
```

```
class QRCodeAnalyzer  : ImageAnalysis.Analyzer{

    // ❶ 바코드 스캐닝 객체 생성
    private val scanner = BarcodeScanning.getClient()

    @SuppressLint("UnsafeOptInUsageError")
    override fun analyze(image: ImageProxy) {


    }
}
```

❶ 바코드 스캐닝을 할 수 있는 객체를 scanner 변수에 할당합니다. 만약 여기서 빨간 줄이 뜨면 ML 키트 라이브러리가 제대로 임포트되지 않은 겁니다. 9.5.2절 '뷰 바인딩 설정과 라이브러리 추가'로 돌아가서 라이브러리 추가(implementation 'com.google.mlkit:barcode-scanning:16.1.1')가 제대로 되었는지 확인해주세요.

03 analyze() 함수를 다음과 같이 써주세요.

```
@SuppressLint("UnsafeOptInUsageError")
override fun analyze(imageProxy: ImageProxy) {
    val mediaImage = imageProxy.image
    if (mediaImage != null) {
        val image =
            InputImage.fromMediaImage(mediaImage, imageProxy.   // ❶
                            imageInfo.rotationDegrees)
        scanner.process(image)
            .addOnSuccessListener { qrCodes ->
                // 리스너가 들어갈 자리
            }
            .addOnFailureListener {                              // ❷
                it.printStackTrace()
            }
            .addOnCompleteListener {
                imageProxy.close()
            }
    }
}
```

❶ 이미지가 찍힐 당시 카메라의 회전 각도를 고려하여 입력 이미지를 생성합니다.

❷ scanner.process(image)를 통해 이미지를 분석합니다. SuccessListener, FailureListener, CompleteListener를 각각 달아주어 결과를 확인할 수 있습니다. 현재 addOnFailureListener{}에서 실패 시 에러를 로그에 프린트합니다. 스캐너가 이미지 분석을 완료했을 때 이미지 프록시를 닫는 작업 또한 addOnCompleteListener()에서 합니다.

addOnSuccessListener( )에는 QR 코드 인식이 성공했을 때의 작업을 넣어주어야 합니다. 어떤 내용을 넣어야 할까요? 바로 메인 액티비티에게 "QR 코드 인식에 성공했어! 그리고 데이터는 이거야"라고 기쁘게 말해주는 것이겠지요. 그 작업을 바로 인터페이스가 합니다.

9.8.2 onDetect() 메서드가 있는 인터페이스 만들기

인터페이스는 자바나 코틀린을 공부했다면 한 번쯤은 본 이름일 겁니다. 하지만 문법은 배워본 적이 있어도 "그래서 실제로 인터페이스는 대체 어디서 쓰인다는 거야?" 하셨던 분도 있을 것 같습니다. 인터페이스가 필요한 현재 상황부터 살펴봅시다.

MainActivity에서 QRCodeAnalyzer를 이용해 QR 코드 속에 있는 데이터를 가져오려고 합니다.

현재 일어나고 있는 문제 상황은 다음과 같습니다.

❶ 메인 액티비티에서 QRCodeAnalyzer에 QR 코드 이미지를 보냅니다.

❷ QRCodeAnalyzer에서 QR 코드 데이터 인식을 완료합니다.

❸ 하지만 QRCodeAnalyzer에서 메인 액티비티로 인식한 데이터를 보낼 방법이 없습니다.

아직 QR 코드 데이터는 QRCodeAnalyzer 클래스 속에만 존재하기 때문에 MainActivity는 이를 알 수가 없습니다. 즉 MainActivity 클래스와 QRCodeAnalyzer 클래스 사이에 소통 창구가 없다는 것이지요. 이를 어떻게 해결할 수 있을까요?

바로 이것을 인터페이스가 해결할 수 있습니다.

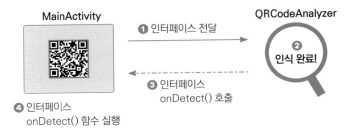

● onDetect( ) 함수가 있는 OnDetectListener 인터페이스를 생성한다고 가정해봅시다. MainActivity에서 이 OnDetectListener 인터페이스를 구현하고, 해당 인터페이스 객체를 QRCodeAnalyzer에 전달합니다. ❷ QRCodeAnalyzer는 QR 코드를 인식하고 나서 ❸ 전달받은 인터페이스의 onDetect( )를 호출하면 됩니다. ❹ 그럼 미리 MainActivity에서 구현한 onDetect( ) 함수가 실행됩니다. MainActivity에서는 onDetect( )가 실행됨으로써 데이터가 감지되었다는 것을 알 수가 있을 겁니다.

이제부터 인터페이스를 만들어봅시다.

To Do 01 ● [app] → [java] → [com.example.qrcodereader] 위에서 마우스를 우클릭합니다. 팝업 메뉴에서 ❷ [New] → [Kotlin Class/File]을 선택합니다.

02 ● Interface를 선택 → ❷ OnDetectListener로 이름을 설정 후 `enter` 를 눌러 파일을 생성해주세요.

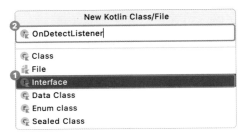

03 다음과 같이 코드를 작성해주세요.

/app/src/main/java/com/example/qrcodereader/OnDetectListener.kt

```kotlin
package com.example.qrcodereader

interface OnDetectListener {
    fun onDetect(msg : String) // ❶
}
```

❶ onDetect()는 QRCodeAnalyzer에서 QR 코드가 인식되었을 때 호출할 함수로서 데이터 내용을 인수로 받습니다.

04 인터페이스를 [app] → [java] → [com.example.qrcodereader] → QRCodeAnalyzer.kt의 QRCodeAnalyzer 클래스에 적용해주겠습니다.

/app/src/main/java/com/example/qrcodereader/QRCodeAnalyzer.kt

```kotlin
class QRCodeAnalyzer(val onDetectListener: OnDetectListener)  :
ImageAnalysis.Analyzer { // ❶

    private val scanner = BarcodeScanning.getClient()

    @SuppressLint("UnsafeOptInUsageError")
    override fun analyze(imageProxy: ImageProxy) {
        val mediaImage = imageProxy.image
        if (mediaImage != null) {
            val image = InputImage.fromMediaImage(mediaImage,
                imageProxy.imageInfo.rotationDegrees)
            scanner.process(image)
                .addOnSuccessListener { qrCodes ->
                    for (qrCode in qrCodes) {                    // ❷
                        onDetectListener.onDetect(qrCode.rawValue ?: "")
                    }
                }
                .addOnFailureListener {
                    it.printStackTrace()
                }
                .addOnCompleteListener {
                    imageProxy.close()
                }
```

```
      }
    }
  }
```

❶ MainActivity에서 QR 코드 데이터를 인식하려면 QRCodeAnalyzer 객체를 생성할 때 OnDetectListener를 구현하여 주 생성자의 인수로 넘겨주어야 합니다. QRCodeAnalyzer에서는 이 리스너를 통하여 MainActivity와 소통할 수 있게 됩니다.

❷ QRCode가 성공적으로 찍히게 되면 onDetectListener.onDetect(qrCode.rawValue?: " ")를 실행합니다. rawValue가 존재하면 그 값을 보내고 값이 null이면 빈 문자열을 보냅니다. qrCodes와 같은 배열이 넘어오는 이유는 한 화면에 다수의 QR 코드가 찍히게 되면 모든 QR 코드를 분석해 각각 배열로 보내기 때문입니다.

이렇게 해서 QRCodeAnalyzer 클래스를 성공적으로 작성했습니다. 다음은 MainActivity에서 이 클래스를 적용하는 방법을 배워보겠습니다.

9.8.3 MainActivity.kt에서 Analyzer와 카메라 연동하기

To Do **01** [app] → [java] → [com.example.qrcodereader] → MainActivity.kt에 다음과 같이 코드를 추가적으로 작성해주세요. getImageAnalysis() 함수를 추가하고 startCamera() 함수를 수정해줄 겁니다.

/app/src/main/java/com/example/qrcodereader/MainActivity.kt

```
class MainActivity : AppCompatActivity() {
... 생략 ...

  fun getImageAnalysis() : ImageAnalysis {

  val cameraExecutor: ExecutorService = Executors.newSingleThreadExecutor()
  val imageAnalysis = ImageAnalysis.Builder().build()

  imageAnalysis.setAnalyzer(cameraExecutor,
      QRCodeAnalyzer(object : OnDetectListener {
          override fun onDetect(msg: String) {
              Toast.makeText(this@MainActivity, "${msg}",     // ❶
              Toast.LENGTH_SHORT).show()
          }
      }))
```

```
        return imageAnalysis
    }

    // 미리보기와 이미지 분석을 시작합니다.
    fun startCamera() {
        cameraProviderFuture = ProcessCameraProvider.getInstance(this)
        cameraProviderFuture.addListener(Runnable {
            val cameraProvider = cameraProviderFuture.get()

            val preview = getPreview()
            val imageAnalysis = getImageAnalysis() // ❷
            val cameraSelector = CameraSelector.DEFAULT_BACK_CAMERA

            cameraProvider.bindToLifecycle(this, cameraSelector,preview,
            imageAnalysis) // ❸

        }, ContextCompat.getMainExecutor(this))
    }
... 생략 ...
```

❶ QRCodeAnalyzer 객체를 생성해 setAnalyzer( ) 함수의 인수로 넣어줍니다. QRCodeAnalyzer는 OnDetectListener 인터페이스를 구현해야 한다는 것 기억나시나요? object를 통해 인터페이스 객체를 만들어주고 onDetect() 함수를 오버라이드해주세요. onDetect() 함수가 QRCodeAnalyzer에서 불렸을 때 행동을 여기서 정의해주면 됩니다. 이번에는 메시지 내용을 토스트(팝업) 형식으로 보여주겠습니다.

❷ ImageAnalysis 클래스의 객체를 생성합니다. ❸ 생성한 객체 imageAnalysis 객체를 기존에 있었던 인수에 추가로 넣어주겠습니다. 이렇게 함으로써 CameraX 라이브러리의 미리보기 기능뿐 아니라 이미지 분석 기능까지 사용할 수 있습니다.

02 [Run] → [Run 'app']을 선택하여 에뮬레이터나 본인의 기기에서 앱을 실행해보세요. 다음 QR 코드를 찍어보세요!

이 QR 코드에 숨겨진 저의 메시지를 확인하셨나요? 다음과 같은 메시지가 팝업으로 뜬다면 성공입니다. 이걸 안드로이드에서는 토스트^{Toast}라고 합니다.

토스트

STEP 3 ## 9.9 결과 화면 구현하기

QR 코드의 데이터가 팝업 메시지로 뜨면 일정시간이 지나 화면에서 사라집니다. 이번에는 결과 페이지에서 결과를 확인하도록 만들어 시간이 지나도 메시지가 남도록 해보겠습니다.

To Do **01** 인식이 되면 ResultActivity를 실행할 수 있도록 MainActivity를 다음과 같이 수정해주세요.

/app/src/main/java/com/example/qrcodereader/MainActivity.kt

```kotlin
class MainActivity : AppCompatActivity() {
... 생략 ...
  private var isDetected= false // ❶

  override fun onResume() {
      super.onResume()
      isDetected= false        // ❷
  }

  fun getImageAnalysis(): ImageAnalysis {

      val cameraExecutor: ExecutorService = Executors.newSingleThreadExecutor()
      val imageAnalysis = ImageAnalysis.Builder().build()
```

```kotlin
// Analyzer를 설정합니다.
imageAnalysis.setAnalyzer(cameraExecutor,
        QRCodeAnalyzer(object : OnDetectListener {
    override fun onDetect(msg: String) {
        if (!isDetected) { // ❸
            isDetected = true // 데이터가 감지되었으므로 true로
                              // 바꾸어줍니다.
            val intent = Intent(this@MainActivity,
            ResultActivity::class.java)
            intent.putExtra("msg", msg)                // ❹
            startActivity(intent)
        }
    }
}))

return imageAnalysis
}
... 생략 ...
}
```

❶ 이미지 분석이 실시간으로 계속해서 이루어지므로 onDetect() 함수가 여러 번 호출될 수 있습니다. 이를 막는 데 사용할 변수 isDetected를 생성합니다.

❷ 다시 사용자의 포커스가 MainActivity로 돌아온다면 다시 QR 코드를 인식할 수 있도록 onResume() 함수를 오버라이드하여, isDetected를 false로 다시 돌려줍니다(안드로이드의 생명 주기가 헷갈린다면 4.2.2절 '액티비티의 생명 주기'를 참고해주세요).

❸ 한 번도 QR 코드가 인식된 적이 없는지를 검사합니다. 중복 실행을 막는 코드입니다.

❹ 다음 액티비티로 이동할 수 있도록 인텐트를 생성해주겠습니다. 인텐트는 내가 어디로, 어떤 정보를 가지고 갈지를 정할 수 있습니다. intent.putExtra("msg",msg)를 통해 다음 액티비티로 데이터를 키-쌍의 형태로 넘길 수가 있습니다. 첫 번째 인수 "msg"는 키이며, 두 번째 인수 msg는 override fun onDetect(msg: String)에서 넘어온 문자열 값입니다.

02 ResultActivity에서 인텐트로 넘긴 데이터를 화면에 보여주고 [돌아가기] 버튼을 활성화시키는 작업을 하겠습니다. 다음과 같이 코드를 작성해주세요.

/app/src/main/java/com/example/qrcodereader/ResultActivity.kt

```kotlin
package com.example.qrcodereader

import android.os.Bundle
```

```kotlin
import androidx.appcompat.app.AppCompatActivity
import com.example.qrcodereader.databinding.ActivityResultBinding

class ResultActivity : AppCompatActivity() {

    lateinit var binding: ActivityResultBinding

    override fun onCreate(savedInstanceState: Bundle?) {
        super.onCreate(savedInstanceState)                          // ❶

        binding = ActivityResultBinding.inflate(layoutInflater)
        val view = binding.root
        setContentView(view)

        val result = intent.getStringExtra("msg") ?: "데이터가 존재하지 않습니다." // ❷

        setUI(result) // UI를 초기화합니다.
    }

    private fun setUI(result: String) {
        // 넘어온 QR 코드 속 데이터를 텍스트뷰에 설정합니다.
        binding.tvContent.text = result
        binding.btnGoBack.setOnClickListener {
            finish() // [돌아가기] 버튼을 눌러줬을 때 ResultActivity를 종료합니다.
        }
    }
}
```

❶ 뷰 바인딩을 설정합니다. 그 전에 binding 변수를 선언해주는 것을 잊지 마세요.

❷ MainActivity에서 보낸 데이터를 받습니다. 값이 없으면 "데이터가 존재하지 않습니다." 를 result 변수에 넣어주겠습니다.

❸ setUI() 함수에서는 화면을 초기화하는 작업을 합니다. 텍스트뷰에 데이터를 넣고, [돌아 가기] 버튼을 눌렀을 때 ResultActivity가 종료되는 로직을 넣어주었습니다. 함수를 만들고 나서 onCreate()에서 setUI(result)를 추가하는 것을 잊지 말아주세요.

9.10 테스트하기

To Do **01** QR 코드가 정상적으로 인식이 되고 결과 페이지로 잘 넘어가는지 확인해보겠습니다. 메뉴에서 [Run] → [Run 'app']을 선택하여 에뮬레이터나 본인의 기기에서 앱을 실행해보세요.

02 여기서 썰렁개그 하나 해보겠습니다. "미국에서 비가 내리면?" 정답은 아래 QR 코드를 찍어보세요!

▼ QR 코드를 인식하는 화면   ▼ QR 코드 인식 완료 화면

인식이 완료되면 결과 페이지로 넘어가고 [돌아가기] 버튼을 누르면 이전 페이지로 넘어가는지 확인해보세요.

컴파일 이후 빌드 과정에서 'Duplicate class com.google.android.gms.internal.mlkit' 같은 에러가 발생하면 모듈 수준의 build.gradle가 기허브에서 받은 예제 코드와 같은지 비교해보세요. 임포트 과정에서 엉뚱한 라이브러리를 추가했을 수도 있답니다.

학습 마무리

이번 시간에는 뷰 참조를 아주 쉽게 해주는 뷰 바인딩을 배우고 구글 ML 키트 라이브러리와 CameraX 라이브러리를 사용해 QR 코드 리더기를 만들었습니다.

핵심 요약

1 구글 ML 키트는 구글 머신 러닝 기술을 제공하는 라이브러리입니다. 바코드 스캐닝, 얼굴 인식, 텍스트 인식, 포즈 인식, 언어 감지 API 등을 제공합니다.

2 안드로이드 젯팩 라이브러리 모음 중에 하나인 CameraX 라이브러리를 이용하면 카메라를 이용한 앱을 훨씬 쉽게 만들 수 있습니다.

3 뷰 바인딩을 사용하면 뷰를 참조할 때 findViewById( )와 같은 보일러 플레이트 코드를 줄일 수 있습니다.

4 ⟨uses-feature⟩를 사용해서 하드웨어 및 소프트웨어의 기능 요구사항을 명시할 수 있습니다.

5 ⟨uses-permission⟩를 사용해서 앱을 실행할 때 사용자가 승인해야 하는 권한을 명시할 수 있습니다.

할 일 리스트
Room 데이터베이스, 리사이클러뷰

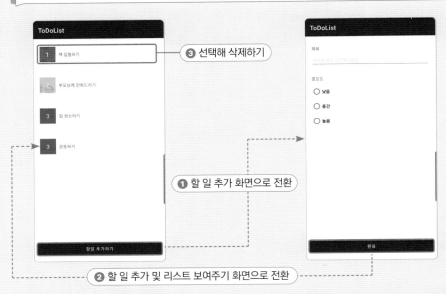

Project 할 일 리스트

난이도	★★★☆
이름	할 일 리스트
예제 위치	• 링크 : https://github.com/code-with-joyce/must_have_android • 폴더 : 10_ToDoList
프로젝트명	ToDoList
개발 환경	• minSdk : 26 • targetSdk : 31
미션	Room 지속성 라이브러리를 사용해 나만의 할 일 리스트를 만들어봐요.
기능	• 할 일 리스트 보기 • 할 일 추가 • 중요도 표시 • 할 일 삭제
조작법	• 할 일을 중요도와 함께 추가하기 • 꾹 눌러서 할 일 리스트에서 삭제하기
핵심 구성요소	• 리사이클러뷰 : 뷰를 재활용하여 리스트뷰보다 더 효율적으로 리스트를 보여주는 뷰 • Room 지속성 라이브러리 : 로컬 데이터베이스 구축을 도와주는 라이브러리 • Alert Dialog : 사용자의 의사를 물어보는 대화 상자(팝업) • 뷰 바인딩 : 뷰를 더 편리하게 사용할 수 있는 라이브러리

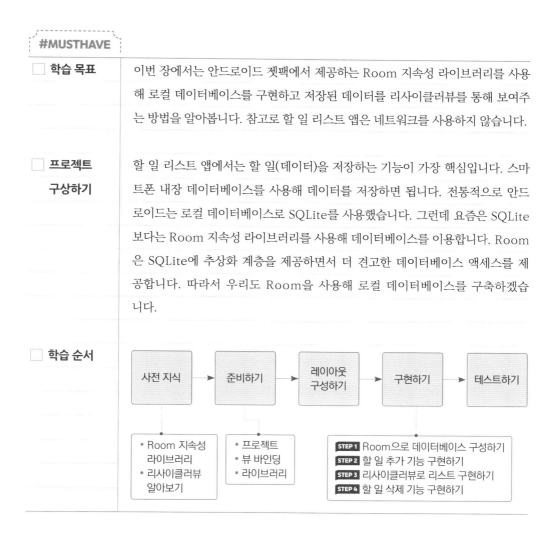

학습 목표	이번 장에서는 안드로이드 젯팩에서 제공하는 Room 지속성 라이브러리를 사용해 로컬 데이터베이스를 구현하고 저장된 데이터를 리사이클러뷰를 통해 보여주는 방법을 알아봅니다. 참고로 할 일 리스트 앱은 네트워크를 사용하지 않습니다.
프로젝트 구상하기	할 일 리스트 앱에서는 할 일(데이터)을 저장하는 기능이 가장 핵심입니다. 스마트폰 내장 데이터베이스를 사용해 데이터를 저장하면 됩니다. 전통적으로 안드로이드는 로컬 데이터베이스로 SQLite를 사용했습니다. 그런데 요즘은 SQLite보다는 Room 지속성 라이브러리를 사용해 데이터베이스를 이용합니다. Room은 SQLite에 추상화 계층을 제공하면서 더 견고한 데이터베이스 액세스를 제공합니다. 따라서 우리도 Room을 사용해 로컬 데이터베이스를 구축하겠습니다.

학습 순서

사전 지식	준비하기	레이아웃 구성하기	구현하기	테스트하기

- Room 지속성 라이브러리
- 리사이클러뷰 알아보기

- 프로젝트
- 뷰 바인딩
- 라이브러리

STEP 1 Room으로 데이터베이스 구성하기
STEP 2 할 일 추가 기능 구현하기
STEP 3 리사이클러뷰로 리스트 구현하기
STEP 4 할 일 삭제 기능 구현하기

10.1 사전 지식 : Room 지속성 라이브러리

Room 지속성 라이브러리를 이용하면 스마트폰 내장 데이터베이스에 데이터를 쉽게 저장할 수 있습니다. 예로 들어 서버로부터 받은 데이터를 캐싱해 저장해놓을 수 있습니다. 이렇게 하면 네트워크에 연결되어 있지 않더라도 사용자가 데이터를 지속해서 볼 수 있습니다. 카카오톡을 생각해보세요, 인터넷 연결을 끊어도 채팅 기록을 여전히 볼 수 있습니다. API 1 때부터 안드로이드 앱을 개발할 때 로컬 데이터베이스로 SQLite를 사용했는데, 이 SQLite에 추상화 계층을 추가한 것이 오늘 배울 Room 지속성 라이브러리입니다. 추상화 계층을 추가했다는 말은 복잡도가 높아 사용하기 불편했던 것(SQLite)을 간편하게 만들었다(Room) 정도로 이해하시면 될 것 같습니다.

Room은 엔티티^{entity}, 데이터 접근 객체^{data access object, DAO}, 룸 데이터베이스^{Room database}로 구성됩니다.

1 엔티티 : 데이터베이스 테이블로, 관련된 속성의 집합입니다. 예를 들어 다음 엔티티는 학생의 정보(이름, 나이, 휴대폰 번호)를 담고 있습니다.

일련번호	이름	나이	휴대폰 번호
1	Joyce	13	010-1111-1111
2	Dan	18	010-2222-2222
3	Junsu	13	010-3333-3333

2 데이터 접근 객체 : 데이터베이스에 접근하는 함수를 제공하는 인터페이스입니다. 여기서 데이터를 추가하거나 삭제하는 함수를 써주면 됩니다.
3 룸 데이터베이스 : 테이블을 정의하고, 데이터베이스의 버전을 명시합니다. RoomDatabase 클래스를 상속받는 추상 클래스입니다.

직접 앱을 만들면서 이 세 구성요소를 사용하는 방법을 자세히 배워봅시다.

10.2 사전 지식 : 리사이클러뷰 알아보기

앱 UI에 리스트 형식 구조는 흔히 사용됩니다. 예를 들면 카카오톡 대화방 목록, 뉴스 앱의 뉴스 목록 등은 리스트 형식으로 제공됩니다. 리사이클러뷰^{RecyclerView}를 사용하기 전에는 리스트뷰를 사용했습니다. 리사이클러뷰는 기본 리스트뷰에 성능과 유연성을 더한 진화체입니다. 어떻게 진화된 걸까요?

다음 그림에서 왼쪽 리스트뷰는 매번 새로운 뷰를 만들어내지만 오른쪽 리사이클러뷰는 뷰를 재활용합니다. 그래서 영어로 '재활용하다'라는 뜻을 가진 리사이클이라는 이름이 붙여진 겁니다. 이렇게 뷰를 재활용하면 성능이 대폭 향상되고 휴대폰 전력 소비를 줄이며 반응성이 높아집니다.

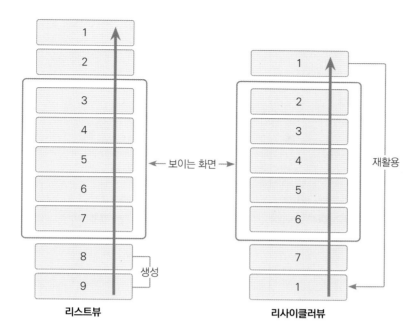

10.2.1 리사이클러뷰 구성 요소

리사이클러뷰는 어댑터와 레이아웃 매니저로 구성되어 있습니다.

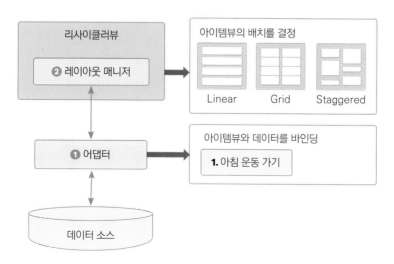

❶ 어댑터는 아이템뷰를 생성하고 데이터를 바인딩해줍니다. 바인딩은 아이템뷰에 알맞는 데이터

를 순서대로 넣어주는 것을 말합니다. ❷ 레이아웃 매니저는 어댑터에 생성한 아이템뷰의 배치를 결정합니다. 선형, 격자형, 지그재그 격자형을 제공합니다.

▼ 레이아웃 매니저가 제공하는 배치 유형

선형

LinearLayoutManager
가장 많이 쓰이는 방식으로
가로 또는 세로 스크롤이
가능한 리스트입니다.

격자형

GridLayoutManager
격자 형식의 리스트입니다.

지그재그형

StaggeredGridLayoutManager
지그재그형식의 격자 리스트입니다.

10.3 준비하기 : 프로젝트, 뷰 바인딩, 라이브러리

본격적인 앱 구현에 앞서 프로젝트를 생성하겠습니다.

10.3.1 프로젝트 생성

실습에 사용할 프로젝트를 만들어주세요.

- 액티비티 : Empty Activity
- 프로젝트 이름 : TodoList
- 언어 : Kotlin
- Minimum SDK : API 26 : Android 8.0 (Oreo)

프로젝트를
생성해주세요.

10.3.2 뷰 바인딩 설정과 필요 라이브러리 추가

9장부터 모든 프로젝트에서 뷰 바인딩을 사용합니다. 뷰 바인딩을 설정해봅시다.

To Do **01** ❶ [Gradle Scripts] 아래에서 모듈 수준의 build.gradle 파일을 열어주세요.
❷ android 태그 안에 다음 코드를 추가해 뷰 바인딩을 설정해주세요.

```
android {
compileSdk 31

defaultConfig {
    applicationId "com.example.todolist"
    minSdk 26
    targetSdk 31
    versionCode 1
    versionName "1.0"

    testInstrumentationRunner "androidx.test.runner.AndroidJUnitRunner"
}
... 생략 ...
viewBinding {
    enabled = true          // ❷
}
}
```

02 사용할 라이브러리를 추가해보겠습니다. 이번 앱에서는 Room 라이브러리만 추가해주면
됩니다. [Gradle Scripts]에서 모듈 수준의 build.gradle 파일의 ❶ plugins 태그 안에
'kotlin-kapt' 플러그인을 추가해주세요.

```
plugins {
    id 'com.android.application'
    id 'kotlin-android'

    id 'kotlin-kapt' // ❶
}
```

❷ dependencies 태그 안에 Room 라이브러리들을 임포트합니다.

```
dependencies {
... 생략 ...
    def room_version = "2.3.0"
    implementation "androidx.room:room-runtime:$room_version"    // ❷
    kapt "androidx.room:room-compiler:$room_version"
}
```

❸ [Sync Now]를 클릭해주세요.

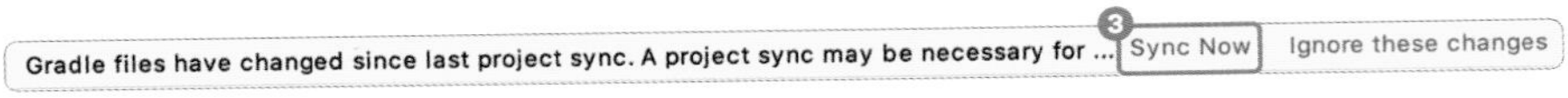

이상으로 뷰 바인딩 설정과 프로젝트에 필요한 라이브러리를 모두 추가해주었습니다.

10.4 레이아웃 구성하기

메인 페이지와 할 일을 추가하는 페이지를 다음과 같이 구성해봅니다.

▼ 메인 페이지

▼ 할 일 추가 페이지

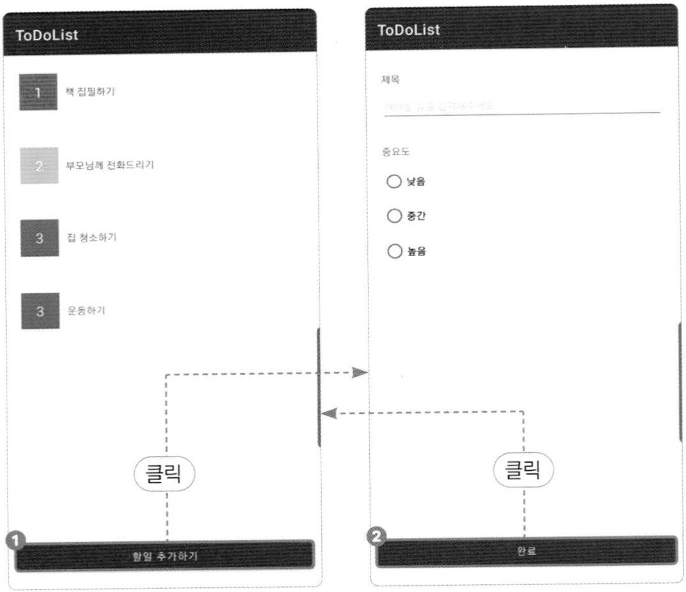

왼쪽에 나오는 색상과 박스는 중요도를 나타냅니다. 1이 가장 높은 중요도이고 3이 가장 낮은 중요도입니다. ❶ [할 일 추가하기] 버튼을 누르면 '할 일 추가 페이지'로 이동합니다.

리스트에 항목을 추가할 수 있습니다. 할 일 내용과 중요도를 선택하고 ❷ [완료] 버튼을 누르면 리스트에 할 일이 추가되고 다시 '메인 페이지'로 이동합니다.

To Do 01 ❶ 할 일 추가 페이지를 만들어봅시다. [app] → [java] → [com.example.todolist] 위에서 마우스 우클릭 후 ❷ [New] → [Activity] → [Empty Activity]를 클릭합니다.

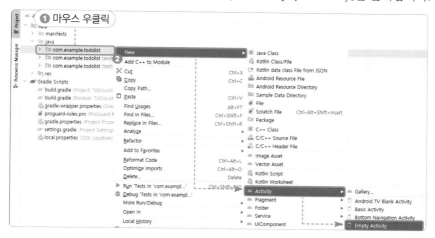

02 할 일 추가 페이지의 이름으로 ❶ AddTodoActivity를 적고, ❷ [Finish]를 눌러 액티비티 생성을 완료해주세요.

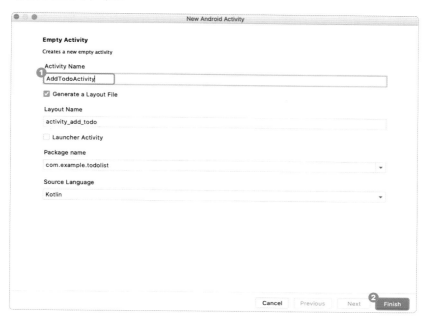

그러면 다음과 같이 ❶ 두 액티비티와 ❷ 두 xml 레이아웃 파일이 보일 겁니다. 이로써 프로젝트에서 사용할 액티비티 관련 파일 준비를 마쳤습니다.

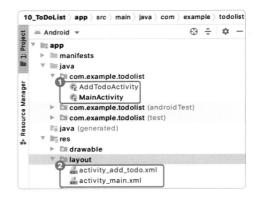

10.4.1 MainActivity의 레이아웃 작성하기

To Do **01** ❶ [app] → [res] → [layout] → activity_main.xml을 열고 기존 코드를 모두 지워주세요.

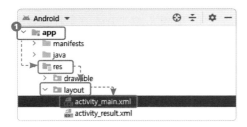

02 메인 페이지에서는 리스트를 보여줄 RecyclerView와 할 일을 추가하는 AddTodoActivity로 가는 버튼 하나만 있으면 됩니다. 각각 뷰에 id값을 할당해주는 것을 잊지 마세요.

app/src/main/res/layout/activity_main.xml

```xml
<?xml version="1.0" encoding="utf-8"?>
<androidx.constraintlayout.widget.ConstraintLayout
    xmlns:android="http://schemas.android.com/apk/res/android"
    xmlns:app="http://schemas.android.com/apk/res-auto"
    xmlns:tools="http://schemas.android.com/tools"
    android:layout_width="match_parent"
    android:layout_height="match_parent"
    tools:context=".MainActivity">

    <androidx.recyclerview.widget.RecyclerView
        android:id="@+id/recyclerView"
        android:layout_width="match_parent"
```

```
        android:layout_height="0dp"
        app:layout_constraintBottom_toTopOf="@id/btn_add"
        app:layout_constraintTop_toTopOf="parent"
        />

    <Button
        android:id="@+id/btn_add"
        android:layout_width="0dp"
        android:layout_height="wrap_content"
        android:text="할 일 추가하기"  <!-- ❶ -->
        app:layout_constraintStart_toStartOf="parent"
        app:layout_constraintEnd_toEndOf="parent"
        app:layout_constraintBottom_toBottomOf="parent"
        android:layout_marginBottom="20dp"
        android:layout_marginStart="10dp"
        android:layout_marginEnd="10dp" />

</androidx.constraintlayout.widget.ConstraintLayout>
```

그러면 Button 태그의 **android:text="할 일 추가하기"**에 ❶ 다음과 같은 경고 표시가 보입니다. 문자열을 하드코딩하지 말고, 스트링 리소스를 사용하라는 경고 문구입니다. 경고를 해결해봅시다.

```
android:layout_height="wrap_content"
android:text="할 일 추가하기"
❶
app:layout_constraint⌐    ┌─────────────────────────────────────────────────┐
app:layout_constraintE   │ Hardcoded string "할 일 추가하기", should use @string resource  ⋮ │
app:layout_constraintBottom_toBottomOf="parent"  └──────────────────┘
```

03 ❶ [app] → [res] → [values] → strings.xml 파일을 열고 ❷ 기존 코드를 다음과 같이 바꿔서 앱 이름을 바꾸고, MainActivity에서 사용할 텍스트를 추가합니다.

app/src/main/res/values/strings.xml

```
<resources>
    <!-- 앱의 이름입니다. 자신의 이름을 넣어 바꿔보세요. -->
    <string name="app_name">Joyce Todo</string>
    <!-- MainActivity에서 사용할 텍스트입니다. -->
    <string name="add_todo">할 일 추가하기</string>
</resources>
```

04 다시 ❶ [app] → [res → [layout] → activity_main.xml을 열고 다음과 같이 코드 한 줄을 바꿔주세요. 완성된 소스는 다음과 같습니다.

변경전	`android:text="할 일 추가하기"`
변경후	`android:text="@string/add_todo"`

05 [Split]을 눌러 스플릿 모드로 레이아웃을
미리보면 다음과 같은 화면이 보입니다.

10.4.2 AddTodoActivity의 레이아웃 작성하기

AddTodoActivity는 전에 만든 MainActivity에 비해 뷰 수가 더 많습니다.

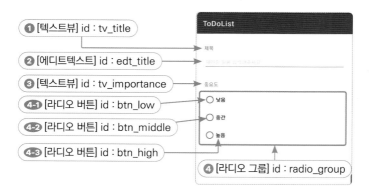

① [텍스트뷰] id : tv_title
② [에디트텍스트] id : edt_title
③ [텍스트뷰] id : tv_importance
④-1 [라디오 버튼] id : btn_low
④-2 [라디오 버튼] id : btn_middle
④-3 [라디오 버튼] id : btn_high
④ [라디오 그룹] id : radio_group

❶, ❸ 텍스트뷰는 많이 사용해보았고, ❷ 사용자의 인풋을 받는 에디트텍스트는 5.6절 '에디트텍스트'에서 자세히 배웠습니다. ❹ 라디오 그룹과 라디오 버튼은 무엇일까요? 라디오 버튼은 사용자가 선택지 중 단 하나만 고르게 할 때 사용합니다. 라디오 그룹에서 하나를 선택하면 나머지는 자동으로 선택이 해제됩니다. 이제부터 AddTodoActivity 레이아웃을 작성합시다.

To Do 01 사용할 스트링 리소스 모두를 strings.xml에 추가합니다. 항상 레이아웃 파일을 작성하기 전에 어떤 스트링 리소스가 쓰이는지 확인하고 strings.xml에 추가하는 습관을 들이도록 합시다. ❶ [app] → [res] → [values] → strings.xml을 열고 다음과 같이 코드를 작성해주세요.

app/src/main/res/values/strings.xml

```xml
<resources>
    <!-- 앱의 이름입니다. -->
    <string name="app_name">Joyce Todo</string>
    <!-- MainActivity text -->
    <string name="add_todo">할 일 추가하기</string>
    <!-- AddTodoActivity text -->
    <string name="title">제목</string>
    <string name="hint_title">해야 할 일을 입력해주세요.</string>
    <string name="importance">중요도</string>
    <string name="importance_low">낮음</string>
    <string name="importance_middle">중간</string>
    <string name="importance_high">높음</string>
    <string name="completion">완료</string>
</resources>
```

02 [app] → [res] → [layout] → activity_add_todo.xml 파일을 열고 기존 코드를 모두 삭제 후 다음과 같이 코드를 구성해주세요.

app/src/main/res/layout/activity_add_todo.xml

```xml
<?xml version="1.0" encoding="utf-8"?>
<androidx.constraintlayout.widget.ConstraintLayout xmlns:android=
"http://schemas.android.com/apk/res/android"
    xmlns:app="http://schemas.android.com/apk/res-auto"
    xmlns:tools="http://schemas.android.com/tools"
    android:layout_width="match_parent"
    android:layout_height="match_parent"
    tools:context=".AddTodoActivity">

    <TextView
        android:id="@+id/title"
```

```xml
        android:layout_width="wrap_content"
        android:layout_height="wrap_content"
        android:layout_marginStart="20dp"
        android:layout_marginTop="30dp"
        android:text="@string/title"
        app:layout_constraintStart_toStartOf="parent"
        app:layout_constraintTop_toTopOf="parent" />

    <EditText
        android:id="@+id/edt_title"
        android:layout_width="0dp"
        android:layout_height="wrap_content"
        android:layout_marginStart="20dp"
        android:layout_marginTop="8dp"
        android:layout_marginEnd="20dp"
        android:hint="@string/hint_title"
        android:imeOptions="actionDone"
        android:inputType="text"
        android:textSize="14sp"
        app:layout_constraintEnd_toEndOf="parent"
        app:layout_constraintStart_toStartOf="parent"
        app:layout_constraintTop_toBottomOf="@id/title" />

    <TextView
        android:id="@+id/importance"
        android:layout_width="wrap_content"
        android:layout_height="wrap_content"
        android:layout_marginStart="20dp"
        android:layout_marginTop="30dp"
        android:text="@string/importance"
        app:layout_constraintStart_toStartOf="parent"
        app:layout_constraintTop_toBottomOf="@id/edt_title" />

    <RadioGroup ─────────────────────── <!-- ❶ 라디오 그룹 -->┐
        android:id="@+id/radio_group"
        android:layout_width="match_parent"
        android:layout_height="wrap_content"
        android:layout_marginStart="20dp"
        android:layout_marginTop="8dp"
```

```
    app:layout_constraintTop_toBottomOf="@id/importance">

    <RadioButton
        android:id="@+id/btn_low"
        android:layout_width="wrap_content"
        android:layout_height="wrap_content"
        android:text="@string/importance_low" />

    <RadioButton
        android:id="@+id/btn_middle"
        android:layout_width="wrap_content"
        android:layout_height="wrap_content"
        android:text="@string/importance_middle" />

    <RadioButton
        android:id="@+id/btn_high"
        android:layout_width="wrap_content"
        android:layout_height="wrap_content"
        android:text="@string/importance_high" />

</RadioGroup>

<Button
    android:id="@+id/btn_completion"
    android:layout_width="0dp"
    android:layout_height="wrap_content"
    android:layout_marginStart="10dp"
    android:layout_marginEnd="10dp"
    android:layout_marginBottom="20dp"
    android:text="@string/completion"
    app:layout_constraintBottom_toBottomOf="parent"
    app:layout_constraintEnd_toEndOf="parent"
    app:layout_constraintStart_toStartOf="parent" />

</androidx.constraintlayout.widget.ConstraintLayout>
```

❶ 라디오 그룹 태그 안에 라디오 버튼을 3개 추가했습니다. 이 세 버튼은 이제 서로가 연관되어 그룹 내에는 딱 한 버튼만 선택되도록 작동합니다.

05 ❶ [Split]을 클릭해 스플릿 모드로 레이아웃을 보면 다음과 같은 화면이 보입니다.

10.5 Room으로 데이터베이스 구성하기

Room으로 데이터베이스를 구성하려면 총 3가지 구성요소를 갖춰야 합니다. 구성 요소를 하나씩 작성해봅시다.

Room 데이터베이스 구성요소	만들 파일 이름
엔티티(Entity)	ToDoEntity
데이터 접근 객체(Data Access Object, DAO)	ToDoDao
룸 데이터베이스(Room Database)	AppDatabase

10.5.1 엔티티 생성하기

엔티티를 데이터베이스의 테이블이라고 생각하면 됩니다. 먼저 어떤 정보를 저장할지 정해야 합니다. 다시 리스트를 살펴봅시다(다음 이미지는 완성 이미지이며 activity_main.xml에서는 아직 아이템 리스트가 보이지 않습니다).

리스트는 ❶ 중요도와 ❷ 타이틀로 구성됩니다. 이 둘을 엔티티의 열Column로 삼아서 다음과 같이 표로 표현할 수 있습니다. 추가적으로 id 열을 추가해 각 행에 유니크한 값을 줍니다.

id	중요도	타이틀
1	높음(1)	책 집필하기
2	중간(2)	부모님께 전화드리기
3	낮음(3)	집 청소하기
4	낮음(3)	운동하기

이제 엔티티를 직접 구현해보겠습니다.

To Do **01** 데이터베이스 관련 소스 파일을 별도 패키지에 생성해 정리해두겠습니다.

❶ [app] → [java] → [com.example.todolist] 위에서 마우스 우클릭 후 ❷ [New] → [Package]를 선택해주세요.

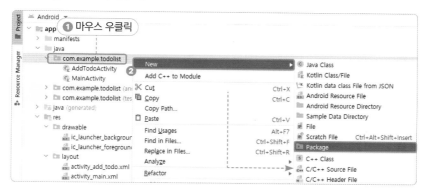

❸ 새로운 패키지의 이름을 db로 지정하고 → enter 를 눌러주세요.

02 엔티티 파일을 생성하겠습니다. ❶ 방금 만든 db 패키지 위에서 우클릭 → ❷ [New] →
[Kotlin Class/File]을 선택해주세요.

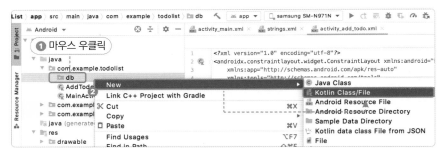

❸ 새로운 클래스의 이름을 ToDoEntity로 지정하고 → enter 를 눌러주세요.

어노테이션(Annotation)

@를 이용하여 프로그램에 추가 정보를 제공하는
방법입니다. 이를 통해 컴파일러가 특정 오류를 억
제하거나 실행 시 특정 행동을 하게 됩니다.

03 ToDoEntity 클래스를 다음과 같이 작성합니다.

app/src/main/java/com/example/todolist/db/ToDoEntity.kt

```
package com.example.todolist.db


import androidx.room.ColumnInfo
import androidx.room.Entity
import androidx.room.PrimaryKey


@Entity // 어떤 구성요소인지를 알려주려면 꼭 어노테이션을 써주어야 합니다.
```

```
data class ToDoEntity ( // ❶ 중괄호 아닌 소괄호입니다.
    @PrimaryKey(autoGenerate = true) var id : Int? = null, // ❷
    @ColumnInfo(name="title") val title : String,
    @ColumnInfo(name="importance") val importance : Int     // ❸
)
```

❶ 코틀린에서 제공하는 데이터 클래스를 생성해줍니다. 데이터 클래스는 주된 목적이 데이터를 가지고 있는 겁니다. 엔티티 클래스는 할 일 정보를 가지고 있기만 하면 되므로 데이터 클래스로 만들기 적합합니다. 이제 엔티티에 필요한 속성을 하나씩 정의해줍시다.

❷ 첫 번째로 모든 테이블에는 기본키Primary Key가 있어야 합니다. 각 정보를 식별하는 값이라고 생각하면 됩니다. 예를 들어 학번이나 주민번호를 생각하면 됩니다. 당연히 중복되면 안 되겠죠. 우리는 Todo 테이블의 기본키로 id를 생성하고, 새로운 값이 생성이 될 때 id가 자동으로 1씩 증가(autoGenerate = true)하면서 저장되게 설정했습니다.

❸ 각 할 일에 저장되어야 할 내용(title)과 중요도(importance)를 각각 String, Int형으로 생성해주었습니다.

10.5.2 데이터 접근 객체(DAO) 생성하기

엔티티에서 데이터 구조를 정의했으니, 데이터 접근 객체에서 데이터로 무엇을 할지 정해봅시다. 구현할 기능은 총 3가지입니다.

1 모든 데이터 가져오기
2 데이터 추가하기
3 데이터 삭제하기

To Do 01 ToDoDao.kt 파일을 생성하겠습니다. ❶ 방금 만든 db 패키지 위에서 우클릭 후 ❷ [New] → [Kotlin Class/File]을 선택해주세요.

02 ❶ Interface를 클릭 후 → ❷ 새로운 파일 이름을 ToDoDao로 지정한 후 → enter 를 눌러
주세요.

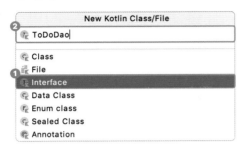

03 ToDoDao 인터페이스를 다음과 같이 입력해주세요.

app/src/main/java/com/example/todolist/db/ToDoDao.kt

```kotlin
package com.example.todolist.db

import androidx.room.Dao
import androidx.room.Delete
import androidx.room.Insert
import androidx.room.Query

@Dao // 어떤 구성요소인지 알려주려면 꼭 어노테이션을 써야 합니다.
interface ToDoDao {
    @Query("SELECT * FROM ToDoEntity")
    fun getAll() : List<ToDoEntity>              // ❶

    @Insert
    fun insertTodo(todo: ToDoEntity)             // ❷

    @Delete
    fun deleteTodo(todo : ToDoEntity)            // ❸
}
```

❶ 일전에 생성한 ToDoEntity에서 모든 데이터를 불러오는 쿼리 함수입니다.
❷ ToDoEntity 객체를 테이블에 삽입하는 함수입니다. ❸ 특정 ToDoEntity 객체를 테이
블에서 삭제하는 함수입니다.

10.5.3 데이터베이스 생성하기

데이터베이스는 앞서 생성한 엔티티 클래스와 DAO 클래스 정보를 담고 있습니다.

Room 데이터베이스 클래스는 다음 3가지 조건을 만족해야 합니다.

1 @Database 어노테이션에서 데이터베이스와 관련된 모든 Entity를 나열합니다.
2 RoomDatabase를 상속하는 추상 클래스여야 합니다.
3 DAO를 반환하고 인수가 존재하지 않는 추상 함수가 있습니다.

글로 보면 어렵지만 실제로 구현해보면 그렇지 않습니다. 데이터베이스 클래스를 작성하면서 조건을 충족시키는지 여부를 확인해봅시다.

To Do 01 AppDatabase.kt 파일을 생성하겠습니다. ❶ db 패키지 위에서 우클릭 → ❷ [New] → [Kotlin Class/File]을 선택해주세요.

02 AppDatabase를 입력하고 enter 를 눌러주세요.

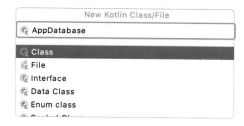

03 다음과 같이 AppDatabase를 작성해주세요.

```
package com.example.todolist.db

import android.content.Context
import androidx.room.Database
import androidx.room.Room
import androidx.room.RoomDatabase

@Database(entities = arrayOf(ToDoEntity::class), version = 1) // ❶ 조건 1
abstract class AppDatabase : RoomDatabase() { // ❷ 조건 2
```

```
abstract fun getTodoDao() : ToDoDao // ❸ 조건 3

companion object {
    val databaseName = "db_todo"      // 데이터베이스 이름
    var appDatabase : AppDatabase? = null

    fun getInstance(context : Context) : AppDatabase? {
        if(appDatabase == null) {
            appDatabase =  Room.databaseBuilder(context,
                AppDatabase::class.java,
                databaseName).build()                        // ❸
        }
        return  appDatabase
    }
}
}
```

앞서 말한 조건을 확인하며 코드를 살펴봅시다.

❶ 조건 1에 해당합니다. @Database 어노테이션으로 데이터베이스 클래스임을 명시하고 entities에 사용될 엔티티 클래스를 나열하면 됩니다. 이번 앱에는 엔티티가 하나이므로 하나만 적어주면 됩니다. 여러 개일 때는 콤마로 구분하여 나열합니다. version에는 현재 데이터베이스 버전을 명시해줍니다.

❷ 조건 2에 해당합니다. RoomDatabase 클래스를 상속받는 추상 클래스입니다.

❸ 조건 3에 해당합니다. ToDoDao를 반환하는 추상 함수입니다.

❹ companion object를 사용하여 만약 appDatabase가 null이면 객체를 생성하고 null이 아니면 기존 객체를 반환하는 싱글턴 패턴 getInstance() 함수를 구현했습니다.

> **싱글턴 패턴**
>
> 데이터베이스 객체 생성에는 큰 비용이 듭니다. 그래서 데이터베이스를 쓸 때마다 객체를 생성하기보다는 한 객체를 여러 클래스에서 글로벌하게 쓰는 게 더 효율적인데요, 이를 싱글턴 패턴이라고 합니다.

지금까지 엔티티 클래스, DAO 인터페이스, 데이터베이스 추상 클래스를 만들었습니다. 이로써 데이터베이스를 사용할 기본 준비를 모두 끝냈습니다.

10.6 할 일 추가 기능 구현하기

할 일을 추가하는 기능을 만들어보겠습니다. 작성할 순서는 다음과 같습니다.

❶ MainActivity에서 AddTodoActivity로 이동하는 버튼을 구현합니다.
❷ AddTodoActivity에서 할 일 추가 기능을 구현합니다.

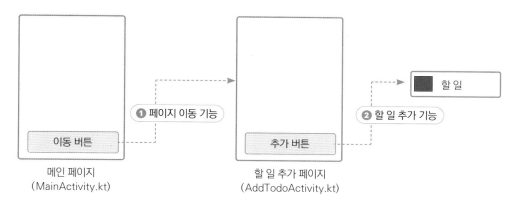

메인 페이지
(MainActivity.kt)

할 일 추가 페이지
(AddTodoActivity.kt)

To Do 01 [할 일 추가하기] 버튼의 id가 필요합니다. 만들어둔 레이아웃 정보가 기억나지 않는다면 [app] → [res] → [layout] → activity_main.xml을 확인해보세요. ❶ [할 일 추가하기] 버튼의 id는 btn_add입니다.

02 [app] → [java] → [com.example.todolist] → MainActivity.kt 파일을 열어주세요. 뷰 바인딩을 이용해 레이아웃을 설정해주고 버튼에 OnClickListener를 달아주겠습니다.

```
                                              /app/src/main/java/com/example/todolist/MainActivity.kt
package com.example.todolist

import android.content.Intent
import android.os.Bundle
import androidx.appcompat.app.AppCompatActivity
import com.example.todolist.databinding.ActivityMainBinding

class MainActivity : AppCompatActivity() {

    private lateinit var binding: ActivityMainBinding // ❶

    override fun onCreate(savedInstanceState: Bundle?) {
        super.onCreate(savedInstanceState)
        binding = ActivityMainBinding.inflate(layoutInflater)
        setContentView(binding.root)                            // ❶

        binding.btnAdd.setOnClickListener {
            val intent = Intent(this, AddTodoActivity::class.java)
            startActivity(intent)                                // ❷
        }
    }
}
```

❶ 기존 setContentView() 코드를 지우고 뷰 바인딩을 설정해주세요. ❷ 인텐트를 사용해 다음 액티비티로 넘어가는 리스너를 구현해줍니다.

03 AddTodoActivity.kt를 열어 할 일 추가 기능을 구현합니다.

```
                                              /app/src/main/java/com/example/todolist/AddTodoActivity.kt
package com.example.todolist

import androidx.appcompat.app.AppCompatActivity
import android.os.Bundle
import android.widget.Toast
import com.example.todolist.databinding.ActivityAddTodoBinding
import com.example.todolist.db.AppDatabase
import com.example.todolist.db.ToDoDao
import com.example.todolist.db.ToDoEntity

class AddTodoActivity : AppCompatActivity() {
```

```kotlin
lateinit var binding : ActivityAddTodoBinding
lateinit var db : AppDatabase
lateinit var todoDao : ToDoDao

override fun onCreate(savedInstanceState: Bundle?) {
    super.onCreate(savedInstanceState)

    binding = ActivityAddTodoBinding.inflate(layoutInflater)    // ❶
    setContentView(binding.root)

    db = AppDatabase.getInstance(this)!!
    todoDao = db.getTodoDao()

    binding.btnCompletion.setOnClickListener {    // ❷
        insertTodo()
    }
}

/**
 * @desc 할 일 추가 함수
**/
private fun insertTodo() {

    val todoTitle = binding.edtTitle.text.toString() // 할 일의 제목
    var todoImportance = binding.radioGroup.checkedRadioButtonId
    // 할 일의 중요도

    // 어떤 버튼이 눌렸는지 확인하고 값을 지정해줍니다
    when(todoImportance) {
        R.id.btn_high -> {
            todoImportance = 1
        }

        R.id.btn_middle -> {
            todoImportance = 2
        }

        R.id.btn_low -> {
```

```
                    todoImportance = 3
            }

        else -> {
            todoImportance = -1
        }
    }

    // 중요도가 선택되지 않거나, 제목이 작성되지 않는지 체크합니다.
    if(todoImportance == -1 || todoTitle.isBlank()) {
        Toast.makeText(this,"모든 항목을 채워주세요.",
        Toast.LENGTH_SHORT).show()
    } else {
        Thread { ─────────────────────────────────────────── // ❸
            todoDao.insertTodo(ToDoEntity(null, todoTitle, todoImportance))
            runOnUiThread { // 아래 작업은 UI 스레드에서 실행해주어야 합니다.
                Toast.makeText(this,"추가되었습니다.",
                Toast.LENGTH_SHORT).show()
                finish() // AddTodoActivity 종료, 다시 MainActivity로 돌아감
            }
        }.start() ─────────────────────
    }
  }
}
```

❶ AppDatabase 객체를 생성하고 ToDoDao를 불러왔습니다. ToDoDao 인터페이스는 할 일을 더하고^{insert}, 삭제하고^{delete}, 조회하는^{query} 기능을 제공합니다. 이 ToDoDao를 활용해서 AddTodoActivity에서 할 일을 추가해보겠습니다.

❷ 하단의 [완료] 버튼을 눌렀을 때 insertTodo( ) 함수가 실행되도록 합시다. insertTodo()는 바로 아래 구현합니다.

❸ 백그라운드 스레드를 실행했습니다. 실무에서는 코루틴^{Coroutines}, RxJava, RxKotlin과 같은 라이브러리를 사용하여 스레드를 컨트롤하고 비동기 처리를 하니 참고만 해두세요.

> **Waring** 데이터베이스 관련 작업은 반드시 백그라운드 스레드에서 진행해야 합니다. 왜냐하면 작업량이 큰 연산이나, 네트워크 통신, 데이터베이스 쿼리 등은 처리에 긴 시간이 들기 때문입니다. 안 그러면 UI 관련 작업을 막을 수도 있습니다(7.1절 '사전 지식 : 메인 스레드와 백그라운드 스레드' 참조).

데이터베이스에 할 일을 추가하는 기능을 구현했습니다. 이어서 추가된 모든 할 일을 리사이클러 뷰를 이용하여 리스트로 구현해보겠습니다.

STEP 3 10.7 리사이클러뷰로 리스트 구현하기

리사이클러뷰가 사용되는 곳은 메인 액티비티였습니다. 구현 순서는 다음과 같습니다.

❶ 메인 액티비티로 돌아가서 데이터베이스로부터 할 일 데이터를 가져옵니다.
❷ 리사이클러뷰를 이용하여 데이터를 보여줍니다.

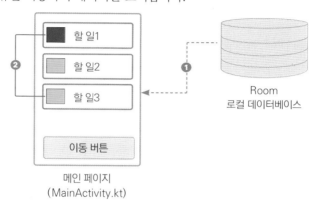

10.7.1 할 일 데이터 불러오기

To Do **01** [app] → [java] → [com.example.todolist] → MainActivity.kt 파일을 열어주세요. 기존 코드에 추가적으로 다음과 같은 코드를 작성해주세요.

/app/src/main/java/com/example/todolist/MainActivity.kt

```
package com.example.todolist

import android.content.Intent
import android.os.Bundle
import androidx.appcompat.app.AppCompatActivity
import com.example.todolist.databinding.ActivityMainBinding
import com.example.todolist.db.AppDatabase
```

```
import com.example.todolist.db.ToDoDao
import com.example.todolist.db.ToDoEntity

class MainActivity : AppCompatActivity() {

    private lateinit var binding: ActivityMainBinding

    private lateinit var db : AppDatabase ─────────────────┐
    private lateinit var todoDao : ToDoDao                  │ // ❶
    private lateinit var todoList : ArrayList<ToDoEntity> ──┘

    override fun onCreate(savedInstanceState: Bundle?) {
        super.onCreate(savedInstanceState)
        binding = ActivityMainBinding.inflate(layoutInflater)
        setContentView(binding.root)

        binding.btnAdd.setOnClickListener {
            val intent = Intent(this, AddTodoActivity::class.java)
            startActivity(intent)
        }

        // DB 인스턴스를 가져오고 DB작업을 할 수 있는 DAO를 가져옵니다. ─┐
        db = AppDatabase.getInstance(this)!!                          │ // ❷
        todoDao = db.getTodoDao() ────────────────────────────────────┘

        getAllTodoList()  // 할 일 리스트 가져오기
    }

    private fun getAllTodoList() { ─────────┐
        Thread {                            │
            todoList = ArrayList(todoDao.getAll())  │ // ❸
            setRecyclerView()               │
        }.start()                           │
    } ──────────────────────────────────────┘

    private fun setRecyclerView() { ────────┐
        // 리사이클러뷰 설정                 │ // ❹
    } ──────────────────────────────────────┘
}
```

❶ 데이터베이스 관련 변수를 선언해주고, 할 일 리스트를 담아둘 todoList 변수를 선언해줍니다. ❷ AppDatabase 객체를 생성해서 ToDoDao를 불러오겠습니다. 이후에 ToDoDao를 활용해서 MainActivity에서 할 일을 조회해보겠습니다. ❸ 백그라운드 스레드에서 DB 관련 작업을 해줍니다. 모든 할 일 리스트를 가져온 후 ❶에서 선언한 todoList에 할당해줍니다. ❹ getAllTodoList() 함수에서 리스트를 가져온 후 호출되는 함수입니다. 리사이클러뷰를 설정하는 함수입니다.

10.7.2 리사이클러뷰 어댑터 만들기

리사이클러뷰를 구성하는 주요 구성요소로 어댑터와 레이아웃 매니저가 있습니다. 레이아웃 매니저는 직접 구현할 부분이 없습니다. 따라서 어댑터만 작성하면 됩니다. 어댑터에서는 아이템뷰를 생성하고, 데이터를 뷰와 바인딩해주면 됩니다 (10.2절 '사전 지식 : 리사이클러뷰 알아보기' 참고).

어댑터를 만들기 전에 아이템뷰로 쓰일 레이아웃 파일을 다음 그림과 같이 만들어야 합니다.

To Do 01 아이템뷰로 쓰일 새로운 레이아웃 파일 item_todo.xml을 만들어주겠습니다. ❶ [app] → [res] → [layout] 우클릭 → ❷ [New] → [Layout Resource File]을 클릭해주세요.

❸ 새로운 레이아웃 파일의 이름으로 item_todo를 지정해주세요. ❹ [OK]를 눌러주세요.

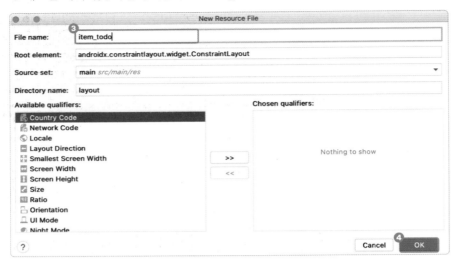

02 기존 코드를 삭제하고 다음과 같이 item_todo.xml을 작성해주세요.

app/src/main/res/layout/item_todo.xml

```xml
<?xml version="1.0" encoding="utf-8"?>
<androidx.constraintlayout.widget.ConstraintLayout
    xmlns:android="http://schemas.android.com/apk/res/android"
    android:layout_width="match_parent"
    android:layout_height="100dp"  <!-- 높이 지정 -->
    xmlns:app="http://schemas.android.com/apk/res-auto">

    <TextView
        android:id="@+id/tv_importance"
        android:layout_width="50dp"
        android:layout_height="50dp"
        android:background="@color/yellow"  <!-- ❶ -->
        app:layout_constraintStart_toStartOf="parent"
        app:layout_constraintTop_toTopOf="parent"
        app:layout_constraintBottom_toBottomOf="parent"
        android:layout_marginStart="20dp"
        android:text="2"
        android:gravity="center"
        android:textSize="19sp"
        android:textColor="@color/white"
        />
```

```
    <TextView
        android:id="@+id/tv_title"
        android:layout_width="0dp"
        android:layout_height="wrap_content"
        android:text="GO TO GYM"
        app:layout_constraintStart_toEndOf="@id/tv_importance"
        app:layout_constraintTop_toTopOf="parent"
        app:layout_constraintBottom_toBottomOf="parent"
        app:layout_constraintEnd_toEndOf="parent"
        android:layout_marginEnd="20dp"
        android:layout_marginStart="10dp"
        />

</androidx.constraintlayout.widget.ConstraintLayout>
```

❶ 에러가 납니다. 그 이유는 아직 컬러를 선언하지 않고 별칭을 사용했기 때문입니다. 오류를 해결해봅시다.

```
        android:layout_height="50dp"
        android:background="@color/yellow"
        app:layout_constraintStart_toSt
        app:layout_constraintTop_toTop0            Cannot resolve symbol '@color/yellow'
```

03 [app] → [java] → [res] → [values] → colors.xml을 클릭하세요. 기본 정의된 색상에 red, yellow, green 색상을 추가해보겠습니다.

app/src/main/res/values/colors.xml

```xml
<?xml version="1.0" encoding="utf-8"?>
<resources>
    <color name="purple_200">#FFBB86FC</color>
    <color name="purple_500">#FF6200EE</color>
    <color name="purple_700">#FF3700B3</color>
    <color name="teal_200">#FF03DAC5</color>
    <color name="teal_700">#FF018786</color>
    <color name="black">#FF000000</color>
    <color name="white">#FFFFFFFF</color>
    // 아래 세 색상을 추가해주세요.
    <color name="red">#FF3030</color>
    <color name="yellow">#FFC600</color>
    <color name="green">#10A806</color>

</resources>
```

이제 item_todo.xml에 발생한 에러가 사라질 겁니다.

04 새로운 TodoRecyclerViewAdapter.kt 파일을 생성해줍니다.

❶ [app] → [java] → [com.example.todolist]에서 우클릭 후 ❷ [New] → [Kotlin Class/File]을 선택해주세요.

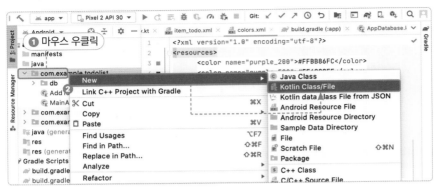

❸ 새로운 파일의 이름을 TodoRecyclerViewAdapter로 지정한 후 enter 를 눌러주세요.

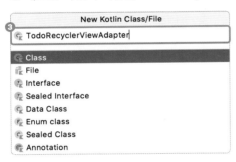

05 [app] → [java] → [com.example.todolist] → TodoRecyclerViewAdapter.kt에 리사이클러뷰 어댑터의 기본 구조를 완성해보겠습니다. 다음과 같이 코드를 작성해주세요.

/app/src/main/java/com/example/todolist/TodoRecyclerViewAdapter.kt

```
package com.example.todolist

import android.view.LayoutInflater
import android.view.ViewGroup
import androidx.recyclerview.widget.RecyclerView
import com.example.todolist.databinding.ItemTodoBinding
import com.example.todolist.db.ToDoEntity
```

```
class TodoRecyclerViewAdapter(private val todoList : ArrayList<ToDoEntity>)
: RecyclerView.Adapter<TodoRecyclerViewAdapter.MyViewHolder>() { ─── // ❶

    inner class MyViewHolder(binding : ItemTodoBinding) :
    RecyclerView.ViewHolder(binding.root) {
        val tv_importance = binding.tvImportance
        val tv_title = binding.tvTitle

                                                            // ❷
        // 뷰 바인딩에서 기본적으로 제공하는 root 변수는 레이아웃의
        // 루트 레이아웃을 의미합니다.
        val root = binding.root
    }


    override fun onCreateViewHolder(parent: ViewGroup, viewType: Int):
    MyViewHolder {
        TODO("Not yet implemented")
    }                                                     // ❸

    override fun onBindViewHolder(holder: MyViewHolder, position: Int) {
        TODO("Not yet implemented")
    }                                                     // ❹

    override fun getItemCount(): Int {
        TODO("Not yet implemented")
    }                              // ❺
}
```

❶ 어댑터 객체를 생성할 때 todoList를 인수로 받아줍니다. **RecyclerView.Adapter〈❷에서 만들 뷰홀더 클래스〉**를 상속합니다(뷰홀더 패턴으로 구현합니다).

❷ MyViewHolder 클래스를 생성해줍니다. RecyclerView.ViewHolder 클래스를 상속한 뷰홀더 클래스입니다.

❸ onCreateViewHolder() 함수에서는 ❷에서 만든 뷰홀더 객체를 생성해줍니다.

❹ onBindViewHolder() 함수에서는 ❶에서 받은 데이터를 ❸에서 생성한 뷰홀더 객체에 어떻게 넣어줄지 결정해줍니다.

❺ getItemCount()에서는 데이터가 몇 개인지 변환해주어야 합니다.

> **뷰홀더 패턴(ViewHolder Pattern)**
> 각 뷰 객체를 뷰 홀더에 보관하여 반복적인 메서드 호출을 줄여 속도를 개선하는 패턴

06 onCreateViewHolder(), onBindViewHolder(), getItemCount() 함수를 마저 구현 해주겠습니다. 다음과 같이 작성하면 됩니다.

/app/src/main/java/com/example/todolist/TodoRecyclerViewAdapter.kt

```kotlin
override fun onCreateViewHolder(parent: ViewGroup, viewType: Int):
MyViewHolder {
    // item_todo.xml 뷰 바인딩 객체 생성
    val binding: ItemTodoBinding =
        ItemTodoBinding.inflate(LayoutInflater.from(parent.context),
            parent, false)
    return MyViewHolder(binding)
}

override fun onBindViewHolder(holder: MyViewHolder, position: Int) {
    val todoData = todoList[position]
    // 중요도에 따라 색상을 변경
    when (todoData.importance) {
        1 -> {
            holder.tv_importance.setBackgroundResource(R.color.red)
        }

        2 -> {
            holder.tv_importance.setBackgroundResource(R.color.yellow)
        }

        3 -> {
            holder.tv_importance.setBackgroundResource(R.color.green)
        }
    }
    // 중요도에 따라 중요도 텍스트(1, 2, 3) 변경
    holder.tv_importance.text = todoData.importance.toString()
    // 할 일의 제목 변경
    holder.tv_title.text = todoData.title
```

```
    }

    override fun getItemCount(): Int {
        // 리사이클러뷰 아이템 개수는 할 일 리스트 크기
        return todoList.size
    }
```

10.7.3 MainActivity.kt에서 어댑터 연결하기

어댑터를 완성했으면 메인 액티비티로 돌아가서 리사이클러뷰와 연결해야 합니다. 리사이클러뷰는 어댑터와 레이아웃 매니저가 필요하다는 사실을 잊지 말고 다음 코드를 작성해봅시다.

To Do **01** [app] → [java] → [com.example.todolist] → MainActivity.kt로 돌아가서 다음과 같이 함수를 추가해주세요.

```
package com.example.todolist          /app/src/main/java/com/example/todolist/MainActivity.kt

import android.content.Intent
import android.os.Bundle
import androidx.appcompat.app.AppCompatActivity
import androidx.recyclerview.widget.LinearLayoutManager
import com.example.todolist.databinding.ActivityMainBinding
import com.example.todolist.db.AppDatabase
import com.example.todolist.db.ToDoDao
import com.example.todolist.db.ToDoEntity

class MainActivity : AppCompatActivity() {

    private lateinit var binding: ActivityMainBinding

    private lateinit var db : AppDatabase
    private lateinit var todoDao : ToDoDao
    private lateinit var todoList : ArrayList<ToDoEntity>
    private lateinit var adapter : TodoRecyclerViewAdapter // ❶

    override fun onCreate(savedInstanceState: Bundle?) {
        super.onCreate(savedInstanceState)
        binding = ActivityMainBinding.inflate(layoutInflater)
```

```kotlin
        setContentView(binding.root)

        binding.btnAdd.setOnClickListener {
            val intent = Intent(this, AddTodoActivity::class.java)
            startActivity(intent)
        }

        // DB 인스턴스를 가져오고 DB작업을 할 수 있는 DAO를 가져옵니다.
        db = AppDatabase.getInstance(this)!!
        todoDao = db.getTodoDao()

        getAllTodoList()
    }

    private fun getAllTodoList() {
        Thread {
            todoList = ArrayList(todoDao.getAll())
            setRecyclerView()
        }.start()
    }

    private fun setRecyclerView() {
        // 리사이클러뷰 설정
        runOnUiThread {                                            // ❷
            adapter = TodoRecyclerViewAdapter(todoList) // 어댑터 객체 할당
            binding.recyclerView.adapter = adapter
            // 리사이클러뷰 어댑터로 위에서 만든 어댑터 설정
            binding.recyclerView.layoutManager = LinearLayoutManager(this)
            // 레이아웃 매니저 설정
        }
    }

    override fun onRestart() {
        super.onRestart()
        getAllTodoList()                    // ❸
    }
}
```

❶ 리사이클러뷰 어댑터를 변수로 선언해줍니다.

❷ 비워두었던 setRecyclerView()를 채워줍니다. UI 관련 작업이므로 runOnUiThread{} 를 사용해 코드를 UI 스레드에서 실행합니다(왜냐하면 setRecyclerView( ) 함수를 부르는 곳 이 getAllTodoList( ) 함수인데, 이 함수가 백그라운드 스레드에서 실행되기 때문입니다).

❸ onRestart( ) 함수는 액티비티가 멈췄다가 다시 시작할 때 실행되는 함수입니다(잘 기억 이 안 난다면, 4.2.2절 '액티비티의 생명 주기'를 참고하세요). getAllTodoList( ) 함수를 작 동시켜 새롭게 할 일 리스트 데이터를 갱신시켜줍니다. 이렇게 하면 AddTodoActivity에 서 다시 돌아왔을 때 리스트가 갱신됩니다.

MainActivity.kt 작성을 완료했습니다. 한 번 작동하는지 확인해봅시다.

10.7.4 작동 테스트하기

To Do **01** 안드로이드 스튜디오 메뉴에서 [Run] → [Run 'app']을 선택하여 앱을 실행해보세요.

02 아직 할 일을 추가하지 않았기 때문에 빈 화면이 보이네요. [할 일 추가하기] 버튼을 눌러주 세요.

03 ❶ 할 일 제목을 적어주세요. 저는 헬스장 가기로 하고 ❷ 중요도를 낮음으로 선택했습니다.
❸ [완료]를 눌러주세요.

그러면 "추가되었습니다"라는 토스트와 함께 메인 화면으로 돌아옵니다. 메인 화면에 방금
추가한 할 일이 보이네요. 같은 방식으로 여러분 앱이 작동하면 성공입니다.

STEP 4 # 10.8 할 일 삭제 기능 구현하기

할 일 삭제 기능을 구현합시다. 구현 순서는 다음과 같습니다.

❶ 꾹 눌렀을 때 삭제 확인 알림창(AlertDialog)을 띄웁니다.

❷ [네]를 선택하면 할 일이 삭제되게끔 합니다.

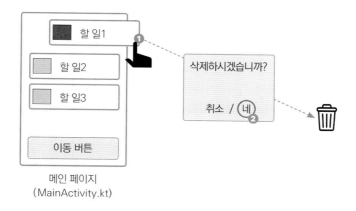

메인 페이지
(MainActivity.kt)

To Do **01** 아이템이 길게 눌렀을 때 사용할 인터페이스(OnItemLongClickListener.kt)를 생성해주
겠습니다.

❶ [app] → [java] → [com.example.todolist]에서 우클릭 후 ❷ [New] → [Kotlin
Class/File]을 선택해주세요.

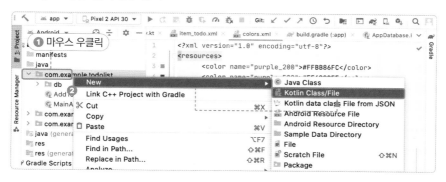

❸ Interface를 클릭 후 → ❹ 새로운 파일 이름을 OnItemLongClickListener로 지정한
후 → enter 를 눌러주세요.

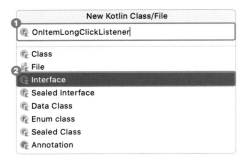

02 OnItemLongClickListener.kt를 다음과 같이 작성해주세요. 길게 클릭되었을 때 실행할
함수 하나만 있으면 됩니다.

/app/src/main/java/com/example/todolist/OnItemLongClickListener.kt

```kotlin
package com.example.todolist

interface OnItemLongClickListener {
    fun onLongClick(position : Int)
}
```

03 방금 만든 인터페이스를 이용해 [app] → [java] → [com.example.todolist] →
TodoRecyclerViewAdatper.kt에서 아이템이 길게 눌렸을 때 작업을 설정해주어야 합니
다. 다음과 같이 코드를 추가해주세요.

/app/src/main/java/com/example/todolist/TodoRecyclerViewAdapter.kt

```kotlin
package com.example.todolist

import android.view.LayoutInflater
import android.view.ViewGroup
import androidx.recyclerview.widget.RecyclerView
import com.example.todolist.databinding.ItemTodoBinding
import com.example.todolist.db.ToDoEntity

class TodoRecyclerViewAdapter(private val todoList: ArrayList<ToDoEntity>,
    private val listener : OnItemLongClickListener) : // ❶
    RecyclerView.Adapter<TodoRecyclerViewAdapter.MyViewHolder>() {

    inner class MyViewHolder(binding: ItemTodoBinding) :
```

```kotlin
RecyclerView.ViewHolder(binding.root) {
    val tv_importance = binding.tvImportance
    val tv_title = binding.tvTitle

    // 뷰 바인딩에서 기본적으로 제공하는 root 변수는 레이아웃의
    // 루트 레이아웃을 의미합니다.
    val root = binding.root
}

override fun onCreateViewHolder(parent: ViewGroup, viewType: Int):
    MyViewHolder {
    // item_todo.xml 바인딩 객체 생성
    val binding: ItemTodoBinding =
        ItemTodoBinding.inflate(LayoutInflater.from(parent.context),
            parent, false)
    return MyViewHolder(binding)
}

override fun onBindViewHolder(holder: MyViewHolder, position: Int) {
    val todoData = todoList[position]
    // 중요도에 따라 색상 변경
    when (todoData.importance) {
        1 -> {
            holder.tv_importance.setBackgroundResource(R.color.red)
        }

        2 -> {
            holder.tv_importance.setBackgroundResource(R.color.yellow)
        }

        3 -> {
            holder.tv_importance.setBackgroundResource(R.color.green)
        }
    }
    // 중요도에 따라 중요도 변경
    holder.tv_importance.text = todoData.importance.toString()
    // 할 일 제목 변경
    holder.tv_title.text = todoData.title
```

```
        // 할 일이 길게 클릭되었을 때 리스너 함수 실행 ──┐
        holder.root.setOnLongClickListener {
            listener.onLongClick(position)                    ❷
            false
        } ────────────────────────────────────────
    }

    override fun getItemCount(): Int {
        // 리사이클러뷰 아이템 개수는 할 일 리스트의 크기
        return todoList.size
    }
}
```

❶ OnItemLongClickListener 인터페이스 구현체는 메인 액티비티에서 넘겨주어야 합니다. 인수로 추가해주세요.

❷ holder.root는 한 아이템뷰의 루트 레이아웃입니다. 아이템뷰 전체 레이아웃 범위를 뜻한다고 보면 됩니다. setOnLongClickListener() 함수를 사용하여 길게 눌렸을 때 어떤 코드가 실행될지 적어주면 됩니다. 우리는 ❶에서 넘겨진 OnItemLongClickListener 구현체의 onLongClick() 함수를 실행해주겠습니다. 인수로 position을 넘겨주어 어떤 것이 눌렸는지 리스너에 알려줍니다.

04 [app] → [java] → [com.example.todolist] → MainActivity.kt에서 OnItemLongClickListener 인터페이스를 구현한 후 리사이클러뷰에 넘겨주겠습니다. 다음과 같이 코드를 작성해주세요.

```
                                    /app/src/main/java/com/example/todolist/MainActivity.kt
package com.example.todolist

import android.content.DialogInterface
import android.content.Intent
import android.os.Bundle
import android.widget.Toast
import androidx.appcompat.app.AlertDialog
import androidx.appcompat.app.AppCompatActivity
import androidx.recyclerview.widget.LinearLayoutManager
import com.example.todolist.databinding.ActivityMainBinding
import com.example.todolist.db.AppDatabase
import com.example.todolist.db.ToDoDao
import com.example.todolist.db.ToDoEntity
```

```kotlin
class MainActivity : AppCompatActivity(), OnItemLongClickListener { // ❶

    private lateinit var binding: ActivityMainBinding

    private lateinit var db: AppDatabase
    private lateinit var todoDao: ToDoDao
    private lateinit var todoList: ArrayList<ToDoEntity>
    private lateinit var adapter: TodoRecyclerViewAdapter

    override fun onCreate(savedInstanceState: Bundle?) {
        super.onCreate(savedInstanceState)
        binding = ActivityMainBinding.inflate(layoutInflater)
        setContentView(binding.root)

        binding.btnAdd.setOnClickListener {
            val intent = Intent(this, AddTodoActivity::class.java)
            startActivity(intent)
        }

        // DB 인스턴스를 가져오고 DB작업을 할 수 있는 DAO를 가져옵니다.
        db = AppDatabase.getInstance(this)!!
        todoDao = db.getTodoDao()

        getAllTodoList()
    }

    private fun getAllTodoList() {
        Thread {
            todoList = ArrayList(todoDao.getAll())
            setRecyclerView()
        }.start()
    }

    private fun setRecyclerView() {
        // 리사이클러뷰 설정
        runOnUiThread {
            adapter = TodoRecyclerViewAdapter(todoList, this)
                                        // ❷ 어댑터 객체 할당
```

```kotlin
            binding.recyclerView.adapter = adapter
            // 리사이클러뷰 어댑터로 위에서 만든 어댑터 설정
            binding.recyclerView.layoutManager = LinearLayoutManager(this)
            // 레이아웃 매니저 설정
        }
    }

    override fun onRestart() {
        super.onRestart()
        getAllTodoList()
    }
    /**
     * @desc OnItemLongClickListener 인터페이스 구현부
     **/
    override fun onLongClick(position: Int) { ─────────────────────── // ❸
        val builder: AlertDialog.Builder = AlertDialog.Builder(this)
        builder.setTitle("할 일 삭제")                    // 제목 설정
        builder.setMessage("정말 삭제하시겠습니까?") // 내용 설정
        builder.setNegativeButton("취소", null)      // 취소 버튼 설정
        builder.setPositiveButton("네",              // 확인 버튼 설정
            object : DialogInterface.OnClickListener {
                override fun onClick(p0: DialogInterface?, p1: Int) {
                    deleteTodo(position)
                }
            }
        )
        builder.show()
    }


    private fun deleteTodo(position: Int) { ─────────────────────── // ❹
        Thread {
            todoDao.deleteTodo(todoList[position]) // DB에서 삭제
            todoList.removeAt(position)  // 리스트에서 삭제
            runOnUiThread {                       // UI 관련 작업은 UI 스레드에서
                adapter.notifyDataSetChanged()
                Toast.makeText(this, "삭제되었습니다.", Toast.LENGTH_SHORT).show()
            }
        }.start()
    }
}
```

❶ OnItemLongClickListener 인터페이스를 구현해줍니다. ❷ 리사이클러뷰 어댑터에서 리스트와 OnItemLongClickListener 구현체를 인수로 받습니다. 이미 해당 인터페이스를 메인 액티비티에 구현해주고 있기 때문에 this로 넘겨줍니다. ❸ OnItemLongClickListener에서 구현해야 하는 onLongClick() 함수를 구현해봅시다. 길게 눌렀을 때 대화상자가 뜨도록 해야 합니다. 알림창 Alert Dialog는 진행하기 전에 사용자에게 의사를 물어볼 때 사용합니다. 알림창을 뜯어보면 다음과 같습니다.

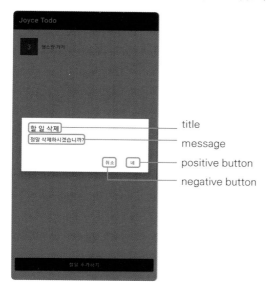

각 버튼에 클릭 리스너를 달 수 있습니다. [네] 버튼(Positive Button)를 누르면 delete Todo() 함수를 호출해 삭제가 진행됩니다.

❹ deleteTodo() 함수에서는 Room 데이터베이스에서 해당 할 일을 삭제하고 todoList를 업데이트합니다. adapter.notifyDataSetChanged() 함수는 어댑터에게 데이터가 바뀌었음을 알려줌으로써 리사이클러뷰가 그에 맞춰 자동으로 업데이트되게 합니다.

드디어 할 일 리스트 앱이 완성되었습니다. 정상적으로 작동하는지 확인해볼까요?

10.9 테스트하기

To Do **01** [Run] → [Run 'app']을 선택하여 에뮬레이터나 본인의 기기에서 앱을 실행해보세요.

02 할 일을 추가해봅시다.

① [할 일 추가하기] 버튼을 눌러 할 일을 추가해주세요.

② 할 일의 제목을 입력해주세요. **③** 중요도를 선택해주세요. **④** 입력이 모두 끝났으면 [완료] 버튼을 클릭해 할 일을 추가해주세요.

⑤ 같은 방식으로 할 일을 하나 더 추가해주세요.

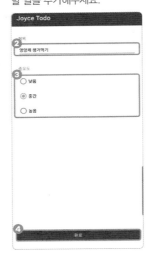

03 할 일을 삭제해봅시다.

① 두 번째 아이템을 길게 누릅니다.
② 알림창이 뜨면 [네] 버튼을 눌러 삭제합니다.
삭제한 할 일에서 '운동하기' 항목이 더 이상 보이지 않으면 정상적으로 삭제가 완료된 겁니다.

학습 마무리

할 일 리스트 앱에서는 Room 지속성 라이브러리로 앱 내에서 사용할 데이터베이스를 구축했습니다. 할 일을 조회/추가/삭제하고, 리사이클러뷰를 이용해 조회된 데이터를 리스트로 보여주는 방법도 배웠습니다. 앱 내부에 데이터베이스를 구축할 수 있다는 말은 서버나 원격 데이터베이스를 구축하지 않더라도 충분히 사용자 활동이나 원하는 정보를 저장할 수 있다는 뜻입니다. 여러분은 어떤 정보를 앱에 저장하고 싶나요?

핵심 요약

1 Room 지속성 라이브러리는 스마트폰 내장 DB에 데이터를 쉽게 저장할 수 있도록 하는 라이브러리입니다. 크게 엔티티, 데이터 접근 객체, 룸 데이터베이스로 구성됩니다.

2 리사이클러뷰는 아이템뷰를 재활용해 높은 성능을 가지고 있습니다. 리사이클러뷰를 구성하는 요소는 레이아웃 매니저와 어댑터가 있습니다.

3 라디오 그룹과 라디오 버튼을 이용하면 사용자에게 선택지 중 하나만 고르게 할 수 있습니다.

4 스트링 리소스나 컬러 리소스는 재사용성을 높이려면 각각 strings.xml과 colors.xml에 저장하면 됩니다.

5 시간이 오래 걸릴 수 있는 데이터베이스 관련 작업은 백그라운드 스레드에서 하고, 리사이클러뷰를 설정하는 등 UI 관련 작업은 UI 스레드에서 수행해야 합니다.

미세먼지 측정 앱을 단계별로 발전시키며 개발합니다. 첫 번째는 최소 기능 제품 구현하는 단계입니다. 현 위치의 미세먼지 농도를 텍스트로 보여주는 거죠. 두 번째 단계에서는 구글 맵을 사용해 측정 위치를 변경할 수 있게 업그레이드합니다. 세 번째 단계에서는 애드몹 광고를 앱에 붙입니다. 마지막으로 우리가 만든 앱을 배포용으로 수정해 구글 플레이 스토어에 직접 배포까지 해봅니다.

현업에서 앱을 개발할 때 큰 도움이 될 실무적이고 활용도 높은 방법을 배우게 됩니다.

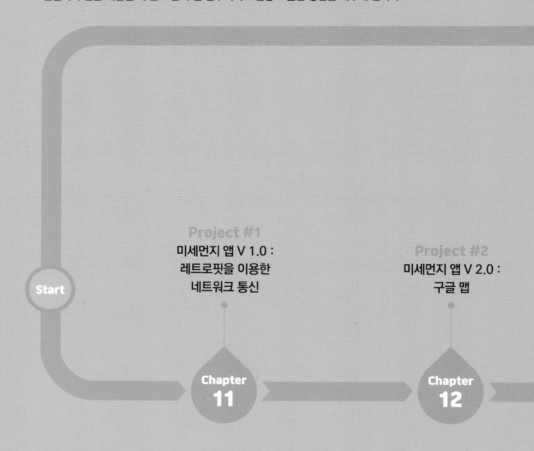

Project #1

미세먼지 앱 V 1.0 :
레트로핏을 이용한
네트워크 통신

Project #2

미세먼지 앱 V 2.0 :
구글 맵

Start

Chapter
11

Chapter
12

---

1   Minimum Viable Product, MVP. 최소한으로 핵심 기능을 구현한 제품을 말합니다.

V 1.0	V 2.0
V 3.0	플레이 스토어 배포 V 4.0

 구글 플레이 스토어에서 앱을 다운받아
작동을 확인해보세요!

난이도	★★★★
이름	미세먼지 측정 앱
예제 위치	• 링크 : https://github.com/code-with-joyce/must_have_android • 폴더 : 11_AirQuality_ver1, 12_AirQuality_ver2, 13_AirQuality_ver3, 14_AirQuality_ver4
프로젝트명	AirQuality
개발 환경	• minSdk : 26 • targetSdk : 31
미션	레트로핏을 이용하여 서버와 통신해 미세먼지 정보를 가져와봐요.
기능	• 현재 위치 보여주기 • 미세먼지 농도 보여주기 • 지도에서 원하는 위치 지정하기 • 광고 보여주기
핵심 구성요소	레트로핏 라이브러리, 뷰 바인딩, 구글 맵, 플로팅 액션 버튼, 구글 애드몹 모바일 광고, 파이어베이스, 앱 런처

Project #1

미세먼지 앱 V 1.0
레트로핏을 이용한 네트워크 통신

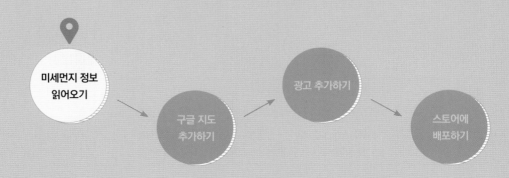

미세먼지 정보
읽어오기

구글 지도
추가하기

광고 추가하기

스토어에
배포하기

내 위치

내 위치 미세먼지 농도

측정 시간

다시 측정하기

난이도	★★★★
이름	미세먼지 측정 앱 V 1.0
예제 위치	• 링크 : https://github.com/code-with-joyce/must_have_android • 폴더 : 11_AirQuality_ver1
프로젝트명	AirQuality
개발 환경	• minSdk : 26 • targetSdk : 31
미션	레트로핏을 이용하여 서버와 통신해 미세먼지 정보를 가져와봐요
기능	• 현재 위치 정보 가져오기 • 미세먼지 농도 가져오기 • 미세먼지 농도를 4단계로 나누어 보여주기
조작법	• 앱을 열고 미세먼지 농도 확인 • 새로고침 버튼을 눌러 미세먼지 농도 업데이트
핵심 구성요소	• 레트로핏 라이브러리 : 안드로이드에서 통신 라이브러리 • 뷰 바인딩 : 뷰를 더 편리하게 사용할 수 있는 라이브러리

학습 목표

이번 장에서는 클라이언트와 서버란 무엇인지, HTTP와 API는 무엇인지 통신 관련 기본 지식을 쌓고, 미세먼지 농도를 측정하는 미세먼지 앱을 만듭니다. 안드로이드에서 통신 관련 개발에 필수적인 레트로핏^Retrofit 라이브러리를 깊이 있게 배워보겠습니다.

프로젝트 구상하기

지금까지 구현한 앱들은 내가 직접 생성한 데이터(10장 할 일 리스트), 내가 가져온 mp3 파일(8장 뮤직 플레이어)을 활용했습니다. 이 세상에서 생성되는 무궁무진한 데이터를 앱에서 사용할 수 있다면 훨씬 활용도가 높은 앱을 만들 수 있을 겁니다. 그러려면 인터넷에서 데이터를 받아오는 방법을 알아야겠지요. 이번 장에서는 클라이언트와 서버, API 등 통신 관련 기본 지식을 쌓고 어떻게 서버와 통신하는지 알아보겠습니다.

학습 순서

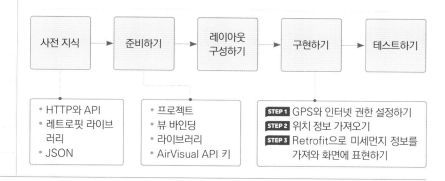

11.1 사전 지식 : HTTP와 API

이번 장에서는 HTTP와 API 통신 프로그램을 만듭니다. 초보자를 고려해 HTTP와 API를 간단히 소개합니다. 아시는 분은 11.1절을 건너뛰어도 좋습니다.

11.1.1 클라이언트와 서버

클라이언트와 서버 개념부터 알아보겠습니다. 클라이언트는 요청하는 역할, 서버는 주는 역할을 하는 프로그램입니다.

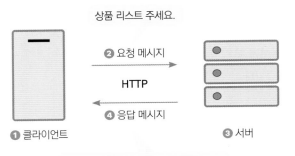

❶ 클라이언트가 상품 리스트를 달라고 서버에게 ❷ 요청^{request} 메시지를 보냅니다. ❸ 서버는 데이터베이스에서 관련 상품 정보를 불러와 ❹ 응답^{response} 메시지에 정보를 담아 클라이언트에 전달합니다. 이와 같이 클라이언트는 서버에 요청을 보내 원하는 데이터와 콘텐츠 등을 응답받는 시스템(앱, 단말기 등)입니다. 반대로 서버는 클라이언트에게서 받은 요청을 처리하여 응답을 주는 시스템이죠.

11.1.2 HTTP

클라이언트가 데이터를 요청하고 서버가 응답한다는 사실을 배웠습니다. 그런데 서버에 연결된 수많은 클라이언트들이 각기 다른 형식으로 요청 메시지를 보내면 어떨까요? 서버가 제대로 응답하려면 각기 다른 형식의 요청을 해석하는 방식을 알아야 합니다. 말이 쉽지만 이는 사실상 불가능합니다.

그래서 HTTP 통신 프로토콜이 자리잡게 됩니다. 프로토콜을 쉽게 풀어 얘기하자면 "요청할 때는 이런 형식으로 하자. 응답할 때는 이런 형식으로 보내주자"는 약속입니다. HTTP 프로토콜을 사용하면 처음 보는 서버에 요청을 보낼 때도 어떤 식으로 보내야 하는지 큰 고민을 할 필요가 없습니다. 응답 메시지도 역시 마찬가지입니다.

11.1.3 URL

URL은 Uniform Resource Locator 약자로 인터넷에서의 자원 위치를 나타냅니다. 어렵게 생각하지 않아도 됩니다. 쪼개서 분석해봅시다. 참고로 URI^{Uniform Resource Identifier}(통합 자원 식별자)와 헷갈릴 수도 있는데, URI는 모든 물리적, 논리적 리소스를 식별하는 고유의 문자열입니다. URL은 그중에서도 웹에서 리소스의 위치를 나타내므로 URI에 포함되는 하위 개념입니다.

❶은 클라이언트가 어떤 프로토콜을 사용해야 하는지 나타냅니다. 보통의 서버는 http나 https(HTTP 프로토콜의 보안 버전)를 사용합니다. ftp(파일 전송), mailto(이메일) 프로토콜 등도 있습니다. ❷는 도메인 이름입니다. IP 주소를 직접 사용해도 되지만 도메인 이름을 사용하면 더 편리합니다. 서버 위치를 알려준다고 생각하면 됩니다. ❸은 자원이 존재하는 경로 정보입니다. 궁극적으로 도착할 html 파일 위치를 지정합니다. android 안에 있는 index.html 파일을 요청하고 있군요.

11.1.4 HTTP 요청 메서드

HTTP 요청 메서드는 자원에 어떤 행동을 원하는지를 나타냅니다. 요청 메시지를 보내는 이유가 데이터를 가져오고 싶어서인지, 삭제하고 싶어서인지 등을 알려주는 것이라고 생각하면 됩니다. 대표적인 요청 메서드로는 GET, POST, PUT, DELETE가 있습니다. 레트로핏을 사용할 때도 꼭 알아야 하는 개념이므로 숙지해두도록 합니다.

메서드	설명
GET	대상 자원을 요청할 때 사용합니다. 예) 사용자 정보 요청 [GET] https://api.joyce.com/user
POST	클라이언트에서 서버로 어떤 정보를 제출할 때 사용합니다. 예) 사용자 정보 추가 [POST] https://api.joyce.com/user
PUT	대상 자원을 대체하고자 할 때 사용합니다. 예) 사용자 정보 수정 [PUT] https://api.joyce.com/user
DELETE	대상 자원을 삭제하고자 할 때 사용합니다. 예) 사용자 정보 삭제 [DELETE] https://api.joyce.com/user

예시에서 볼 수 있다시피 같은 URL의 /user를 사용하더라도 메서드에 따라 정보를 가져올 수도, 수정할 수도, 삭제할 수도 있습니다.

11.2 사전 지식 : 레트로핏 라이브러리와 JSON

레트로핏 공식 사이트에서는 레트로핏을 안드로이드와 자바를 위한 타입 안전한 HTTP 클라이언트(A type-safe HTTP Client for Android and Java)라고 소개합니다. 말이 어렵죠? 하나하나 뜯어봅시다. API로 정보를 받아오기 때문에 HTTP 클라이언트입니다. 요청 바디값(Request Body)과 응답 바디값(Response Body)을 원하는 타입으로 안전하게 바꾸어주기 때문에 타입 안전합니다. 게다가 네트워킹 관련 스레딩, 캐싱, 에러 핸들링, 응답 파싱에 필요한 보일러 플레이트를 줄여주고 개발자가 읽기 편한 코드를 작성할 수 있게 도와줍니다. 레트로핏은 안드로이드 프로그래밍에서 서버와 통신할 때 거의 필수로 쓰이므로 이번 기회에 친해지도록 합시다.

레트로핏을 사용할 때는 반드시 다음과 같은 3가지 요소를 구현해야 합니다.

1 HTTP 메서드들을 정의한 **인터페이스**
2 레트로핏 클라이언트 객체를 생성하는 **레트로핏 클래스**
3 JSON 데이터를 담을 **데이터 클래스**

앱을 만들면서 구체적으로 코드를 작성할 할 겁니다. 여기에서는 개념 설명에 필요한 약간의 코드만 살펴보겠습니다.

11.2.1 HTTP 메서드들을 정의한 인터페이스

이 인터페이스 안에는 사용할 API들을 정의합니다. ❶ @HTTP 메서드와 상대 URL을 사용해 정의하면 됩니다. 상대 URL은 절대 URL과 달리 도메인이 생략되어 있습니다. 응답받을 객체를 ❷ Call 타입으로 감싸준 후 반환 타입으로 명시해야 합니다.

```kotlin
interface ShopService {
    @GET("product/category") // ❶
    fun getCategoryList(): Call<List<Category>>
                                            // ❷

    @GET("product/{id}") // ❶
    fun getProductDetail(@Path("id") productId: Int): Call<Product>
                                                              // ❷
}
```

첫 번째 API는 모든 카테고리 종류를 가져옵니다. 두 번째 API는 상품 ID를 통해 상품 상세 페이지를 가져옵니다. 이와 같이 필요한 API를 모두 이 인터페이스에 정의해주면 됩니다.

11.2.2 레트로핏 클라이언트 객체를 생성하는 레트로핏 클래스

레트로핏 클래스에서는 레트로핏 빌더를 사용하여 레트로핏 객체를 생성해줍니다.

```kotlin
class RetrofitClient {
    companion object {
        private const val BASE_URL = "https://myvirtualshop.com/"
        var INSTANCE: Retrofit? = null

        fun getInstance(): Retrofit {
            if (INSTANCE == null) {  // null일 경우만 생성
                INSTANCE = Retrofit.Builder()
                    .baseUrl(BASE_URL) // ❶
                    .addConverterFactory(GsonConverterFactory.create()) // ❷
                    .build()
            }
            return INSTANCE!!
        }
    }
}
```

빌더 클래스는 ❶ API의 베이스 URL(BASE_URL)과 ❷ JSON 객체를 변환해줄 Gson 컨버터를 사용합니다. GSON은 자바에서 JSON을 파싱하고, 생성하는 데 사용되는 구글에서 개발한 오픈 소스 라이브러리입니다. 이어지는 글에서 더 알아봅시다.

> **Note** 베이스 URL(base URL)은 요청을 보낼 기본 주소를 말하며 상대 URL은 다음과 같이 API마다 다른 주소를 뜻합니다. 베이스 URL은 레트로핏 클래스 만들 때 (11.7.2절) 추가했습니다. 여기에서는 HTTP 메서드와 함께 상대 URL을 적어주면 됩니다.

11.2.3 JSON 데이터를 담을 데이터 클래스

JSON^{JavaScript Object Notation}은 사람이 읽을 수 있는 텍스트 기반의 데이터 교환 형식입니다. JSON은 텍스트 기반이기 때문에 사람이 읽고 이해할 수 있으며, 가볍고 처리 속도가 빨라서 개발자들이 선호하는 방식입니다.

예를 들어 사람의 인적 사항과 관련된 정보를 JSON으로 표현해보면 다음과 같습니다.

```
{
    "firstName": "Joyce",
    "height": 163 ,
    "email": "joyce@example.com",
    "favoriteFood": ["basil pasta","beef"]
}
```

모든 데이터는 속성-값 쌍으로 이루어져 있습니다. 첫 번째 줄이 중괄호 { }로 시작되는데요, 이는 객체를 의미합니다. JSON에서의 객체는 속성-값 쌍의 집합입니다. 속성은 반드시 문자열로 써주어야 하며, 값은 기본 자료형이거나 객체, 배열입니다. 특히 배열은 "favoriteFood" 속성에서처럼 [ ] 대괄호를 사용하면 됩니다.

레드로핏 응답 메시지는 JSON으로 이루어집니다. 이를 사용하려면 JSON 객체를 적절한 객체 타입으로 변환해주어야 합니다. JSON 객체를 담을 그릇 역할을 하는 것이 바로 데이터 클래스입니다. 만약 서버의 응답이 다음과 같은 JSON 형식이라고 해봅시다.

```
[
    {
        "categoryId": 1,
        "categoryName": "치마"
    },
    {
        "categoryId": 2,
        "categoryName": "바지"
    },
    {
        "categoryId": 3,
        "categoryName": "원피스"
    },
]
```

그럼 이 데이터를 담으려면 JSON 데이터의 키값과 일치하는 필드명을 가진 다음과 같은 데이터 클래스가 필요합니다.

```
data class Category (val categoryId : Int, val categoryName : String)
```

11.3 준비하기 : 프로젝트, 뷰 바인딩, 라이브러리, AirVisual API 키

본격적인 앱 구현에 앞서 프로젝트를 생성하겠습니다.

11.3.1 프로젝트 생성

실습에 사용할 프로젝트를 만들어주세요.

- 액티비티 : Empty Activity
- 프로젝트 이름 : AirQuality
- 언어 : Kotlin
- Minimum SDK : API 26 : Android 8.0 (Oreo)

프로젝트를
생성해주세요.

11.3.2 뷰 바인딩 설정과 필요 라이브러리 추가

9장부터 모든 프로젝트에서 뷰 바인딩을 사용하고 있습니다. 뷰 바인딩을 설정해봅시다.

To Do **01** [Gradle Scripts] 아래에서 모듈 수준의 build.gradle 파일을 열어주세요.

02 android 태그 안에 다음과 같이 뷰 바인딩 설정 코드를 추가해주세요.

```
android {
    ... 생략 ...
    viewBinding {
        enabled = true
    }
}
```

03 사용할 라이브러리를 추가해보겠습니다. 이번 앱에서는 레트로핏 라이브러리만 추가해주면 됩니다. plugins 태그 안에 ❶ kotlin-kapt 플러그인을 추가해주세요.

```
plugins {
    id 'com.android.application'
    id 'kotlin-android'

    id 'kotlin-kapt' // ❶
}
```

04 dependencies 태그 안에 레트로핏 라이브러리들을 임포트합니다.

```
dependencies {
    ... 생략 ...

    // Retrofit
    implementation 'com.squareup.retrofit2:retrofit:2.9.0'
    implementation 'com.squareup.retrofit2:converter-gson:2.9.0'
}
```

05 ❷ [Sync Now]를 클릭해주세요.

> Gradle files have changed since last project sync. A project sync may be necessary for .. ❷ Sync Now   Ignore these changes

이상으로 뷰 바인딩 설정과 프로젝트에 필요한 라이브러리를 모두 추가했습니다.

11.3.3 AirVisual에서 API 키 발급받기

AirVisual은 전 세계 실시간 공기질 정보를 제공하는 회사입니다. 우리는 여기서 미세먼지 농도 관련 정보를 가져올 겁니다. AirVisual에서 필요한 데이터를 가져오려면 API 키를 발급받아야 합니다. 왜 API 키가 필요할까요? 예를 들어 서버에 다양한 데이터를 저장하고 API를 제공하는데, 만약 불특정 다수가 API 서버에 과도한 요청을 보내면 어떻게 될까요? 서버가 느려지거나 다운될 수도 있을 겁니다. 그래서 API 키를 이용해 요청을 보낸 사용자를 식별해 인증된 사용자만이 API를 사용할 수 있게 하는 겁니다. 이제부터 AirVisual에서 API 키를 발급받아봅시다.

To Do **01** ❶ iqair.com(https://www.iqair.com/ko/)에 들어가 ❷ [로그인] 버튼을 눌러 회원가입을 진행해주세요.

02 회원가입을 완료했다면 ❶ 개인 설정 아이콘 → ❷ 대시보드에서 본인 계정을 클릭해주세요.

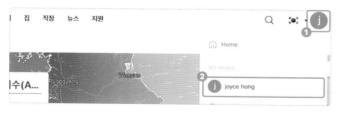

03 ❶ API 탭 → ❷ [NEW KEY] 버튼을 클릭해주세요.

04 ❶ 드롭 메뉴를 클릭해 ❷ Community를 선택합니다. ❸ [Create] 버튼을 눌러주세요.

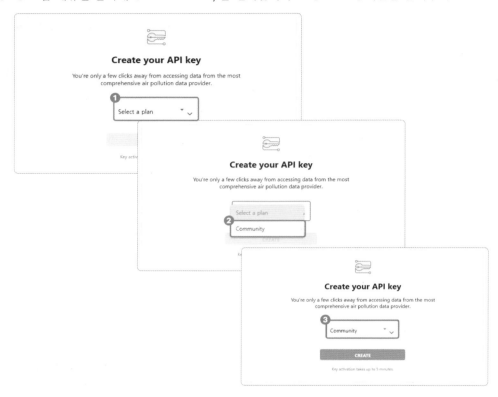

05 API 키가 정상적으로 만들어졌다면 ❶ 다음과 같이 문자열이 보일 겁니다. 이 API 키 값은 이번 프로젝트에서 데이터를 가져올 때 꼭 필요한 값입니다.

11.4 레이아웃 구성하기

미세먼지 앱의 레이아웃은 다음과 같이 한 페이지로 이루어집니다. 미세먼지 농도는 4단계로 나누어 농도에 따라 배경 색에 차등을 두었습니다. 메인 페이지에서는 현위치 주소를 보여주고, 미세먼지 농도를 4단계로 나누어 이를 시각적으로 표현합니다. 예쁘게 표현할 이미지를 깃허브에서 내려받아 레이아웃을 구성해보겠습니다.

▼ 메인 페이지

11.4.1 깃허브에서 이미지 리소스 받아오기

앱 레이아웃을 예쁘게 구현하려면 이미지 리소스가 필요합니다. 지금부터 깃허브에서 내려받아봅시다.

To Do **01** https://github.com/code-with-joyce/must_have_android에 접속합니다.

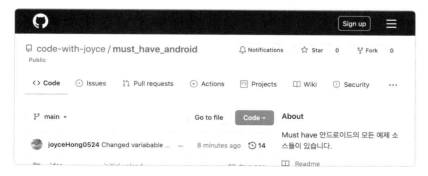

02 ❶을 눌러 브런치 목록을 열고, main 브런치에서 ❷ [image_source] 브런치로 이동해주세요.

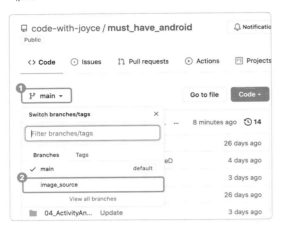

03 ❶ [Code] 버튼을 누르고 ❷ [Download ZIP]을 눌러 이미지 소스를 내려받아주세요. 내려받은 파일은 원하는 위치에서 압축을 해제해주세요.

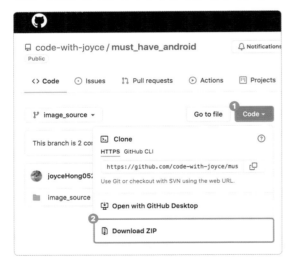

04 압축을 해제한 후 ❶ [image_source] 폴더에 들어가보면 이미지 파일들이 있을 겁니다. 전체 파일을 선택해 → 윈도우/리눅스는 Ctrl+C , 맥OS는 Command + C 를 눌러 복사해주세요. ❷ 안드로이드 스튜디오를 열어 [app] → [res] → drawable 폴더를 선택하고 윈도우/리눅스는 Ctrl+V , 맥OS는 Command + V 를 눌러 붙여넣어주세요.

05 붙여넣기를 하면 다음과 같은 팝업창이 뜹니다(이 창은 안 뜰 수도 있어요). ❶ .../app/src/main/res/drawable을 선택하고 ❷ [OK]를 클릭해주세요.

❸ 한번 더 [OK]를 눌러주세요.

06 다음과 같이 이미지가 보인다면 프로젝트에 필요한 모든 이미지가 임포트된 겁니다.

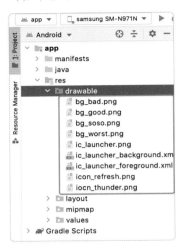

11.4.2 MainActivity의 레이아웃 구성하기

이번 앱은 한 페이지로 이루어집니다. 완성된 레이아웃은 다음과 같습니다.

To Do 01 ❶ [app] → [res] → [layout] → activity_main.xml을 열고 기존 코드를 모두 지워주세요.

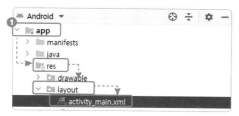

02 먼저 수평, 수직 방향 가이드라인을 추가해주겠습니다. 그림을 그리기 전에 자를 대고 연필로 기준선들을 그린다고 생각하면 쉽습니다. 퍼센트를 이용한 가이드라인을 추가해주면 정해진 dp가 아닌 비율에 맞게 위치를 조정할 수 있기 때문에 기기별 스크린 크기에 대응하기가 한층 수월합니다.

app/src/main/res/layout/activity_main.xml

```xml
<?xml version="1.0" encoding="utf-8"?>
<androidx.constraintlayout.widget.ConstraintLayout
    xmlns:android="http://schemas.android.com/apk/res/android"
    xmlns:app="http://schemas.android.com/apk/res-auto"
    xmlns:tools="http://schemas.android.com/tools"
    android:layout_width="match_parent"
    android:layout_height="match_parent"
    tools:context=".MainActivity">

    <androidx.constraintlayout.widget.Guideline
        android:id="@+id/guideline1"
        android:layout_width="wrap_content"
        android:layout_height="wrap_content"
        android:orientation="vertical"
        app:layout_constraintGuide_percent="0.1" />

    <androidx.constraintlayout.widget.Guideline
        android:id="@+id/guideline2"
        android:layout_width="wrap_content"
        android:layout_height="wrap_content"
        android:orientation="vertical"
        app:layout_constraintGuide_percent="0.18" />      <!-- ❶ -->

    <androidx.constraintlayout.widget.Guideline
        android:id="@+id/guideline3"
        android:layout_width="wrap_content"
```

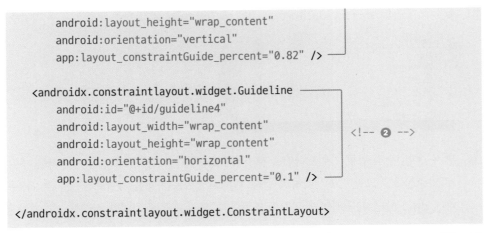

```
            android:layout_height="wrap_content"
            android:orientation="vertical"
            app:layout_constraintGuide_percent="0.82" />

    <androidx.constraintlayout.widget.Guideline
            android:id="@+id/guideline4"
            android:layout_width="wrap_content"
            android:layout_height="wrap_content"
            android:orientation="horizontal"
            app:layout_constraintGuide_percent="0.1" />      <!-- ❷ -->

</androidx.constraintlayout.widget.ConstraintLayout>
```

❶ 수직 방향 가이드라인을 만듭니다. 일단 android:orientation값을 vertical^{수직}로 주세요. app:layout_constraintGuide_percent값을 0.1로 준다는 것은 좌측으로부터 전체 스크린 대비 10% 떨어진 지점에 가이드라인을 위치시키는 것을 의미합니다. 바로 아래 있는 수직 방향 가이드라인을 각각 18%, 82% 지점에 놓았습니다. ❷ 수평 방향 가이드라인을 만듭니다. 먼저 android:orientation값을 horizontal로 주세요. app:layout_constraintGuide_percent를 0.1로 준다는 것은 상단으로부터 전체 스크린 대비 10% 떨어진 지점에 가이드라인을 위치시키는 것을 뜻합니다.

03 나머지 코드를 작성해주겠습니다.

app/src/main/res/layout/activity_main.xml

```xml
<TextView
    android:id="@+id/tv_location_title"
    android:text="역삼1동"
    android:layout_width="wrap_content"
    android:layout_height="wrap_content"
    android:letterSpacing="-0.05"
    android:textColor="#000000"          <!-- ❶ -->
    android:textSize="32sp"
    android:textStyle="bold"
    app:layout_constraintStart_toStartOf="@+id/guideline1"
    app:layout_constraintTop_toTopOf="@+id/guideline4" />

<TextView
    android:id="@+id/tv_location_subtitle"
    android:text="대한민국 서울특별시"
    android:layout_width="wrap_content"
    android:layout_height="wrap_content"
    android:letterSpacing="-0.05"
    android:textColor="#000000"
    android:textSize="16sp"
    app:layout_constraintStart_toStartOf="@+id/guideline1"
    app:layout_constraintTop_toBottomOf="@+id/tv_location_title" />

<ImageView
    android:layout_width="10dp"
    android:layout_height="wrap_content"
    android:layout_marginStart="9dp"
    android:src="@drawable/iocn_thunder"
    app:layout_constraintBottom_toBottomOf="@id/tv_location_title"
    app:layout_constraintStart_toEndOf="@id/tv_location_title"
    app:layout_constraintTop_toTopOf="@id/tv_location_title" />

<ImageView
    android:id="@+id/img_bg"
    android:src="@drawable/bg_soso"   <!-- ❷ -->
```

```
        android:layout_width="0dp"
        android:layout_height="0dp"
        app:layout_constraintEnd_toEndOf="@id/guideline3"
        app:layout_constraintStart_toStartOf="@id/guideline2"        <!-- ❸ -->
        app:layout_constraintTop_toTopOf="parent"
        app:layout_constraintBottom_toBottomOf="parent"
        app:layout_constraintDimensionRatio="h,1:1"
        app:layout_constraintVertical_bias="0.4" />        <!-- ❹ -->


    <TextView
        android:id="@+id/tv_count"
        android:text="61"
        android:layout_width="wrap_content"
        android:layout_height="wrap_content"
        android:letterSpacing="0.05"
        android:textColor="#4c4c4c"
        android:textSize="32sp"
        android:textStyle="bold"
        app:layout_constraintBottom_toBottomOf="@id/img_bg"
        app:layout_constraintEnd_toEndOf="@id/img_bg"
        app:layout_constraintStart_toStartOf="@id/img_bg"
        app:layout_constraintTop_toTopOf="@id/img_bg"
        />


    <TextView
        android:id="@+id/tv_title"
        android:text="보통"
        android:layout_width="wrap_content"
        android:layout_height="wrap_content"
        android:letterSpacing="-0.05"
        android:textColor="#999999"
        android:textSize="14sp"
        app:layout_constraintEnd_toEndOf="@id/img_bg"
        app:layout_constraintStart_toStartOf="@id/img_bg"
        app:layout_constraintTop_toBottomOf="@id/tv_count" />


    <TextView
        android:id="@+id/check_time"
        android:text="측정 시간"
```

```
    android:layout_width="wrap_content"
    android:layout_height="wrap_content"
    android:layout_marginTop="40dp"
    android:letterSpacing="-0.05"
    android:textColor="#999999"
    android:textSize="13sp"
    app:layout_constraintEnd_toEndOf="parent"
    app:layout_constraintStart_toStartOf="parent"
    app:layout_constraintTop_toBottomOf="@id/img_bg" />

<TextView
    android:id="@+id/tv_check_time"
    android:text="2021-08-29 13:00"
    android:layout_width="wrap_content"
    android:layout_height="wrap_content"
    android:letterSpacing="-0.05"
    android:textColor="#999999"
    android:textSize="13sp"
    app:layout_constraintEnd_toEndOf="parent"
    app:layout_constraintStart_toStartOf="parent"
    app:layout_constraintTop_toBottomOf="@id/check_time" />

<ImageView
    android:id="@+id/btn_refresh"
    android:layout_width="28dp"
    android:layout_height="28dp"
    android:layout_marginTop="20dp"
    android:padding="5dp"
    android:src="@drawable/icon_refresh"
    app:layout_constraintEnd_toEndOf="parent"
    app:layout_constraintStart_toStartOf="parent"
    app:layout_constraintTop_toBottomOf="@id/tv_check_time" />
```

❶ 텍스트뷰의 속성을 설정합니다. letterSpacing은 자간 간격을 설정하는 것인데 음수로 설정했으므로 기본 간격보다 가까워집니다. textColor는 글자 색상, textSize는 글자 크기, textStyle은 글자 스타일을 설정합니다.

❷ 가운데 동그라미 이미지 뷰를 설정합니다. 여기서는 깃허브에서 받아온 이미지를 사용하게 됩니다. android:src의 값으로 @drawable/bg_soso를 줍니다.

❸ layout_width와 layout_height는 둘 다 0dp를 줌으로써 수평, 수직 제약에 크기를 동적으로 맞추게끔 합니다. 수평 방향 제약은 constraintStart를 guideline2에, constraintEnd를 guideline3에 맞춰줍니다. 수직 방향 제약은 constraintTop은 parent의 상단에, constraintBottom은 parent의 하단에 맞춰줍니다.

❹ layout_constraintDimensionRatio="h,1:1"로 주어 이미지의 비율을 1:1로 맞춥니다. 1:1 앞에 h의 의미는 너비(width)를 제약에 먼저 맞춘 후 높이(height)를 비율에 맞게 맞춘다는 뜻입니다. 만약 "w,1:1"로 주면 높이를 제약에 먼저 맞춘 후 너비를 맞출 것이므로 화면 밖을 벗어나게 됩니다. 또한 layout_constraintVertical_bias를 0.4로 줌으로써 수직 방향의 40% 지점에 이미지를 놓았습니다.

레이아웃 미리보기 시에 다음과 같은 화면이 보이면 레이아웃 준비가 끝난 겁니다.

04 실행하면 액션바가 보입니다. 액션바를 삭제해주겠습니다.

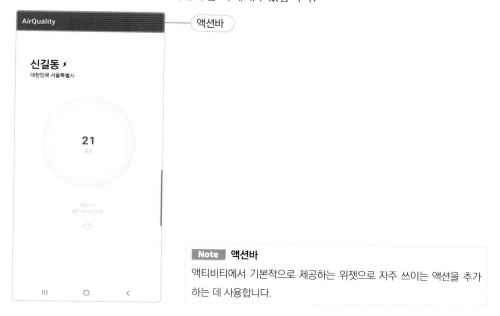

액션바

> **Note** 액션바
>
> 액티비티에서 기본적으로 제공하는 위젯으로 자주 쓰이는 액션을 추가하는 데 사용합니다.

❶ [app] → [res] → [values] → [themes] → themes.xml에 들어가주세요.

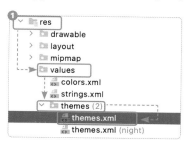

여기서 **❶** DarkActionBar를 NoActionBar로 수정해주세요.

수정전
```
<style name="Theme.AirQuality"
    parent="Theme.MaterialComponents.DayNight.DarkActionBar">
```

수정후
```
<style name="Theme.AirQuality"
    parent="Theme.MaterialComponents.DayNight.NoActionBar">
```

05 [app] → [res] → [values] → [themes] → themes.xml (night) 파일에서도 DarkActionBar를 NoActionBar로 수정해주세요.

> **Note** themes.xml 파일이 두 가지네요. themes.xml은 기본 모드일 때의 앱 테마 파일입니다. 반면에 themes.xml (night)는 사용자가 휴대폰을 어두운 테마(Dark theme)로 지정해두었을 때 앱에 적용되는 테마 파일입니다.

STEP 1 11.5 GPS와 인터넷 권한 설정하기

인터넷 권한과 사용자 위치 정보 접근 권한이 필요합니다. 권한을 설정해줍시다.

11.5.1 AndroidManifest.xml 파일에서 권한 추가

To Do 01 앱에서 필요한 권한을 [app] → [manifests] → AndroidManifest.xml에 추가해줍니다.

```xml
<?xml version="1.0" encoding="utf-8"?>
<manifest xmlns:android="http://schemas.android.com/apk/res/android"
    package="com.example.airquality">

    <!-- ❶ Internet Permission-->
    <uses-permission android:name="android.permission.INTERNET" />

    <!-- ❷ GPS & Location-->
    <uses-permission android:name="android.permission.ACCESS_FINE_LOCATION" />
    <uses-permission android:name="android.permission.ACCESS_COARSE_LOCATION"/>

    <application>
    ... 생략 ...
```

❶ 인터넷 권한은 API를 사용해 미세먼지 정보를 가져와야 하기 때문에 추가했습니다. ❷ 사용자의 위치 정보에 접근하기 위한 권한입니다.

11.5.2 런타임에서 권한과 위치 서비스 확인하기

미세먼지 앱을 정상적으로 작동시키려면 런타임에서는 다음과 같이 두 가지를 확인해야 합니다.

1 기기에 위치 서비스(GPS)가 켜져 있는가?
2 앱이 위치를 사용할 수 있도록 권한이 허용되어 있는가?

위 두 가지 사항을 확인하는 과정을 그림으로 표현하면 다음과 같습니다.

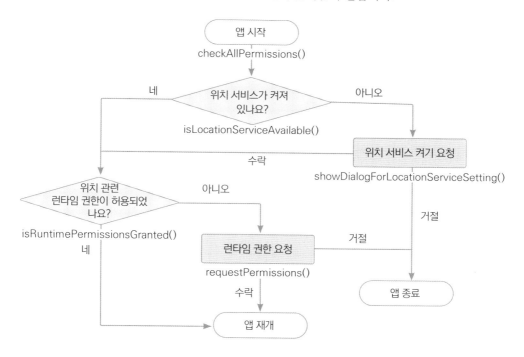

첫 번째로는 위치 서비스가 켜져 있는지 확인하고, 꺼져 있다면 다이얼로그로 다음과 같이 요청합니다.

위치 서비스 비활성화

위치 서비스가 꺼져있습니다. 설정해야 앱을 사용할 수 있습니다.

취소   설정

위치 서비스가 켜져 있다면 두 번째로는 런타임 권한이 허용되어 있는지 확인합니다. 다음과 같이 요청하게 됩니다.

앱에 필요한 권한을 설정하는 코드를 구현합시다.

To Do **01** MainActivity.kt 파일을 열어주세요. 앞서 보았던 순서도를 참고하여 다음과 같이 작성해
주세요.

```
                                    /app/src/main/java/com/example/airquality/MainActivity.kt
package com.example.airquality

import android.Manifest
import android.app.Activity
import android.content.DialogInterface
import android.content.Intent
import android.content.pm.PackageManager
import android.location.LocationManager
import android.os.Bundle
import android.provider.Settings
import android.widget.Toast
import androidx.activity.result.ActivityResultLauncher
import androidx.activity.result.contract.ActivityResultContracts
import androidx.appcompat.app.AlertDialog
import androidx.appcompat.app.AppCompatActivity
import androidx.core.app.ActivityCompat
import androidx.core.content.ContextCompat
import com.example.airquality.databinding.ActivityMainBinding

class MainActivity : AppCompatActivity() {

    lateinit var binding: ActivityMainBinding // ❶

    // 런타임 권한 요청 시 필요한 요청 코드
    private val PERMISSIONS_REQUEST_CODE = 100
    // 요청할 권한 목록
    var REQUIRED_PERMISSIONS = arrayOf(
    Manifest.permission.ACCESS_FINE_LOCATION,
    Manifest.permission.ACCESS_COARSE_LOCATION)

    // 위치 서비스 요청 시 필요한 런처
    lateinit var getGPSPermissionLauncher: ActivityResultLauncher<Intent>


    override fun onCreate(savedInstanceState: Bundle?) {
```

```kotlin
        super.onCreate(savedInstanceState)
        binding = ActivityMainBinding.inflate(layoutInflater)
        setContentView(binding.root) ──────────────────────── // ❶

        checkAllPermissions() // 권한 확인
    }

    private fun checkAllPermissions() {
        // 1. 위치 서비스(GPS)가 켜져 있는지 확인
        if (!isLocationServicesAvailable()) {
            showDialogForLocationServiceSetting();
        } else { // 2. 런타임 앱 권한이 모두 허용되어 있는지 확인
            isRunTimePermissionsGranted();
        }
    }

    fun isLocationServicesAvailable(): Boolean { ──────────────── // ❷
        val locationManager = getSystemService(LOCATION_SERVICE) as
        LocationManager

        return (locationManager.isProviderEnabled(LocationManager.GPS_PROVIDER)
                || locationManager.isProviderEnabled(LocationManager.
                NETWORK_PROVIDER)) ──────────────────────
    }

    fun isRunTimePermissionsGranted() {
        // 위치 퍼미션을 가지고 있는지 체크
        val hasFineLocationPermission = ContextCompat.checkSelfPermission(
            this@MainActivity,
            Manifest.permission.ACCESS_FINE_LOCATION
        )
        val hasCoarseLocationPermission = ContextCompat.checkSelfPermission(
            this@MainActivity,
            Manifest.permission.ACCESS_COARSE_LOCATION
        )
        if (hasFineLocationPermission != PackageManager.PERMISSION_GRANTED ||
            hasCoarseLocationPermission != PackageManager.PERMISSION_GRANTED) {
            // 권한이 한 개라도 없다면 퍼미션 요청
            ActivityCompat.requestPermissions(this@MainActivity,
```

```kotlin
                REQUIRED_PERMISSIONS, PERMISSIONS_REQUEST_CODE)
        }
    }

    override fun onRequestPermissionsResult(
        requestCode: Int,
        permissions: Array<out String>,                // ❸
        grantResults: IntArray
    ) {
        super.onRequestPermissionsResult(requestCode, permissions, grantResults)
        if (requestCode == PERMISSIONS_REQUEST_CODE && grantResults.size ==
        REQUIRED_PERMISSIONS.size) {

            // 요청 코드가 PERMISSIONS_REQUEST_CODE이고, 요청한 퍼미션 개수만큼
            // 수신되었다면
            var checkResult = true

            // 모든 퍼미션을 허용했는지 체크
            for (result in grantResults) {
                if (result != PackageManager.PERMISSION_GRANTED) {
                    checkResult = false
                    break
                }
            }
            if (checkResult) {
                // 위칫값을 가져올 수 있음
            } else {
                // 퍼미션이 거부되었다면 앱 종료
                Toast.makeText(
                    this@MainActivity,
                    "퍼미션이 거부되었습니다. 앱을 다시 실행하여 퍼미션을
                    허용해주세요.",
                    Toast.LENGTH_LONG
                ).show()
                finish()
            }
        }
    }
}
```

```kotlin
private fun showDialogForLocationServiceSetting() { // ❹
    // 먼저 ActivityResultLauncher를 설정해줍니다. 이 런처를 이용하여 결괏값을
    // 반환해야 하는 인텐트를 실행할 수 있습니다.
    getGPSPermissionLauncher = registerForActivityResult(
    ActivityResultContracts.StartActivityForResult()) { result ->
        // 결괏값을 받았을 때 로직
        if (result.resultCode == Activity.RESULT_OK) {
            // 사용자가 GPS를 활성화시켰는지 확인
            if (isLocationServicesAvailable()) {
                isRunTimePermissionsGranted() // 런타임 권한 확인
            } else {
                // 위치 서비스가 허용되지 않았다면 앱 종료
                Toast.makeText(
                    this@MainActivity,
                    "위치 서비스를 사용할 수 없습니다.",
                    Toast.LENGTH_LONG
                ).show()
                finish() // 액티비티 종료
            }
        }
    }

    val builder: AlertDialog.Builder = AlertDialog.Builder(
        this@MainActivity) // 사용자에게 의사를 물어보는 AlertDialog 생성
    builder.setTitle("위치 서비스 비활성화") // 제목 설정
    builder.setMessage(
        "위치 서비스가 꺼져 있습니다. 설정해야 앱을 사용할 수 있습니다.")
                                                       // 내용 설정
    builder.setCancelable(true) // 다이얼로그 창 바깥 터치 시 창 닫힘
    builder.setPositiveButton("설정",
        DialogInterface.OnClickListener {
        dialog, id ->   // 확인 버튼 설정
        val callGPSSettingIntent = Intent(
            Settings. ACTION_LOCATION_SOURCE_SETTINGS)
            getGPSPermissionLauncher.launch(callGPSSettingIntent)
    })
    builder.setNegativeButton("취소",   // 취소 버튼 설정
        DialogInterface.OnClickListener
        { dialog, id ->
```

```
            dialog.cancel()
            Toast.makeText(this@MainActivity,
                "기기에서 위치서비스(GPS) 설정 후 사용해주세요.",
                Toast.LENGTH_SHORT).show()
            finish()
        })
    builder.create().show()  // 다이얼로그 생성 및 보여주기
    }
}
```

❶ 뷰 바인딩 설정을 해줍니다.

❷ 첫 번째로 위치 서비스가 켜져 있는지를 확인합니다. 위치 서비스는 GPS나 네트워크를 프로바이더로 설정할 수 있습니다. GPS 프로바이더는 위성 신호를 수신하여 위치를 판독하고 네트워크 프로바이더는 WiFi 네트워크, 기지국 등으로부터 위치를 구합니다. 두 프로바이더 중 하나가 있다면 true를 반환하도록 합니다.

❸ 권한 요청을 하고 난 후 결괏값은 액티비티에서 구현되어 있는 onRequestPermissionsResult()를 오버라이드하여 처리합니다. 여기서 모든 퍼미션이 허용되었는지 확인하고 만약 허용되지 않은 권한이 있다면 앱을 종료합니다.

❹ showDialogForLocationServiceSetting() 함수는 위치 서비스가 꺼져 있다면 다이얼로그를 사용하여 위치 서비스를 설정하도록 합니다.

02 권한 설정 기능이 잘 동작하는지 테스트를 해봅시다. [Run] → [Run 'app']을 선택하여 에뮬레이터나 본인의 기기에서 앱을 실행해보세요.

만약 기기에 GPS가 꺼져 있다면, 다음과 같은 다이얼로그가 뜹니다(켜져있다면 바로 런타임 권한을 설정하는 다이얼로그가 뜹니다).

[취소]를 누르면 앱이 꺼지고, [설정]을 누르면 다음과 같이 위치를 켤 수 있는 설정 앱으로 이동합니다. [사용 중]으로 만들어주세요.

다시 앱으로 돌아오면 런타임 권한을 설정하는 다이얼로그가 뜹니다. API 레벨에 따라 다이얼로그 형식이 다를 수 있습니다. API 30부터는 권한 요청 시에 '이번만 허용' 옵션이 추가되었습니다. 다음과 같이 팝업창이 조금씩 다를 수 있습니다.

STEP 2 11.6 위치 정보 가져오기

미세먼지 정보를 가져오려면 여러분의 현위치 정보(위도, 경도)를 가져와야 합니다. 앞에서 위치 서비스를 켜고 권한을 확인했으므로 이제 위도, 경도를 가져와봅시다.

11.6.1 LocationProvider 클래스 생성하기

GPS나 네트워크 위치를 사용하여 위도와 경도를 가져오는 LocationProvider 클래스를 생성해봅시다.

To Do **01** LocationProvider.kt를 생성해봅시다. ❶ [패키지 이름] 위에서 우클릭→ ❷ [New] → ❸ [Kotlin Class/File]을 선택해주세요.

❹ 파일의 이름으로 LocationProvider를 지정해준 후 enter 를 눌러 클래스를 생성해주세요.

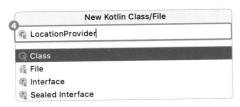

02 방금 만든 LocationProvider 파일을 열고 다음과 같이 코드를 입력해주세요. 가장 중요한 함수는 getLocation()인데요, 구성 방식을 그림으로 표현하면 아래와 같습니다. 코드를 작성하기 전에 참고해주세요. 아래 그림에서 위치들의 사용 가능 여부를 미리 확인하는 이유는 상황에 따라 위치를 못 가져올 수도 있기 때문입니다.

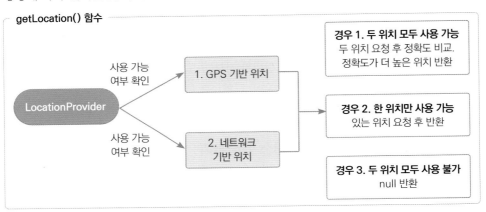

/app/src/main/java/com/example/airquality/LocationProvider.kt

```kotlin
package com.example.airquality

import android.Manifest
import android.content.Context
import android.content.pm.PackageManager
import android.location.Location
import android.location.LocationManager
import androidx.core.content.ContextCompat

class LocationProvider(val context: Context) {
    // Location는 위도, 경도, 고도와 같이 위치에 관련된 정보를 가지고 있는
    // 클래스입니다.
```

```kotlin
private var location: Location? = null
// Location Manager는 시스템 위치 서비스에 접근을 제공하는 클래스입니다.
private var locationManager: LocationManager? = null

init {
    // 초기화 시에 위치를 가져옵니다.
    getLocation();
}

private fun getLocation(): Location? {
    try {
        // 먼저 위치 시스템 서비스를 가져옵니다.
        locationManager = context.getSystemService(
            Context.LOCATION_SERVICE) as LocationManager

        var gpsLocation: Location? = null
        var networkLocation: Location? = null

        // GPS Provider와 Network Provider가 활성화되어 있는지 확인
        val isGPSEnabled: Boolean =
            locationManager!!.isProviderEnabled(
                LocationManager.GPS_PROVIDER)
        val isNetworkEnabled: Boolean =
            locationManager!!.isProviderEnabled(
                LocationManager.NETWORK_PROVIDER)

        if (!isGPSEnabled && !isNetworkEnabled) {
            // GPS, Network Provider 둘 다 사용 불가능한 상황이면 null 반환
            return null
        } else {
            val hasFineLocationPermission =
                ContextCompat.checkSelfPermission(
                    context,
                    Manifest.permission.ACCESS_FINE_LOCATION
                    // ACCESS_COARSE_LOCATION보다 더 정밀한 위치 정보 얻기
                )
            val hasCoarseLocationPermission =
                ContextCompat.checkSelfPermission(
                    context,
```

```
                    Manifest.permission.ACCESS_COARSE_LOCATION
                // 도시 Block 단위의 정밀도의 위치 정보를 얻기
        )
        // 위 두 개 권한 없다면 null을 반환합니다.
        if (hasFineLocationPermission !=
                PackageManager.PERMISSION_GRANTED ||
            hasCoarseLocationPermission !=
                PackageManager.PERMISSION_GRANTED
        ) return null

        // 네트워크를 통한 위치 파악이 가능한 경우에 위치를 가져옵니다.
        if (isNetworkEnabled) {
            networkLocation =
                locationManager?.getLastKnownLocation(
                    LocationManager.NETWORK_PROVIDER)
        }

        // GPS를 통한 위치 파악이 가능한 경우에 위치를 가져옵니다.
        if (isGPSEnabled) {
            gpsLocation =
                locationManager?.getLastKnownLocation(
                    LocationManager.GPS_PROVIDER)
        }

        if (gpsLocation != null && networkLocation != null) {
            // 두 개 위치가 있다면 정확도 높은 것으로 선택합니다.
            if (gpsLocation.accuracy > networkLocation.accuracy) {
                location = gpsLocation
                return gpsLocation
            } else {
                location = networkLocation
                return networkLocation
            }
        } else {
            // 가능한 위치 정보가 한 개만 있는 경우
            if (gpsLocation != null) {
                location = gpsLocation
            }
```

```
                    if (networkLocation != null) {
                        location = networkLocation
                    }
                }

            }
        } catch (e: Exception) {
            e.printStackTrace()  // 에러 출력
        }
        return location
    }

    // 위도 정보를 가져오는 함수입니다.
    fun getLocationLatitude(): Double {
        return location?.latitude ?: 0.0 // null이면 0.0 반환
    }

    // 경도 정보를 가져오는 함수입니다.
    fun getLocationLongitude(): Double {
        return location?.longitude ?: 0.0 // null이면 0.0 반환
    }
}
```

이상으로 GPS 혹은 네트워크 서비스를 이용하여 위치를 가져오고 위도와 경도 정보를 반환하는 함수를 구현했습니다.

11.6.2 MainActivity.kt 클래스 수정하기

앞서 만든 LocationProvider 클래스 객체를 생성하여 위도와 경도를 가져오고 지오코딩을 통해 지명을 가져오도록 MainActivity.kt를 수정하겠습니다.

To Do 01 MainActivity.kt에서 LocationProvider 클래스 객체를 사용해 현재 위치의 위도와 경도를 가져와봅시다.

```
class MainActivity : AppCompatActivity() {

  ... 생략 ...
```

```kotlin
// ① 위도와 경도를 가져올 때 필요합니다.
lateinit var locationProvider: LocationProvider


override fun onCreate(savedInstanceState: Bundle?) {
    super.onCreate(savedInstanceState)
    binding = ActivityMainBinding.inflate(layoutInflater)
    setContentView(binding.root)

    checkAllPermissions()
    updateUI() // ③
}

private fun updateUI() { ——————————————————————————————— // ②
    locationProvider = LocationProvider(this@MainActivity)

    // 위도와 경도 정보를 가져옵니다.
    val latitude: Double = locationProvider.getLocationLatitude()
    val longitude: Double = locationProvider.getLocationLongitude()

    if(latitude != 0.0 || longitude != 0.0) {

        // 1. 현재 위치를 가져오고 UI 업데이트
        // 2. 현재 미세먼지 농도 가져오고 UI 업데이트

    } else {
        Toast.makeText(
            this@MainActivity,
            "위도, 경도 정보를 가져올 수 없었습니다. 새로고침을 눌러주세요.",
            Toast.LENGTH_LONG
        ).show()
    }
}
```

❶ LocationProvider 클래스의 타입을 가진 변수를 선언해주세요.

❷ updateUI() 함수는 위도와 경도 정보를 LocationProvider를 이용해 가져옵니다. 위도와 경도 각각 getLocationLatitude()와 getLocationLongitude() 함수를 사용합니다.

❸ onCreate()에 updateUI() 함수를 추가해주세요.

02 메인 페이지에서는 미세먼지 농도와 현재 위치의 지명을 보여줍니다. 지명을 보여주려면 지오코딩^{GeoCoding}이 필요합니다. 지오코딩^{GeoCoding}이란 주소나 지명을 위도와 경도로 변환하거나 혹은 반대로 위도나 경도를 주소나 지명으로 바꾸는 작업을 말합니다. 우리의 경우에는 후자의 경우가 되겠네요. MainActivity.kt에 다음과 같은 함수를 추가해주세요.

/app/src/main/java/com/example/airquality/MainActivity.kt

```kotlin
fun getCurrentAddress(latitude: Double, longitude: Double) : Address? {
    val geocoder = Geocoder(this, Locale.getDefault())
    // Address 객체는 주소와 관련된 여러 정보를 가지고 있습니다.
    // android.location.Address 패키지 참고.
    val addresses: List<Address>?

    addresses = try {
        // Geocoder 객체를 이용하여 위도와 경도로부터 리스트를 가져옵니다.
        geocoder.getFromLocation(latitude, longitude, 7)
    } catch (ioException: IOException) {
        Toast.makeText(this, "지오코더 서비스 사용불가합니다.",
            Toast.LENGTH_LONG).show()
        return null
    } catch (illegalArgumentException: IllegalArgumentException) {
        Toast.makeText(this, "잘못된 위도, 경도 입니다.",
            Toast.LENGTH_LONG).show()
        return null
    }

    // 에러는 아니지만 주소가 발견되지 않은 경우
    if (addresses == null || addresses.size == 0) {
        Toast.makeText(this, "주소가 발견되지 않았습니다.",
            Toast.LENGTH_LONG).show()
        return null
    }

    val address: Address = addresses[0]
    return address
}
```

위와 같이 지오코더 객체를 사용하면, 위도와 경도로부터 주소를 가져올 수 있습니다. 만약 주소를 가져오지 못한 경우의 에러 처리도 신경 써봅시다.

03 기존의 updateUI() 함수에 방금 만든 ❶ getCurrentAddress()를 추가해주겠습니다.

```kotlin
private fun updateUI() {
    locationProvider = LocationProvider(this@MainActivity)

    // 위도와 경도 정보를 가져옵니다.
    val latitude: Double = locationProvider.getLocationLatitude()
    val longitude: Double = locationProvider.getLocationLongitude()

    if(latitude != 0.0 || longitude != 0.0) {

        // 1. 현재 위치를 가져오고 UI 업데이트
        // 현재 위치를 가져오기
        val address = getCurrentAddress(latitude, longitude)  // ❶
        // 주소가 null이 아닐 경우 UI 업데이트
        address?.let {
            binding.tvLocationTitle.text = "${it.thoroughfare}" // 예시: 역삼 1동
            binding.tvLocationSubtitle.text = "${it.countryName}
                ${it.adminArea}" // 예 : 대한민국 서울특별시
        }

        // 2. 현재 미세먼지 농도 가져오고 UI 업데이트


    } else {
        Toast.makeText(
            this@MainActivity,
            "위도, 경도 정보를 가져올 수 없었습니다. 새로고침을 눌러주세요.",
            Toast.LENGTH_LONG
        ).show()
    }
}
```

❶ getCurrentAddress(latitude, longitude)로 반환한 값이 null이 아니면 화면에서 주소를 나타내도록 텍스트뷰의 텍스트를 설정해줍니다.

04 런타임 권한이 허용되었을 때도 updateUI() 함수가 실행되어야 합니다. onRequest Permission() 함수에 ❶ updateUI() 함수를 추가해주세요.

```kotlin
override fun onRequestPermissionsResult(
    requestCode: Int,
    permissions: Array<out String>,
    grantResults: IntArray
) {
    super.onRequestPermissionsResult(requestCode, permissions, grantResults)
    if (requestCode == PERMISSIONS_REQUEST_CODE &&
        grantResults.size == REQUIRED_PERMISSIONS.size) {

        // 요청 코드가 PERMISSIONS_REQUEST_CODE이고,
        // 요청한 퍼미션 개수만큼 수신되었다면
        var checkResult = true

        // 모든 퍼미션을 허용했는지 체크
        for (result in grantResults) {
            if (result != PackageManager.PERMISSION_GRANTED) {
                checkResult = false
                break
            }
        }
        if (checkResult) {
            // 위칫값을 가져올 수 있음
            updateUI() // ❶

        } else {
            // 퍼미션이 거부되었다면 앱 종료
            Toast.makeText(
                this@MainActivity,
    "퍼미션이 거부되었습니다. 앱을 다시 실행하여 퍼미션을 허용해 주세요.",

                Toast.LENGTH_LONG
            ).show()
            finish()
        }
    }
}
```

05 테스트를 해보겠습니다. [Run] → [Run 'app']을 선택하여 에뮬레이터나 본인의 기기에서 앱을 실행해보세요. 저는 현재 역삼 1동에 있어서 그런지 주소가 저렇게 나오네요. 여러분이 계신 곳의 주소가 잘 나오시나요? 실제 기기로 테스트 중이면 정상적으로 나올 겁니다. 하지만 에뮬레이터를 사용하면 위도와 경도 정보를 가져올 수 없다는 토스트 메시지가 뜹니다. 이를 해결해봅시다. 실제 기기로 테스트 중이라면 다음 스텝(11.6.3절)을 건너뛰어 주세요.

11.6.3 에뮬레이터를 사용한다면 가상 GPS 설정하기

에뮬레이터에서 내 위치를 GPS로 확인하려면 가상 GPS를 설정해야 합니다. 이제부터 함께 설정해봅시다.

To Do **01** 에뮬레이터에서 구글 맵 앱을 켜보세요.

02 ❶ 현재 내 위치 찾기 버튼을 눌렀을 때 아래와 같은 팝업이 뜬다면, 구글 플레이 서비스가 설치되지 않은 겁니다. ❷ [Install]을 눌러 설치해주세요.

03 다음은 가상 GPS 위치를 설정해주겠습니다. 에뮬레이터는 언제까지나 실제가 아닌 가상의 안드로이드 기기이므로 현재 여러분이 있는 곳을 측정할 수 없습니다. 대신 개발자가 직접 위치를 설정해 GPS를 이용하는 앱에 사용할 수 있습니다. ❶ 에뮬레이터 창 우측에 있는 메뉴 탭 하단의 설정 버튼을 눌러주세요.

04 ❶ [Location] 메뉴를 클릭해주세요. ❷ 원하는 위치를 검색해 지정해주세요. 어디든 괜찮습니다. ❸ [SAVE POINT]를 눌러 설정한 위치를 저장해줍니다.

❹ 저장할 위치의 이름을 지정합니다. 저는 대현동이라고 지어주었습니다. ❺ [OK]를 눌러주세요.

❻ 추가한 위치를 클릭한 후 → ❼ [Set Location] 버튼을 눌러주세요. 이렇게 하면 가상 GPS 설정이 완료됩니다.

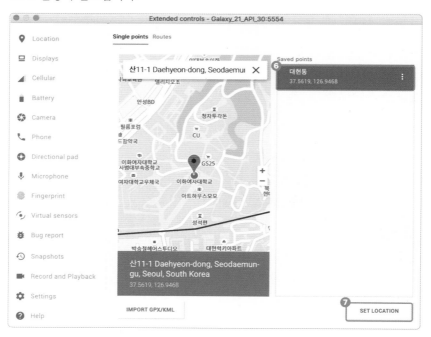

05 에뮬레이터 설정이 잘 적용되도록 에뮬레이터를 재부팅해줍니다. AirQuality 앱을 열어보면 위에서 설정한 가상 GPS의 주소가 잘 나옵니다.

11.7 레트로핏으로 미세먼지 정보를 가져와 화면에 표현하기

이제 레트로핏을 이용해 외부 API 데이터를 가져오고 이를 화면 상에 표현할 차례입니다. 상세한 순서는 다음과 같습니다. 좀 기니까 잘 따라와주세요.

1. 응답 JSON 데이터를 담을 수 있는 데이터 클래스 작성
2. 레트로핏 클래스 작성
3. HTTP 메서드를 정의해놓은 인터페이스 작성
4. MainActivity.kt에서 미세먼지 데이터 가져오고 화면에 보여주기
5. 새로고침 기능 구현

11.7.1 응답 JSON 데이터를 담을 수 있는 데이터 클래스 작성

응답 JSON 데이터를 담을 수 있는 데이터 클래스를 작성합시다.

To Do **01** 기본 요청을 날려보거나 공식 문서를 확인하면 어떤 응답이 오는지 확인할 수 있습니다. API 공식 문서에 접속해보세요.

- https://api-docs.iqair.com/#intro

02 우리가 사용할 API인 Get nearest city data(GPS coordinates)를 찾아주세요. 다음과 같이 생겼습니다.

> **GET** **Get nearest city data (GPS coordinates)**
>
> http://api.airvisual.com/v2/nearest_city?lat={{LATITUDE}}&lon={{LONGITUDE}}&key={{YOUR_API_KEY}}
>
>   URL   파라미터

http://api.airvisual.com/v2/nearest_city는 URL 주소이고 그 뒤는 URL 파라미터 lat(위도), lon(경도), key(API 키)입니다. URL 파라미터는 요청 시에 추가 정보를 전달할 수 있게 해줍니다. 함수로 치면 함수를 실행할 때 입력하는 인수라고 생각하면 됩니다.

해당 API 엔드포인트 오른쪽에서 ❶ 응답 메시지의 내용(JSON 객체) 형식을 확인할 수 있습니다. 그런데 우리는 데이터 클래스를 만드는 데 이 예시 데이터를 사용하지 않습니다. 직접 데이터를 API 서버에 요청해보겠습니다.

03 ApiRequest.io에 접속해주세요. cURL이나 포스트맨과 같은 전문 프로그램을 사용하지 않고 API 요청을 하고 응답을 받을 수 있는 온라인 사이트입니다.

- https://www.apirequest.io

04 ❶ GET 메서드를 선택해주세요. ❷ 02에서 봤던 URL 기본 주소인 https://api.airvisual. com/v2/nearest_city를 입력합니다. ❸ 파라미터로 lat, lon, key를 설정해주어야 합니

다. lat, lon에는 다음과 같이 임의의 값(37.4940155, 127.0330389)을 설정하고, key 에는 11.3.3절에서 발급받은 API 키를 넣어주세요. ❹ [Send One]을 눌러 요청을 보내주 세요.

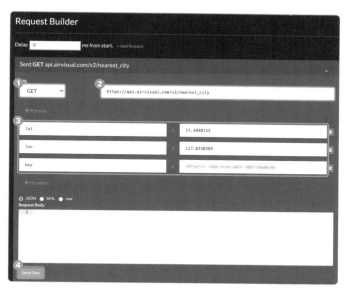

05 요청이 정상적으로 전송됐다면 body값이 보일 겁니다. ❶ 이것이 실제로 서버로부터 오는 JSON 데이터 구조입니다. 이 JSON 데이터 안에 날씨, 위치, 미세먼지 농도 등이 존재합니 다. 우리는 이를 레트로핏을 위한 데이터 클래스를 만들 때 사용하겠습니다. ❷ 전체 선택 후 복사해주세요.

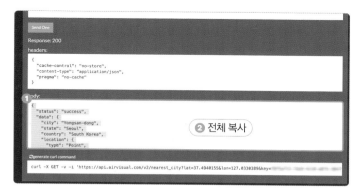

06 데이터 클래스를 방금 복사한 JSON 구조에 맞추어 직접 작성해주어야 합니다. 그런데 다행히 플러그인을 이용하면 쉽게 JSON을 코틀린 데이터 클래스로 변환할 수 있습니다.

▼ 윈도우/리눅스
❶ [File] → [Settings…]를 클릭합니다.

▼ 맥OS
❶ [Android Studio] → [Preferences]를 클릭합니다.

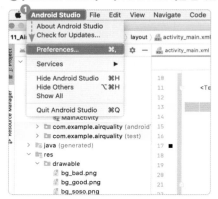

❷ [Plugins]를 클릭한 후 ❸ [Marketplace] 탭을 선택해주세요. ❹ 'json to kotlin class'를 검색해서 ❺ Seal에서 만든 플러그인을 [Install] 버튼을 눌러 설치합니다. ❻ 설치가 끝나면 [OK]를 눌러주세요.

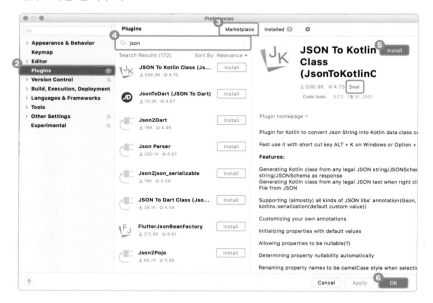

07 먼저 레트로핏 관련 파일만 모아둘 패키지(폴더)를 추가해보겠습니다. ❶ com.example. airquality 패키지 우클릭 → ❷ [New] → [Package]를 선택해주세요.

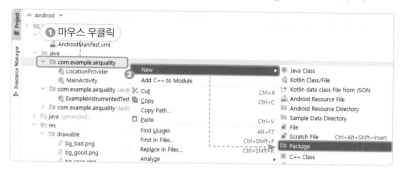

❸ com.example.airquality까지는 이미 입력되어 있습니다. 기존 패키지 아래 retrofit 이라는 하위 패키지를 만들겠습니다. retrofit을 입력하고 enter 를 칩니다.

08 설치한 플러그인을 이용해서 데이터 클래스를 만들겠습니다. ❶ retrofit 패키지 위에서 우클릭 → ❷ [New] → [Kotlin data class File from JSON]을 클릭합니다.

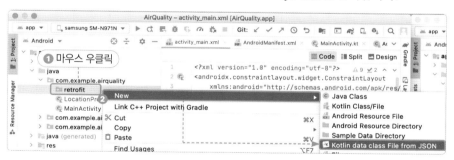

❷ 05에서 복사한 JSON 데이터를 그대로 넣어주세요. ❸ 데이터 클래스의 이름을 AirQuality Response로 지정해주세요. ❹ 그리고 [Advanced]를 눌러주세요.

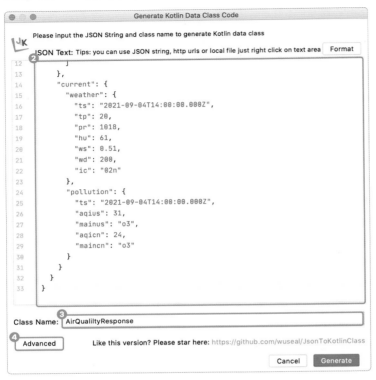

❺ 탭 메뉴에서 [Other] 탭을 선택한 후 ❻ [Enable Inner Class Model]을 체크해주세요. 이렇게 해야 이너 클래스를 활용해 여러 코틀린 파일이 생기는 것을 방지할 수 있습니다. ❼ [OK]를 눌러주세요.

❽ [Generate] 버튼을 눌러주세요.

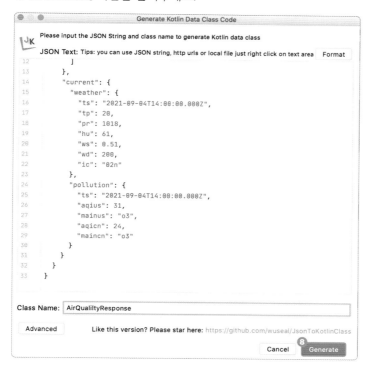

AirQualityResponse.kt를 클릭하면 다음과 같은 데이터 클래스가 생성되어 있을 겁니다.

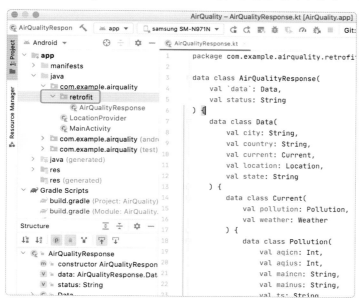

작성된 코드는 다음과 같습니다.

/app/src/main/java/com/example/airquality/retrofit/AirQualityResponse.kt

```kotlin
package com.example.airquality.retrofit

data class AirQualityResponse(
    val `data`: Data,
    val status: String
) {
    data class Data( // 이런 식으로 중첩 클래스 선언이 가능합니다.
        val city: String,
        val country: String,
        val current: Current,
        val location: Location,
        val state: String
    ) {
        data class Current(
            val pollution: Pollution,
            val weather: Weather
        ) {
            data class Pollution(
                val aqicn: Int,
                val aqius: Int, // 미국 기준 대기질 지수. 이 값을 사용합니다.
                val maincn: String,
                val mainus: String,
                val ts: String
            )

            data class Weather(
                val hu: Int,
                val ic: String,
                val pr: Int,
                val tp: Int,
                val ts: String,
                val wd: Int,
                val ws: Double
            )
        }

        data class Location(
```

```
        val coordinates: List<Double>,
        val type: String
    )
  }
}
```

11.7.2 레트로핏 클래스 작성

레트로핏 객체를 생성하는 레트로핏 클래스를 만들어보겠습니다.

To Do **01** 레트로핏 객체를 생성하는 클래스를 만들어보겠습니다. ❶ retrofit 패키지 위에서 우클릭
→ ❷ [New] → [Kotlin Class/File]을 클릭해주세요.

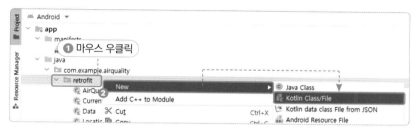

❸ 클래스 이름을 RetrofitConnection으로 적고 enter 를 칩니다.

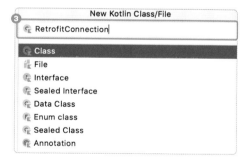

02 레트로핏 객체를 생성하는 getInstance() 함수가 있는 RetrofitConnection 클래스를 작성해보겠습니다. 다음과 같이 코드를 작성해주세요.

/app/src/main/java/com/example/airquality/retrofit/RetrofitConnection.kt

```
package com.example.airquality.retrofit

import retrofit2.Retrofit
import retrofit2.converter.gson.GsonConverterFactory
```

```
class RetrofitConnection {

    // 객체를 하나만 생성하는 싱글턴 패턴을 적용합니다.
    companion object {
        // API 서버의 주소가 BASE_URL이 됩니다.
        private const val BASE_URL = "https://api.airvisual.com/v2/"
        private var INSTANCE: Retrofit? = null

        fun getInstance(): Retrofit {
            if (INSTANCE == null) {  // null인 경우에만 생성
                INSTANCE = Retrofit.Builder()
                    .baseUrl(BASE_URL)  // API 베이스 URL 설정
                    .addConverterFactory(GsonConverterFactory.create()) // ❶
                    .build()
            }
            return INSTANCE!!
        }
    }
}
```

❶ 레트로핏에 컨버터 팩토리를 추가해줍니다. 컨버터 팩토리는 서버에서 온 JSON 응답을 우리가 위에서 만든 데이터 클래스 객체(11.7.1절)로 변환해줍니다. Gson이라는 레트로핏 기본 컨버터 팩토리를 사용하겠습니다.

return INSTANCE!!
이 문구가 생소하다면 2.7.4절 '확정 연산자 !!'를 참조하세요

11.7.3 HTTP 메서드를 정의해놓은 인터페이스 작성

HTTP 메서드를 작성해 레트로핏이 데이터를 가져올 수 있도록 해봅시다. 인터페이스를 작성하면 레트로핏 라이브러리가 인터페이스에 정의된 API 엔드포인트들을 자동으로 구현해줍니다.

To Do **01** 인터페이스 파일을 추가해주겠습니다. ❶ retrofit 패키지 위에서 우클릭 → ❷ [New] → [Kotlin Class/File]을 클릭해주세요.

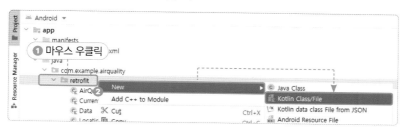

❸ 인터페이스 이름을 AirQualityService으로 해주세요. ❹ [Interface]를 클릭한 후 `enter` 를 눌러주세요.

02 AirQualityService 인터페이스를 작성해주겠습니다. 필요한 API는 위도와 경도를 기준으로 미세먼지 농도를 가져오는 GET 메서드 하나입니다.

/app/src/main/java/com/example/airquality/retrofit/AirQualityService.kt

```kotlin
package com.example.airquality.retrofit

import retrofit2.Call
import retrofit2.http.GET
import retrofit2.http.Query

interface AirQualityService {
    @GET("nearest_city") // ❶
    fun getAirQualityData(@Query("lat") lat : String, @Query("lon") lon :
        String, @Query("key") key : String ) : Call<AirQualityResponse>
}
```

① 이 어노테이션에는 GET, POST, PUT, DELETE와 같은 HTTP 메서드 종류를 적어주고 상대 URL을 적어주었습니다.

11.7.4 레트로핏 이용하여 데이터 가져오기

드디어 레트로핏을 이용하여 API 요청을 보낼 준비가 모두 완료되었습니다. 다시 MainActivity.kt로 돌아와 코드를 완성시켜보겠습니다.

To Do **01** updateUI() 함수를 수정합니다.

```
class MainActivity : AppCompatActivity() {

    lateinit var binding: ActivityMainBinding

    // 런타임 권한 요청 시 필요한 요청 코드
    private val PERMISSIONS_REQUEST_CODE = 100
    // 요청할 권한 목록
    var REQUIRED_PERMISSIONS = arrayOf(
        Manifest.permission.ACCESS_FINE_LOCATION,
        Manifest.permission.ACCESS_COARSE_LOCATION)

    // 위치 서비스 요청 시 필요한 런처
    lateinit var getGPSPermissionLauncher: ActivityResultLauncher<Intent>

    // 위도와 경도를 가져올 때 필요합니다.
    lateinit var locationProvider: LocationProvider


    override fun onCreate(savedInstanceState: Bundle?) {
        super.onCreate(savedInstanceState)
        binding = ActivityMainBinding.inflate(layoutInflater)
        setContentView(binding.root)

        checkAllPermissions()
        updateUI()
    }

    private fun updateUI() {
```

```kotlin
locationProvider = LocationProvider(this@MainActivity)

// 위도와 경도 정보를 가져옵니다.
val latitude: Double = locationProvider.getLocationLatitude()
val longitude: Double = locationProvider.getLocationLongitude()

if(latitude != 0.0 || longitude != 0.0) {

    // 1. 현재 위치를 가져오고 UI 업데이트
    // 현재 위치를 가져오기
    val address = getCurrentAddress(latitude, longitude)
    // 주소가 null이 아닐 경우 UI 업데이트
    address?.let {
        binding.tvLocationTitle.text = "${it.thoroughfare}"
        // 예: 역삼 1동
        binding.tvLocationSubtitle.text = "${it.countryName}
                ${it.adminArea}" // 예 : 대한민국 서울특별시
    }


    // 2. 현재 미세먼지 농도 가져오고 UI 업데이트
    getAirQualityData(latitude, longitude) // ❶

} else {
    Toast.makeText(
        this@MainActivity,
        "위도, 경도 정보를 가져올 수 없었습니다. 새로고침을 눌러주세요.",
        Toast.LENGTH_LONG
    ).show()
}
}
```

❶ 기존에 작성했턴 updateUI( ) 함수에서 가져온 위도, 경도 정보로 getAirQuality Data( ) 함수를 실행합니다.

02 아직 getAirQualityData() 함수를 작성하지 않았으므로 곧바로 작성보겠습니다.

```kotlin
/**
 * @desc 레트로핏 클래스를 이용하여 미세먼지 오염 정보를 가져옵니다.
 **/
private fun getAirQualityData(latitude: Double, longitude: Double) {
```

```kotlin
       // 레트로핏 객체를 이용해 AirQualityService 인터페이스 구현체를 가져올 수 있음
       val retrofitAPI = RetrofitConnection.getInstance().create(
AirQualityService::class.java)

       retrofitAPI.getAirQualityData(                // ❷
           latitude.toString(),
           longitude.toString(),
           "f8fd8cb8-여러분의 API 키를 넣어주세요."
       ).enqueue(object : Callback<AirQualityResponse> {           // ❸
           override fun onResponse(
               call: Call<AirQualityResponse>,
               response: Response<AirQualityResponse>
           ) {
       // 정상적인 Response가 왔다면 UI 업데이트
               if (response.isSuccessful) {
                   Toast.makeText(this@MainActivity,
                   "최신 정보 업데이트 완료!", Toast.LENGTH_SHORT).show()
                   // response.body()가 null이 아니면 updateAirUI()
                   response.body()?.let { updateAirUI(it) }
               } else {
                   Toast.makeText(this@MainActivity,
                   "업데이트에 실패했습니다.", Toast.LENGTH_SHORT).show()
               }
           }

           override fun onFailure(call: Call<AirQualityResponse>,
               t: Throwable) {
               t.printStackTrace()
               Toast.makeText(this@MainActivity, "업데이트에 실패했습니다.",
               Toast.LENGTH_SHORT).show()
           }
       })
   }
```

❶ 주의 : 여기에 여러분의 API 키를 꼭 넣어주세요.

❶ AirVisual에서 발급받은 키를 넣으세요(키가 생각나지 않는다면 11.3.3절을 다시 수행하세요).

❷ 구현된 AirQualityService 인터페이스 객체(retrofitAPI)를 이용하여 Call 객체를 만든 후 enqueue() 함수를 실행하여 서버에 API 요청을 보냅니다. retrofitAPI.

getAirQualityData()는 AirQualityService.kt에서 유일한 함수입니다. 함수의 반환값은 Call〈AirQualityResponse〉입니다. 레트로핏에서 모든 요청은 retrofit2.Call 객체로 이루어집니다.

참고로 레트로핏에서 요청을 처리하는 Call 객체는 HTTP 요청을 보내는 두 가지 방식을 제공합니다.

- execute( ) : 동기적으로 요청을 보내고 응답을 받습니다. 함수가 실행되는 스레드에서 실행되므로 만약 메인 스레드에서 해당 함수를 실행할 경우 응답이 오기까지는 UI가 블로킹되는 상황이 발생하므로 추천되는 방식은 아닙니다.
- enqueue(retrofit2.Callback) : 비동기적으로 백그라운드 스레드에서 요청을 보내고 응답이 오면 등록한 콜백 함수를 실행시킵니다. 메인 스레드에서 실행하더라도 백그라운드 스레드에서 요청이 처리되기 때문에 UI를 블로킹하지 않습니다.

❸ enqueue() 함수에는 retrofit.Callback 인터페이스 구현체를 인수로 넘겨주어야 합니다. onResponse() 함수에서 만약 body가 잘 넘어왔다면, updateAirUI() 함수를 실행시켜주세요. 아직 updateAirUI()를 구현하지 않았으므로 아래에 바로 추가해주겠습니다.

03 가져온 데이터 정보를 바탕으로 화면 업데이트하는 updateAirUI() 함수를 추가합니다.

```
/**
 * @desc 가져온 데이터 정보를 바탕으로 화면 업데이트
 **/
private fun updateAirUI(airQualityData: AirQualityResponse) {
    val pollutionData = airQualityData.data.current.pollution

    // 수치 지정(메인 화면 가운데 숫자)
    binding.tvCount.text = pollutionData.aqius.toString()

    // 측정된 날짜 지정 ─────────────────────────────── // ❶
    val dateTime =
        ZonedDateTime.parse(pollutionData.ts).withZoneSameInstant(
            ZoneId.of("Asia/Seoul"))
            .toLocalDateTime()
    val dateFormatter: DateTimeFormatter = DateTimeFormatter.
            ofPattern("yyyy-MM-dd HH:mm")

    binding.tvCheckTime.text = dateTime.format(dateFormatter).toString()
```

```
when (pollutionData.aqius) {                                    // ❷
    in 0..50 -> {
        binding.tvTitle.text = "좋음"
        binding.imgBg.setImageResource(R.drawable.bg_good)
    }

    in 51..150 -> {
        binding.tvTitle.text = "보통"
        binding.imgBg.setImageResource(R.drawable.bg_soso)
    }

    in 151..200 -> {
        binding.tvTitle.text = "나쁨"
        binding.imgBg.setImageResource(R.drawable.bg_bad)
    }

    else -> {
        binding.tvTitle.text = "매우 나쁨"
        binding.imgBg.setImageResource(R.drawable.bg_worst)
    }
}
}
```

❶ 현재 응답으로 오는 시간 데이터(ts)를 살펴보면 "2021-09-04T14:00:00.000Z" 형식으로 되어 있습니다. 이는 UTC 시간대로 한국 시간보다 9시간 정도 느립니다. UTC 시간 기준 오전 2시면 한국 표준시 기준 오전 11시인 것이지요. 우리는 한국에서 사용할 앱을 만들고 있으므로 ZonedDateTime 클래스를 이용하여 서울 시간대를 적용했습니다. 그리고 이를 DateTimeFormatter.ofPattern() 함수를 이용해서 "2021-09-04 23:00" 형식으로 바꿉니다.

❷ aqius값은 미국 기준 AQI^Air Quailty Index(대기 지수)값을 뜻합니다. 이 지수값을 기준으로 범위를 나누어 대기 농도를 평가하고 텍스트와 배경 이미지를 변경해주겠습니다.

04 추가적으로 업데이트 버튼을 눌렀을 때 UI를 업데이트하도록 설정해보겠습니다. 기존 MainActivity.kt 파일에 setRefreshButton() 함수를 추가하고 이를 onCreate() 함수에 추가해주겠습니다.

```kotlin
class MainActivity : AppCompatActivity() {
... 생략 ...

    override fun onCreate(savedInstanceState: Bundle?) {
        super.onCreate(savedInstanceState)
        binding = ActivityMainBinding.inflate(layoutInflater)
        setContentView(binding.root)

        checkAllPermissions()
        updateUI()
        setRefreshButton()   // ❷
    }

    private fun setRefreshButton() {
        binding.btnRefresh.setOnClickListener {
            updateUI()                                        // ❶
        }
    }

... 생략 ...
}
```

❶ setRefreshButton() 함수에서는 btnRefresh 뷰가 클릭되었을 때 updateUI() 함수를 실행하게 했습니다. ❷ 만든 함수를 onCreate()에 추가하는 것을 잊지 말아주세요.

이렇게 MainActivity.kt의 코드를 모두 완성했습니다. 수고하셨습니다.

11.7.5 MainActivity.kt 전체 코드

완성된 파일의 전체 코드입니다.

/app/src/main/java/com/example/airquality/MainActivity.kt

```kotlin
package com.example.airquality

import android.Manifest
import android.app.Activity
import android.content.DialogInterface
import android.content.Intent
import android.content.pm.PackageManager
```

```kotlin
import android.location.Address
import android.location.Geocoder
import android.location.LocationManager
import android.os.Bundle
import android.provider.Settings
import android.util.Log
import android.widget.Toast
import androidx.activity.result.ActivityResultLauncher
import androidx.activity.result.contract.ActivityResultContracts
import androidx.appcompat.app.AlertDialog
import androidx.appcompat.app.AppCompatActivity
import androidx.core.app.ActivityCompat
import androidx.core.content.ContextCompat
import com.example.airquality.databinding.ActivityMainBinding
import com.example.airquality.retrofit.AirQualityResponse
import com.example.airquality.retrofit.AirQualityService
import com.example.airquality.retrofit.RetrofitConnection

import retrofit2.Call
import retrofit2.Callback
import retrofit2.Response
import java.io.IOException
import java.time.ZoneId
import java.time.ZonedDateTime
import java.time.format.DateTimeFormatter
import java.util.*

class MainActivity : AppCompatActivity() {

    lateinit var binding: ActivityMainBinding

    // 런타임 권한 요청 시 필요한 요청 코드
    private val PERMISSIONS_REQUEST_CODE = 100

    // 요청할 권한 목록
    var REQUIRED_PERMISSIONS = arrayOf(
        Manifest.permission.ACCESS_FINE_LOCATION,
        Manifest.permission.ACCESS_COARSE_LOCATION
    )
```

```kotlin
// 위치 서비스 요청 시 필요한 런처
lateinit var getGPSPermissionLauncher: ActivityResultLauncher<Intent>

// 위도와 경도를 가져올 때 필요합니다.
lateinit var locationProvider: LocationProvider

override fun onCreate(savedInstanceState: Bundle?) {
    super.onCreate(savedInstanceState)
    binding = ActivityMainBinding.inflate(layoutInflater)
    setContentView(binding.root)

    checkAllPermissions()
    updateUI()
    setRefreshButton()
}

private fun setRefreshButton() {
    binding.btnRefresh.setOnClickListener {
        updateUI()
    }
}

private fun updateUI() {
    locationProvider = LocationProvider(this@MainActivity)

    // 위도와 경도 정보를 가져옵니다.
    val latitude: Double = locationProvider.getLocationLatitude()
    val longitude: Double = locationProvider.getLocationLongitude()

    if (latitude != 0.0 || longitude != 0.0) {

        // 1. 현재 위치를 가져오고 UI 업데이트
        val address = getCurrentAddress(latitude, longitude)
        // 주소가 null이 아닐 경우 UI 업데이트
        address?.let {
            binding.tvLocationTitle.text = "${it.thoroughfare}" // 예 : 역삼 1동
            binding.tvLocationSubtitle.text =
                "${it.countryName} ${it.adminArea}" // 예 : 대한민국 서울특별시
```

```kotlin
        }

            // 2. 현재 미세먼지 농도 가져오고 UI 업데이트
        getAirQualityData(latitude, longitude)

    } else {
        Toast.makeText(
            this@MainActivity,
            "위도, 경도 정보를 가져올 수 없었습니다. 새로고침을 눌러주세요.",
            Toast.LENGTH_LONG
        ).show()
    }
}

/**
 * @desc 레트로핏 클래스를 이용하여 미세먼지 오염 정보를 가져옵니다.
 **/
private fun getAirQualityData(latitude: Double, longitude: Double) {
    // 레트로핏 객체를 이용해 AirQualityService 인터페이스 구현체를 가져오기
    val retrofitAPI = RetrofitConnection.getInstance().
create(AirQualityService::class.java)

    retrofitAPI.getAirQualityData(
        latitude.toString(),
        longitude.toString(),
        "f8fd8cb8-여러분의 API 키를 넣어주세요"
    ).enqueue(object : Callback<AirQualityResponse> {
        override fun onResponse(
            call: Call<AirQualityResponse>,
            response: Response<AirQualityResponse>
        ) {
            // 정상적인 Response가 왔다면 UI 업데이트
            if (response.isSuccessful) {
                Toast.makeText(this@MainActivity, "최신 정보 업데이트 완료!",
                    Toast.LENGTH_SHORT).show()
                // response.body()가 null이 아니면 updateAirUI()
                response.body()?.let { updateAirUI(it) }
            } else {
                Toast.makeText(this@MainActivity, "업데이트에 실패했습니다.",
```

주의 : 여기에 여러분의 API 키를 꼭 넣어주세요

```kotlin
                    Toast.LENGTH_SHORT).show()
                }
            }

            override fun onFailure(call: Call<AirQualityResponse>, t: Throwable) {
                t.printStackTrace()
            }
        })
}

/**
 * @desc 가져온 데이터 정보를 바탕으로 화면 업데이트
 **/
private fun updateAirUI(airQualityData: AirQualityResponse) {
    val pollutionData = airQualityData.data.current.pollution

    // 수치 지정 (가운데 숫자)
    binding.tvCount.text = pollutionData.aqius.toString()

    // 측정된 날짜 지정
    // "2021-09-04T14:00:00.000Z" 형식을 "2021-09-04 23:00"로 수정
    val dateTime =
        ZonedDateTime.parse(pollutionData.ts).withZoneSameInstant(
            ZoneId.of("Asia/Seoul"))
            .toLocalDateTime()
    val dateFormatter: DateTimeFormatter = DateTimeFormatter.ofPattern(
            "yyyy-MM-dd HH:mm")

    binding.tvCheckTime.text = dateTime.format(dateFormatter).toString()

    when (pollutionData.aqius) {
        in 0..50 -> {
            binding.tvTitle.text = "좋음"
            binding.imgBg.setImageResource(R.drawable.bg_good)
        }

        in 51..150 -> {
            binding.tvTitle.text = "보통"
            binding.imgBg.setImageResource(R.drawable.bg_soso)
```

```kotlin
        }

        in 151..200 -> {
            binding.tvTitle.text = "나쁨"
            binding.imgBg.setImageResource(R.drawable.bg_bad)
        }

        else -> {
            binding.tvTitle.text = "매우 나쁨"
            binding.imgBg.setImageResource(R.drawable.bg_worst)
        }
    }
}


/**
 * @desc 위도와 경도를 기준으로 실제 주소를 가져오기
 **/
fun getCurrentAddress(latitude: Double, longitude: Double): Address? {
    val geocoder = Geocoder(this, Locale.getDefault())
    // Address 객체는 주소와 관련된 여러 정보를 가지고 있습니다.
    // android.location.Address 패키지 참고
    val addresses: List<Address>?

    addresses = try {
        // Geocoder 객체를 이용하여 위도와 경도로부터 리스트를 가져옵니다.
        geocoder.getFromLocation(latitude, longitude, 7)
    } catch (ioException: IOException) {
        Toast.makeText(this, "지오코더 서비스 사용불가합니다.",
            Toast.LENGTH_LONG).show()
        return null
    } catch (illegalArgumentException: IllegalArgumentException) {
        Toast.makeText(this, "잘못된 위도, 경도 입니다.",
            Toast.LENGTH_LONG).show()
        return null
    }

    // 에러는 아니지만 주소가 발견되지 않은 경우
```

```kotlin
        if (addresses == null || addresses.size == 0) {
            Toast.makeText(this, "주소가 발견되지 않았습니다.",
                Toast.LENGTH_LONG).show()
            return null
        }


        val address: Address = addresses[0]


        return address
    }


    private fun checkAllPermissions() {
        if (!isLocationServicesAvailable()) {
            // 1. 위치 서비스(GPS)가 켜져 있는지 확인합니다.
            showDialogForLocationServiceSetting();
        } else {  // 2. 런타임 앱 권한이 모두 허용되어 있는지 확인합니다.
            isRunTimePermissionsGranted();
        }
    }


    fun isLocationServicesAvailable(): Boolean {
        val locationManager = getSystemService(LOCATION_SERVICE) as LocationManager
        return (locationManager.isProviderEnabled(LocationManager.GPS_PROVIDER)
                || locationManager.isProviderEnabled(
                LocationManager.NETWORK_PROVIDER))
    }


    fun isRunTimePermissionsGranted() {
        // 위치 퍼미션을 가지고 있는지 체크
        val hasFineLocationPermission = ContextCompat.checkSelfPermission(
            this@MainActivity,
            Manifest.permission.ACCESS_FINE_LOCATION
        )
        val hasCoarseLocationPermission = ContextCompat.checkSelfPermission(
            this@MainActivity,
            Manifest.permission.ACCESS_COARSE_LOCATION
        )
        if (hasFineLocationPermission != PackageManager.PERMISSION_GRANTED ||
```

```kotlin
        hasCoarseLocationPermission != PackageManager.PERMISSION_GRANTED
    ) {
            // 권한이 한 개라도 없다면 퍼미션 요청
            ActivityCompat.requestPermissions(
                this@MainActivity,
                REQUIRED_PERMISSIONS,
                PERMISSIONS_REQUEST_CODE
            )
        }
}


/**
 * @desc 런타임 권한을 요청하고 권한 요청에 따른 결과 반환
 **/
override fun onRequestPermissionsResult(
    requestCode: Int,
    permissions: Array<out String>,
    grantResults: IntArray
) {
    super.onRequestPermissionsResult(requestCode, permissions, grantResults)
    if (requestCode == PERMISSIONS_REQUEST_CODE && grantResults.size ==
            REQUIRED_PERMISSIONS.size) {

        // 요청 코드가 PERMISSIONS_REQUEST_CODE이고
        // 요청한 퍼미션 개수만큼 수신되었다면
        var checkResult = true

        // 모든 퍼미션을 허용했는지 체크
        for (result in grantResults) {
            if (result != PackageManager.PERMISSION_GRANTED) {
                checkResult = false
                break
            }
        }
        if (checkResult) {
            // 위칫값을 가져올 수 있음
            updateUI()
```

```
            } else {
                // 퍼미션이 거부되었다면 앱 종료
                Toast.makeText(
                    this@MainActivity,
                    "퍼미션이 거부되었습니다. 앱을 다시 실행하여 퍼미션을 허용해주세요.",
                    Toast.LENGTH_LONG
                ).show()
                finish()
            }
        }
    }
}

/**
 * @desc LocationManager를 사용하기 위해서 권한 요청
 **/
private fun showDialogForLocationServiceSetting() {

    // 먼저 ActivityResultLauncher를 설정해줍니다. 이 런처를 이용하여 결괏값을
    // 반환해야 하는 인텐트를 실행할 수 있습니다.
    getGPSPermissionLauncher =
        registerForActivityResult(
            ActivityResultContracts.StartActivityForResult()) { result ->
            // 결괏값을 받았을 때 로직
            if (result.resultCode == Activity.RESULT_OK) {
                // 사용자가 GPS를 활성화시켰는지 확인
                if (isLocationServicesAvailable()) {
                    isRunTimePermissionsGranted()
                } else {
                    // 위치 서비스가 허용되지 않았다면 앱 종료
                    Toast.makeText(
                        this@MainActivity,
                        "위치 서비스를 사용할 수 없습니다.",
                        Toast.LENGTH_LONG
                    ).show()
                    finish()
                }
            }
        }
```

```
val builder: AlertDialog.Builder = AlertDialog.Builder(this@MainActivity)
builder.setTitle("위치 서비스 비활성화")
builder.setMessage(
    "위치 서비스가 꺼져 있습니다. 설정해야 앱을 사용할 수 있습니다.")
builder.setCancelable(true)
builder.setPositiveButton("설정", DialogInterface.OnClickListener {
    dialog, id ->
    val callGPSSettingIntent = Intent(
            Settings.ACTION_LOCATION_SOURCE_SETTINGS)
    getGPSPermissionLauncher.launch(callGPSSettingIntent)
})
builder.setNegativeButton("취소",
    DialogInterface.OnClickListener
    { dialog, id ->
        dialog.cancel()
        Toast.makeText(
            this@MainActivity,
            "기기에서 위치서비스(GPS) 설정 후 사용해주세요.",
            Toast.LENGTH_SHORT
        ).show()
        finish()
    })
builder.create().show()
}

}
```

11.8 테스트하기

To Do **01** 메뉴에서 [Run] → [Run 'app']을 선택하여 에뮬레이터나 본인의 기기에서 앱을 실행해보세요. 다음과 같이 현재 여러분이 위치해 있는 주소가 왼쪽 상단에 잘 뜨나요? 현재 미세먼지 농도도 잘 표시되나요? 제가 있는 곳은 미세먼지 농도가 낮네요. 일이 끝나면 산책이라도 나가야겠습니다.

02 ❶ 새로고침 ↻ 버튼을 클릭해보세요. '최신 정보 업데이트 완료!' 팝업이 뜨고 변경된 정보를 화면에 반영합니다.

앱이 실행은 되지만 업데이트 버튼을 누르면 업데이트에 실패한다고요?

그렇다면 getAirQualityData() 함수에서 여러분의 API Key를 입력하지 않았기 때문일 확률이 99% 이상입니다. 어서 확인해주세요.

학습 마무리

클라이언트/서버, HTTP 통신과 같은 네트워크 기초를 간단히 배웠습니다. 또한 앱을 만들면서 레트로핏 라이브러리를 가지고 어떻게 API 서버에 데이터를 요청하고 응답을 받는지 알아봤습니다.

미세먼지 앱을 만들면서 데이터를 단순히 가져오는 GET 메서드만 사용해봤지만, 응용하면 데이터를 올리거나(POST), 업데이트하거나(PUT), 삭제(DELETE)하는 앱도 충분히 만들 수 있을 겁니다(과제로 남겨둡니다). 이제 여러분은 인터넷 상의 무궁무진한 데이터 리소스를 활용할 수 있는 능력을 갖게 되었습니다. 축하드립니다. 이제 무슨 앱을 만들고 싶으신가요?

핵심 요약

1 클라이언트는 서버에게 요청을 보내 서버로부터 원하는 데이터와 콘텐츠 등을 응답받는 시스템, 앱, 단말기 등을 뜻합니다. 서버는 클라이언트로 받은 요청을 처리하여 응답을 주는 시스템입니다.

2 URL은 Uniform Resource Locator로 인터넷에서의 자원의 위치를 나타냅니다.

3 HTTP의 대표적인 요청 메서드로는 GET, POST, PUT, DELETE가 있습니다.

4 API 키란 인증된 사용자임을 나타낸 문자열을 의미합니다. API 키가 있으면 서버의 데이터를 가져올 수 있습니다.

5 Location Manager를 이용하면 시스템 위치 서비스에 접근할 수 있습니다.

6 레트로핏을 이용하면 타입 안전한 HTTP 클라이언트를 만들 수 있습니다. 레트로핏을 이용하려면 HTTP 메서드를 정의하는 인터페이스, 레트로핏 객체를 생성하는 레트로핏 클래스, 응답 데이터를 담을 데이터 클래스가 필요합니다.

Project #2

미세먼지 앱 V 2.0
구글 맵

미세먼지 정보
읽어오기

구글 지도
추가하기

광고 추가하기

스토어에
배포하기

미세먼지 측정 앱 V 2.0

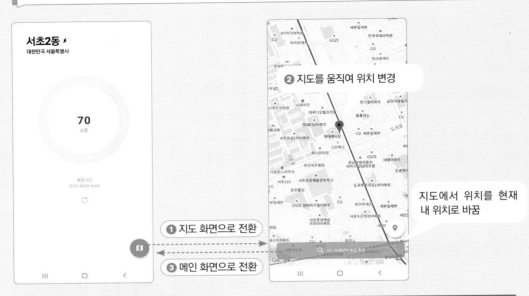

난이도	★★★☆
이름	미세먼지 측정 앱 V 2.0
예제 위치	• 링크 : https://github.com/code-with-joyce/must_have_android • 폴더 : 12_AirQuality_ver2
프로젝트명	AirQuality
개발 환경	• minSdk : 26 • targetSdk : 31
미션	기존 미세먼지 앱에 지도 기능을 추가해 원하는 곳의 미세먼지 농도를 측정해요.
기능	• 지도 상 위치의 미세먼지 측정 기능 • 내 위치 지도 상에 표시 기능 • 측정 위치 변경 기능
조작법	• 플로팅 액션 버튼(Floating Action Button)을 눌러 지도 액티비티로 이동해요. • 지도를 움직여 원하는 곳의 미세먼지 농도를 확인해요.
핵심 구성요소	• 구글 맵 라이브러리 : 구글 맵 API로 지도 상에 내 위치를 확인하고 원하는 곳의 위치를 가져 오는 라이브러리 • 플로팅 액션 버튼 : 사용자가 자주 사용하는 기능을 편리하게 접근할 수 있도록 해주는 버튼

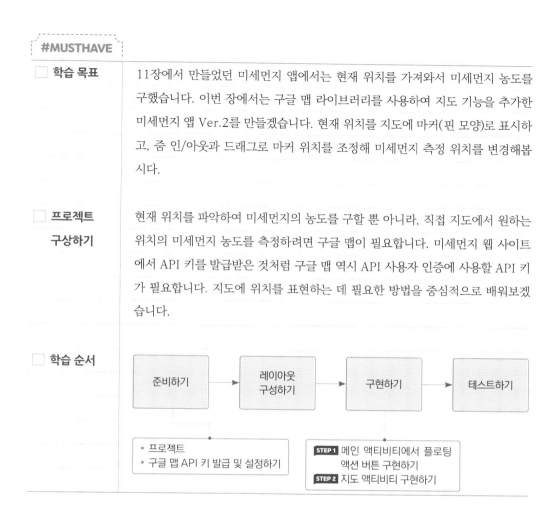

☐ **학습 목표**

11장에서 만들었던 미세먼지 앱에서는 현재 위치를 가져와서 미세먼지 농도를 구했습니다. 이번 장에서는 구글 맵 라이브러리를 사용하여 지도 기능을 추가한 미세먼지 앱 Ver.2를 만들겠습니다. 현재 위치를 지도에 마커(핀 모양)로 표시하고, 줌 인/아웃과 드래그로 마커 위치를 조정해 미세먼지 측정 위치를 변경해봅시다.

☐ **프로젝트 구상하기**

현재 위치를 파악하여 미세먼지의 농도를 구할 뿐 아니라, 직접 지도에서 원하는 위치의 미세먼지 농도를 측정하려면 구글 맵이 필요합니다. 미세먼지 웹 사이트에서 API 키를 발급받은 것처럼 구글 맵 역시 API 사용자 인증에 사용할 API 키가 필요합니다. 지도에 위치를 표현하는 데 필요한 방법을 중심적으로 배워보겠습니다.

☐ **학습 순서**

준비하기 → 레이아웃 구성하기 → 구현하기 → 테스트하기

- 프로젝트
- 구글 맵 API 키 발급 및 설정하기

STEP 1 메인 액티비티에서 플로팅 액션 버튼 구현하기
STEP 2 지도 액티비티 구현하기

12.1 준비하기 : 프로젝트

11장에서 만든 프로젝트로 진행해주세요. 만약 11장 프로젝트를 완료하지 않고 12장을 학습하려면 깃허브에서 내려받은 코드에서 11_AirQuality_ver1 프로젝트를 열어 실습을 진행해주세요 (단, AirVisual API 키는 직접 발급받아야 합니다. 11.3.3절을 참고하세요).

12.2 준비하기 : 구글 맵 API 키 발급 및 설정하기

구글은 구글 맵 데이터를 안드로이드에서 쉽게 쓸 수 있도록 SDK를 만들어 공유하고 있습니다. 그래서 직접 데이터를 가져와 화면에 그리지 않고도 구글 맵 라이브러리를 사용하면 간편하게 지도 기능을 사용할 수 있습니다. 구글 맵 라이브러리를 설치 후, API 키를 얻고 프로젝트에 반영해보겠습니다.

12.2.1 구글 맵 라이브러리 추가

구글 맵 API를 사용하려면 추가적으로 두 라이브러리를 임포트해주어야 합니다.

To Do **01** [Gradle Scripts] 아래에서 모듈 수준의 build.gradle 파일을 열어주세요.

02 dependencies 태그 안에 구글 맵 라이브러리들을 임포트합니다.

```
dependencies {
    ... 생략 ...

    // Google map
    implementation 'com.google.android.gms:play-services-maps:17.0.1'
    implementation 'com.google.android.gms:play-services-location:18.0.0'

}
```

03 [Sync Now]를 클릭해주세요.

Gradle files have changed since last project sync. A project sync may be necessary for ... Sync Now | Ignore these changes

이렇게 구글 맵 라이브러리를 추가했습니다.

12.2.2 구글 맵 API 키 발급받기

AirVisual API와 마찬가지로 무분별한 데이터 사용을 방지하기 위해 구글 맵 API도 API 키를 사용해 사용자를 식별합니다. API 키를 생성해봅시다.

To Do **01** Google Developers Console 사이트에 접속하여 ❶ [프로젝트 선택] → ❷ [새 프로젝트]를 선택해주세요.

- https://console.developers.google.com/apis/dashboard

02   ❶ 프로젝트 이름으로 AirQuality를 적고 ❷ [만들기]를 눌러주세요.

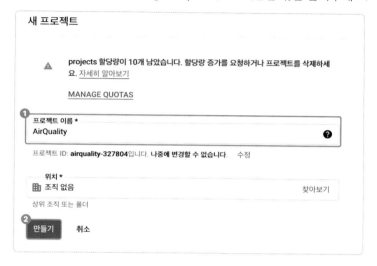

03   프로젝트가 생성되면 ❶ 왼쪽 상단 ▤ 아이콘을 클릭 후 → [API 및 서비스]를 클릭해주세요.

04 ❶ [API 및 서비스 사용 설정]을 클릭해주세요.

05 ❶ [Maps SDK for Android]를 클릭해주세요. 보이지 않는다면 ❷ 검색 창에 Maps SDK for Android를 타이핑 후 클릭해주세요.

❸ [사용]을 클릭하여 API를 활성화시켜주세요.

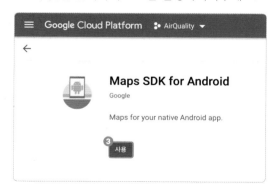

06 지도 API가 활성화되었으므로, API 키를 발급받아보겠습니다. ❶ ☰ → [API 및 서비스] → [사용자 인증 정보]를 선택해주세요.

❷ [사용자 인증 정보 만들기] → ❸ [API 키]를 클릭해주세요.

07 키가 생성되었습니다. 하지만 안드로이드에서 사용하려면 추가 설정이 필요합니다. ❶ [키 제한]을 선택해주세요.

08 'API 키 제한 및 이름 변경' 페이지가 나옵니다. '먼저 애플리케이션 제한사항'에서 **❶** [Android 앱]을 선택해주세요. **❷** 'Android 앱의 사용량 제한'에서 [항목추가]를 선택해주세요.

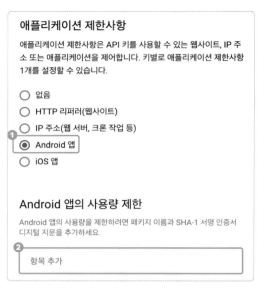

09 항목 추가를 누르면 **❶** 패키지 이름과 **❷** SHA-1 인증서 디지털 지문을 입력하는 칸이 나옵니다.

패키지 이름은 MainActivity.kt 파일 첫 번째 줄에서 확인하면 됩니다. 이 프로젝트의 패키지 이름은 com.example.airquality입니다. **❶**에 com.example.airquality를 입력합니다.

SHA-1 인증서 디지털 지문을 얻는 명령은 운영체제에 따라 다릅니다. 터미널을 열어 본인의 운영체제에 맞는 명령을 수행하세요.

윈도우	"C:\Program Files\Android\Android Studio\jre\bin\keytool" –list –v –keystore "%USERPROFILE%\.android\debug.keystore" –alias androiddebugkey –storepass android –keypass android
맥OS, 리눅스	keytool –list –v –keystore ~/.android/debug.keystore –alias androiddebugkey –storepass android –keypass android

그러면 다음과 같이 SHA1과 SHA256 인증서 지문을 출력할 겁니다.

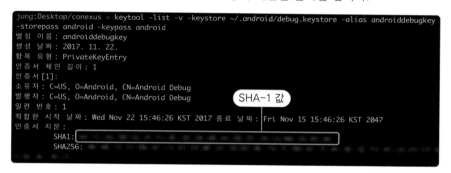

SHA-1 인증서 디지털 지문값을 ❷에 넣습니다. ❸ [완료] 버튼을 클릭해주세요.

Android 앱의 사용량 제한

Android 앱의 사용량을 제한하려면 패키지 이름과 SHA-1 서명 인증서 디지털 지문을 추가하세요.

항목 수정 ⌃

패키지 이름 *

❷
SHA-1 인증서 디지털 지문 *

❸ 완료

10 'API 제한사항'에서 ❶ [키 제한]을 클릭한 후
→ ❷ [Select APIs]를 클릭해주세요.

❸ [Maps SDK for Android]를 찾아 체크한
후 ❹ [확인]을 눌러줍니다.

모든 API 키 제한 사항 설정이 완료되었습니
다. ❺ [저장]을 눌러주세요.

11 다음과 같이 API 키가 생성된 모습을 확인할 수 있습니다. ❶ 복사 아이콘을 클릭해 API 키를 복사해두세요.

12 생성한 API 키를 안드로이드 프로젝트에 설정해주겠습니다. 안드로이드 스튜디오로 돌아와서 ❶ [app] → [manifests] → AndroidManifest.xml 파일을 열어주세요. ❷ ⟨application⟩ 태그 안에 ⟨meta-data⟩ 태그를 이용하여 위에서 복사한 API 키를 넣어주세요.

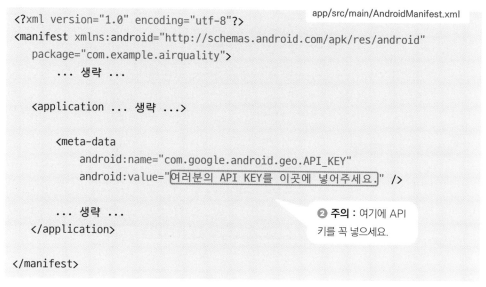

app/src/main/AndroidManifest.xml

```xml
<?xml version="1.0" encoding="utf-8"?>
<manifest xmlns:android="http://schemas.android.com/apk/res/android"
    package="com.example.airquality">
        ... 생략 ...

    <application ... 생략 ...>

        <meta-data
            android:name="com.google.android.geo.API_KEY"
            android:value="여러분의 API KEY를 이곳에 넣어주세요." />

        ... 생략 ...
    </application>

</manifest>
```

❷ **주의** : 여기에 API 키를 꼭 넣으세요.

12.2.3 Google Play 서비스 SDK 설치하기

구글 맵을 사용하려면 Google Play 서비스 SDK가 추가되어 있어야 합니다. 해당 SDK를 먼저 추가해보겠습니다.

To Do **01** 안드로이드 스튜디오 메뉴에서 ❶ [Tools] → [SDK Manager]를 선택해주세요.

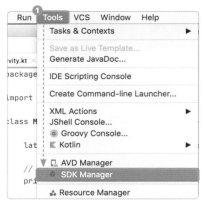

02 ❶ [Android SDK]에서 [SDK Tools]를 선택한 후 ❷ [Google Play services]를 체크해 주세요. ❸ [OK]를 눌러주세요.

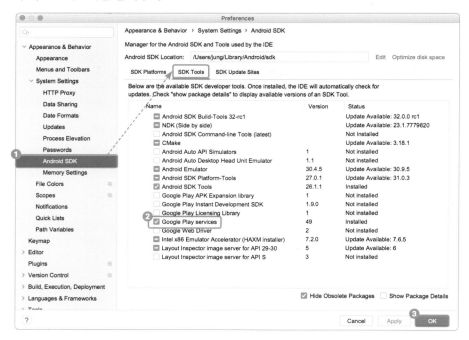

❹ 설치를 하겠냐는 팝업이 뜨면 [OK]를 눌러주세요.

❺ 잠시 기다리면 설치가 완료됩니다. [Finish]를 눌러 설치를 완료해주세요. Google Play services 설치가 완료되었습니다.

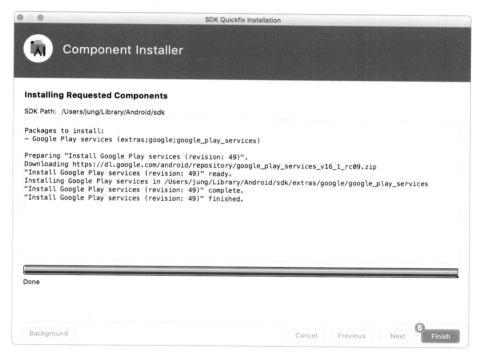

12.3 레이아웃 구성하기

이번 미세먼지 업그레이드 버전에서는 새로운 지도 페이지를 추가하고 기존의 메인 페이지에는 지도 페이지로 가는 버튼을 추가하겠습니다.

▼ 메인 페이지 (MainActivity.kt)

▼ 지도 페이지 (MapActivity.kt)

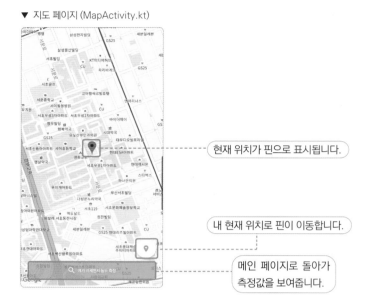

현재 위치가 핀으로 표시됩니다.

내 현재 위치로 핀이 이동합니다.

메인 페이지로 돌아가 측정값을 보여줍니다.

12.3.1 MainActivity의 레이아웃 수정하기

기존 페이지에 지도 페이지로 가는 버튼을 추가합시다. 일반 버튼이 아닌 플로팅 액션 버튼^{floating action button}을 추가해주겠습니다. ❶ 플로팅 액션 버튼은 화면에 떠있는 버튼입니다. 주로 자주 쓰이는 액션을 플로팅 액션 버튼과 연결해놓습니다.

To Do **01** 먼저 플로팅 액션 버튼의 가운데에 들어갈 지도 아이콘과 색상을 추가해주겠습니다.

❶ [res]→ [drawable] 폴더에서 우클릭 후 ❷ [New] → [Vector Asset]을 선택해주세요.

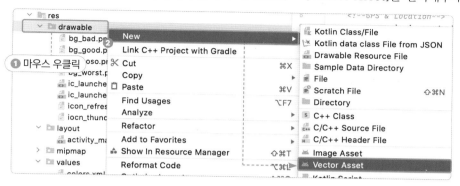

❸ 'Clip Art' 옆의 버튼을 눌러주세요.

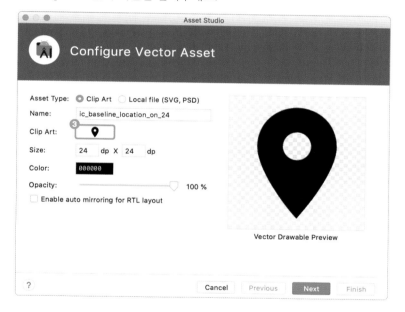

❹ 검색창에 map을 검색 후 맨 처음 나오는 아이콘을 클릭 후 ❺ [OK]를 선택해주세요.

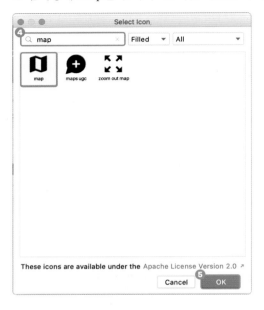

❻ icon_map으로 파일 이름을 변경해주세요. ❼ [Next]를 클릭해줍니다. 다음창에서
❽ [Finish]를 눌러 생성을 완료합니다.

03 주황색 색상과 투명한 주황색 색상을 추가해주겠습니다. [app] → [res] → [values] → colors.xml을 열고 두 색상을 추가해주세요.

```xml
                                                    /app/res/values/colors.xml
<?xml version="1.0" encoding="utf-8"?>
<resources>

    <!-- 기본 설정된 색 -->
    <color name="purple_200">#FFBB86FC</color>
    <color name="purple_500">#FF6200EE</color>
    <color name="purple_700">#FF3700B3</color>
    <color name="teal_200">#FF03DAC5</color>
    <color name="teal_700">#FF018786</color>
    <color name="black">#FF000000</color>
    <color name="white">#FFFFFFFF</color>


    <!-- 여기서부터 직접 추가한 색 -->
    <color name="orange">#FF6E40</color>
    <color name="orange_transparent">#C3FF6E40</color>

</resources>
```

04 이제 [app] → [res] → [layout] → activity_main.xml을 열어주세요. ❶ 기존 코드의 ConstraintLayout 태그 안에 플로팅 액션 버튼만을 추가해주면 됩니다.

```xml
                                        app/src/main/res/layout/activity_main.xml
<?xml version="1.0" encoding="utf-8"?>
<androidx.constraintlayout.widget.ConstraintLayout
    xmlns:android="http://schemas.android.com/apk/res/android"
    xmlns:app="http://schemas.android.com/apk/res-auto"
    xmlns:tools="http://schemas.android.com/tools"
    android:layout_width="match_parent"
    android:layout_height="match_parent"
    tools:context=".MainActivity">

    ... 생략 ...
```

```
<com.google.android.material.floatingactionbutton.FloatingActionButton
    android:id="@+id/fab"
    android:layout_width="wrap_content"
    android:layout_height="wrap_content"
    android:layout_marginBottom="30dp"
    android:layout_marginEnd="23dp"
    android:backgroundTint="@color/orange" <!-- 버튼 색상 설정 -->
    android:src="@drawable/icon_map"

    app:borderWidth="0dp"                   <!-- 테두리 없애기 -->
    app:layout_constraintBottom_toBottomOf="parent"
    app:layout_constraintEnd_toEndOf="parent"
    app:tint="@color/white"                 <!-- 아이콘 색상 설정 -->
/>                                                            <!-- ❶ -->

</androidx.constraintlayout.widget.ConstraintLayout>
```

다음과 같이 버튼이 추가되었다면 메인 레이아웃 준비를 마친 겁니다.

12.3.2 MapActivity의 레이아웃 작성하기

MapActivity.kt를 생성한 후 지도를 보여줄 뷰를 추가해주겠습니다.

To Do 01 ❶ [app] → [java] → [com.example.airquality]에서 우클릭한 후 ❷ [New] → [Activity] → [Empty Activity]를 선택해주세요.

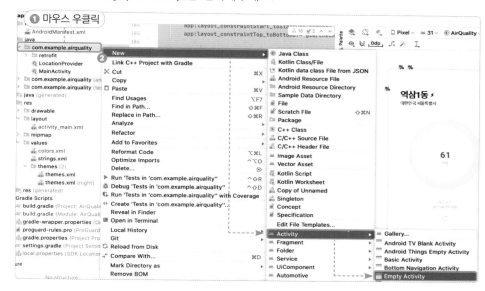

❸ 액티비티 이름을 MapActivity로 설정한 후 ❹ [Finish]를 눌러주세요.

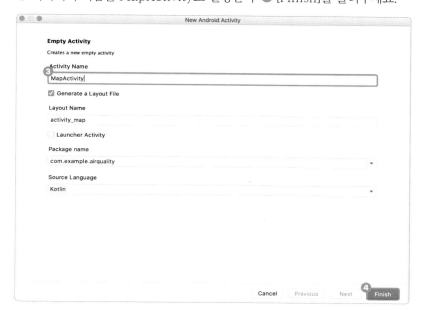

02 activity_main.xml을 수정하기 전에, 필요한 벡터 이미지와 버튼 배경 파일을 생성해주겠습니다. 필요한 것은 다음과 같습니다.

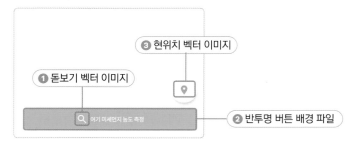

벡터 에셋을 추가하는 방법은 이미 바로 이전 절(12.3.1절)에서 배웠습니다. 같은 방식으로 추가해보겠습니다. ❶ [res] → [drawable] 폴더 위에서 우클릭 → ❷ [New] → [Vector Asset]을 클릭 후 → ❸ 'Clip Art' 옆 버튼을 눌러 → ❹ 팝업창에서 search로 검색해 돋보기 모양을 클릭 후 → ❺ [OK]를 눌러줍니다.

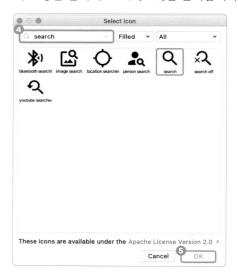

❻ 이름을 icon_search로 입력하고 → ❼ [Next]를 클릭합니다. 다음 창에서 ❽ [Finish]를 클릭해 완료합니다.

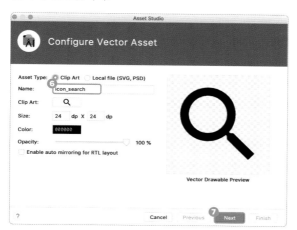

❾ 같은 방식으로 현위치 아이콘도 추가해 봅시다. ❿ location으로 검색하면 나옵니다. ⓫ 아이콘의 이름을 icon_location으로 지정해 생성하세요. ⓬ [OK] 버튼을 눌러주세요.

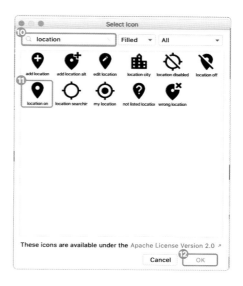

03 반투명 주황색 버튼의 배경을 만들겠습니다. ❶ [res]→ [drawable] 폴더에서 우클릭 → ❷ [New] → [Drawable Resource File]을 선택해주세요.

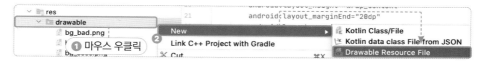

❸ 파일 이름을 bg_button_orange로 지정한 후 → ❹ [Root element]를 shape로 지정해주세요. ❺ [OK] 버튼을 눌러 파일을 생성해주세요.

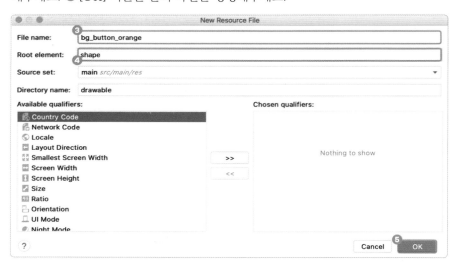

〈shape〉 태그가 있는 bg_button_orange.xml 파일이 생성될 겁니다. 〈shape〉 태그를 이용하면 xml 파일만을 이용해 셰이프 드로어블^{Shape Drawable}을 만들어선, 색상, 그라데이션 등이 적용된 드로어블 파일을 손쉽게 만들 수 있습니다.

> **셰이프 드로어블(Shape Drawable)**
> 화면에 모양을 그리는 드로어블입니다. 〈shape〉 태그를 이용해 만들 수 있으며 셰이프 드로어블을 이용하면 둥근 모서리 직사각형 등 다양한 모양을 화면에 그릴 수 있습니다.

```xml
<?xml version="1.0" encoding="utf-8"?>
<shape xmlns:android="http://schemas.android.com/apk/res/android">

</shape>
```

04 bg_button_orange.xml 파일을 열고 〈shape〉 태그 안에 다음과 같이 추가해주겠습니다. ❶ corners 태그를 추가해 모서리 속성을 지정해봅시다. radius 속성을 통해 모서리를 둥글게 해주고, ❷ solid 태그를 통해 반투명한 오렌지 색상을 배경색으로 지정해줍니다.

app/src/main/res/drawable/bg_button_orange.xml

```xml
<?xml version="1.0" encoding="utf-8"?>
<shape xmlns:android="http://schemas.android.com/apk/res/android">
    <corners
        android:radius="10dp"/> <!-- ❶ -->
```

```xml
    <solid
        android:color="@color/orange_transparent"/>    <!-- ❷ -->
</shape>
```

05 이제 activity_map.xml에 필요한 리소스가 모두 준비되었습니다. [app] → [res] → [layout] → activity_map.xml 파일을 열고 기존 코드를 모두 삭제 후 다음과 같이 코드를 작성해주세요. ❶이 바로 구글 맵이 들어갈 뷰입니다. 그 외 뷰 속성에 대한 설명은 주석을 참고해주세요.

app/src/main/res/layout/activity_map.xml

```xml
<?xml version="1.0" encoding="utf-8"?>
<androidx.constraintlayout.widget.ConstraintLayout xmlns:android=
"http://schemas.android.com/apk/res/android"
    xmlns:app="http://schemas.android.com/apk/res-auto"
    xmlns:tools="http://schemas.android.com/tools"
    android:layout_width="match_parent"
    android:layout_height="match_parent"
    tools:context=".MapActivity">

    <androidx.fragment.app.FragmentContainerView          <!-- ❶ -->
        android:id="@+id/map"
        android:name="com.google.android.gms.maps.SupportMapFragment"
        android:layout_width="match_parent"
        android:layout_height="match_parent" />


    <com.google.android.material.floatingactionbutton.FloatingActionButton
        android:id="@+id/fab_current_location"
        android:layout_width="wrap_content"
        android:layout_height="wrap_content"
        android:layout_marginEnd="20dp"
        android:layout_marginBottom="12dp"
        android:backgroundTint="@color/white"   <!-- 버튼 배경색 지정 -->
        android:src="@drawable/icon_location"
        app:borderWidth="0dp"      <!-- 테두리 없애기 -->
        app:tint="@color/orange" <!-- 아이콘 색상 지정 -->
        app:layout_constraintBottom_toTopOf="@+id/btn_check_here"
        app:layout_constraintEnd_toEndOf="parent"
        />


    <LinearLayout
```

```xml
        android:id="@+id/btn_check_here"
        android:layout_width="match_parent"
        android:layout_height="50dp"
        android:layout_marginStart="20dp"
        android:layout_marginEnd="20dp"
        android:layout_marginBottom="20dp"
        android:background="@drawable/bg_button_orange"
        android:gravity="center"   <!-- 리니어 레이아웃 속 모든 뷰 중앙 정렬 -->
        android:orientation="horizontal"
        app:layout_constraintBottom_toBottomOf="parent">

        <ImageView
            android:layout_width="25dp"
            android:layout_height="25dp"
            android:src="@drawable/icon_search"
            app:tint="@color/white" <!-- 아이콘 색상 지정 -->
    />

        <TextView
            android:layout_width="wrap_content"
            android:layout_height="wrap_content"
            android:layout_marginStart="5dp"
            android:letterSpacing="-0.035" <!-- 자간 간격 더 좁게 설정 -->
            android:text="여기 미세먼지 농도 측정"
            android:textColor="@color/white"
            android:textSize="12sp"
            android:textStyle="bold" />
    </LinearLayout>

</androidx.constraintlayout.widget.ConstraintLayout>
```

이렇게 필요한 모든 레이아웃에 대한 준비가 끝났습니다. 이제 직접 소스 코드를 작성합시다.

STEP1 12.4 MainActivity.kt에서 플로팅 액션 버튼 구현하기

플로팅 액션 버튼에 OnClickListener를 달아주어 클릭되었을 때 MapActivity.kt로 이동하게 끔 해봅시다. 다음과 같이 3가지를 진행합니다.

1 위도와 경도를 객체 변수로 변환하기

2 RegisterForActivityResult 객체 생성하기

3 플로팅 액션 버튼에 OnClickListener 설정하기

12.4.1 위도와 경도를 객체 변수로 변환하기

To Do 01 [app] → [java] → [com.example.airquality] → MainActivity.kt 파일을 열어주세요. updateUI() 함수를 주목해주세요. 위도와 경도 정보를 가져와서 함수 내의 지역 변수에 저장하고 있습니다. 지금까지는 문제가 없었지만, 이제는 MapActivity.kt로 내 위치를 보내고, MapActivity.kt에서 지정된 위도, 경도를 받아와 함수를 실행해야 합니다. 위도와 경도를 클래스 객체 변수로 격상시켜 해결하겠습니다.

02 MainActivity.kt 파일에 ❶ 위도, 경도를 저장할 객체 변수를 추가해주세요.

/app/src/main/java/com/example/airquality/MainActivity.kt

```kotlin
class MainActivity : AppCompatActivity() {
    // 위도와 경도를 저장합니다.
    var latitude: Double = 0.0
    var longitude: Double = 0.0          // ❶
... 생략 ...
```

❷ 그리고 updateUI()에서 해당 변수를 이용하도록 코드를 추가합니다.

수정전
```kotlin
private fun updateUI() {
    locationProvider = LocationProvider(this@MainActivity)

    // 위도와 경도 정보를 가져옵니다.
    val latitude: Double = locationProvider.getLocationLatitude()
    val longitude: Double = locationProvider.getLocationLongitude()
```

수정후
```kotlin
private fun updateUI() {
    locationProvider = LocationProvider(this@MainActivity)

    // 위도와 경도 정보를 가져옵니다.
    if(latitude == 0.0 || longitude == 0.0) {
        latitude = locationProvider.getLocationLatitude()
        longitude = locationProvider.getLocationLongitude()     // ❷
    }
```

12.4.2 registerForActivityResult 객체 생성하기

액티비티와 액티비티 사이에서 데이터는 양방향으로 이동할 수 있습니다. 우리 앱은 메인 페이지에서 위치 정보를 지도 페이지로, 다시 지도에서 핀 위치 정보를 메인 페이지로 보냅니다. 이때 registerForActivityResult를 이용합니다. 글자 그대로 의역하면 '다른 액티비티의 실행 결과를 콜백에 등록한다' 정도가 되겠군요. 이제부터 직접 구현하면서 알아보겠습니다.

To Do 01 [app] → [java] → [com.example.airquality] → MainActivity.kt 파일에 객체 변수로 startMapActivityResult를 추가해주세요.

```kotlin
class MainActivity : AppCompatActivity() {

... 생략 ...
    val startMapActivityResult =                                           // ❶
registerForActivityResult(ActivityResultContracts.StartActivityForResult(),
object : ActivityResultCallback<ActivityResult> {
    override fun onActivityResult(result: ActivityResult?) {
    if (result?.resultCode ?: 0 == Activity.RESULT_OK) {
        latitude = result?.data?.getDoubleExtra("latitude", 0.0) ?: 0.0    // ❷
        longitude = result?.data?.getDoubleExtra("longitude", 0.0) ?: 0.0
        updateUI() // ❸
            }
        }
    })

override fun onCreate(savedInstanceState: Bundle?) {
... 생략 ...
```

❶ startMapActivityResult 변수를 선언해줍니다. 해당 변수의 타입은 ActivityResult Launcher인데요, 결과를 받아와야 하는 액티비티를 실행할 때 사용하면 됩니다. registerForActivityResult() 함수에 두 번째 인수로 콜백을 등록해줍니다. 이 콜백은 해당 액티비티가 결과를 반환할 때 실행되게 됩니다.

❷ 지도 페이지에서는 위도와 경도를 반환할 겁니다. 이를 12.4.1절에서 만든 객체 변수에 각각 저장해줍니다.

❸ updateUI()를 통해 다시 해당 위, 경도를 이용해 미세먼지 농도를 구합니다.

12.4.3 플로팅 액션 버튼에 OnClickListener 설정

To Do 01 [app] → [java] → [com.example.airquality] → MainActivity.kt 파일을 열어주세요. 그리고 다음과 같이 코드를 추가해주세요.

```kotlin
class MainActivity : AppCompatActivity() {
... 생략 ...
    override fun onCreate(savedInstanceState: Bundle?) {
        super.onCreate(savedInstanceState)
        binding = ActivityMainBinding.inflate(layoutInflater)
        setContentView(binding.root)

        checkAllPermissions()
        updateUI()
        setRefreshButton()

        setFab() // ❶ 추가
    }

    // ❷ 추가
    private fun setFab() {
        binding.fab.setOnClickListener {
            val intent = Intent(this, MapActivity::class.java)
            intent.putExtra("currentLat", latitude)
            intent.putExtra("currentLng", longitude)
            startMapActivityResult.launch(intent)
        }
    }
    ... 생략 ...
}
```

❶ onCreate()에 setFab() 함수를 추가해줍니다. 현재 위도와 경도 정보를 담아 지도 페이지로 보내는 함수입니다. ❷ setFab() 함수를 구현합니다. startMapActivityResult 변수를 launch()하면 지도 페이지로 이동하고, 등록해둔 onActivityResult 콜백에 보낸 값이 전달됩니다.

12.5 지도 액티비티 구현하기

이제 구글 맵을 설정해보겠습니다. 구현해야 할 기능은 메인 액티비티에서 가져온 내 위치를 표시하고 → 지도를 원하는 곳으로 움직여 해당 위치의 위도/경도를 가져온 후 → 다시 메인 액티비티로 넘겨주는 겁니다. 그러면 메인 액티비티가 미세먼지 농도를 다시 측정해 보여주게 됩니다. 차례차례 아래 순서대로 MapActivity.kt를 구현해보겠습니다.

1 뷰 바인딩 설정
2 지도 설정(현재 위치로 이동, 마커 설정)
3 [여기 미세먼지 농도 측정] 버튼 클릭 시 메인 액티비티로 위치 정보 전달

12.5.1 뷰 바인딩 설정

To Do **01** [app] → [java] → [com.example.airquality] → MapActivity.kt를 열어주세요. 뷰를 참조하므로 뷰 바인딩을 설정합니다.

/app/src/main/java/com/example/airquality/MapActivity.kt

```
package com.example.airquality

import android.os.Bundle
import androidx.appcompat.app.AppCompatActivity
import com.example.airquality.databinding.ActivityMapBinding

class MapActivity : AppCompatActivity() {

    lateinit var binding: ActivityMapBinding

    override fun onCreate(savedInstanceState: Bundle?) {
        super.onCreate(savedInstanceState)
        binding = ActivityMapBinding.inflate(layoutInflater)
        setContentView(binding.root)
    }
}
```

12.5.2 지도 설정 : 현재 위치로 이동, 마커 설정

지도를 설정해보겠습니다. 다음과 같은 순서로 소스 코드를 작성해주세요.

To Do **01** [app] → [java] → [com.example.airquality] → MapActivity.kt에 OnMapReady Callback 인터페이스를 구현합니다. onMapReady() 함수는 지도를 사용할 준비가 되었을 때 실행됩니다. 다음과 같이 소스 코드를 작성해주세요.

```kotlin
package com.example.airquality

import android.app.Activity
import android.content.Intent
import android.os.Bundle
import androidx.appcompat.app.AppCompatActivity
import com.example.airquality.databinding.ActivityMapBinding
import com.google.android.gms.maps.CameraUpdateFactory
import com.google.android.gms.maps.GoogleMap
import com.google.android.gms.maps.OnMapReadyCallback
import com.google.android.gms.maps.SupportMapFragment
import com.google.android.gms.maps.model.LatLng
import com.google.android.gms.maps.model.MarkerOptions

class MapActivity : AppCompatActivity(), OnMapReadyCallback {
                                                        // ❶

    lateinit var binding: ActivityMapBinding

    private var mMap: GoogleMap? = null
    var currentLat: Double = 0.0 // MainActivity.kt에서 전달된 위도
    var currentLng: Double = 0.0 // MainActivity.kt에서 전달된 경도

    override fun onCreate(savedInstanceState: Bundle?) {
        super.onCreate(savedInstanceState)
        binding = ActivityMapBinding.inflate(layoutInflater)
        setContentView(binding.root)

        // MainActivity.kt에서 intent로 전달된 값을 가져옵니다.
        currentLat = intent.getDoubleExtra("currentLat", 0.0)
        currentLng = intent.getDoubleExtra("currentLng", 0.0)
```

```
        val mapFragment = supportFragmentManager.findFragmentById(R.id.map)
            as SupportMapFragment?
        mapFragment?.getMapAsync(this) ———————————————————— // ❷
    }
```

❶ OnMapReadyCallback 인터페이스를 구현해 사용해야 하므로 추가합니다. ❷ 구글 맵 객체의 생명주기를 관리하는 supportMapFragment 객체를 mapFragment에 저장합니다. getMapAsync()는 mapFragment에 OnMapReadyCallback 인터페이스를 등록해줍니다. 그래야 지도가 준비되면 onMapReady() 함수가 자동으로 실행됩니다.

이어서 지도가 준비되었을 때 실행되는 콜백 코드를 작성합시다.

```
// 지도가 준비되었을 때 실행되는 콜백
override fun onMapReady(googleMap: GoogleMap) { ———————————— // ❸
    mMap = googleMap

    mMap?.let {
        val currentLocation = LatLng(currentLat, currentLng)
        it.setMaxZoomPreference(20.0f) // 줌 최댓값 설정
        it.setMinZoomPreference(12.0f) // 줌 최솟값 설정
        it.moveCamera(CameraUpdateFactory.newLatLngZoom(currentLocation,
16f))
    }

    setMarker()

    binding.fabCurrentLocation.setOnClickListener { ——————— // ❹
        val locationProvider = LocationProvider(this@MapActivity)
        // 위도와 경도 정보를 가져옵니다.
        val latitude = locationProvider.getLocationLatitude()
        val longitude = locationProvider.getLocationLongitude()
        mMap?.moveCamera(CameraUpdateFactory.
                newLatLngZoom(LatLng(latitude, longitude), 16f))
        setMarker()
    }
}

// 마커 설정하는 함수
private fun setMarker() {
```

```
mMap?.let {
    it.clear() // 지도에 있는 마커를 먼저 삭제
    val markerOptions = MarkerOptions()
    markerOptions.position(it.cameraPosition.target) // 마커의 위치 설정
    markerOptions.title("마커 위치") // 마커의 이름 설정
    val marker = it.addMarker(markerOptions) // 지도에 마커를
                                    // 추가하고, 마커 객체를 반환

    it.setOnCameraMoveListener {
        marker?.let { marker ->
            marker.setPosition(it.cameraPosition.target)    // ❺
        }
    }
}
```

❸ onMapReady() 함수 내에서는 지도가 준비가 되면 실행할 코드를 작성합니다. 메인 액티비티에서 넘겨받은 위, 경도 정보를 지도로 옮기고 마커 📍를 세팅합니다.

❹ 플로팅 액션 버튼이 눌렸을 때는 현재 위, 경도 정보를 가져와서 지도의 위치를 움직이도록 합니다.

❺ setMarker() 함수는 마커를 지도에 추가합니다. setOnCameraMoveListener() 함수를 통해 지도가 움직일 때 마커도 함께 움직이도록 세팅해줍니다.

12.5.3 측정 버튼 클릭 시 MainActivity.kt로 정보 전달

지도 페이지에서 마지막으로 해주어야 할 작업은 바로 다음 버튼을 눌렀을 때 다시 메인 액티비티로 위, 경도의 값을 가지고 돌아가는 겁니다.

> 🔍 여기 미세먼지 농도 측정

To Do 01 [app] → [java] → [com.example.airquality] → MapActivity.kt 파일을 열고 onCreate() 함수에 다음과 같이 setOnClickListener()를 설정해주는 코드를 추가합니다.

```kotlin
class MapActivity : AppCompatActivity() ,OnMapReadyCallback {

... 생략 ...
   override fun onCreate(savedInstanceState: Bundle?) {
       super.onCreate(savedInstanceState)
      ... 생략 ...

       binding.btnCheckHere.setOnClickListener {
           mMap?.let { // mMap이 null이 아닌 경우 아래 코드 블록 실행
               val intent = Intent()
               intent.putExtra("latitude",
                   it.cameraPosition.target.latitude)
               intent.putExtra("longitude",            // ❶
                   it.cameraPosition.target.longitude)
               setResult(Activity.RESULT_OK, intent) // ❷
               finish() // ❸
           }
       }
   }
}
```

❶ 버튼이 눌린 시점의 카메라 포지션을 가져옵니다. 보이는 지도의 중앙 지점의 좌푯
값을 가져온다고 생각하시면 됩니다. 각각 latitude, longitude로 인텐트에 추가 정보
를 넣습니다. ❷ 그리고 setResult()를 호출하면 MainActivity.kt에서 정의해두었던
onActivityResult() 함수가 실행됩니다(12.4.2절). ❸ finish() 함수는 지도 액티비티를 종
료합니다.

지도 페이지까지 모든 구현했습니다. 정상 작동하는지 앱을 실행해보겠습니다.

12.6 테스트하기

To Do 01 [Run] → [Run 'app']을 선택하여 에뮬레이터나 본인의 기기에서 앱을 실행해보세요.

02 처음 앱을 실행하게 되면, 현재 자신의 위치와 현 위치의 미세먼지 농도를 보여줍니다.

❶ 을 눌러 지도 페이지로 이동해
보세요.

지도 페이지에서는 현재 자신이 위치
한 곳이 마커로 표시됩니다.

03 이제 자유롭게 지도를 손가락으로 움직여 가운데 마커의 위치를 바꿔보세요.

저는 신촌동에 위치한 이화여자대학교 아산 공학관
으로 위치를 옮겨보았습니다. 그리고 ❶ [여기 미세
먼지 농도 측정]을 클릭해보았습니다.

그러면 메인 페이지로 이동합니다. 신촌동의 미세먼
지 농도가 정상적으로 측정되었네요. 친구, 가족들이
사는 곳의 미세먼지 농도도 측정해보세요.

"지오코더 서비스 사용불가합니다." 메시지가 보이고 위치 업데이트에 실패한다면?

위치 관련 설정이 꺼져 있을 수 있습니다. 스마트폰 설정에서 "위치"를 검색해 기능을 활성화해
주세요

학습 마무리

이렇게 미세먼지 앱 V 2.0이 완성되었습니다. 현재 위치뿐만 아니라 어디든 미세먼지 농도를 측
정을 할 수 있게 되었습니다. 이렇게 지도를 사용한 경험을 바탕으로 부동산 앱, 택시 호출 앱을
만들어보기 바랍니다. 참고로 여러 개의 마커를 지도에 표시할 수도 있답니다.

핵심 요약

1 구글 맵 라이브러리를 사용하면 앱에 비교적 쉽게 지도를 추가하고 내 위치 표시, 지도 줌
   인/아웃, 지도상의 위도/경도 추출을 할 수 있습니다.

2 플로팅 액션 버튼은 자주 사용하는 기능을 제공하는 데 유용합니다.

3 액티비티 사이에 데이터를 주고받는 데 ActivityResultLauncher를 사용합니다.

Project #3

미세먼지 앱 V 3.0
구글 애드몹 광고, 파이어베이스,
구글 애널리틱스

Project 미세먼지 앱 V 3.0

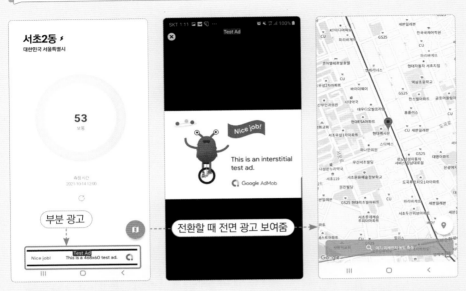

난이도	★★★☆
이름	미세먼지 앱 V 3.0
예제 위치	• https://github.com/code-with-joyce/must_have_android • 13_AirQuality_ver3
프로젝트명	AirQuality
개발 환경	• minSdk : 26 • targetSdk : 31
미션	• 파이어베이스 프로젝트를 생성하고 구글 애널리틱스를 설정해 사용자의 행동 데이터를 수집하라. • 메인 페이지에 배너 광고를 설정하라. • 지도 페이지로 가기 전에 전면 광고를 보여줘라.
조작법	• 메인 페이지에 배너 광고 추가 • 플로팅 액션 버튼 클릭 시 전면 광고 추가
핵심 구성요소	• 구글 모바일 광고 라이브러리 : 안드로이드 앱에 광고를 게재하는 SDK • 파이어베이스 : 앱 개발 시 필요한 여러 서비스를 통합해 제공하는 라이브러리. 구글 애널리틱스 서비스를 사용하겠습니다.

학습 목표	미세먼지 앱에 구글 애널리틱스와 광고를 추가합니다. 파이어베이스에서 제공하는 구글 애널리틱스로 사용자 행동 데이터를 수집하고 구글 애드몹으로 광고 수익을 올려봅시다. 배너 광고와 전면 광고 모두를 적용해보겠습니다.

앱을 수익화하는 방법은 다양합니다. 앱 자체를 구글 플레이 스토어에 유료 판매할 수도 있고, 무료 버전 외에 프리미엄 유료 버전을 제공할 수도 있습니다. 또한 광고를 사용할 수도 있습니다. 모든 기능을 다 제공하지만, 배너 광고나 전면 광고를 노출하여 수익을 얻는 방법입니다. 여기서는 애드몹을 이용해 광고를 앱에 붙이는 방법을 알아봅니다.

☐ 프로젝트
　구상하기

☐ 학습 순서

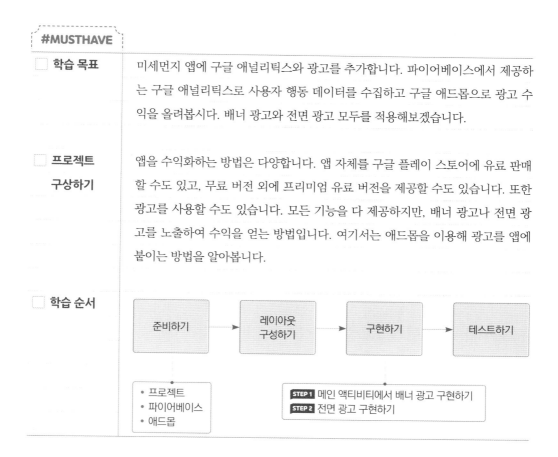

13.1 준비하기 : 프로젝트

12장에서 만든 프로젝트로 진행해주세요. 만약 12장 프로젝트를 완료하지 않고 바로 13장을 학습하려면 깃허브에서 내려받은 코드에서 12_AirQuality_ver2 프로젝트를 열어 실습을 진행해주세요(단, AirVisual API 키와 구글 맵 API 키는 직접 발급받아야 합니다. 11.3.3절과 12.2절을 참고하세요).

13.2 준비하기 : 파이어베이스

파이어베이스는 안드로이드, iOS, 웹 개발에 사용하는 서비스를 통합해 제공하는 클라우드 플랫폼입니다. 대표적으로 클라우드 파이어스토어^{Cloud Firestore}(NoSQL 데이터베이스), 클라우드 메시징^{Cloud Messaging}(푸시 메시지 기능), 구글 애널리틱스^{Google Analytics}(사용자 분석, 통계 툴) 등이 있고 애드몹과 같은 외부 툴과도 쉽게 연동됩니다. 이번에 사용할 구글 애널리틱스는 구글이 제공하는 웹/앱 트래픽 분석 서비스입니다. 특히 일정량은 무료로 사용할 수 있으므로 학습용으로 적당하답니다. 구글 애드몹은 모바일 광고 서비스입니다. 파이어베이스에 대한 소개와 서비스 종류는 다음 링크에서 더 상세히 확인할 수 있습니다.

* https://firebase.google.com/

이 책에서는 애드몹과 구글 애널리틱스를 쓸 목적으로 파이어베이스를 사용합니다.

13.2.1 파이어베이스 프로젝트 생성하기

본격적인 앱 구현에 앞서 파이어베이스 프로젝트를 생성하겠습니다.

To Do **01** 미세먼지 앱에 사용할 파이어베이스 프로젝트를 생성해보겠습니다.
https://firebase.google.com/에 들어가서 ❶ [시작하기]를 클릭해주세요.

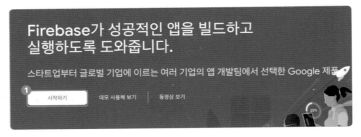

❷ [프로젝트 만들기]를 눌러주세요.

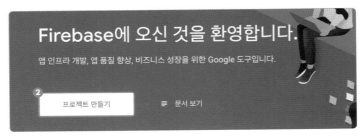

02 ❶ 먼저 프로젝트 이름을 정해줍니다. AirQuality를 입력합니다. ❷ 12장에서 구글 맵 API 키를 가져오면서 Google Cloud Platform에 프로젝트를 생성해주었는데요. 해당 프로젝트를 연결해서 사용할 수도 있습니다. 목록에 프로젝트가 뜬다면 클릭해주세요. 계정이 다르면 안 뜰 수도 있는데요, 꼭 Google Cloud Platform에 연결해야 하는 것은 아니므로 이 단계는 생략해도 됩니다. ❸ [계속]을 눌러주세요.

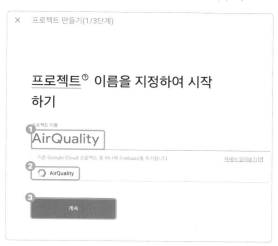

처음 만들면 다음과 같이 유의해야 할 사항이 보입니다. 읽어본 후 ❹ [계속]을 눌러주세요.

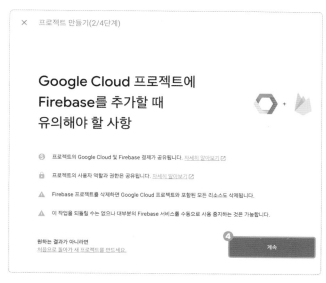

⑤ 구글 애널리틱스를 설정한 후 [계속]을 눌러주세요.

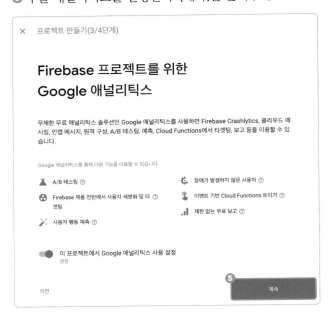

▼ 처음 만들어 파이어베이스가 없을 때
⑥ 약관에 동의 후 ⑦ [Firebase 추가] 버튼을 선택해
주세요.

▼ 이미 파이어베이스가 추가되어 있을 때
⑥ 계정 선택에서 [Default Account for Firebase]를
선택해주고, ⑦ [프로젝트 만들기]를 선택해주세요.

❽ 기다리면 새 프로젝트가 준비되었다는 다음 화면이 뜹니다. [계속] 버튼을 눌러주세요.

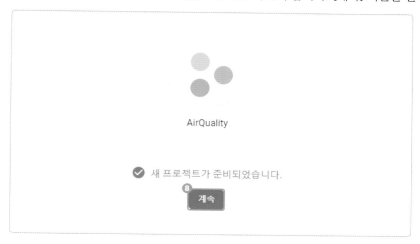

그러면 생성한 프로젝트 메인 페이지로 이동합니다.

03 안드로이드 플랫폼을 프로젝트에 추가해주겠습니다. ❶ 안드로이드 아이콘을 클릭해주세요.

❷ 앱의 패키지 이름을 적어줍니다.

 패키지 이름을 구하는 방법은 다시 안드로이드 스튜디오로 돌아가서 MainActivity.kt 파일을 연 후 첫 번째 줄을 확인하면 됩니다. 이 프로젝트의 패키지 이름은 com.example.airquality 입니다.

❸ 앱의 별칭을 적어주세요. 무엇으로 하든 상관없습니다. 저는 AirQuality로 해주었습니다. ❹ [앱 등록]을 눌러주세요.

❺ [google-services.json 다운로드]를 클릭해주세요. 그리고 안드로이드 스튜디오를 실행합니다.

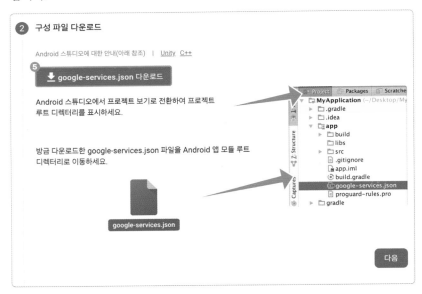

❻ 프로젝트 파일들을 볼 수 있도록 안드로이드 스튜디오에서 [Android]를 클릭 → [Project]를 선택해주세요.

❼ 내려받은 google-services.json 파일을 [app] 폴더에 드래그 앤 드롭해주세요.

❽ 안드로이드 스튜디오 프로젝트에 google-services.json을 정상적으로 추가했다면 프로젝트 설정 페이지로 돌아와 [다음] 버튼을 눌러주세요.

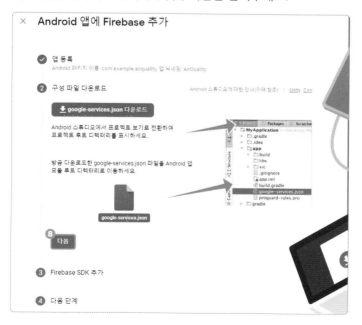

❾ 그럼 다음과 같이 Firebase SDK 추가하는 방법이 나옵니다. 이 과정은 다음 단계에서 설명할 것이므로 [다음]을 눌러주세요.

❿ 그리고 마지막으로 나오는 페이지에서 [콘솔로 이동]을 클릭해줍니다.

13.2.2 파이어베이스 SDK를 안드로이드 Gradle 파일에 추가하기

To Do 01 파이어베이스 SDK를 안드로이드 Gradle 파일에 추가해보겠습니다. ❶ [Android]를 선택하고 → ❷ 프로젝트 수준의 build.gradle 파일을 열어주세요.

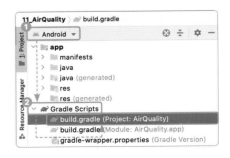

02 기존 코드에 ❶ 구글 서비스 라이브러리를 다음과 같이 추가해주세요.

```
buildscript {
    repositories {
        google()
        mavenCentral()
    }
    dependencies {
        classpath "com.android.tools.build:gradle:7.0.3"
        classpath "org.jetbrains.kotlin:kotlin-gradle-plugin:1.5.31"

        classpath 'com.google.gms:google-services:4.3.10' // ❶
    }
}

task clean(type: Delete) {
    delete rootProject.buildDir
}
```

03 ❶ 모듈 수준의 build.gradle 파일을 열어주세요.

04 기존 코드에 ❶ 플러그인을 추가해줍니다. ❷ 두 개의 디펜던시를 추가해줍니다.

```
plugins {
    ... 생략 ...
    id 'com.google.gms.google-services' // ❶
}
dependencies {
    ... 생략 ...
    implementation platform('com.google.firebase:firebase-bom:28.4.2')
    implementation 'com.google.firebase:firebase-analytics'
                                                              // ❷
}
```

05 표시줄의 [Sync Now]를 클릭해주세요.

Gradle files have changed since last project sync. A project sync may be necessary for ...   [Sync Now]   Ignore these changes

이걸로 파이어베이스 설정은 모두 마무리되었습니다.

13.3 준비하기 : 애드몹

파이어베이스 프로젝트에서 애드몹에 가입해 프로젝트에 설정하겠습니다.

13.3.1 애드몹 가입하기

To Do **01** 애드몹을 사용하려면 애드몹에 가입을 해야 합니다. 왼쪽 메뉴에서 ❶ [참여] → [AdMob]을 선택해준 후 → ❷ [AdMob 가입] 버튼을 클릭해주세요.

02 애드몹 가입 화면에서 본인 인증 화면이 보이면 안내 따라 인증하세요. 그후 다음과 같은 창이 보이면 ❶ 국가, ❷ 시간대 ❸ 결제 통화를 설정해주세요. ❹ 약관에 동의하고 ❺ [ADMOB 계정 만들기]를 클릭해주세요.

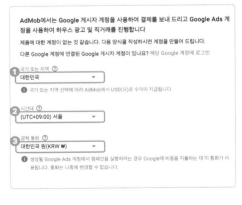

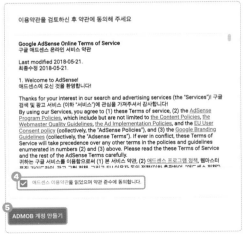

03 계정이 완료되었음을 확인하고 ❶ 이메일 수신 여부를 모두 '아니오'로 설정한 후 ❷ [계속해서 ADMOB 사용]을 클릭해주세요.

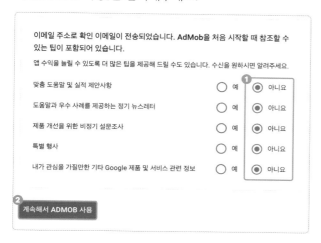

13.3.2 애드몹 등록하기

To Do **01** 우리가 광고를 삽입할 앱을 애드몹에 등록해주어야 합니다. ❶ 홈에서 ❷ [시작하기]를 눌러주세요.

02 ❶ 플랫폼은 [Android]로 설정해주세요. 아직 앱스토어에 앱을 올리지 않았으므로 ❶ [아니요]를 선택해주세요. ❷ [계속] 버튼을 눌러 설정을 계속해주세요.

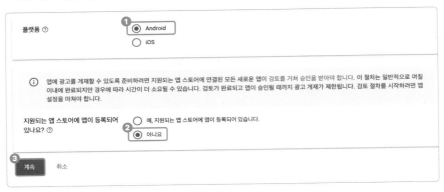

03 ❶ 앱 이름을 AirQuality로 설정해주세요. ❷ 사용자 측정항목은 해제해주세요. ❸ [앱 추가] 버튼을 눌러주세요.

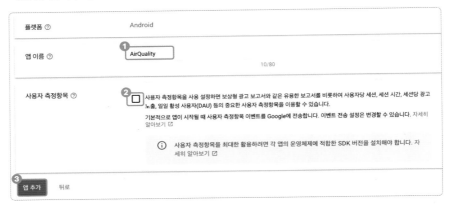

04 다음과 같은 화면이 보이면 파이어베이스 앱이 정상적으로 추가된 겁니다. ❶ [완료]를 눌러 앱 생성을 마무리하세요.

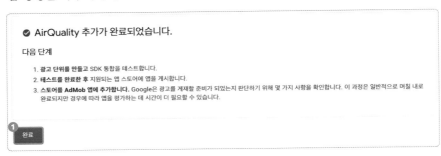

13.3.3 광고 단위 추가하기 : 배너 광고

To Do **01** 게재할 광고 단위를 추가해주겠습니다. 우리는 총 두 개의 광고 유형을 추가할 겁니다. 첫 번째로는 배너 광고이며, 두 번째로는 전면 광고입니다. ❶ [광고 단위] 메뉴를 클릭 후 ❷ [시작하기] 버튼을 눌러주세요.

02 배너 광고 먼저 생성하겠습니다. 배너에 있는 ❶ [선택]을 클릭해주세요.

03 ❶ 광고 단위의 이름을 '하단 배너 광고'라고 지정해주겠습니다. ❷ [광고 단위 만들기]를 선택해주세요.

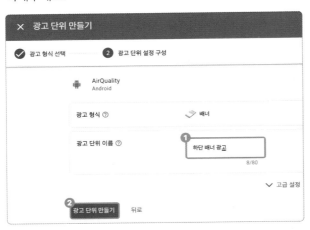

04 광고 단위 생성이 완료되면 다음과 같은 화면이 표시됩니다. ❶ 앱 ID는 안드로이드에 광고를 붙일 때 필요하므로 따로 저장해둡니다. ❷ 광고 단위 ID는 방금 만든 광고 단위를 앱에 적용할 때 필요하므로 이 또한 따로 저장해둡니다. ❸ 저장을 완료했으면 [완료] 버튼을 눌러주세요.

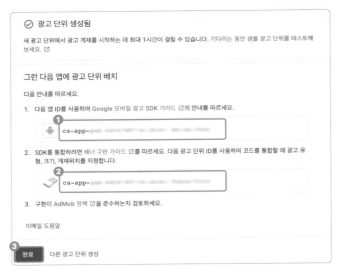

'하단 배너 광고'가 추가되었으면 성공입니다.

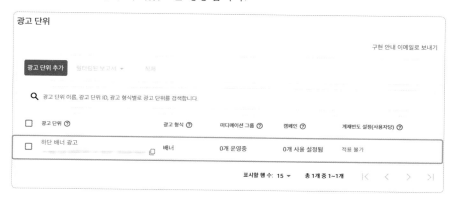

13.3.4 광고 단위 추가하기 : 전면 광고

To Do **01** 배너 광고를 만든 것과 같은 방법으로 전면 광고를 만들겠습니다. ❶ 광고 단위 추가를 눌러 주세요.

02 이번에는 전면 광고에서 ❶ [선택]을 클릭해주세요.

03 ❶ 광고 단위 이름을 '전면 광고'로 설정한 이후에 ❷ [광고 단위 만들기]를 클릭해주세요.

04 광고가 정상적으로 만들어지면 다음과 같은 화면이 나옵니다. ❶ 광고 단위 ID를 따로 저장
해두도록 합니다. ❷ [완료] 버튼을 눌러주세요.

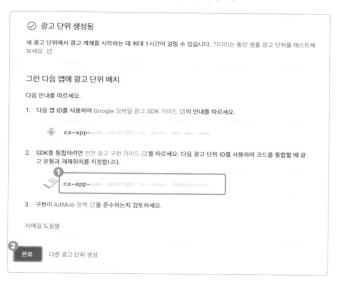

그럼 다음과 같이 광고 단위 두 개가 보일 겁니다.

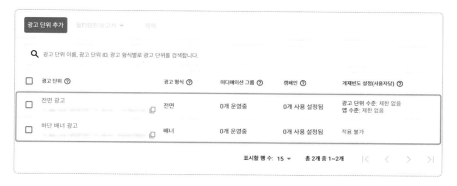

13.3.5 애드몹 프로젝트에 설정하기

To Do **01** 프로젝트에 애드몹 앱 ID를 설정해주겠습니다. 애드몹 앱 ID는 애드몹 홈페이지에서 ❶ [앱] → [앱 설정] 메뉴에서 ❷ '앱 ID'를 보면 됩니다. 클릭하면 복사됩니다.

02 먼저 AndroidManifest.xml 파일에 복사한 애드몹 앱 ID를 추가해주겠습니다. ❶ [app] → [manifests] → AndroidManifest.xml 파일을 열어주세요. ❷ 〈application〉 태그 안에 〈meta-data〉 태그를 이용하여 위에서 복사한 애드몹 앱 ID를 넣어주세요.

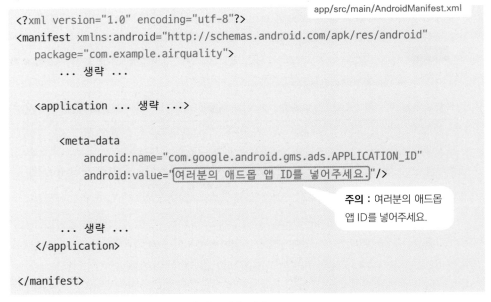

app/src/main/AndroidManifest.xml

```xml
<?xml version="1.0" encoding="utf-8"?>
<manifest xmlns:android="http://schemas.android.com/apk/res/android"
    package="com.example.airquality">

        ... 생략 ...

    <application ... 생략 ...>

        <meta-data
            android:name="com.google.android.gms.ads.APPLICATION_ID"
            android:value="여러분의 애드몹 앱 ID를 넣어주세요."/>


        ... 생략 ...
    </application>

</manifest>
```

> **주의** : 여러분의 애드몹 앱 ID를 넣어주세요.

03 구글 모바일 광고 라이브러리를 추가해주겠습니다. ❶ [Gradle Scripts] 아래에서 모듈 수준의 build.gradle 파일을 열어주세요.

❷ dependencies 태그 안에 구글 모바일 광고 라이브러리를 임포트합니다.

```
dependencies {
    ... 생략 ...

    implementation 'com.google.android.gms:play-services-ads:20.4.0'
}
```

❸ [Sync Now]를 클릭해주세요.

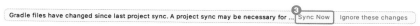

이렇게 구글 모바일 광고 라이브러리를 추가했습니다.

13.4 레이아웃 구성하기

메인 페이지에 배너 광고용 뷰를 추가해주겠습니다. 참고로 전면 광고의 경우 아예 전체 화면으로 생성이 되므로 따로 뷰를 추가해야 할 필요가 없습니다.

▼ 메인 페이지 (MainActivity.kt)

13.4.1 MainActivity의 레이아웃 수정하기

To Do **01** 이제 [app] → [res] → [layout] → activity_main.xml을 열어주세요. 기존 코드의 ConstraintLayout 태그 안에 AdView만을 추가해주면 됩니다.

app/src/main/res/layout/activity_main.xml

```
    ... 생략 ...

<com.google.android.gms.ads.AdView
        xmlns:ads="http://schemas.android.com/apk/res-auto"
        android:id="@+id/adView"
        android:layout_width="match_parent"
        android:layout_height="wrap_content"
        app:layout_constraintBottom_toBottomOf="parent"
        ads:adSize="BANNER" // ❶
        ads:adUnitId="ca-app-pub-3940256099942544/6300978111">
                                        // ❷ 테스트용 ID
</com.google.android.gms.ads.AdView>

</androidx.constraintlayout.widget.ConstraintLayout>
```

❶ adSize는 광고의 크기를 뜻합니다. 배너 크기로 지정해줍니다. ❷ adUnitId는 광고 단위 ID를 뜻합니다. 우리가 배너 광고 하나, 전면 광고 하나를 만들었습니다. 그에 따라 각각의 광고 단위 ID도 생성되었습니다. 광고 단위 ID는 구글 애드몹에서 확인할 수도 있습니다.

현재는 플로팅 액션 버튼이 광고를 가립니다. 사용자가 의도하지 않게 광고를 클릭할 수 있어서 구글은 이를 금지하고 있습니다. 만약 이 상태로 앱을 출시하면 광고 게재가 중지될 가능성이 큽니다.

02 플로팅 액션 버튼이 배너 광고 위에 위치할 수 있도록 플로팅 액션 버튼의 뷰 속성 하나를 변경해주겠습니다. activity_main.xml을 열어주세요. ❶ 위치에서 기존에 있었던 app:layout_constraintBottom_toBottomOf="parent"를 지우고 app:layout_constraintBottom_toTopOf="@+id/adView"로 변경해주세요. 버튼 뷰의 하단을 애드뷰의 상단에 위치시킵니다.

app/src/main/res/layout/activity_main.xml

```
<?xml version="1.0" encoding="utf-8"?>
<androidx.constraintlayout.widget.ConstraintLayout
  ... 생략 ...
  <com.google.android.material.floatingactionbutton.FloatingActionButton
```

```
android:id="@+id/fab"
android:layout_width="wrap_content"
android:layout_height="wrap_content"
android:layout_marginEnd="23dp"
android:layout_marginBottom="30dp"
android:backgroundTint="@color/orange"
android:src="@drawable/icon_map"
app:borderWidth="0dp"
app:layout_constraintBottom_toTopOf="@id/adView" // ❶ 여기만 수정해주세요.
app:layout_constraintEnd_toEndOf="parent"
app:tint="@color/white" />

    ... 생략 ...
</androidx.constraintlayout.widget.ConstraintLayout>
```

다음과 같이 플로팅 액션 버튼과 애드뷰가 겹쳐보이지 않는다면 성공입니다.

STEP 1 13.5 MainActivity.kt에서 배너 광고 구현하기

메인 액티비티에서 배너를 구현하는 방법은 굉장히 간단합니다.

To Do 01   [app] → [java] → [com.example.airquality] → MainActivity.kt 파일을 열어주세
요. 기존에 작성되어있는 코드들이 있을 겁니다. setBannerAds( ) 함수를 추가해주겠습
니다.

/app/src/main/java/com/example/airquality/MainActivity.kt

```
import com.google.android.gms.ads.AdListener
import com.google.android.gms.ads.AdRequest
import com.google.android.gms.ads.LoadAdError
import com.google.android.gms.ads.MobileAds
... 생략 ...
```

```kotlin
class MainActivity : AppCompatActivity() {

... 생략 ...
    /**
    * @desc 배너 광고 설정 함수
    **/
    private fun setBannerAds() {
        MobileAds.initialize(this)              // ❶ 광고 SDK 초기화
        val adRequest = AdRequest.Builder().build() // ❷
        binding.adView.loadAd(adRequest)        // ❸ 애드뷰에 광고 로드

        // ❹ 애드뷰 리스너 추가
        binding.adView.adListener = object : AdListener() {
            override fun onAdLoaded() {
                Log.d("ads log","배너 광고가 로드되었습니다.") // 로그 출력
            }

            override fun onAdFailedToLoad(adError : LoadAdError) {
                Log.d("ads log",
                "배너 광고가 로드 실패했습니다. ${adError.responseInfo}")
            }

            override fun onAdOpened() {
                Log.d("ads log","배너 광고를 열었습니다.")
                // 전면에 광고가 오버레이 되었을 때
            }

            override fun onAdClicked() {
                Log.d("ads log","배너 광고를 클릭했습니다.")
            }

            override fun onAdClosed() {
                Log.d("ads log", "배너 광고를 닫았습니다.")
            }
        }
    }
}
```

❶ 구글 모바일 광고 SDK를 초기화시킵니다.

❷ AdRequest 객체를 생성합니다. 이 객체에는 광고 요청에 대한 타깃팅 정보가 있으며 loadAd() 함수의 인수로 사용되게 됩니다.

❸ 광고를 애드뷰에 로드해줍니다.

❹ 애드뷰에 리스너를 추가해줍니다. 광고가 로드 이벤트, 클릭 이벤트, 열림 이벤트, 닫힘 이벤트 등을 콜백 함수를 통해 확인할 수 있습니다.

02 onCreate() 함수에 setBannerAds() 함수를 추가해주겠습니다.

/app/src/main/java/com/example/airquality/MainActivity.kt

```kotlin
override fun onCreate(savedInstanceState: Bundle?) {
    super.onCreate(savedInstanceState)
    binding = ActivityMainBinding.inflate(layoutInflater)
    setContentView(binding.root)

    checkAllPermissions()
    updateUI()
    setRefreshButton()
    setFab()

    setBannerAds() // 추가
}
```

03 [Run] → [Run 'app']을 선택하여 에뮬레이터나 본인의 기기에서 앱을 실행해보세요. 다음과 같이 보이면 성공입니다.

13.6 전면 광고 구현하기

전면 광고는 페이지 전체를 모두 차지하기 때문에 자칫하면 사용자 경험을 저하시킬 수 있습니다. 그러므로 앱 이용이 잠시 중단 될 때 자연스럽게 표시되는 게 중요한데요, 미세먼지 앱에서는 지도 페이지로 넘어가기 전에 전면 광고를 게시해보겠습니다.

To Do 01 [app] → [java] → [com.example.airquality] → MainActivity.kt 파일을 열어주세요. 기존에 작성되어있는 코드에 setInterstitialAds() 함수를 추가해주겠습니다.

/app/src/main/java/com/example/airquality/MainActivity.kt

```
class MainActivity : AppCompatActivity() {

    // 변수 추가
    var mInterstitialAd : InterstitialAd? = null
    ... 생략 ...
    /**
    * @desc 전면 광고 설정 함수
    **/
    private fun setInterstitialAds() {
                                          // ❷ 주의 : 꼭 테스트
                                          용 ID를 사용하세요
        val adRequest = AdRequest.Builder().build()

        InterstitialAd.load(this,"ca-app-pub-3940256099942544/1033173712",
            adRequest, object : InterstitialAdLoadCallback() // ❸ {
            override fun onAdFailedToLoad(adError: LoadAdError) {
                Log.d("ads log", "전면 광고가 로드 실패했습니다.
                        ${adError.responseInfo}")
                mInterstitialAd = null
            }

            override fun onAdLoaded(interstitialAd: InterstitialAd) {
                Log.d("ads log", "전면 광고가 로드되었습니다.")
                mInterstitialAd = interstitialAd
            }
        }) ──────────────────────────────────── // ❶
    }
}
```

❶ 전면 광고를 로드해줍니다. ❷ 두 번째 인수로 들어가는 광고 단위 ID에서는 배너 광고 때

와 마찬가지로 실제 광고 단위 ID가 아닌, 테스트용 광고 단위 ID를 넣어야 합니다. 다음 문자열을 넣어주세요.

- 테스트용 전면 광고 단위 ID : ca-app-pub-3940256099942544/1033173712

❸ 마지막 인수로는 광고가 로드 완료 혹은 실패되었을 때 콜백 함수가 실행될 수 있도록 InterstitialAdLoadCallback() 인터페이스 객체를 인수로 넣어주세요.

02 기존의 setFab() 함수를 수정해주겠습니다. 기존에는 플로팅 액션 버튼을 눌렀을 때 바로 지도 페이지로 넘어갔지만, 이제 플로팅 액션 버튼을 눌렀을 때 전면 광고를 보여주고, 전면 광고가 닫혔을 때 지도 페이지로 이동하겠습니다.

/app/src/main/java/com/example/airquality/MainActivity.kt

```kotlin
private fun setFab() {
    binding.fab.setOnClickListener {
        if(mInterstitialAd != null) {                         // ❶
            mInterstitialAd!!.fullScreenContentCallback =
object: FullScreenContentCallback() {
                override fun onAdDismissedFullScreenContent() {
                    Log.d("ads log", "전면 광고가 닫혔습니다.") // 로그 출력

                    // start of [기존 코드]                   // ❷
                    val intent = Intent(this@MainActivity, MapActivity::
                        class.java) // this를 this@MainActivity로 수정
                    intent.putExtra("currentLat", latitude)
                    intent.putExtra("currentLng", longitude)
                    startMapActivityResult.launch(intent)
                    // end of [기존 코드]
                }

                override fun onAdFailedToShowFullScreenContent(
                adError: AdError?) {
                    Log.d("ads log", "전면 광고가 열리는 데 실패했습니다.")
                }

                override fun onAdShowedFullScreenContent() {
                    Log.d("ads log", "전면 광고가 성공적으로 열렸습니다.")
                    mInterstitialAd = null // ❸
                }
            }
```

```
            mInterstitialAd!!.show(this@MainActivity)
            // ❹ this -> this@MainActivity로 수정
        } else {
            Log.d("InterstitialAd", "전면 광고가 로딩되지 않았습니다.")
            Toast.makeText(
                this@MainActivity,
                "잠시 후 다시 시도해주세요.",
                Toast.LENGTH_LONG
            ).show()
        }
    }
}
```

❶ mInterstitialAd 변수가 null이 아니면 변수에 FullScreenContentCallback 인터페이스를 등록해주세요. 전면 광고가 닫히고, 열렸을 때, 실패했을 때를 콜백 함수로 확인할 수가 있습니다.

❷ 수정 전 setFab()에 있던 코드는 전면 광고가 닫혔을 때 실행되도록 합니다. 추가적으로 this를 this@MainActivity로 바꾸어주세요. @MainActivity 표시가 없으면 this가 FullScreenContentCallback() 인터페이스 객체를 가리키게 됩니다.

❸ 전면 광고는 재사용이 어렵기 때문에 한 번 사용하고 나서 다시 null로 만들어주어야 합니다.

❹ 설정이 모두 끝났으면 전면 광고를 show() 함수를 호출해 보여주도록 합니다.

03 한 번 보여준 전면 광고는 다시 쓸 수 없으므로 지도 페이지에서 돌아왔을 때 다시 광고 로드를 해주어야 합니다. onCreate()는 처음 액티비티가 실행될 때만 실행되므로 지도 액티비티에서 돌아올 때도 실행되는 onResume()을 만들어 setInterstitialAds()를 호출해줍니다.

/app/src/main/java/com/example/airquality/MainActivity.kt

```
class MainActivity : AppCompatActivity() {

    ... 생략 ...

    override fun onResume() {
    super.onResume()
    setInterstitialAds()               // ❶
    }
}
```

❶ MainActivity.kt에서 onResume( ) 함수를 오버라이드하고, 해당 함수 안에서 setInterstitialAds() 함수를 실행해주세요.

13.7 테스트하기

To Do 01 [Run] → [Run 'app']을 선택하여 에뮬레이터나 본인의 기기에서 앱을 실행해보세요.

02 메인 페이지 하단에 배너 광고가 떠있는 것을 확인할 수 있습니다. 실제 단위 광고 ID가 아닌 테스트 광고 ID를 넣었기 때문에 테스트 광고가 보입니다.

❶ 광고를 클릭하면 애드몹 웹 페이지로 이동합니다. ❷ 플로팅 액션 버튼을 눌러보세요.

플로팅 액션 버튼을 눌렀을 때 바로 지도 화면을 가지 않고 전면 광고를 보여줍니다. ❸ [X] 버튼을 눌러주면 광고가 종료되고 지도 화면으로 이동합니다.

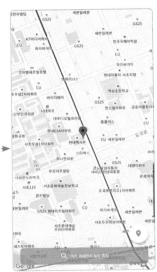

03 ❶ 브라우저로 파이어베이스 콘솔(https://console.firebase.google.com)에 접속합니다. ❷ [AirQuality] 프로젝트를 선택합니다. ❸ 애널리틱스 → [Dashboard]를 클릭하세요.

04 일일, 7일, 28일 활성 사용자 수, 화면 클래스별 머무른 평균 시간 등을 확인할 수 있습니다. 현재는 테스트 중이라 의미는 없지만, 실제 서비스할 때는 앱 성장을 파악할 수 있는 중요한 지표 역할을 할 겁니다.

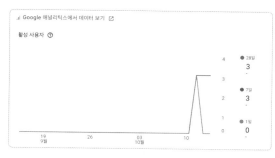 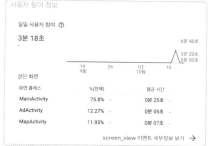

학습 마무리

이렇게 미세먼지 앱 V 3.0이 완성되었습니다. 배너 광고와 전면 광고를 구글 모바일 광고 라이브러리를 사용하여 손쉽게 구현했습니다. 또한 미세먼지 앱 프로젝트를 파이어베이스 애널리틱스와 연결하여 앱 운영에 필요한 일일 활성 사용자 수 같은 정보를 한 눈에 볼 수 있게 되었습니다.

핵심 요약

1 파이어베이스는 앱 개발 시 필요한 여러 서비스를 통합해 제공하는 라이브러리입니다.

2 구글 애널리틱스는 웹사이트와 앱 트래픽을 추적하고 보고하는 구글이 제공하는 분석 서비스입니다.

3 구글 애드몹은 모바일 광고 서비스입니다. 앱에 광고를 게재하려면 광고 단위별로 애드몹에 등록을 해주어야 합니다.

Project #4
구글 플레이 스토어에 배포하기

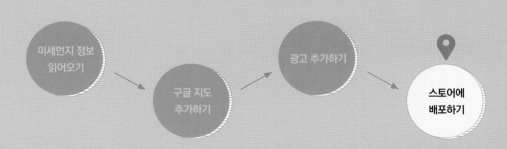

미세먼지 정보
읽어오기

구글 지도
추가하기

광고 추가하기

스토어에
배포하기

Project 미세먼지 앱 V 4.0 출시하기

구글 플레이 스토어에서
검색한 결과

작동을 확인해보세요!

난이도	★★☆☆
이름	미세먼지 앱 V 4.0 출시하기
예제 위치	• https://github.com/code-with-joyce/must_have_android • 14_AirQuality_ver4
프로젝트명	AirQuality
개발 환경	• minSdk : 26 • targetSdk : 31
미션	• 앱의 런처 아이콘을 바꾸어라 • 앱의 이름을 바꾸어라 • 앱 번들을 만들고 구글 플레이 스토어에 업로드하라
기능	• 구글 플레이에서 앱 다운받기
핵심 구성요소	• 앱 런처, 앱 이름과 같은 앱의 속성을 변경해봅니다. • 출시를 위해 패키지 이름을 바꾸고 실제 광고 단위 ID를 입력합니다. • 앱 번들을 만들고 직접 구글 플레이 스토어에 출시해봅니다.

| □ 학습 목표 | 미세먼지 앱의 모든 기능을 완성했습니다. 이제 많은 사람이 사용할 수 있도록 구글 플레이에 출시하는 방법을 알아보겠습니다. |

□ 학습 순서

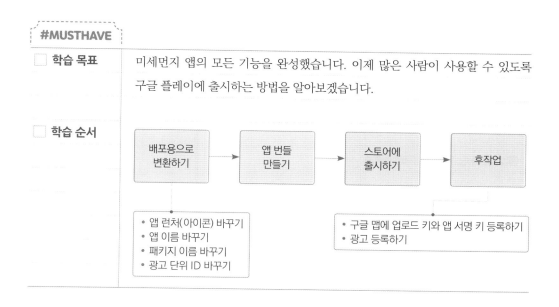

14.1 준비하기 : 프로젝트

13장에서 만든 프로젝트로 진행해주세요. 만약 13장 프로젝트를 완료하지 않고 바로 14장을 학습하려면 깃허브에서 내려받은 코드에서 13_AirQuality_ver3 프로젝트를 열어 실습을 진행해주세요(단, AirVisual API 키와 구글 맵 API 키는 직접 발급받아야 합니다. 11.3.3절과 12.2절을 참고하세요. 또 13.2절 '준비하기'를 모두 수행해 필요한 설정을 해주세요).

14.2 앱 런처(아이콘) 바꾸기

지금까지 만든 앱에서는 앱 런처 아이콘을 기본으로 두었습니다. 다음과 같은 기본 런처였죠.

물론 귀엽긴 하지만 미세먼지 앱 느낌이 나는 이미지로 바꿔봅시다. 사실 11장에서 깃허브로 제공한 이미지에는 제가 만든 런처 이미지가 있답니다. 바로 ic_launcher.png입니다.

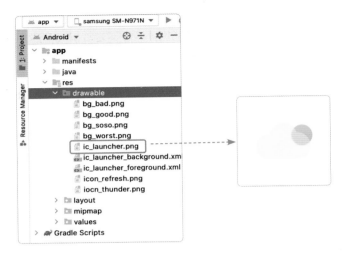

To Do 01 ❶ [app] → [res] → [drawable] 폴더 우클릭 → ❷ [New] → [Image Asset]을 클릭해주세요.

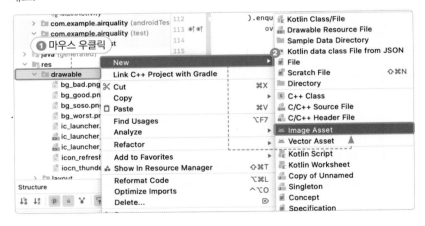

02 우리가 익숙하게 봐왔던 런처 아이콘이 있네요. [Path] 항목의 입력창을 클릭합니다. 앞서 drawable에 추가한 ic_launcher.png를 찾아가야 합니다.

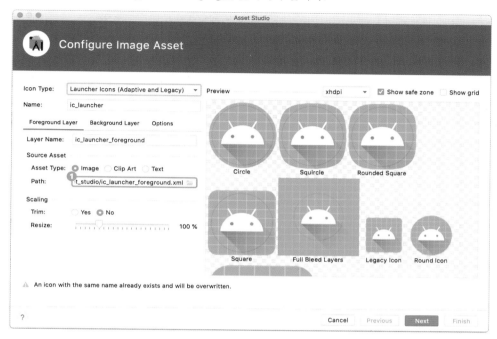

❶ 여러분이 안드로이드 프로젝트를 생성한 위치로 가서 ❷ [app] → [src] → [main] → [res] → [drawable] 순서로 이동해 → ic_launcher.png를 선택해주세요. ❸ [OK]를 눌러 반영합니다.

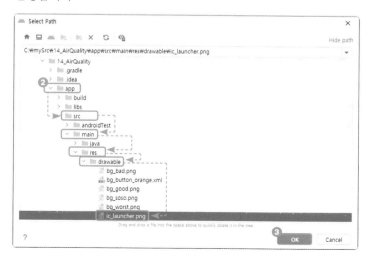

03 우리가 추가한 이미지가 미리보기로 오른쪽에 보이네요. ❶ 먼저 ic_launcher_new라는 새로운 이름을 지정해주세요. ❷ 그러면 자동으로 ic_launcher_new_foreground라는 이름이 지정됩니다. ❸ [Resize:]에서 적절한 이미지 배율을 찾아주세요. 저는 89% 정도가 적당해보이네요. ❹ [Next]를 눌러주세요.

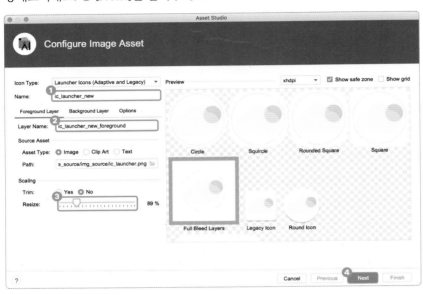

여기서는 해줄 것이 없습니다. ❺ [Finish]를 눌러주세요.

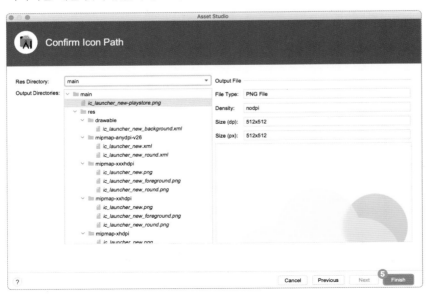

04 새 런처 아이콘을 AndroidManifest.xml 파일에 등록하겠습니다. ❶ [app] →
[manifest] → AndroidManifest.xml 파일을 열고 ❷와 ❸과 같이 새로운 런처 파일 이름
으로 설정해주세요.

```
<application
   android:allowBackup="true"
❷  android:icon="@mipmap/ic_launcher_new"
   android:label="@string/app_name"
❸  android:roundIcon="@mipmap/ic_launcher_new_round"
   android:supportsRtl="true"
   android:theme="@style/Theme.AirQuality">
```

05 [Run] → [Run 'app']을 선택하여 에뮬레이터나 본인의 기기에서
앱을 실행해보세요.
다음과 같이 런처 아이콘이 수정된 것을 확인해보세요. 크게 뭘 한
건 없지만 갑자기 앱 퀄리티가 올라간 듯한 착각이 듭니다.

14.3 앱 이름 바꾸기

프로젝트 이름을 AirQuality로 만들었기 때문에 자동으로 앱 이름이 AirQuality로 되었습니다.
앱 이름도 사용자와의 만남에 첫인상에 영향을 미칠 수 있습니다. 무엇보다도 내 손으로 만든 앱
에 내 마음대로 이름 짓는 것 또한 창작의 기쁨이자 특권이죠. 이제부터 앱 이름을 바꿔봅시다.

To Do 01 ❶ [app] → [res] → [values] → strings.xml 파일을 열어주세요. 저는 앱이 미세먼지 측정
기능뿐 아니라 지도로 위치를 지정할 수 있기 때문에 미세먼지 + 대동여지도의 느낌으로 '미
동여지도'라고 이름을 지었습니다. 여러분도 app_name 이름의 태그 안에 앱 이름을 지정
해주세요.

```
<resources>
    <string name="app_name">미동여지도</string>
</resources>
```

02 [Run] → [Run 'app']을 선택하여 에뮬레이터나 본인의 기기에서 앱
을 실행해보세요. 짠! 이렇게 이름도 바뀌었네요. 뿌듯한 순간입니다.

14.4 패키지 이름 바꾸기

플레이 스토어에 앱을 올릴 때 패키지 이름이 com.example로 시작된다면 'com.example'로
시작하는 패키지 이름은 제한되어 있다는 문구를 만나게 됩니다.

패키지 이름이 com.example로 시작한다면 변경해주어야 합니다. 프로젝트를 생성할 때 다른
패키지 이름을 지정했다면 바로 14.5절 '광고 단위 ID 바꾸기'로 넘어가주세요.

To Do **01** 패키지 이름은 MainActivity.kt 파일 첫 번째 줄에서 확인하면 됩니다. 제가 만든 프로젝트
의 패키지 이름은 com.example.airquality입니다. com.example로 시작하므로 바꾸
어주도록 하겠습니다.

02 ❶ 상단 톱니바퀴 설정 버튼을 누르고 ❷ Compact Middle Packages 체크를 해제
해주세요. 그럼 [com.example.airquality]처럼 축약되었던 폴더 구조가 [com] 밑에
[example] 밑에 [airquality] 폴더 구조로 바뀝니다(**03**번 그림을 참조하세요).

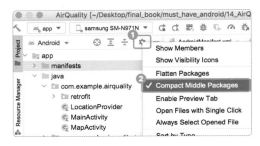

03 ❶ example 패키지 위에서 우클릭해주세요. ❷ [Refactor] → [Rename]을 선택해주세요.

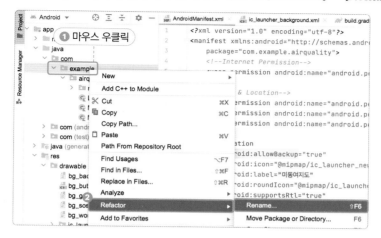

전체 패키지 이름을 바꿀 것이냐는 경고 메시지가 뜹니다. ❸ [Rename Package]를 선택해주세요.

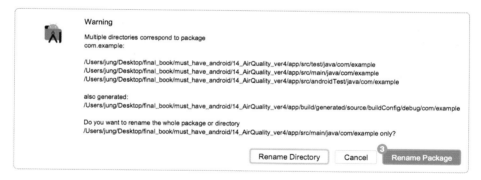

❹ 바꾸고자 하는 이름을 적어주세요. example이 아닌 단어를 입력하면 됩니다. ❺ 패키지 이름을 바꾸고자 하는 범위를 지정합니다. Project Files를 선택해 어떤 모듈이나 특정 파일이 아닌 프로젝트 내 모든 파일에서 변경하도록 지정합니다. ❻ [Refactor]를 선택해주세요.

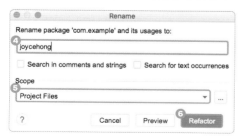

팝업창이 닫혔다고 해서 변경이 완료된 것이 아닙니다. IDE 하단을 보면 ❼ [Refactoring Preview]에서 바뀔 부분을 미리보기로 확인할 수 있습니다. ❽ [Do Refactor]를 클릭해주세요.

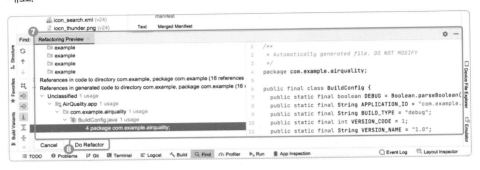

04 마지막으로 프로젝트 파일 곳곳에 있는 com.example 문자열을 찾아 com.joycehong으로 수정하겠습니다. `Ctrl+Shift+R` (맥OS `Command + Shift + R`)을 눌러 변경 창을 열어주세요.

❶ 찾을 문자열을 입력해줍니다. com.example을 입력하면 되겠죠? ❷ 새롭게 바꿀 문자열을 입력해줍니다. **com.{여러분의 패키지 이름}**을 입력하면 됩니다. ❸ [Replace All] 버튼을 눌러 한 번에 바꿔줍니다.

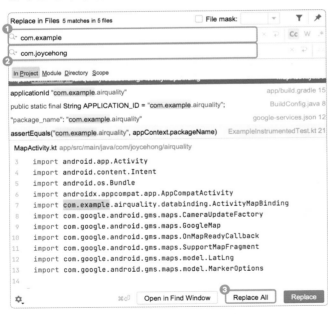

05 마지막으로 새로운 패키지 이름으로 뷰 바인딩 파일들이 다시 만들어지도록 ❶ [Build] → [Clean Project]를 클릭해주세요. 그러고 나서 ❷ [Build] → [Rebuild Project]를 선택하여 다시 빌드를 진행해주세요.

이렇게 하면 패키지 이름 변경하기가 모두 끝났습니다.

14.5 광고 단위 ID 바꾸기

13장에서 미세먼지 테스트용 광고 ID를 넣어주었습니다. 이를 실제 광고 단위 ID로 변경하겠습니다. 13장에서 적어둔 광고 단위 ID가 없다면 아래 방법으로 실제 광고 단위 ID를 먼저 확인해봅시다.

To Do 01 구글 애드몹 홈페이지(https://admob.google.com/)에 접속한 후 로그인을 해주세요.
❶ 앱 메뉴 내에 광고 단위를 클릭해주세요. ❷ 전면 광고의 ID와 ❸ 하단 배너 광고 ID를 복사하여 메모장에 따로 저장해두세요.

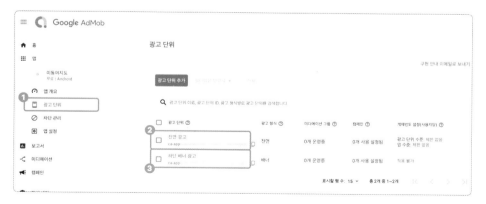

02 먼저 하단 배너 광고를 실제 하단 배너 광고 ID로 수정하겠습니다. [res] → [layout] → activity_main.xml 파일을 열어주세요. ❶ 위치에 기존 테스트 ID 대신 앞서 저장한 하단 배너 광고 ID를 입력해주세요.

app/src/main/res/layout/activity_main.xml

```xml
... 생략 ...
<com.google.android.gms.ads.AdView
    xmlns:ads="http://schemas.android.com/apk/res-auto"
    android:id="@+id/adView"
    android:layout_width="match_parent"
    android:layout_height="wrap_content"
    app:layout_constraintBottom_toBottomOf="parent"
    ads:adSize="BANNER"
    ads:adUnitId="[실제 하단 배너 광고 ID]">
</com.google.android.gms.ads.AdView>
... 생략 ...
```

// ❶ 주의 : 여러분의 배너 광고 ID를 넣어주세요.

03 전면 광고 ID를 교체하겠습니다. ❶ [app] → [java] → [com.packagename.airquality] → MainActivity.kt의 setInterstitialAds() 함수에서 기존의 테스트 ID 대신 위에서 저장한 실제 전면 광고 ID를 넣어주세요.

]/app/src/main/java/com/joycehong/airquality/MainActivity.kt

```kotlin
... 생략 ...
private fun setInterstitialAds() {
    val adRequest = AdRequest.Builder().build()

    InterstitialAd.load(this,"[실제 전면 광고 아이디]", adRequest,
        object : InterstitialAdLoadCallback() {
        override fun onAdFailedToLoad(adError: LoadAdError) {
            Log.d("ads log", "전면 광고가 로드 실패했습니다.
                ${adError.responseInfo}")
            mInterstitialAd = null
        }

        override fun onAdLoaded(interstitialAd: InterstitialAd) {
            Log.d("ads log", "전면 광고가 로드되었습니다.")
            mInterstitialAd = interstitialAd
        }
    })
}
... 생략 ...
```

// ❶ 주의 : 여러분의 전면 광고 ID를 넣어주세요.

이렇게 하면 테스트 광고 대신 실제 광고 단위 ID를 넣을 수 있습니다. 지금 앱을 실행하면 배너 광고, 전면 광고 모두 제대로 보이지 않을 겁니다. 실제 광고를 사용할 수 있도록 구글 애드몹에서 승인을 받지 않았기 때문입니다. 승인 요청을 하려면 먼저 구글 플레이 스토어에 앱을 올려야 합니다. 앱을 올려보겠습니다.

14.6 앱 번들 만들기

앱을 모두 수정했으니 실행할 수 있는 apk 파일을 만들어야 합니다. 하지만 2021년 8월부터 apk가 아닌 안드로이드 앱 번들만 구글 플레이 스토어에 올릴 수 있습니다. 안드로이드 앱 번들을 사용하면 앱의 모든 APK 생성 및 서명을 구글 플레이에서 대신해줍니다. 그러면 사용자는 기기에 필요한 리소스만 내려받으면 됩니다. 개발자 입장에서는 다양한 기기를 대응하는 여러 APK 파일을 만들어 서명 관리를 할 필요가 없어진 거죠. 사용자 입장에서는 더 적은 용량으로 앱을 내려받을 수 있게 된 겁니다. 어떻게 안드로이드 앱 번들을 만들 수 있을까요? 차례로 따라와주세요.

To Do **01** 상단 메뉴바에서 [Build] → [Generate Signed Bundle / APK]를 선택해주세요.

02 ❶ [Android App Bundle]을 선택해주세요. ❷ [Next] 버튼을 클릭해주세요.

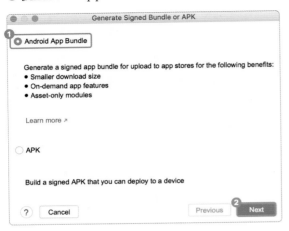

서명된 번들을 만들려면 키 저장소와 키를 생성해주어야 합니다. ❸ [Create new]를 선택해주세요.

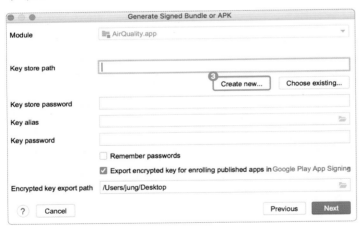

03 키 저장소와 키를 생성해보겠습니다.

❶ Key store path : 키 저장소의 위치를 설정해주세요. 본인이 꼭 잊어버리지 않을 위치를 지정해주는 것이 좋습니다.

❷ Password : 키 저장소 비밀번호를 설정해주세요.

❸ Alias : 키를 식별할 수 있는 별칭을 지정해줍니다.

❹ Password : 키 비밀번호를 설정해주세요.

❺ Validity (years) : 키가 유효하게 유지되는 기간을 설정합니다. 25년으로 지정해주세요.

⑥ Certificate : 인증서에 사용할 본인 관련 정보를 입력합니다. 앱에 직접적으로 보이지는 않지만 APK의 일부로 인증서에 포함됩니다. 최소 한 개는 입력해주어야 합니다.

⑦ [OK]를 눌러주세요.

04 ❶ [Export encrypted key for enrolling published ...] 체크를 해제해주세요. 해당 기능은 기존 앱 서명 키를 사용하여 이미 구글 플레이에 게시한 앱을 업데이트하는 경우에 필요합니다. 우리는 새롭게 앱을 올릴 예정이기 때문에 체크 박스를 해제해야 합니다.

❷ [Next]를 클릭해주세요.

❸ 출시용 앱 번들을 만드므로 [release]를 클릭한 후 ❹ [Finish]를 눌러주세요.

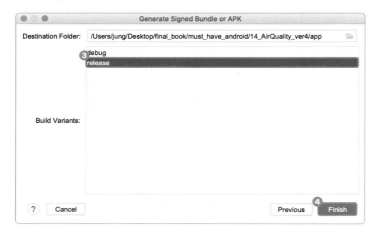

05 일정 시간이 지난 후에 앱 번들 생성이 완료되면 오른쪽 하단에 팝업이 뜹니다. ❶ [locate]를 클릭해보면 해당 폴더가 열리며 ❷ app-release.aab 이름을 가진 앱 번들 파일을 확인할 수 있습니다. 만약 팝업이 안 뜬다면 프로젝트 루트 폴더에서 [app] → [release] → app-release.aab 파일을 찾으면 됩니다.

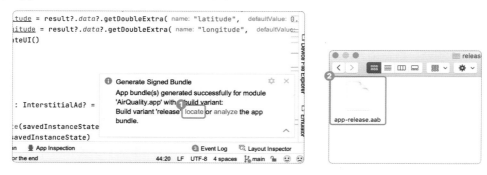

이 앱 번들 파일을 가지고 구글 플레이 스토어에 앱을 출시해봅시다.

14.7 구글 플레이 스토어에 앱 출시하기

드디어 앱을 출시할 차례입니다. 구글 플레이 스토어 출시 방법은 작은 디테일들이 꽤 자주 바뀝니다. 만약 책 내용과 조금 다른 부분이 있다면 구글에서 출시 방법을 검색하여 따라하고 책은 참고만 해주세요. 구글 공식 출시 체크리스트에서 확인하면 됩니다.

- https://developer.android.com/distribute/best-practices/launch/launch-checklist

14.7.1 구글 개발자 계정 생성하기

To Do **01** 먼저 구글 개발자 계정이 필요합니다. 구글 플레이 콘솔 홈페이지(https://play.google.com/console/about/)로 갑니다. ❶ [Play Console로 이동] 버튼을 클릭해주세요.

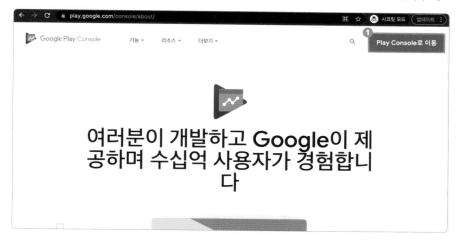

02 만약 여러분이 구글 개발자 계정을 생성한 적이 없다면, 새 개발자 계정 만들기 창이 뜰 겁니다. 차례로 빈 칸을 입력해주세요. ❶ 사람들에게 공개할 개발자 이름을 지정해주세요. 닉네임도, 실명도 괜찮습니다. ❷ 보조 이메일 주소를 입력해주세요. ❸ 연락처를 입력합니다. ❹ 약관을 읽어보고 동의해주세요. ❺ [계정 생성 및 결제]를 클릭해 결제를 진행해주세요. 개발자 계정 결제는 딱 한 번만 하면 됩니다(참고로 애플 스토어는 매년 13만원 가량을 결제해야합니다).

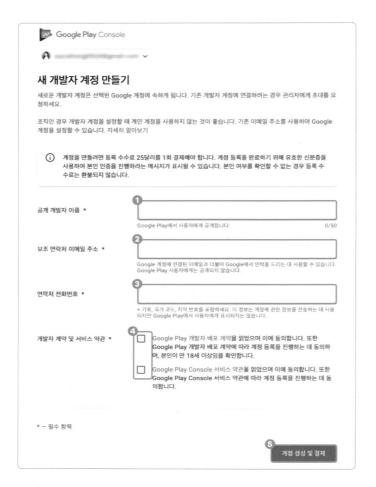

03 결제를 모두 완료하고 나면 개발자 계정이 생성되었음을 알려줍니다. ❶ [Play Console로 이동]을 클릭해주세요.

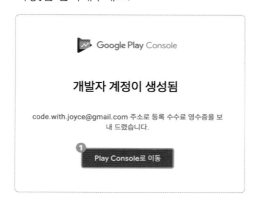

14.7.2 구글 플레이 콘솔에서 앱 생성하기

To Do **01** ❶ 구글 플레이 콘솔의 메뉴에서 [모든 앱]을 선택해주세요. ❷ [앱 만들기]를 선택하면 첫 번째 앱을 생성할 수 있습니다.

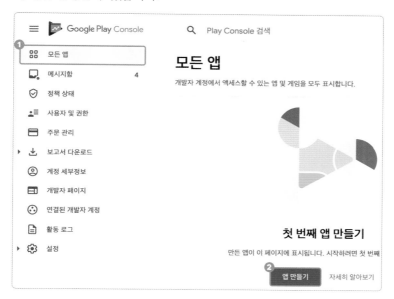

02 [앱 만들기]에서는 앱의 세부 정보와 약관 동의를 진행합니다. ❶ 앱 이름을 넣어주세요. ❷ 앱의 기본 언어를 선택합니다. ❸ 앱인지 게임인지 선택해줍니다. 미세먼지 앱은 게임이 아닌 앱 분류겠죠? ❹ 무료인지 유료인지 선택합니다. 무료는 앱 설치가 무료인 것을 말하고, 광고를 넣는 것은 유/무료와 상관없습니다. 유료는 앱 설치 시 비용을 지불하는 것을 유료라 합니다. 한 번 무료로 결정하면 다시 유료로 바꾸지 못합니다. ❺ 약관을 잘 읽어보고 체크박스에 체크해 동의해줍니다. ❻ [앱 만들기] 버튼을 클릭해 완료해주세요.

03 앱 생성을 완료하면 방금 생성한 앱을 바로 확인할 수 있습니다. ❶ 화살표 버튼을 눌러 해당
앱의 대시보드로 이동해주세요.

14.7.3 앱 설정하기

앱에 관한 정보를 설정하고 스토어에 등록할 정보를 입력해보겠습니다.

To Do **01** ❶ 왼쪽 메뉴 탭에서 대시보드인 것을 확인하고 앱 설정 파트를 주목해주세요. 앱을 게시하는 필수 설정을 모아놓은 곳입니다. 여기서 앱 액세스 권한, 광고, 콘텐츠 등급, 타겟층, 뉴스 앱 여부 등을 차례로 모두 설정하면 됩니다. 첫 번째로 ❷ 앱 액세스 권한을 클릭해주세요.

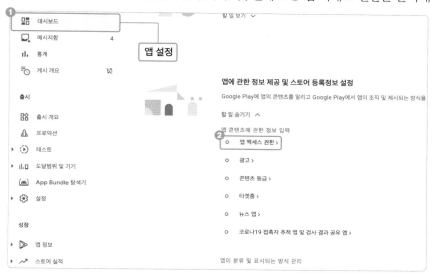

02 앱에 따로 액세스 제한을 두고 있는지 설정할 수 있는 공간입니다. 우리 미세먼지 앱은 앱을 설치하고 별도의 인증이 필요 없으므로 ❶ [특수한 액세스 권한 없이 모든 기능 이용 가능]을 체크하고 ❷ 우측 하단에 위치한 [저장] 버튼을 클릭해주세요.

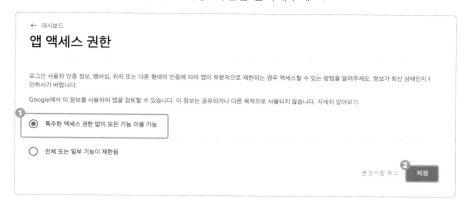

03 미세먼지 앱에 애드몹 광고를 넣었으므로 ❶ [예, 앱에 광고가 있습니다.]에 체크해주세요. ❷ 우측 하단에 위치한 [저장] 버튼을 클릭해주세요.

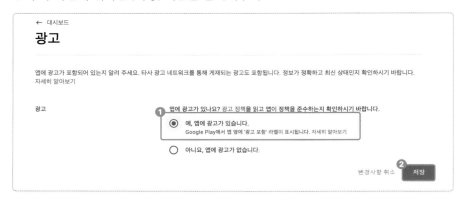

04 앱의 콘텐츠 등급을 설정해야 합니다. 앱이 특정 연령의 사용자에게 적합한지에 대한 판단을 내려줍니다. ❶ [설문지 시작] 버튼을 클릭해주세요.

순서는 카테고리 선택, 설문지 작성, 요약의 순서대로 진행됩니다. 첫 번째로 카테고리 설정을 해주겠습니다. ❷ 이메일을 입력한 후 ❸ [유틸리티, 생산성, 통신 및 기타]를 체크한 후 우측 하단의 [다음] 버튼을 클릭해주세요.

설문지 작성 단계입니다. 한 번 꼼꼼히 읽어주세요. 체크는 모두 ❹ [아니오]에 하면 됩니다.

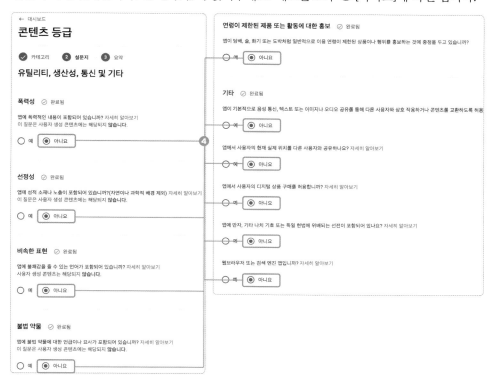

설문지 작성이 완료되었다면 우측 하단의 ❺ [저장] 버튼을 클릭 후 ❻ [다음] 버튼을 클릭해
주세요.

그러면 요약이 보입니다. 요약 단계에서는 브라질, 북미 등에서의 콘텐츠 등급이 나옵니다. 하단의 ❼ [제출] 버튼을 클릭해줍니다.

제출이 완료되면 다음과 같이 콘텐츠 등급이 결정됩니다. 왼쪽 상단의 대시보드 버튼을 눌러 대시보드로 돌아가 앱 설정을 진행하겠습니다.

05 앱의 타깃층을 선택합시다. 미세먼지 앱의 주 타깃층을 ❶ 13세부터 가능하게끔 체크해주세요. 그리고 우측 하단의 [다음] 버튼을 클릭해주세요.

어린이들의 관심을 유도하지 않으므로 ❷ [아니요]에 체크해주세요.

❸ [저장] 버튼을 클릭 후 다시 대시보드로 돌아가주세요.

06 뉴스 앱인지 체크해주세요. 미세먼지 앱은 뉴스 앱이 아니므로 ❶ [아니요]에 체크해주세요.
우측 하단 [저장] 버튼을 클릭한 후 대시보드로 돌아가세요.

07 코로나19 접촉자 추적 앱 및 검사 결과 공유 앱인지를 확인합니다. ❶ [공개된 코로나19 접
촉자 추적 앱 또는 이력 앱이 아님]을 선택해주세요. 우측 하단 [저장] 버튼을 클릭한 후 대시
보드로 돌아가세요.

08 구글 플레이 스토어에서 앱을 등록 시에 필요한 앱의 카테고리와 개발자 연락처 등을 설정하겠습니다. ❶ 앱/게임 중 앱을 선택해주세요. ❷ 카테고리는 날씨로 하면 됩니다. ❸ 사용자들은 구글 개발자 계정 이메일이 아닌 여기서 설정한 이메일을 보게 됩니다. 문의 등을 받을 이메일을 여기에 입력해주세요. ❹ 전화번호는 선택입니다. ❺ 웹사이트 역시 있다면 적어주세요. 선택입니다. ❻ 구글 플레이 스토어 외부에서 광고가 되기를 희망한다면 체크 후 ❼ [저장] 버튼을 클릭해주세요.

스토어 설정

Google Play에서 앱이 구성되는 방법 및 사용자가 나에게 연락을 취할 방법을 관리합니다.

* - 필수 입력란

앱 카테고리

앱의 콘텐츠 또는 기본 기능을 가장 잘 설명하는 애플리케이션 유형, 카테고리, 태그를 선택하세요. 사용자가 Google Play에서 앱을 발견하는 데 도움이 됩니다.

앱 또는 게임 *   ❶ 앱

카테고리 *   ❷ 날씨

태그   태그 관리

스토어 등록정보 연락처 세부정보

Google Play에서 사용자에게 표시되는 정보입니다.

이메일 주소 *   ❸

전화번호   ❹

웹사이트   ❺ https://

외부 마케팅

앱이 Google Play 외부에서 광고되기를 원하지 않으면 외부 마케팅을 사용 중지하세요.

외부 마케팅   ❻ ☑ Google Play 외부에서 앱 광고
변경사항이 적용되는 데 60일 정도 소요될 수 있습니다.

변경사항 취소   ❼ 저장

09 기본 스토어 등록 정보 단계입니다. 이 부분은 사용자들에게 직접적으로 노출되는 부분이므로 가장 중요하다고 할 수 있습니다. 크게 앱 세부 정보 입력 단계와, 앱 관련 이미지를 업로드하는 그래픽 단계로 나뉘게 됩니다.

먼저 앱 세부 정보를 등록해보겠습니다. ❶ 앱 이름입니다. 여러분이 보이고자 하는 앱 이름

을 입력해주세요. ❷ 앱 관련 간단한 설명을 입력해주세요. ❸ 앱의 기능 위주로 자세한 설명을 입력해주세요.

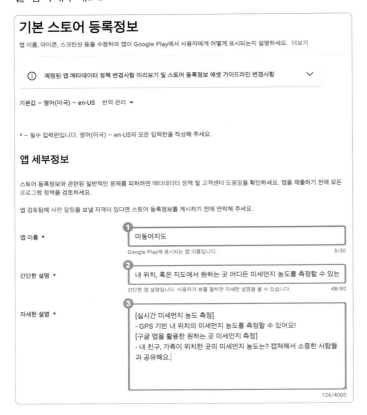

❹ 그래픽 단계에서는 앱 아이콘, 스크린샷, 동영상들을 올릴 수 있습니다. 여러분이 여기에 이미지를 잘 올린다면, 사용자들은 앱을 설치할 확률이 높아집니다. 적절한 스크린샷에 대한 세부 정보를 확인 후 이미지를 업로드해주세요.

이름	크기
앱 아이콘	512 ~ 512px
그래픽 이미지	1024 ~ 500px
휴대폰 스크린샷	가로세로 320 ~ 3840px
7인치 태블릿 스크린샷	가로세로 320 ~ 3840px
10인치 태블릿 스크린샷	가로세로 320 ~ 3840px

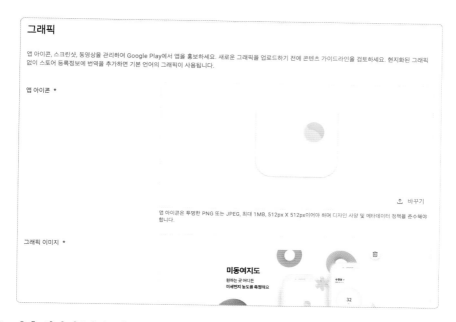

그래픽

앱 아이콘, 스크린샷, 동영상을 관리하여 Google Play에서 앱을 홍보하세요. 새로운 그래픽을 업로드하기 전에 콘텐츠 가이드라인을 검토하세요. 현지화된 그래픽 없이 스토어 등록정보에 번역을 추가하면 기본 언어의 그래픽이 사용됩니다.

앱 아이콘 *

↑ 바꾸기

앱 아이콘은 투명한 PNG 또는 JPEG, 최대 1MB, 512px X 512px이어야 하며 디자인 사양 및 메타데이터 정책을 준수해야 합니다.

그래픽 이미지 *

10 우측 하단의 [저장] 버튼을 눌러주시면, 기본 스토어 등록 정보 설정은 모두 완료되었습니다.

14.7.4 프로덕션 출시하기

앱을 출시할 국가를 선택하고, 안드로이드 스튜디오에서 생성했던 앱 번들을 등록한 후 구글 플레이에 앱을 개시해보겠습니다.

To Do 01 대시보드 메뉴에 들어가서 스크롤을 내려 'Google Play에 앱 게시' 부분을 확인해주세요. ❶ [할 일 보기]를 클릭해주세요. ❷ [국가 및 지역 선택]을 눌러주세요.

앱을 출시할 국가 및 지역을 선택하겠습니다. ❸ [국가/지역 추가]를 선택해주세요.

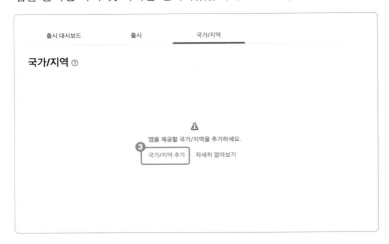

전체 선택을 하겠습니다. ❹ 국가/지역 옆의 체크박스를 선택하면 전체 선택이 됩니다. 특정 국가에서만 출시하고 싶다면, 해당 국가에만 체크하면 됩니다. ❺ [국가/지역 추가]를 클릭해 주세요.

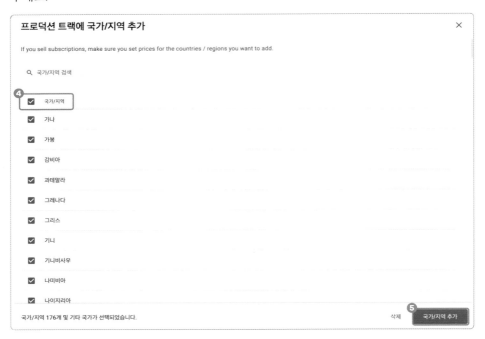

국가/지역 설정이 끝났습니다. ❻ [새 버전 만들기]를 선택해 프로덕션 앱 출시를 진행해보겠습니다.

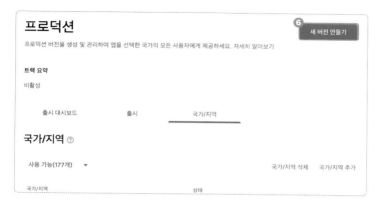

02 프로덕션 앱을 출시하기 위해서는 앱 번들을 추가해야 합니다. ❶ 위에서 생성한 앱 번들 파일을 업로드해주세요. 앱 번들 파일은 프로젝트 루트 폴더에서 [app] → [release]에서 app-release.aab라는 이름으로 찾을 수 있습니다.

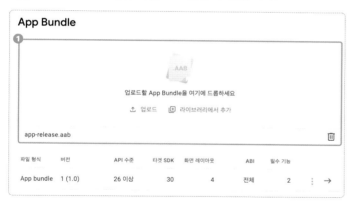

버전 관련 세부 정보를 입력해주세요. ❷ 개발자가 버전을 구분하기 위해 적는 출시명입니다. 이는 사용자에게는 표시되지 않으므로 여러분이 버전을 식별할 수 있게끔 적어주세요. ❸ 출시 노트는 현재 버전에서 어떤 변화가 있는지 적어주는 곳입니다. ❹ [저장] 버튼을 누른후 ❺ [버전 검토] 버튼을 눌러주세요.

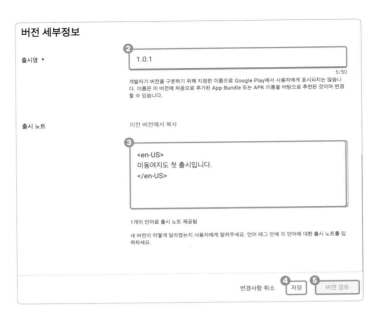

버전 세부정보

출시명 *

② 1.0.1

5/50

개발자가 버전을 구분하기 위해 지정한 이름으로 Google Play에서 사용자에게 표시되지는 않습니다. 이름은 이 버전에 처음으로 추가된 App Bundle 또는 APK 이름을 바탕으로 추천된 것이며 변경할 수 있습니다.

출시 노트

이전 버전에서 복사

③
```
<en-US>
미동여지도 첫 출시입니다.
</en-US>
```

1개의 언어로 출시 노트 제공됨

새 버전이 어떻게 달라졌는지 사용자에게 알려주세요. 언어 태그 안에 각 언어에 대한 출시 노트를 입력하세요.

변경사항 취소   ④ 저장   ⑤ 버전 검토

⑥ [프로덕션 트랙으로 출시 시작]을 눌러주세요. 그럼 앱 등록이 완료가 됩니다. 등록한 앱은 구글 측의 심사를 하고 심사가 통과되면, 구글 플레이 스토어에 게시가 됩니다. 심사 과정은 짧게는 며칠에서 길게는 7일 이상의 걸립니다. 첫 릴리스 후에 앱을 업데이트하여 재배포를 하고 싶다면, 14.7.4절 '프로덕션 출시'만 다시 진행하면 됩니다.

프로덕션 버전 만들기

⚠ 버전에 문제가 있습니다.

✔ 준비   ② 검토 및 출시   버전 삭제

오류, 경고 및 메시지

⚠ 경고 1개
더보기 ∨

파일 형식	버전	API 수준	타겟 SDK	화면 레이아웃	ABI	필수 기능	
App bundle	1 (1.0)	26 이상	30	4	전체	2	→

출시 노트

기본 언어 - en-US
미동여지도 첫 출시입니다.

© 2021 Google   모바일 앱   서비스 약관   개인 정보 보호   개발자 배포 계약

버전 출시 전에 검토하기   버전 수정   ⑥ 프로덕션 트랙으로 출시 시작

14.8 구글 맵에 업로드 키와 앱 서명 키 등록하기

앱 서명을 알아보고 구글 맵 API에 업로드 키와 앱 서명 키를 등록하겠습니다.

14.8.1 앱 서명이란

안드로이드에서는 apk 파일을 생성할 때 반드시 키(인증서)로 암호화 서명을 해야 합니다. 이를 통해 해당 apk 파일이 원래 소유자로부터 서명되었는지 확인할 수 있습니다. 키를 해킹 당하지 않는 이상 누군가 원 소유자인 척 조작된 apk 파일을 배포할 수도 없는 것이지요.

안드로이드는 빌드할 때 디버그 모드인지, 릴리스 모드인지에 따라 사용하는 키를 달리합니다. 출시용 빌드를 제외하고 지금까지 우리가 한 모든 빌드들은 릴리스 모드가 아닌 디버그 모드이기 때문에 디버그 키를 사용하여 apk에 서명을 했습니다(디버그 키를 출력하는 방법은 12.2.2절 '구글 맵 API 키 발급받기' 참조).

▼ 디버그 모드일 때 키

앱 출시 할 때의 빌드는 릴리스 모드입니다.(14.6 절의 **04** 참고) 릴리스 모드에 사용한 키는 바로 업로드 키입니다. 릴리스 모드일 때를 더 자세히 살펴보도록 합시다.

▼ 릴리스 모드일 때 키

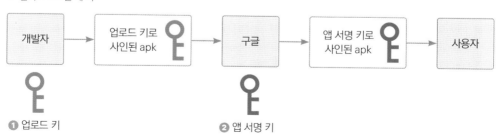

앞의 그림에서 왜 키가 업로드 키, 앱 서명 키 두 개일까요? 그 이유를 간단히 설명하자면, 원래는
❷ 앱 서명 키 없이 개발자가 ❶ 업로드 키로 서명한 앱을 그대로 사용자가 사용했습니다. 이 방식
의 치명적인 단점은 개발자가 업로드 키를 분실했을 때입니다. 복구할 방법이 아예 없고 더는 앱
을 업데이트할 수 없습니다.

이와 같은 키 분실 위험을 없애기 위해 2017년 새로운 방식을 구글이 제안했습니다. 구글이 "키
를 우리가 관리할게!" 선언한 것이지요. 방식은 이렇습니다. 개발자는 업로드 키를 생성하여 앱에
서명을 합니다. 그리고 구글은 업로드 키를 이용하여 신원을 확인하고 앱 서명 키를 사용하여 앱
에 재서명을 합니다. 개발자는 업로드 키를 분실하거나 도용 당하더라도, 구글 측에 업로드 키 재
설정을 요청할 수 있으므로 기존 방법보다 훨씬 더 발전된 방법이라고 볼 수 있습니다.

14.8.2 구글 맵에 업로드 키, 앱 서명 키 등록하기

12장에서 구글 맵을 구현했을 때를 되돌아보면 API 키를 발급받을 때 SHA-1 인증서 디지털 지
문을 등록했습니다(12.2.2절 '구글 맵 API 키 발급받기' 참조). 여기에서 등록한 디지털 지문이
디버그 키입니다. 지금까지는 에뮬레이터나 실제 기기로 앱을 실행했을 때는 디버그 모드로 실행
되었고, 이때 사용한 디버그 키를 구글 맵 API에 등록했기 때문에 구글 맵 API는 우리 앱을 식별
할 수가 있었던 것이지요. 이와 달리 출시용 앱은 업로드 키, 앱 서명 키를 이용해 apk에 서명을
진행했으므로 두 키를 등록해주어야 우리 앱을 식별할 수 있습니다.

To Do **01** 업로드 키와 앱 서명 키를 확인해봅시다. 구글 플레이 콘솔 홈페이지로 갑니다. 상단
❶ [Play Console로 이동] 버튼을 클릭해주세요.

• https://play.google.com/console/about/

02 미세먼지 앱을 선택하고 왼쪽 메뉴 출시 탭에서 ❶ [설정] → [앱 무결성] 메뉴를 선택해주세요.

03 ❷ 앱 서명 키 SHA-1 인증서와 업로드 키 SHA-1 인증서를 각각 복사한 후 따로 메모장에 저장해주세요.

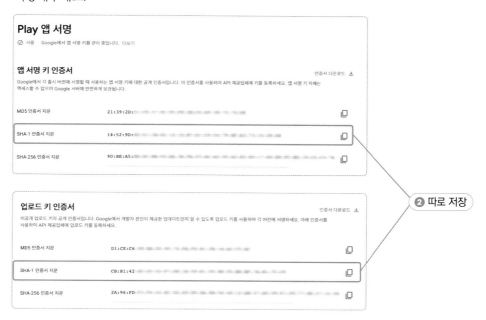

04 저장한 앱 서명 키와, 업로드 키를 구글 맵 API에 등록시켜줍니다. Google Developers Console 사이트에 접속하여 ❶ 내 프로젝트를 선택해주세요. ❷ 그리고 왼쪽 상단의 메뉴를 클릭해줍니다.

- https://console.developers.google.com/apis/dashboard

❸ 메뉴 탭에서 [API 및 서비스] → [사용자 인증 정보]를 선택해주세요.

❹ 12장에서 생성했던 API 키 수정 버튼을 클릭해줍니다.

수정 버튼을 클릭하여 API 키 설정 페이지에 들어오면 [Android 앱의 사용량 제한] 영역을 찾을 수 있습니다. 아래 ❺ [항목 추가] 버튼을 클릭하여 다음과 같이 업로드 키와, 앱 서명 키를 추가해주세요. 패키지명은 14.4절에서 변경한 패키지명을 사용해주세요. 총 3개의 키가 등록돼야 합니다. 또 만약 기존 디버그 키의 패키지명이 변경한 패키지명이 아닌 이전 패키지명이라면 해당 로우를 클릭하여 새로운 패키지명으로 수정해주세요.

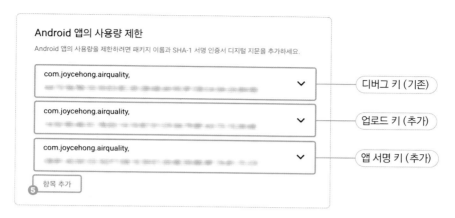

Android 앱의 사용량 제한

Android 앱의 사용량을 제한하려면 패키지 이름과 SHA-1 서명 인증서 디지털 지문을 추가하세요.

com.joycehong.airquality, ⌄ ─── 디버그 키 (기존)

com.joycehong.airquality, ⌄ ─── 업로드 키 (추가)

com.joycehong.airquality, ⌄ ─── 앱 서명 키 (추가)

❺ 항목 추가

❻ 스크롤을 내려 [저장] 버튼을 눌러주세요. 이렇게 해서 모든 키를 구글 맵 API에 등록했습니다. 이제 출시된 앱에서도 구글 맵을 사용할 수 있습니다.

참고: 설정이 적용되는 데 최대 5분이 걸릴 수 있습니다.

❻ 저장   취소

14.9 출시 완료되면 광고 등록하기

출시가 완료되었을 때 애드몹에서 실제 광고 단위를 활성화시켜야 실제로 광고가 보입니다. 만약 구글 플레이 스토어에서 앱이 출시되지 않은 상태라면 출시가 되고 나서 이 단계를 진행해주세요. 실제 광고 단위를 활성화시키려면 심사 요청해야 하거든요.

To Do 01 애드몹 홈페이지에 접속해주세요. 그리고 ❶ 메뉴에서 [앱] → [앱 설정]을 선택해줍니다.

• 애드몹 홈페이지 : https://apps.admob.com/v2/home

❷ 앱 정보 중에서 앱 스토어 메뉴를 확인해보세요. [추가] 버튼을 클릭해줍니다.

02 구글 플레이 스토어 정보를 등록하면 됩니다. ❶ Google Play 선택 후 패키지명을 검색해 보세요.

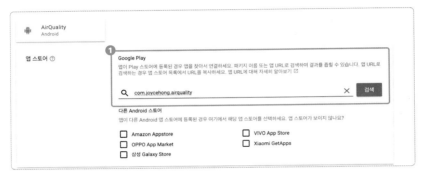

구글 플레이 스토어에 앱이 정상적으로 배포된 상태라면 앱이 검색 결과로 나옵니다. ❷ [추가] 버튼을 눌러주세요.

❸ [계속] 버튼을 클릭해주세요.

❹ [완료] 버튼을 눌러주면 앱이 검토 상태에 진입합니다. 구글이 앱을 검토한 후 승인되면 실제 광고가 앱에서 송출됩니다.

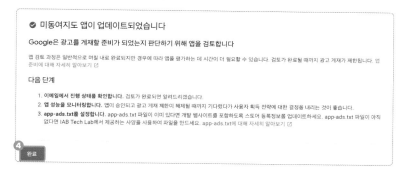

03 마지막으로 광고 활성화를 위해서는 반드시 지급 정보를 입력해야 합니다. 이 정보를 입력하지 않을 시 앱이 검토 중 상태에 계속해서 머무를 수 있습니다.

❶ 메뉴에서 [지급]을 클릭합니다. ❷ [지급 설정하기]를 클릭해주세요.

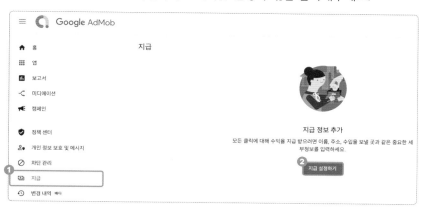

04 애드몹에서 광고 게재에 필요한 정보를 입력합니다. ❶ 저는 사업자가 아닌 개인이므로 [개인]을 선택했습니다. ❷ 여러분의 이름 및 주소를 입력해주세요. 모두 적고 나서는 아래 ❸ [제출]을 클릭하면 됩니다.

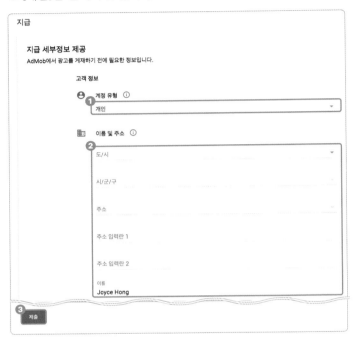

애드몹 승인은 짧게는 며칠에서 길게는 2주 이상도 걸릴 수 있습니다. 자주 메일을 확인해보면서 승인 여부를 확인해보세요.

학습 마무리

이번 장에서는 앱 런처를 바꾸고 앱 이름을 바꾸는 방법을 알아봤습니다. 또한 com.example로 패키지 이름을 시작하면 구글 플레이 스토어에 등록할 수 없다는 것도 깨달았네요. 구글 플레이 스토어에 앱을 출시하는 것은 꽤 까다로운 과정이지만 익숙해지면 곧잘 할 수 있을 겁니다.

핵심 요약

1 앱 런처는 Image Asset을 이용해서 바꿀 수 있습니다.

2 앱 번들을 사용하면 기존 apk 파일보다 경량화된 앱을 사용자에게 제공할 수 있습니다.

3 서명된 앱 번들을 생성하려면 키 저장소와 키를 생성해야 합니다.

4 앱 서명에 사용되는 키에는 디버그 키, 업로드 키, 앱 서명 키가 있습니다.

5 앱을 출시하고 나서 구글 맵과 애드몹에 인증 관련 설정을 추가해주어야 합니다.

용어 찾기

용어 찾기

코드 찾기

코드 찾기

Joyce의 안드로이드 앱 프로그래밍 with 코틀린

Kotlin & Android 입문부터 스톱워치, 뮤직 플레이어, QR 코드 리더기, 할 일 리스트, 미세먼지 측정 프로젝트와 배포까지

초판 1쇄 발행 2022년 02월 15일

지은이 홍정아(Joyce)

펴낸이 최현우 · **기획** 최현우 · **편집** 최현우, 이복연

디자인 Nu:n · **조판** 이경숙

펴낸곳 골든래빗(주)

등록 2020년 7월 7일 제 2020-000183호

주소 서울 마포구 신촌로2길 19, 302호

전화 0505-398-0505 · **팩스** 0505-537-0505

이메일 ask@goldenrabbit.co.kr

SNS facebook.com/goldenrabbit2020

홈페이지 goldenrabbit.co.kr

ISBN 979-11-91905-09-0 93000